公共生活的发生

张康之　张乾友

著————————

THE MAKING OF
PUBLIC LIFE

江苏人民出版社

图书在版编目（CIP）数据

公共生活的发生 / 张康之，张乾友著. -- 南京：
江苏人民出版社，2024.1
ISBN 978 - 7 - 214 - 28341 - 2

Ⅰ．①公… Ⅱ．①张… ②张… Ⅲ．①公共管理-研
究-中国 Ⅳ．①D63

中国国家版本馆 CIP 数据核字（2023）第 167442 号

书　　　名	公共生活的发生
作　　　者	张康之　张乾友
责 任 编 辑	郝　鹏
责 任 监 制	王　娟
出 版 发 行	江苏人民出版社
地　　　址	南京市湖南路 1 号 A 楼，邮编：210009
照　　　排	江苏凤凰制版有限公司
印　　　刷	江苏凤凰新华印务集团有限公司
开　　　本	787 毫米×1092 毫米　1/16
印　　　张	26.75
字　　　数	400 千字
版　　　次	2024 年 1 月第 1 版
印　　　次	2024 年 1 月第 1 次印刷
标 准 书 号	ISBN 978 - 7 - 214 - 28341 - 2
定　　　价	88.00 元

（江苏人民出版社图书凡印装错误可向承印厂调换）

目　录

导　论

国家现代化进程中的公共生活

在人们的观念中，国家是一个"神化"了的用来概括政治生活的概念。就这个词语的来源看，它产生于古希腊思想家们对其共同体生活形式的思考，或者说，古希腊的思想家们已经开始把城邦内的共同体生活形式称作国家了，也就是说，这个词源意义上的"国家"在古希腊是被用来指称城邦共同体中的政治生活的，古希腊的思想家们正是使用这个概念来认识城邦生活的。比如，亚里士多德就是在国家的概念下去省察城邦生活以及作为城邦构成单元的公民，从而提出了人是"政治动物"的思想。但从思想史上看，直到黑格尔把国家确认为理性存在物之前，它一直是被作为一种感性实体来看待的。作为政治生活的总括，古代国家只能说是一种极其感性的共同生活。在工业革命特别是启蒙运动中确立起来的现代国家完全不同，它已经是黑格尔所说的理性存在物了，是公共生活发生的土壤和公共生活赖以展开的框架。严格意义上的公共生活是在国家现代化的过程中产生的，当我们考察公共生活的形成和发展时，也需要在国家现代化的历程中进行。

一、 从神权国家到绝对国家

从"凯撒之事归凯撒，上帝之事归上帝"来判断，人们可能会以为中世纪的欧洲已经是一个"二元社会"了。其实并非如此。中世纪的二元化经历了一个漫长的过程，应当说，到了中世纪的后期才有了关于国家与社会相分离的迹象。

  的确，基督教义将世界分为"精神王国"与"世俗王国"，作为上帝的子民，人既有"世俗生活"的一面又有"精神生活"的一面。人的世俗生活是归于国家的，而精神生活则被归于教会。中世纪也就有了教会与国家两种不同形式的权威，它们各自规定了人类生活的一部分内容。然而，这只是基于近代社会而对中世纪作出的一种纯理论上的推断，因为政教分离正是产生于现代化过程中的一种社会特征，中世纪恰恰是政教不分的。依基督教的神学逻辑，上帝才是万物存在的终极原因，精神生活理所当然地被认为是超越世俗生活的，国家被认为毫无疑问地服从于教会。因此，从中世纪的历史史实来看，每一位教皇，不论他与君王是何种关系，都努力将国家纳入自己的掌控之下。也正是这个原因，引起了教权与俗权的冲突，致使整个中世纪的历史呈现给我们的是教权与俗权之间倾轧与反倾轧的关系，教会在谋求对世俗生活的控制方面无所不用其极，而世俗政权则想方设法挣脱控制。尽管个别强势的君王在某个时期可以将教会握于掌心，但在"天赋人权"与"唯物史观"等现代观念尚未产生的历史条件下，俗权是无法从根本上证明自己对教权的独立性的，反而必须依赖教会的加冕去获得自己存在的正当性。事实上，自西罗马帝国覆灭后，欧洲社会长期处于一种分裂状态，而一个统一的教会却能够始终掌控在教皇的统治之下，天主教的势力无论是在何种意义上都远大于任何一个国家。因而，总体看来，中世纪的俗权是不可能脱离教权而存在的，俗权在教权面前总是处于一种被控制的地位。"凯撒之事归凯撒，上帝之事归上帝"只是在基督教创教初期为免于迫害而作出的自保辩白，一旦基督教成了官方宗教并成为世俗权力之来源的时候，基督徒们就再也不愿将凯撒之事与上帝之事分开来了，他们总想以上帝的名义去审判这个世界，妄图将整个世界——精神王国与世俗王国——都纳入自身的控制之下。这就形成了神权国家。

  尽管中世纪存在教会与国家两股力量，即存在两种类型的权力，但是，教会往往可以不通过国家而单独地开展征税活动。在社会治理的意义上，教会与世俗王朝分享权力；而在权力的统一体中，则是世俗王朝对教会的服从。虽然教会与王朝间的争权夺利从未间断过，但在对国家的治理问题上，则更多地呈现出通过神权国家这一整体进行社会治理的状况。中世纪其实并不存在"二元结构"，教权与俗权共同构成了一个封闭的治理体系，结成了一个强有力的治理主体。正是由于教权与俗权在社会治理上的相互支持，神权国家才得以维护长达千年的统治地位。表面看来，精神王国与世俗王国的分立并存大大地减轻了个人对国家的依赖，而在实际上，教权与俗权的媾和往往使个人的任何反抗行为都指向了神权国家本身，结果是受到教权与俗权的双重压制。

从历史进步的角度看，神权国家在结构上的稳定性是社会发展的巨大阻碍因素，它所造成的结果是使欧洲长期落后于世界其他地区的农业文明。也正是这个原因，人们一直将中世纪称为"黑暗时代"。与欧洲社会发展的其他阶段相比，中世纪是一段不堪回首的历史。在神权统治之下，没有平等，也无所谓自由；没有人的基本价值，也无所谓实现这些价值的路径。可以说，近代哲学意义上的"个人"在中世纪是不存在的，中世纪的现实是：每一个人都在精神与人身两重意义上依附于神权国家。神权国家是一个极其封闭的系统，它在结构上的僵化恰恰成了它拥有安全与秩序的原因，它之所以无情地打压一切新生事物，那是因为任何一种新生事物都可能成为动荡与威胁的引信。中世纪也发生过一些直接指向神权国家的运动，并对神权国家造成了一定程度的冲击，但所有这些冲击都是局部的和片面的，不足以冲破教权与俗权共同织就的罗网。只是由于工业化、城市化进程的开启，才在领域分化中形成了社会与国家的对峙。只是因为国家与社会相分离了，那种压抑已久的个人以及自我意识才以社会运动的形式得到集体释放，才能够倾听到一种来自历史深处的开放要求，才在历史的行进中展现出开放性空间不断扩大的局面。结果，神权国家受到了全方位的冲击，现代国家则走上了迅速发展的康庄大道。

领域分化造成了市民社会与神权国家的二元对立。或者说，在中世纪的后期，市民社会的天然开放性要求向神权国家的封闭性发起了攻击。市民社会的发展试图冲破一切人为的禁锢，以便求得独立的生长空间。正是到了这个时候，出于瓦解统一神权国家的要求，关于教权与俗权分离的思想才被提了出来。我们知道，神权国家的主要特征是以教会渗入俗权的形式表现出来的，中世纪后期绝对国家的出现把消除教会对国家的影响作为其首要任务提了出来。作为近代史源头之标志的文艺复兴与宗教改革运动之所以把宗教问题作为其核心议题，其实是不难理解的事情。也就是说，文艺复兴和宗教改革运动都无非是为了使社会获得独立于神权国家的地位而战斗，它们所进行的实际上就是要对精神王国与世俗王国的分离作出合理性论证。其中，宗教改革当然是最为直接的。

1517 年，路德发表《九十五条论纲》，开始了他对教权与俗权关系的新证明。在路德看来，基督徒是同时生活于"精神王国"与"世俗王国"的，教会与世俗统治者则在两个王国内各自拥有相互独立的权力。其中，教会权力全然是精神的。路德认为，教会的这种精神权力是非强制性的，而世俗权力则是一种强制性的权力，或者说，一切强制性权力都只能是世俗权力。"教皇或教会靠他们的职位来行使任何世俗管辖权，那必然是篡夺世俗当局的权力。"[1] 路德还说，"既然世俗权力乃是神的授予，以惩处邪恶者和保护行善者，就应该随意在整个基督教世界行使其职责，既不受限制，也不管对象是教皇、主教、教士、修女还是任何其他人。"[2] 由此可以看到，明确地对神权和世俗权力作出区分的是路德。虽然此前存在着神权与俗权的区别，却没有加以明确区分。也许是这个原因，导致教会与王朝的矛盾和冲突时时出现，而且时常激化。

就路德提出教权与俗权的区分而言，也可以理解成它是一个对教会与王朝之间的矛盾加以解决的方案。路德之后，教派纷起是路德没有想到的。不过，教派的多元化促使它们各自对教权与俗权的关系去作出自己的论证，从而表现出世俗利益或者说社会意识的觉醒，也表明教会一统天下的精神影响力已不再能够引起普遍的认同了。这个时候，即使改革者去表明他对教会的拥护，也往往是由其世俗利益所决定的，是基于世俗利益的考虑。"当国家威胁到教会利益时，即使是路德教派的信徒也知道起而抗议，在极端的情况下，他们还会抵制国家。加尔文教派则更

---

① ［英］斯金纳：《近代政治思想的基础》（下卷），奚瑞森、亚方译，商务印书馆 2002 年版，第 20～21 页。

② Luther, Martin, *To the Christian Nobility of the German Nation*, trans. Charles M. Jacobs in *Luther's Works*, vol. 44, ed. James Atkinson (Philadelphia, 1966), p. 130. 引自 ［英］斯金纳：《近代政治思想的基础》（下卷），奚瑞森、亚方译，商务印书馆 2002 年版，第 21 页。

具野心，至少在其发展后期甚至想要监视政治权威。"① 路德前后不一致的矛盾表现也只有从这一方面才能得到理解。也就是说，改革的后果超乎了改革者的期望，改革者只是期望通过教权与俗权的区分去解决教会与王朝的矛盾，而世俗利益的觉醒却向教会提出了挑战，破坏了教会的统一性，从而使改革者陷入一种进退维谷的境地或者转而维护教会。

另一方面，应当看到宗教改革所表现出来的反教权要求在实质上还只是指向天主教会的绝对性权力。那是因为，在天主教会的一统之下，没有新教的生存空间，整个社会也缺乏活力。但是，当新教自身也成为合法乃至官方教派的时候，它也同样把自己攫取和扩张权力的原始冲动表现得淋漓尽致。所以，宗教改革所造成的是一个极其复杂的局面，而单纯的宗教改革并不足以改变教权与俗权的关系，并不是学者们通常所理解的那样：由于新教的出现而使俗权成了一种终极性的统治权力了。当然，也应看到，在宗教改革中，新教与天主教会的冲突给了俗权以可乘之机，也由于绝对君主不失时机地利用了这种机会，宗教最终落入了君王之手。所以，当路德趋于保守甚至向回走的时候，历史却不断地试探新的起点。显而易见，在宗教改革之初，新教为了获得生存空间而逐渐形成了与天主教会的对抗之势，在新教力量还非常弱小的情况下，它不得不求助于世俗统治者，即谋求世俗统治者的支持。一方面，由于世俗统治者长期笼罩在天主教会的阴影之下；另一方面，也由于世俗统治者的自我利益要求开始觉醒，宗教改革的要求一经提出，就得到了世俗统治者的支持。在宗教改革过程中所提出的大幅改革教会组织和削弱教会权力的要求给予了世俗统治者以无限的希望，所以，他们用实际行动支持了这项改革。

既然新教是在世俗统治者的支持下成长起来的，在它成为官方宗教之后，自然也要对俗权有所让步。同样，天主教会为了维护自己的力量和出于压制新教的要求，也希望得到世俗权力的支持。所以，也出现了天主教会向世俗统治者示好的情况。这样一来，就形成了复杂的局面。

---

① ［美］沃特金斯：《西方政治传统：近代自由主义之发展》，李丰斌译，新星出版社 2006 年版，第50 页。

此时，新教与天主教会都希望谋求世俗权力的支持，所带来的必然结果就是世俗权力的壮大。因此，宗教改革之后，不论是在新教国家还是天主教国家，教会的地位都呈现出大幅下降的趋势，只是在新教国家中显得更为明显一些而已。改革之前，"在中古时代，世俗统治者只臣服于单一教会的纪律，只要满足教会的要求，就不会被指为异端"①。只要不被指责为"异端"，一个世俗权力就能够得到教民的支持，用现代话语来说，也就是有了合法性。我们也看到，在一个很长的时期中，虽然欧洲四分五裂，而罗马教廷却一直一统天下。在这种情况下，如果被指为"异端"的话，也就意味着可能受到讨伐，这也就是欧洲君王们对教会讳莫如深的原因。宗教改革之后，在新教的冲击下，教会自身已四分五裂，虽然在形式上还存在着教皇，但他对各国教会——不论是新教还是天主教——都已丧失了实质上的控制权，各国教会无须再一切听从于罗马教廷，反而改为服从各自的君主。没有了统一的制裁者，也就无所谓"异端"，俗权再也无须从教会那里获取自身存在的证明。所以，人们开始引入一个新概念去为俗权求证，这个概念就是"主权"。主权概念在今天是人们耳熟能详的，就其发源来看，应当说是产生于这个时期，所要证明的是俗权相对于教权的独立性。

在当今社会科学研究中，我们经常看到这样一种现象，那就是，当一个新的概念出现之后，马上就会有人用新的概念去为旧的事物进行论证。比如，当"服务型政府"的概念在中国被提出后，就曾出现连篇累牍的文章去证明西方发达国家政府的服务型政府性质。同样的事情在历史上也是有的，在"主权"概念刚一出现的时候，也立即就有人附和，提出了"教会主权"的说法。其实，"主权"是一个世俗概念，而且仅仅是一个世俗概念。就"主权"这个概念的实质来看，只是当权力的来源无法得到可信证据来加以证明时，即经常性地受到质疑时，才会用"主权"这一假定去作出终极性的解释。对于基督徒而言，上帝创世是不容置疑的，"一切权力都来源于上帝"这一点是确定无疑的信念，因而根本

---

① ［美］沃特金斯：《西方政治传统：近代自由主义之发展》，李丰斌译，新星出版社2006年版，第53页。

不需要用主权这个概念来对权力作出证明。为什么会有人援用主权的概念去谈论所谓"教会主权"呢？只能说明一点，那就是教会已经开始对自己干涉世俗权力的行为感到心虚了。也就是说，"教会主权"之说所反映出的恰恰是人们已经开始对"权力属于教会"这一信念产生了怀疑，以致教会也不得不用"教会主权"来加以辩解。今天再来看这段历史，已经可以清楚地看到，当时教会所进行的这种辩解正好折射出了"主权在国家"的观念开始涌动。

从文献梳理来看，对"主权在国家"的观念进行系统理论证明的第一人是法国思想家布丹。尽管当时（1572 年）的布丹也坚持主权者须遵守"自然法"和"神法"，他甚至认为，"不论是议会还是人民都不可能使他们豁免于这两种法的约束，而且他们还必须被强制去万能之神的审判席前受审"①。但是，"自然法"与"神法"都只能算作抽象的观念。根据布丹的逻辑，主权者只要对"不朽之神"而非教会负责便可拥有主权。另一方面，就"自然法"的概念而言，也只是在对抗把持"神法"的教会时从理论上推导出来的，"自然法"概念的提出以及这一概念的实质，完全是出于证明世俗权力正当性的需要，是被作为世俗权力的依据而提出来的。当布丹要求主权者遵守"自然法"与"神法"时，其实是在这一判断的背后潜在地包含了俗权与教权应当统一在主权者身上的思想，其中也包含了提出"绝对国家"概念的逻辑，尽管他尚未明确地提出绝对国家的概念。所以，布丹的主权思想表明，"他不仅认为不反抗学说是'主权'的逻辑内涵，而且进而认为'绝对主权'概念是'国家'概念的逻辑内涵"②。

其实，在英国，亨利八世早已建立起了集俗权与教权于一身的"绝对国家"，所以，当布丹对这一国家形式作出理论证明之后，绝对国家也

---

① Bodin, Jean, *The Six Books of a Commonweal*, trans. Richard Knolles and ed. Kenneth D. McRae (Cambridge, Mass., 1962). p. 104. 引自［英］斯金纳：《近代政治思想的基础》（下卷），奚瑞森、亚方译，商务印书馆 2002 年版，第 418 页。

② 见 Church, William F., *Constitutional Thought in Sixteenth Century France* (Cambridge, Mass., 1941). p. 226. 及 Franklin, Julian H., *Jean Bodin and the Rise of Absolutist Theory* (Cambridge, 1973). p. 23. p. 93. 引自［英］斯金纳：《近代政治思想的基础》（下卷），奚瑞森、亚方译，商务印书馆 2002 年版，第 408 页。

就迅速地在大陆风靡起来。当路易十四宣称"朕即国家"的时候，实际上也是在宣告绝对国家的出现和神权国家的终结。当然，在绝对国家中，依然存在着教权与俗权的区别，但绝对国家的主权框架却使它们不再处于对立关系中了，而是统一到了君权这里。绝对国家终止了天主教会治理社会的权力，同时，也将精神王国与世俗王国的控制权都交由君主了，使君主对国家的控制力以及绝对国家对社会的控制力都显得比神权国家更强。绝对国家的出现意味着国家开始有了地理特征，在某一边界之内，不仅世俗生活，而且宗教生活，都要接受绝对君主所代表的治理体系的管辖。在与宗教的关系上，绝对国家的出现意味着神权的衰落和君权的兴起。但是，绝对国家对神权国家的替代并不意味着现代国家已经显现出了自己的身影。在从神权国家向现代国家的转变中，绝对国家只是一个短暂的历史现象。如果说文艺复兴与宗教改革造就了绝对国家，那么启蒙运动与工业革命则造就了现代国家。这就是欧洲从农业社会向工业社会转型过程中所走过的道路。

二、 两种国家形式间的较量

在绝对国家出现后的百余年间，尽管君权已将俗权与教权统为一体，而各教派觊觎官方宗教地位的明争暗斗却依然在进行中，君王及其继承者也不时地陷入争斗的旋涡之中，或者与不同的教派之间进行讨价还价，各教派与君王之间的相互利用达到了空前的地步。这在一定程度上也对君权造成了事实上的影响，使绝对国家表现出一种变动性的特征。一般说来，当现实呈现出纷乱的时候，思想家往往变得浮躁而不理解现实，正如今日中国的人们不知引导型政府职能是什么一样，在绝对国家时期人们也不知道什么是绝对国家，因为这个时期不存在深入的理论思考，即有实践而没有理论。所以，在绝对国家时期，基本上没有给我们留下多少值得一读的文献，直到资产阶级革命初期，才由霍布斯对绝对国家作出了理论上的总结。

霍布斯显然继承了布丹的主权学说，而且他与布丹一样，都认为绝对国家是国家的应然存在形态，不应局限于某一政体。霍布斯说，"主权不论是像君主国家那样操于一人之手，还是像平民或贵族国家那样操于一个议会之手，都是人们能想象得到使它有多大，它就有多大"①。也就是说，绝对国家可以是君主国家，也可以是民主国家或贵族国家，或者说，君主国家、民主国家、贵族国家是绝对国家的三种具体的组织形式，它们的差别不在于权力的大小，只在于权力分布的不同。针对那些关于绝对国家中因存在着强迫与压制而没有自由的批评，霍布斯作出了机智却又蛮不讲理的回应。他辩称，既然做与不做都是自由的选择，那么因畏惧而做，也同样是一种自由的选择。因为"人们在国家之内由于畏惧法律而做的一切行为都是行为者有自由不做的行为"②，所以"畏惧与自由是相容的"③。霍布斯在这里实际上是说，不论在绝对国家中存在着怎样的强制，一旦服从了这一强制，个人就是自由的。显然，这种论证是一种近乎强盗逻辑式的诡辩，也正是因为这一点，霍布斯不断受到后人的诟病。其实，还远不止于此，霍布斯甚至还要去论证公共利益与私人利益的一致性。他说："公私利益结合得最紧密的地方，公共利益所得到的推进也最大。"④ 在君主政体中，由于主权属于君主一人，君主的"私人利益和公共利益是同一回事"⑤。根据霍布斯的这一观点，对君主政体的推崇达到了无与伦比的地步，他眼中的君主政体就是最优越的政体，所以，他极力让人们相信君主制是历史所作出的最为合理的选择。联系到霍布斯在克伦威尔上台后的表现就可以看出，他的著作实际上是一种对独裁者的献媚。

不过，从理论上看，霍布斯关于绝对国家的证明在实践上是有着积极意义的，也就是说，对于消除宗教凌驾于国家治理之上的情况，霍布斯的理论是有着积极的历史性价值的，他关于教权限定的长篇论证所表达的就是，要求教权从属于俗权。霍布斯认为，"如果只有一个王国的话，那么要么就是作为国家权力当局的俗权王国必须服从神权王国，要

---

① ［英］霍布斯：《利维坦》，黎思复、黎廷弼译，商务印书馆1985年版，第161页。
② ［英］霍布斯：《利维坦》，黎思复、黎廷弼译，商务印书馆1985年版，第163页。
③ ［英］霍布斯：《利维坦》，黎思复、黎廷弼译，商务印书馆1985年版，第163页。
④ ［英］霍布斯：《利维坦》，黎思复、黎廷弼译，商务印书馆1985年版，第144页。
⑤ ［英］霍布斯：《利维坦》，黎思复、黎廷弼译，商务印书馆1985年版，第144页。

么就是神权王国必须服从于俗权王国"①。霍布斯的看法则是，"一个国家的肢体如果由灵界权力以天罚之威和神赏之望（赏罚是国家的神经）来加以推动，而不像应有的情形一样由世俗权力（国家的灵魂）来推动，同时，用怪异而晦涩的词句来窒息人民的理解时，就必然会使人民误入歧途，其结果不是使国家被压垮了台，便是把它投入内战的火焰之中"②。这就是霍布斯在权力问题上的唯物主义主张。进而，霍布斯还认为，基督交给使徒们的只是劝说，而非权力，"《新约圣经》唯有在合法的世俗权力当局规定其为法律的地方才能成为法律"③。霍布斯甚至对教会解释圣经的权力提出质疑。他认为，教会对圣经的最后解释权是可疑的，因为教权只有在俗权处才能获得合法性。可能正是由于霍布斯的这一贡献，自此之后，教权不再成为思想家们必须面对的问题了。从思想史上看，霍布斯之后，思想的主题发生了根本性的变化。尽管霍布斯对君主制的吹捧常常受到后人的批评，但他对教权充满激情的批驳却为后人扫平了道路，使人们能够在新的起点上，即从世俗国家的角度，来设计符合时代特征的国家形式。

霍布斯生在克伦威尔时期，虽然这时的人们还处在独裁者统治之下，但与封建君主的专制统治已有很大的不同了，新生的资产阶级通过"议会军"的胜利而掌握了政权。在资产阶级掌握了政权后，自然会努力去通过议会维护和促进社会自身的成长。革命初期之所以保留了独裁者的角色，那其实是新生力量与强大的顽固势力之间的必要妥协，随着革命的深入，壮大了的社会也就必然要求尽快祛除这一因素，即推翻独裁者。在革命的过程中出现反复也是必然的，议会与贵族的角力总会在彼此的高下中拉锯，特别是在君王的更替中，议会与贵族间总会通过"绑架"国王而使自己一方占据上风。从当时总的历史趋势看，国家战胜宗教已经成为必然，新教的胜利甚至成了革命成功的标志。因此，对理论家而言，应当关注的就不再是教权与俗权高下的问题，而是转向了以国家为

---

① ［英］霍布斯：《利维坦》，黎思复、黎廷弼译，商务印书馆 1985 年版，第 256 页。
② ［英］霍布斯：《利维坦》，黎思复、黎廷弼译，商务印书馆 1985 年版，第 257 页。
③ ［英］霍布斯：《利维坦》，黎思复、黎廷弼译，商务印书馆 1985 年版，第 421 页。

主体的政治权力本身，所关注的是同属于世俗因素的"议会"和"贵族"。霍布斯的绝对国家理论反映了英国革命的这一过程，同时，霍布斯的思想也正是作为这一过程的理论结果而出现的。正是这一点，决定了霍布斯思想的过渡性特征，致使他还不可能解决国家政治权力结构等问题，而这些问题的解决，则是后来者的任务。当霍布斯的后人开始解决国家政治权力结构等问题时，则出现了"君主立宪国家"和"宪政国家"这两种现代国家形式的争论。

关于现代国家形式的思考是与分权思想联系在一起的，现代分权思想的最早表述则首先出现在了洛克那里。分权的出发点是要保障社会具有独立的利益，具体而言，就是要满足人们日益迫切的财产权要求。也许正是这一理论探讨的逻辑，决定了洛克首先提出的是"劳动确定财产权"的观点。在洛克这里，实际上包含着这样一个逻辑：劳动是个人的自由，既然劳动在任何时候都是个人的自由，那么财产权也就不应受到干涉。在这一前提下，洛克进一步展开了对社会与国家关系的证明。受霍布斯以来契约论的影响，洛克的思想叙述也是从自然状态出发的。不过，为了使自己的思想更具现实说服力，洛克在自然状态与国家间引入了"社会"的概念——"其形成的情形是：处在自然状态中的任何数量的人们，进入社会以组成一个民族、一个国家，置于一个有最高统治权的政府之下；不然就是任何人自己加入并参加一个已经成立的政府"[①]。

洛克的理论目标是要提出设置公正的"裁判者"的必要性，在他看来，只有设置了公正的裁判者，才能避免并补救自然状态中由于没有明确权威而出现的混乱。在专制政体下，君主独揽大权，既是立法者，又是执法者，因而不可能成为公正的裁判者。洛克认为，专制政体下的人们与其说是臣民不如说是奴隶，因为没有申诉的权利，人们只能算是处于自然状态之中。洛克的理论追求表现为从社会出发来思考国家的建构问题。在洛克看来，政府形式取决于最高权力即立法权的隶属关系，而"使用绝对的专断权力，或不以确定的、经常有效的法律来进行统治，两

①　[英]洛克：《政府论》(下篇)，叶启芳、瞿菊农译，商务印书馆2003年版，第54页。

者都是与社会和政府的目的不相符合的"①。所以，人们结成社会并受制于政府的目的是要保护他们的财产（洛克的"财产"是一个总称，包括"生命、特权和地产"），而专断权力和专断命令都极有可能侵犯人们的财产。洛克提出的解决这一问题的方案是："立法权"与"执行权"必须分开，且"立法机关"不必长期存在，而"执行机关"则需要长期存在。如果认真地阅读洛克，可以发现，由于洛克把立法权设定为最高权，他实际上所论证的就是议会君主制的国家了。具体而言，就是"光荣革命"之后所确立起来的"君主立宪政体"，是一种超越了绝对国家的国家形式。

洛克的分权思想后来被孟德斯鸠吸收并改造成了经典的"三权分立"学说。在当时，虽然由于欧洲大陆专制势力过于强大而不能马上付诸实践，但三权分立学说却随着启蒙的春风吹到了大洋彼岸，并在美国革命的政治实践中成为现实。在资产阶级革命的意义上，美国的宪政民主显然要比英国的君主立宪制更为彻底，而且美国实践的意义也被托克维尔发现并推荐给了世界，或者说，经托克维尔宣传而使美国成了民主的典范，以至于资本主义治理体系在世界范围内的最终确立实际上也就是"美国式民主"的遍地开花。不过，距离美国式民主的普及还有很漫长的路要走，就像从神权国家到绝对国家的发展经历过多次反复一样，君主立宪国家以及与它并行的宪政国家的确立也不是一帆风顺的，它们取代绝对国家的过程也是非常艰难的。在欧洲大陆上，它甚至一度遭遇了顽强的抵抗。

在欧洲大陆，宗教改革之后的教派纷争引发了宗教战争，原本就七零八落的欧洲版图更被搅得破碎不堪。在这种背景下，绝对国家的出现受到了热烈的欢迎，专制君主的强硬形象给了各国人民莫大的安慰与勇气，以致被称为共和主义先驱的卢梭也对主权的绝对性恋恋不舍。直到黑格尔，尽管已明确无误地看到了市民社会的出现，可他心目中的理想国家形式仍然具有绝对国家的形象。在黑格尔看来，作为"绝对精神"的化身，国家是绝对自在自为的理性存在，是绝对的不受推动的自身目

①［英］洛克：《政府论》（下篇），叶启芳、瞿菊农译，商务印书馆 2003 年版，第 85 页。

的。因而，"如果把国家同市民社会混淆起来，而把它的使命规定为保护所有权和个人自由，那么单个人本身的利益就成为这些人结合的最后目的。由此产生的结果是，成为国家成员是任意的事。但是国家对个人的关系，完全不是这样"①。黑格尔认为，国家是普遍性的领域，市民社会则是特殊性的领域，个人是处于市民社会中的，但个人的利益并不能够在市民社会中得到保障，只有当市民社会中的个人的或特殊的利益与国家所代表的普遍的利益相结合，才能得以实现。所以，"现代国家的本质在于，普遍物是同特殊性的完全自由和私人福利相结合的，所以家庭和市民社会的利益必须集中于国家"②。

当然，对于黑格尔的绝对国家，不能只作纯粹政治学意义上的理解，而是需要从哲学上加以把握，因为他的国家理论是从属于其哲学推论的。黑格尔按照他的辩证法的逻辑，把国家视作虚构的"绝对精神"的化身，而市民社会、政治制度等环节都只是这个有机体内部的自我规定，从属于国家自我建构的需要。所以，黑格尔的"绝对国家"在实质上并不是此前那个与神权国家相对立的绝对国家，而是国家与社会关系意义上的"绝对国家"，是根据辩证法的逻辑所呈现出来的历史发展的结果。就市民社会与国家的关系而言，市民社会在国家的自我分解中产生，最后又统一于国家，从而使国家在相对于社会的意义上具有了绝对性。国家既是社会产生的原因，也是其最终目的。在哲学层次上，这一分析显示了黑格尔的辩证思维是富于远见的，因为后来的历史发展越来越清晰地呈现出来的情况证明：近代以来的领域分化实际上也就是这样一个过程，社会从混沌的"绝对国家"中产生，然后，存在于社会中的要求又催生出了新的国家。但是，在束缚于形而上学思维传统的黑格尔的同时代人那里，黑格尔的这一思想是不可能得到真正理解的。因为黑格尔是以逻辑的深邃而把握了历史的真实过程，而他的同代人处于那个历史过程中却并不知晓历史是怎样的。也就是说，黑格尔的绝对国家虽然是思辨的

---

① ［德］黑格尔：《法哲学原理》，范扬、张企泰译，商务印书馆1979年版，第253～254页。这里需要指出，近些年来所流行的"公民社会"这个概念，显然是黑格尔所说的那种把"国家同市民社会混淆起来"的情况。

② ［德］黑格尔：《法哲学原理》，范扬、张企泰译，商务印书馆1979年版，第261页。

产物，而在现实形态上，更多地具有绝对君主制的特征。在黑格尔的许多表述中都可以看到这一点，即"国家人格只有作为一个人，作为君主才是现实的"①。这显然是关于一种不同于宪政国家的另一种国家形态的构想。所以，从理论上看，洛克所代表的是一种君主立宪制的国家理论，孟德斯鸠所代表的是一种宪政民主制的国家理论，而黑格尔则处于两者之间。可以说黑格尔运用辩证法去中和了洛克和孟德斯鸠的国家理论。这就是近代初期启蒙思想家们关于国家的三种构想。

三、 公共生活的发生

正当欧洲革命如火如荼地进行着时，北美大陆上已经建立起了宪政国家。如果说在欧洲思想家们那里关于社会契约的论述基本上是出于假想的话，那么北美人民则仿佛真的处于"自然状态"之中，历史上的无政府背景使曾经的殖民当局也不能不运用较为宽松的统治，而这又反过来使北美大陆的无政府状态得以延续。所以，到了革命胜利的时候，各方势力也就能够拥有一个类似于"社会契约"的机制来进行讨价还价，去议定国家的组织形式。正是北美的无政府状态为宪政国家的诞生提供了历史前提，如果那里本来是一种集权统治状态的话，可能宪政国家的诞生会变得极其艰难。由于在北美出现了宪政国家，所以美国才能够高傲地将自己视为上帝的宠儿。客观地说，如果没有美国的出现，启蒙思想要成为现实可能要更费几番周折。由于有了美国这样一个成功的样板，才鼓舞了欧洲思想家对启蒙遗产的信心，即便在极权主义甚嚣尘上之时，也敢于坚持宪政民主的信念，并最终通过宪政的普及而促成了政治现代化的进程。美国的实践是一个从无政府状态到宪政国家的治理过程，它是那样准确地诠释了启蒙思想家从"自然状态"走向"社会契约"的思想。美国现代化的道路表明，真正的宪政民主注定要在北美大陆登上历史舞台，或者反过来说，美国注定要成为启蒙思想的实验区，即成为第一个宪政国家。

---

① ［德］黑格尔：《法哲学原理》，范扬、张企泰译，商务印书馆 1979 年版，第 296 页。

对于自身得天独厚的条件，美国人毫不掩饰。在关于宪法问题的争论中，在回答政府的一般形式是否一定是共和政体的问题时，麦迪逊的答案是，"显然再没有其他政体符合美国人民的天性"①。因此，对于国家的形式问题，美国国父们并不存在多大的歧见，"代议共和""三权分立"等这些启蒙运动所确立起来的原则对于他们来说都是不证自明的公理，"联邦党"与"民主共和党"之间所存在的差异只是对民主的看法有所不同而已。"民主共和党"主张代议制政府应体现民选代表的意志，体现民主；"联邦党"则主张以参议院限制众议院，反对绝对民主制。总体来看，启蒙运动在政治实践中的最大成功是用宪政国家否定了绝对国家，从而将"分权制衡"作为了现代国家的灵魂。作为启蒙原则的实现，在美国的立宪之争中最终获胜的是"联邦党"。这一论争所结出的"美国式民主"之硕果在今天已被视为"西式民主"的同义语了，这也说明，宪政民主是宪政国家所内含的和能够接受的民主形式，在宪政国家这一历史范畴中，民主是它最为突出的政治特征。如果突破了宪政国家的框架，那么关于民主的争论也就没有什么意义了。可见，民主赖以得到证明的本体论前提——人权——作为一项假设的性质也就变得清晰了起来，只有在宪政国家的思路中，人权才有意义，走出了这一思路，人权的意义也就不存在了。所以，在关于人类社会的制度建设问题上，既然人权作为一项假设可以成立，那么其他的假设能否成立就成了一个可以争议、可以探讨的问题了。之所以在今天人们会把人权作为一个普遍性的基准来看待，这并不是因为它具有科学的价值，而是由话语霸权决定的。

总的来说，对美国人而言，基本上是不存在关于国家形式的原则性争论的，他们对启蒙原则所采取的是"拿来主义"的做法，即便有所改造，也是出于便利实践的目的。在美国人这里，理论上的批判不仅不解决问题，反而被认为会带来思想上的混乱和徒增烦恼。所以，即便"美国式民主"这样一个标签，也是由法国人贴上去的，而第一次提出"美国式民主"这个概念的著作也只是一部描述性的作品，所发挥的只是

---

① ［美］汉密尔顿、杰伊、麦迪逊：《联邦党人文集》，张晓庆译，商务印书馆1989年版，第192页。

"广而告之"的作用。从历史文献来看，真正将其作为一种标准而确立起来，或者说实现了把美国民主"标准化"的人，则是一位叫作约翰·密尔的英国人。

密尔出生于作为近代思想源头的英国，可能是由于他的出生地的原因，使他对从绝对国家向宪政国家转变过程的实质有着更为深刻的认识。密尔看到，绝对国家与宪政国家的不同体现在"自由"这个词语上。在绝对国家以及更早的神权国家中都不存在什么自由的问题，近代社会则不同，它是发端于以财产权为标志的自由需求的。在霍布斯那里，自由"指的是没有阻碍的状况"①。这显然是一种极其模糊的界定。霍布斯之所以得出了"绝对权力"与"自由"是相容的结论，完全是基于这种模糊的界定而引出的，在逻辑上也是不可靠的。到了洛克那里，自由与个人的财产权联系了起来，按照财产权实现的逻辑要求，政府应隶属于社会，为社会服务。经历了英国与美国革命的实践，国家保障经济自由的职能得到了确立。同时，宪政民主的成形也为政治自由划定了界限。应当说，是美国的政治家们为"自由"以及"政府"确定了这一界限。美国人在实践上的特长总难同样反映在理论建树上，也就是说，美国人未能在这一问题上予以理论阐明。结果，更具理论远见的密尔收获了美国政治实践的成果，将其纳入自己的思想体系之中了。

针对欧洲大陆保守主义的回潮，密尔开宗明义地表明其自由的论题并不是所谓"意志自由"，而是对"公民自由"或称"社会自由"的探讨。实际上，密尔也是批判"意志自由"之说的，认为所谓"意志自由"完全是在幻想"统治者应当与人民合一起来，统治者的利害和意志应当就是国族的利害和意志"②。密尔所关注的是现实中直接与人的实体性联系在一起的自由，就此而言，密尔的理论探索具有一些美国实践的色彩。密尔以美国为实例告诫人们，"人民会要压迫其自己数目中的一部分；而此种妄用权力之需加防止正不亚于任何他种"③。根据密尔的意见，非但绝对君主，绝对民主也需防范，因为后者不过是"多数的暴虐"。在密尔

---

① ［英］霍布斯：《利维坦》，黎思复、黎廷弼译，商务印书馆 1985 年版，第 162 页。
② ［英］密尔：《论自由》，许宝骙译，商务印书馆 1998 年版，第 3 页。
③ ［英］密尔：《论自由》，许宝骙译，商务印书馆 1998 年版，第 4 页。

这里，"民主"显然不是一个褒义词，而是意味着"多数的暴虐"。密尔指出，即便是在美国，"人民"也非"自治"的，国家的运行必须遵循宪法原则，只有宪法才能保障自由。宪法高于一切，因而也高于民主。宪法确立了个人自由，民主则不适合于个人自由。

阅读密尔时可以发现，他对欧洲大陆不限制政府权力的状况提出了批评，同时，他又认为美国也并非完全"自治"。这看起来让人费解。其实，密尔是想表明这样一个看法：不限制政府权力就不会有自由，但完全的自治也不是自由，或者说，完全的自治恰恰会破坏自由，即导致"多数的暴虐"。正是这样，密尔确立起了自由的界限，"任何人的行为，只有涉及他人的那部分才须对社会负责。在仅涉及本人的那部分，他的独立性在权利上则是绝对的。对于本人自己，对于他自己的身和心，个人乃是最高主权者"①。这也就是后世所说的：个人的领域是自由的领域，公众的领域才是民主的领域。

在思考自由的实现问题时，密尔将论题转到了政治领域，论述了"代议制政府"的必然性。他认为，在专制之下，"整个民族，以及组成民族的每个人，对他们自己的命运都没有任何潜在的发言权。关于他们的集体利益他们不运用自己的意志。一切都由并非他们自己意志的意志为他们做决定"②。而"民主制，和所有其他的政府形式一样，最大危险之一在于掌权者的有害的利益，这就是阶级立法的危险；就是意图实现（不管是否真正实现）统治阶级的眼前利益，永远损害全体的那种统治的危险"③。密尔得出的是一个充分支持代议制政府的结论，即认为代议制政府是真正能够保障自由的政府。为了防范代议过程中可能出现"多数的暴虐"，密尔还进一步主张"复数投票"，以求用复数投票的方式保证所谓的"事实平等"能够得到实现，尽管密尔清楚地知道这种复数投票将违背作为代议制生命的"形式平等"原则。由此可见，经过密尔的论证，宪政国家模式最终在理论上确立了起来，即以代议的形式成为可以操作的政治和公共生活模式。当然，这一模式也是历史性的，包含着深刻

① ［英］密尔：《论自由》，许宝骙译，商务印书馆1998年版，第11页。
② ［英］密尔：《代议制政府》，汪瑄译，商务印书馆1984年版，第38页。
③ ［英］密尔：《代议制政府》，汪瑄译，商务印书馆1984年版，第98页。

的矛盾和缺陷，特别是到了 20 世纪后期，它的矛盾暴露得越来越明显。

四、 公共生活的异化

在近代以前，个人与国家间是没有距离的。尤其是在神权国家中，个人在灵与肉两个维度上都从属于神权国家，社会也与国家混为一体，个人与社会都无法独立于国家而存在。所以，现代意义上的个人意识与社会意识都是无法生成的，也就更无私人生活与公共生活的区别了。人类走向近代社会的过程是一个领域分化的进程，个人首先从"家元共同体"（作为神权国家治理结构的缩影）中走了出来，开始有越来越多的人独立于家元共同体之外。尔后，游弋于家元共同体之外的人们组成了社会。这一新生社会不再是人们机械性的集合体，而是具有自主意识的个人间的联合体。黑格尔在《精神现象学》中所考察的自我意识生成过程也许就是对这段历史的复写。个人的自主意识的产生并不断强化造成了这样一个结果，那就是在自主意识的基础上进一步生成了社会利益与社会意识。社会成了一种具有自我意识的无形力量的集合形态，这个"社会"的出现，也就同时产生了"政府—社会"二元对立的基础性结构。当社会能够意识到自己可以与政府相抗衡的时候，它就会要求政府去按照自己所需要的方式来组建和运行。因而，社会便在与政府的"博弈"中一步步地把神权国家改造为绝对国家，接着，又进一步把绝对国家改造成宪政国家。正是在此意义上，我们说洛克的一个很重要的理论贡献就是发现了"社会"。

不过，在历史演进的实际过程中，无论是在神权国家还是绝对国家中，政府（如果说那时的统治者的集合体能够算作是政府的话）都有自己的利益并以其自身利益的实现为旨归，只是有了社会以及社会的需求和根源于这种需求的理论设定时，人们才会要求按照宪政国家的理念去改造和重新设计政府。然而，即便是在作为宪政国家典范的美国，根据"联邦党"人的主张而订立的宪法在实际运行中也不能保证政府完全体现社会利益。根源于旧时代的那种政府自利要求依然会长期存在，直到今天，人们还可以看到政府的自利性，甚至会有一些学者根据所谓最新的理论去分析和理解政府的自利性，他们不知道政府的所谓自利性只是来自绝对国家甚至神权国家的一种遗传。当然，政府自利性也说明了理论家们长期研究和探讨公共生活以及整个政治和政府运作过程的目的都是为了维护个人与国家间的距离，从而保卫自由。

所以，政府虽然在理论上被设定为应当为社会服务，但无论在理论上还是在实践中，都不应与社会相重合，现代理论的价值就在于设定了政府与社会相分离的原则。如果政府与社会相重合的话，那其实是在一定程度上向绝对国家状态的回复，就会出现政府包揽社会、遮掩社会的状况，就会造成一种对个人的压迫，即造成对自由的侵害。在密尔的作品中，这种认识表现得尤其明显。从某种意义上说，《论自由》是从哲学的意义上确立了个人与社会的界限，《代议制政府》则是在政治学的意义上确立了社会与政府的界限，二者的结合所要达到的正是要在常识的意义上确立起个人与政府的界限。这一点正是宪政国家的本质，同时也是自由主义的使命所在。

有了上述努力，私人生活与公共生活才得以分开，人们才可以从不同的角度去对私人生活和公共生活加以分别把握，才能够貌似科学地去确定现代社会中私人生活与公共生活的关系。在绝对国家与神权国家中显然不存在公共生活，在那里，只有"权力意志"而没有"公共意志"。但是，"权力意志"往往自我标榜为"公共意志"。正是由于这一原因，留在近代思想家头脑中的往往是"公意"等同于"阶级立法"，公共生活等同于"多数的暴虐"。如果说近代思想家有了自己的发明，那就是设计了现代政府，让政府独立于阶级立法之外去执行法律，让政府掌管公共生活而防止"多数的暴虐"。当政府这样做的时候，也被看作是"服务于社会"了。同样，由政府掌管的公共生活也被认为是为私人生活的自由与幸福提供了保障。沿着这样的思路去认识政府以及公共生活，其实只是对它们作出了工具性的理解，或者说，是置政府以及公共生活于工具化的地位上了。为什么会这样呢？究其原因，是因为近代以来的思想家们没有从根本上区分开"权力意志"与"公共意志"，或者说，他们把公共生活（特别是把民主）与"多数的暴虐"相等同了，致使现代化中产生了公共生活形式化和政府工具化的方向。

公共生活的工具化在 20 世纪达到了顶点，其显著标志是政治与行政的分离。政治与行政的分离是代议制民主在逻辑上的延伸，它使公共生活与私人生活的疏离得到深化。其中，公共生活中的"职业化"又进一步拉开了行政与公众的距离。政治与行政分离后，行政权力从政治权力中独立了出来，由于祛除了政治的"巫魅"，由于作为国家行政机构的政府的价值中立，行政权力变成了"公共权力"，使得以往无法企及的"公共性"有了具体的承载主体——政府。但在现实中，却又可以发现大量行政权力被滥用的现象，事实上也确实存在着许多假"公共"之名而谋一己之私的行为。从整个 20 世纪的情况来看，没有一个政府能够解决公权私用、腐败、行政不作为等问题，政府承载着公共生活却无法给人以让公共生活走向健全的希望。结果，公共生活在困境中越陷越深，无论 20 世纪的政府作出了多少种改革尝试，还是无法找到出路。

近代以来的理论包含着这样一个逻辑：在公共生活与私人生活相分离的前提下，如果将公共生活视为一种目的，就会对私人生活造成极大的挤压，而近代以来几乎一切理论所追求的都是要保障私人生活和促进个人自由，所以，必须把公共生活设定为私人生活得以实现的工具。在国家与社会相分离的情况下把政府作为工具来看待也许是可以接受的，但在公共生活与私人生活相分离的条件下，把公共生活放置到工具性的位置上是否合理？显然，在近代思想家们的逻辑统一性追求中，公共生活工具化的命运是难以避免的。从我们对历史考察中也确实看到，国家与社会相分离的过程同时是公共生活与私人生活分化的过程，这两个方面的分化是以统一的历史进程展现出来的。但是，我们能否用同一个逻辑来梳理这一同样的历史过程呢？学者们显然没有提出过这样的疑问，所以，他们在把政府看作为工具的同时也就把公共生活看作为私人生活的工具了。然而，当人类在今天发现了诸多"社会病态"的时候，上述问题也就变得清晰了，基于现实的状况也就不能不对公共生活的工具化提出疑问，也许公共生活应当是目的而不应当是工具。公共生活的工具化带来了问题，那就是"公共"的内涵遭到肢解，以致"公共"一词在更多时候被用来指称"公众"，学者们往往把"公众的"直接等同于"公共的"。或者说，在公共生活工具化的情况下，人们是分不清"公共"与

"公众"的，从而使"公共意识"逐渐被磨灭，或者说用公众要求置换了公共意识。进而，公共生活也就不可能带来公共利益的实质性改善，被等同于"公共"的"公众"逐渐地懒于关注公共利益了，他们只希求个人利益的满足，是以公众形式出现的个人利益主体而存在的。不过，这种情况还是引起了 20 世纪的思想家们的注意，因而，反思公共生活也成了 20 世纪中后期的政治哲学主题。

关于公共生活的反思被集中到对自由的再定义上了。这是因为，"自由"与"平等"两个概念一道构成了现代社会的根基，早期启蒙思想家们的全部理论精髓正是凝聚在这两个概念之中的。所以，20 世纪后期的思想家们希望到这里去发现理解公共生活的锁钥。的确，现代公共生活的困境正是根源于人们对个人自由的盲目崇拜，是对自由作出的片面理解而引发了公共生活的危机。为了解决这一问题，伯林提出了"两种自由观"，意图引入"积极自由"的概念以弥补"消极自由"观念引发的那种对"公共"一词的误读。不过，当伯林将自由概念生硬地分为两个部分时，实际上是将自由的理念庸俗化了。

综观人类历史，尽管自古以来无人不声称对自由的追求，而自由在实际上却一直是一个理想，从来也没有人将其付诸实现过，从来也没有一个自由的时代或社会。现代社会所追求的"个人自由"其实只是自由观念的初步觉醒，随着历史的进步，人们对自由的认识自然会更上层楼，自由的内涵也必将更加丰富。然而，当伯林在用"消极自由"指称"个人自由"和用"积极自由"指称"个人自由"的对立面的时候，却在理论上禁锢了自由的内涵，阻断了自由概念通过自身的对立统一而向前发展的道路。所以，伯林关于自由的界定也同样会导致对公共生活的认识偏差，使人们片面地去认识和理解公共生活，不切实际地去建构公共生活，其结果只能是把公共生活从一种异化状态拉到另一种异化状态中去。阅读伯林的时候就会看到，当他说"积极自由"时，其实是在回忆古代的城邦理想。可是，城邦时代实际上所存在的只是极其感性的自主而不是自由。这说明，如果借用伯林的"积极自由"观去改进公共生活，就像是到一个早已被历史的发展所否定了的陈迹中去寻找建构未来世界的灵感，它无疑会重新把人们导入另一歧途。

第一章

市民社会及其国家

市民社会是公共生活的母体。市民社会兴起的历史运动是发生在中世纪后期城市衰落的过程中的。由于城市的衰落，原先仅存于城市中的"市民社会"逐步演化为整个社会所拥有的市民社会了。结果，原先由城市所承担的与绝对国家的斗争也转变成整个市民社会与绝对国家间的斗争，并最终把绝对国家改造为现代意义上的法治国家。事实上，近代以来，在政治领域中的一切理论探讨和实践方案设计都是从市民社会与国家的关系入手的，对市民社会的理解以及如何根据市民社会的要求去规划国家和社会治理过程，一直都是政治学研究的重心。

在关于市民社会与国家关系的分析中，理论分歧主要表现在是从市民社会中的"市民"出发还是从市民社会中的"社会"出发？黑格尔提出的是另一个方案，他把市民社会作为一个整体看待，然后在市民社会与国家之间寻找中介因素。马克思在批判黑格尔的过程中阐发了一种通过消除市民社会中的异化而去建构国家的设想。这是一条不同于西方主流路线的国家建构方案。然而，在中国学术界，一度流行把"市民社会"一词重新翻译成"公民社会"，这包含着对"市民社会"和"公民国家"的双重误读。我们知道，市民社会与公民国家的关系既是理解近代以来社会结构的基本坐标，也是开展社会治理的依据，一切制度建构和治理方案的提出，都是出于市民社会与公民国家间的关系调整的需要，而"公民社会"的概念使得国家与社会的关系不知所云，因而令人无法把握它们之间的关系，也无法去揭示它们走向未来的逻辑可能性和历史必然性。就"公民社会"这个概念来看，它可能是理论研究者为了创新而创新的结果，所反映出来的是倡导这一概念的学者既不知道近代以来的历史也不知道理论研究的目的。这个概念使理论变得庸俗化了，也使庸俗的理论研究者丧失了理论研究的目标。

第一节　城市、市民社会与近代国家的产生

一、 城市是自由的发源地

近代历史是工业化与城市化同步发展的历史，而当我们思考近代国家的生成时，可能会问到"城市究竟发挥了什么样的作用"这样一个问题。显然，在国家生成中城市的历史作用问题是历史研究中的一个学术课题。不过，在今天国家与城市的复杂关系中，对从城市的演进到国家的产生这样一段历史进行探讨，能否发现其中的一些逻辑关系呢？如果能够发现从城市到国家的逻辑关系并对处理城市、农村与国家所构成的这一体系中的一些问题有所启发的话，显然就是一个现实性很强的理论课题了。

当人们把城市与国家联系起来考虑时，往往会想起古希腊的城邦国家。的确，在古希腊，城市与国家是一体的，而在近代人的眼中，城市总是某种政治理想的象征，不仅古希腊城邦历来就被视为民主治理的典范，而且中世纪的城市也经常被人们书写成一个个独立自主的民主共和国。即使到了今天，国家以及政府的办公机构也往往是设在城市中的。这无疑会让人对城市与国家的关系产生诸多联想。其实，现代人关于古希腊以及中世纪的许多认识都是与历史事实不相符的，在等级制度占据支配地位的农业社会，无论古希腊的城邦还是中世纪的城市，都不可能有我们今天所赋予它们的那种民主功能，更不可能包含制度化的自由空间。

当然，历史是有传承性的，无论是古希腊城邦还是中世纪城市，都对近代早期城市与国家的形成产生过不可估量的影响。尤其是中世纪城市，更是通过其历史转型而直接孕育出了近代社会的城市和国家。可以

毫不夸张地说，中世纪城市在很大程度上可以被看作近代社会的母体。在某种意义上，近代文明也就是一种城市文明，而这种城市文明首先是在中世纪城市中发生的。虽然走出中世纪而进入工业社会是一场伟大的革命性变革，但革命前后的两个社会或两个历史阶段之间还是有着一条割不断的纽带。在中世纪的等级结构之下，城市显然被看成了"自由"的化身，担负着在等级结构的缝隙中传播自由的使命。在从中世纪向近代转型的过程中，中世纪城市传播自由的使命一度被绝对国家所吞噬。尽管如此，城市有着自己的发展史，绝对国家对城市所造成的压力迫使它更加意识到自己的地位和状况，更加明确地知晓不可能单凭一己之力而维护"自由"。因此，城市之间、城市与农村之间展开了广泛的联合，其结果就是以城市为中心而联结成了一个完整的市民社会。进而，通过市民社会和以市民社会的要求而去重新塑造国家，把绝对国家改造成了今天我们所看到的法治国家。

在一般的历史叙述中，西欧中世纪往往被认作是暗无天日的"黑暗时代"，但在这个令人窒息的黑暗世界之中却有一缕微弱的曙光，这缕曙光就是从城市那里发出的。虽然欧洲的农业社会处于非常欠发达的状态，但它与一切处在农业社会历史阶段的地区一样，都是等级社会。不过，在等级森严的中世纪，城市乃是自由的化身，并被认为是我们今天所享有的一切自由的源头。尽管城市可以在某种意义上被认为是自由的，但在很长一段时期中，不管就其自身的规模还是就其在整个社会中所发挥的作用来说，都显得微不足道。在中世纪的西欧，城市是一个不折不扣的异类，尽管它植根于中世纪的土壤之中，却是作为中世纪社会的否定性力量而存在的。正是看到了这一点，韦伯才会在他的支配类型学中将城市中的社会关系归纳为一种"非正当性的支配"。在他看来，作为一种非正当性的支配形式，城市共同体中出现了自由的因素。"所谓这种共同体是'自由'的，意思不是说这种团体可以免于武力性的支配；这里'自由'之意，是说由传统来正当化（在大部分的例子中，在宗教的方式下被神圣化）为一切权威之不二来源的君主权力，已经看不到了"[①]。也

[①] ［德］韦伯：《学术与政治》，钱永祥等译，广西师范大学出版社 2004 年版，第 207 页。

就是说，城市游离于由封建制度所编织的权力结构之外，正是在这个意义上，城市才是自由的。

城市所享有的独特自由乃是多重因素共同作用的结果，这些因素既是历史性的也是制度性的。从历史的维度看，城市的自由应当是罗马帝国覆灭的结果。罗马帝国是一个拥有极其严密的权力支配体系的帝国形态，而且其权力体系主要分布在城市中。作为帝国生活的中心，罗马的城市是不可能拥有什么自由的。在某种意义上，正是这一点导致了罗马后期城市的衰败，并使整个帝国的大厦随着异族的入侵而土崩瓦解。这在一定程度上也说明，严格的权力支配应当在能够代表农业社会基本特征的地方才会得到滋养，才会有着源源不绝的动力。虽然城市也许是农业社会中开展经济活动的中心，却天然地抗拒权力的支配。罗马政治正是在不应建立起严格的权力支配体系的地方进行了严密的权力支配，所以它的衰落是必然的。

从长远来看，异族入侵对于整个西欧政治结构的影响不仅仅是推翻了罗马政权，更为重要的是它破坏了原有的权力体系，使西欧再也无法形成如罗马一般坚固统一的大帝国。异族入侵之后，在城市中原有的所有组织中，只有教会几乎毫发无损地保存了下来，而其他世俗权力组织都受到了毁灭性的打击。所以，在很长一段时期内，"城市"一词都含有主教辖区的意思，有人还拿是否存在着教堂作为判断城市与否的标准。可以推断，教会之所以能够被较为完好地保存下来，并不是如某些学者所说的那样是因为异族侵略者对教会的"尊敬"，而是由于教会没有与帝国权力紧密地联为一体，才使其没有成为侵略者必须加以破坏的对象。无论如何，既然世俗权力已经被击得粉碎，教会就自然而然地成了新权力体系的核心。这一点既导致了中世纪教权对俗权的支配，也为城市的世俗生活自由预留了存续的空间，在中世纪的教会统治最严酷的时候，城市中的世俗生活反而拥有更多的自由。

有城市就有商业，即便是在罗马的"政治城市"中也不例外。不过，罗马城市中的商业所从事的主要是那些满足军事贵族需要的奢侈品贸易。随着异族的入侵以及对贸易的封锁，在城市权力体系土崩瓦解的同时，城市商业也近乎绝迹。在很大程度上，正是由于无法继续通过征服和商业获利，西欧统治阶级才被迫将注意力从城市转向了农村和土地，并在土地贵族的主导下建立起了以土地为基础的封建制度。在封建制度之下，城市显然不可能通过土地获利，这与今天城市发展中通过所谓土地开发而获利无法相比。在农业社会，通过土地获利不是通过"炒地皮"获利，而是通过土地中生产出来的产品获利。既然城市没有可以作为生产资料的土地，致使城市往往很难落入土地贵族的"法眼"，而是被排除到了封建统治的视野之外，或者说，处于被封建统治者弃置不理的地位上。这一点从封建贵族在地理位置上的分布就能得到佐证。根据皮雷纳的考察，加洛林王侯们的宫殿无一例外地坐落在乡间，同样，领主们的城堡通常也都位于乡间。① 此外，即便一开始曾居住在城市里的意大利贵族，后来也一步步地迁出了城市，至少在封建制度建立的初期，封建权力曾经主动放弃了对城市的控制。

　　农业的获利往往是通过产品交换而实现的，而城市天然地就是进行产品交换的场所，因而，城市经历过一段时期的衰落之后又开始兴盛了起来。随着商业的复兴，城市又逐渐成了重要的财政来源，这时，封建权力就不可能再无视城市的存在了，而是极力实现对城市的控制。不仅是因为封建贵族的农地收入肯定会有一部分要到城市中去进行交换，同时，他的消费品也有很大一部分是通过到城市中进行交换获得的。最为重要的是，城市商业的繁荣带来的是滚滚而来的金币，这对贪财的土地贵族而言是极大的诱惑。但是，当封建权力试图涉入城市的时候，城市已经悄悄地获得了一定的经济实力，不仅城市手工业超出了土地贵族控制的范畴，而且城市凭借手工业和产品交换所积累起来的经济实力足以支持城市当局去与封建权力讨价还价。正是城市拥有了这种经济实力，使得封建权力的渗入变得不那么容易了。同时，自罗马帝国覆灭以来，教会对城市的经营也为城市提供了一定的保护，这也加大了封建权力渗入城市的难度。而且，诸种权力之间的这种"竞争"关系还为城市提供了更充足的伸缩余地，使中世纪的城市呈现出有别于罗马城市的支配方式，它就是韦伯所说的一种君主权力"缺位"下的支配方式。或者说，

----

① ［比利时］亨利·皮雷纳：《中世纪的城市》，陈国樑译，商务印书馆 2006 年版，第 39～40 页。

中世纪的城市处在一种封建权力的"空场"之中，所以被认为是自由的。

　　但是，这绝不意味着城市位于权力版图的空白之处，事实上，城市也存在着等级，城市的市民也处在等级结构之中。罗马帝国覆灭之后，由于军事贵族与城市商业的共同衰败，城市的居民结构也变得简单了起来。根据皮雷纳的考察，当时城市居民主要是由各种直接或间接的教会成员以及满足教会日常需要的仆役和工匠构成的。在这些居民中，教会的各类成员在等级体系中拥有自己的明确位置，而那些仆役与工匠的等级地位则相对模糊。尤其是在封建制度建立之后，他们实际上只是那些没有领主或暂时不处于领主之下的人。他们由于身份的模糊性而获得了某种自由的属性。但他们又都能够在最终的意义上被找出一个领主，以致其自由只是暂时性的，是不能够使自己拥有一种完全自由的身份。不过，在城市中还是成长起了一个能够真正使自由成为其身份的阶层，那就是在商业复苏中兴起的商人阶级。即便商人也有他作为"自然人"的出生地，但那个出生地可能更多地取决于他的承认与否，他若不承认，他原先的领主拿他也是没有办法的，相反，很可能还存在着他原先的领主巴结和讨好他的情况。就此而言，商业是自由的土壤，而商人是最早获得自由的人群。"打工仔"意义上的市民表面上看是自由的，却是不稳固的，随时都有可能被剥夺。只有当"打工仔"变成了商人时，他原先的领主才会承认他自由的身份。

　　一般认为，从11世纪开始，西欧出现了经济复苏的迹象。如果以出生率为标志的话，西欧人口是从11世纪开始有了显著增长，而人口增长则意味着农村中产生了大量闲置劳动力。由于有了大量的闲置劳动力，一些大型工程得以开展，农村也进入了一个持续时间较长的垦荒期，致使领地的范围不断扩大。由于领地范围的扩大，原本对城市比较冷漠的领主们出于各种目的又开始兴建城市，而这些城市的居民显然只能是那些因为闲置而流动出了土地的劳动力。重要的是，这些新建城市也拥有一种似乎天然的自由属性。同时，1096年的第一次十字军东征则标志着地中海重新回到了欧洲的怀抱，结果使东西方的商路被打通。随着商路的开通，商业也开始复苏了起来。在商业复苏的过程中，那些背井离乡的闲置劳动力找到了新的谋生之路，奔走各处而从事贸易活动，并自然而然地在城市中聚集起来，成为城市居民。

因而，我们看到了这样一种历史结果：在中世纪的等级制度下，"凡是法律不能确定其主人的人，法律必须以自由人对待之。因此出现这样的情况：必须把商人看作是一直享有自由的人，尽管他们之中许多人或许是农奴的儿子。由于离开了乡土，他们事实上自行获得了解放。在一个人民依附于土地、每人隶属于一个领主的社会组织中，他们周游各地，不属于任何人，显得与众不同。他们并不要求自由，自由却给予了他们，因为不可能证明他们不曾享有自由。可以说他们依惯例和时效而获得了自由。简言之，正如农业文明使农民成为通常处于奴隶地位的人一样，商业使商人成为通常享有自由身份的人。从此以往，他们只服从政府的审判权，而不服从领主和领地的审判权"①。可见，商人实际上钻进了中世纪法律体系与权力结构的缝隙之中，并成了这个缝隙中的自由人。

随着商人的出现，一个全新的市民阶级开始崭露头角。当然，市民并不一定就是商人，但在最初，市民确实就是那些与商业活动有着直接联系的人。就市民的概念而言，除了商人，还包括那些从事商品的装卸与运输、生产一切经商所需用品以及满足所有这些人日常生活需要的手艺人。城市最初可以通过原先那些作为仆役和工匠的人来提供这些商业活动所需要的人员，但是，随着商业与城市规模的扩大，这类人员就只能来自城外了，即从农村获取。与商人不同的是，这些来自附近农村的人并不天然地是自由人，因为他们随时都可能被领主认出并带回领地。这种情况显然不利于城市的发展，于是，为了保证城市劳动力的充盈，很多地方开始出现了这样的现象：移居到城市里的人在一定期限（通常是一年又一天）之后就可以不再受其领主权力的限制，从而成为"自由市民"。事实上，"城市的空气使人自由"这一著名谚语就是从这一事实中衍生出来的。用今天的话说，在城市与农村争夺"人力资源"的过程，城市用自由赢得了更多的人力资源。

城市使其市民拥有自由，同时，市民的人身自由也是城市得以存在和发展的重要基础。有了自由，市民才可以开展更多的活动，进而争取

---

① ［比利时］亨利·皮雷纳：《中世纪的城市》，陈国樑译，商务印书馆 2006 年版，第 81 页。

更多的自由。这也正是皮雷纳所看到的："他们所要求的首先是人身的自由，这保证商人或工匠可以来往和居住于他们所愿意的地方，并且可以使他们自己和孩子的人身摆脱对领主权力的依附。其次他们要求赐予一个特别法庭，这样他们就可以一举摆脱他们所属的审判管辖区的繁复以及旧法律的形式主义的程序给他们的社会和经济活动造成的麻烦。再次他们要求在城市中建立治安，即制定一部刑法以保证安全。再次他们要求废除与从事商业和工业以及占有和获得土地最不相容的那些捐税。最后他们要求相当广泛的政治自治和地方自治。"[①] 历史证明，市民的这些要求在一定程度上都得到了实现。除了"城市的空气使人自由"，商人和城市还在原有的法律体系之外创造出了专门适用于自己的商法与城市法。这样一来，市民"看来不仅是自由人而且是享有特权的人。像教士和贵族一样，他们享有特别法，摆脱了仍然压在农民身上的领地权力和领主权力"[②]。在中世纪，有了适用于自己的法律就等于其身份得到确认。由于这种法律在很大程度上修正了原有的法律体系，豁免了原有法律的规定，也在事实上使市民从原有的法律规定中解放了出来并拥有了异于原有身份等级体系下的身份，或者说，市民本身就意味着一种"自由的身份"。市民有了自己的身份，因而成了中世纪各种身份之外的一种新的身份。这种新的身份把市民们联系在一起，成为一个得到承认的群体或阶层。在此意义上，在他们的市民身份所划定的范围之内，就产生了一个社会。这就是市民社会的原初形态。

人的社会学意义上的自由与政治学意义上的民主是密切联系在一起的。从 11 世纪开始，首先在意大利，然后扩展到法国等地，都纷纷在城市中建立起了"城市制度"，出现了每年定期选举产生城市"执政官"的情况。"透过这些支薪且有权收取规费的执政官，革命式的篡夺于焉告成。他们夺取了全部或大部分的司法权以及战时的最高指挥权，并且负责共同体的一切事务。刚开始时，这些执政官似乎都出身主教或其他支配者、宫廷里的高级法官，只是现在他们是透过选举的方式从誓约市民

---

① ［比利时］亨利·皮雷纳：《中世纪的城市》，陈国樑译，商务印书馆 2006 年版，第 108 页。
② ［比利时］亨利·皮雷纳：《中世纪的城市》，陈国樑译，商务印书馆 2006 年版，第 83 页。

共同体那儿取得职位，而不是由城市领主来任命。"① 这一过程被很多西方学者称为"市镇革命"或"民主革命"。学者们普遍认为，通过这次"革命"，中世纪城市普遍实现了"自治"，并建立起了一种"民主"制度。

的确，这一时期的所谓"民主革命"取得过一些令人瞩目的成果。比如，佛罗伦萨就于1293年通过了一部名为《正义法规》的法典，该法规定，任何一个家族，只要曾经有过骑士成员，其政治特权即被完全剥夺。该法实施的结果是，任何想要留在城市里的贵族，都得接受市民阶层的生活样式。② 城市中因该法而不再有贵族和骑士等标明身份的东西，也就是说，城市中的一切人都被赋予了同一身份，那就是市民。同样，在中世纪英国城市中曾经存在过一个关于基本选举制度的争议，所争议的问题是，市等级会议与市府官员的选举权归属于主要由贵族控制的"区"或区代表还是手工业行会？从英国的实际情况看，虽然以"区"为单位的选举方式曾多次被以武力强制恢复，但最终还是在1468年被永久废止，改采手工业行会选举的方式。③

在"民主革命"的过程中，虽然各地城市所取得的成果不尽一致，但多多少少都能够显露出一些"自治"和"民主"的迹象，正是这些迹象及其背后的原因，催生了近代人关于"自由"城市的想象。所以，城市是民主政治的诞生地，如果绕开城市而到农村去发展民主政治，显然是行不通的。中国"五四"后的一些"乡村实验"也说明，那些在乡村传播民主理念的做法所收获的只是革命行动。这是因为，乡村是等级制的最后堡垒，即使那里所存在的不是西方中世纪的领主，宗族势力也会顽强地抵抗民主建设的行动。只有当乡村的人们离开土地而进入城市，民主的生活才能由他们承载起来。如果说在农村也能发展起民主的话，那也是从城市传播过来的，是在城市已经有了成熟的民主生活方式之后

---

① ［德］韦伯：《非正当性的支配——城市的类型学》，康乐、简惠美译，广西师范大学出版社2005年版，第65页。
② ［德］韦伯：《非正当性的支配——城市的类型学》，康乐、简惠美译，广西师范大学出版社2005年版，第124页。
③ ［德］韦伯：《非正当性的支配——城市的类型学》，康乐、简惠美译，广西师范大学出版社2005年版，第122～123页。

才传染到农村。

二、 城市的衰落与市民社会的兴起

我们可以在近代人的政治学意象中解读出这样的逻辑：城市自由是整个社会自由的前提，只有当城市首先获得了自由，然后才能通过城市化而将这种自由扩散到农村以及整个社会，并将城市中的市民身份抛向整个社会，使全体社会成员都拥有市民的特征，进而造就出整个社会普遍拥有自由的市民社会。如果删除历史发展中的一些枝蔓，我们也确实看到欧洲的历史发展正是遵循了这样一个逻辑：近代社会的自由是通过城市化而由城市一步步地扩展到了全社会的。但是，在历史研究中，学者们也发现了另一种情况，那就是中世纪后期的欧洲还存在过一段让人困惑的与此一逻辑相悖的历史，那就是城市的衰落。的确，历史研究发现，城市在中世纪与近代相交之际曾经一度衰落。既然城市衰落了，它又如何能够将自己的自由扩散到整个社会呢？事实上，政治学的逻辑与史学的历史描述并不矛盾。历史研究中所发现的所谓"城市的衰落"这样一段历史应当被准确地理解成中世纪城市的衰落，是那种独享"自由"的"特权城市"的衰落。它的衰落恰好是自由的普遍化，即开拓出城市与整个社会共享自由的局面。

韦伯指出："与我们所知的其他地区的城市发展形成强烈对比的是，西方城市的市民基本上是完全意识清楚的、以身份政策为其追求标的。"[①] 为什么西方城市市民对身份格外重视呢？不是因为欧洲要比世界上的其他地区都更为重视人的身份，而是因为中世纪的城市市民虽然是自由人却是没有身份的人。在那个以身份为人的存在标识的时代，没有身份的人简直无异于"非人"。市民们所享有的自由在给他们带来了诸多经济上的"好处"时却造成了他们关于"做人"观念上的失落，故而，市民一方面运用其得天独厚的自由优势而逐尽经济利益，另一方面，又

---

① ［德］韦伯：《非正当性的支配——城市的类型学》，康乐、简惠美译，广西师范大学出版社 2005 年版，第 40 页。

拿着这些经济利益去与各级领主交换各式各样的"特许权"，并在这些特许权的基础上建构起了自己的身份。所以，我们才在历史上看到那么多用金钱购买爵位的情况。这样做的结果是，在自由成为一种身份的同时，市民也成了垄断自由的特权等级。也就是说，市民在追逐自由的过程中实际上将自己变成了等级链条中的一个新的环节，他们既可以用金钱去购买爵位，也可以用金钱去达成其他目的，金钱赋予了他们自由。

所以，"他们的要求以及可以称之为他们的政治纲领的东西，绝对不是旨在推翻这种社会；他们不加争议地承认王侯、教士和贵族的特权和权力。他们并不想要搞个天翻地覆，而只想要得到简单的让步，因为这是他们的生存所必需的。而且这些让步只限于他们自己的需要。他们完全不关心他们来自其中的农村居民的需要。总之，他们只要求社会给予他们一个与他们所过的那种生活方式相谐和的位置。他们不是革命的，如果他们有时诉诸暴力，也并非仇恨旧制度，只不过是迫使其让步而已"①。显然，这样的市民至少从其主观动机上看是不愿意成为自由的传播者的，他们享有自由却希望能够永久地独享这种自由。在这一点上，中世纪的城市倒是可以被视为古典城邦的某种延续，它所反映的是等级社会中身份垄断前提下的治理理想。正是在此意义上，我们认为现代学者所描绘的那种中世纪"自由的城市"是不可信的。因为，只要整个社会还属于等级社会，就不可能存在着现代意义上的具有普遍性的自由，如果说在那里也存在着所谓"自由"的话，其实也还是一种特权。当自由还是一种特权的时候，又怎么能说它是自由呢？

中世纪城市毕竟大大不同于古希腊城邦了。如果说古希腊城邦主要是具有政治性质的城市，那么中世纪城市所具有的基本上是经济特征，按照韦伯的说法，二者存在着"性格"上的差异。作为一种"政治人"，古希腊城邦中公民的行为中几乎没有在思想的时候掺杂经济考虑，如果说城邦中存在着经济行为的话，也是服务于政治的。作为一种"经济人"，中世纪城市中市民的几乎所有行为最终都出于经济的目的，市民可能会在某些问题上采取政治行动，但这种政治行动完全是出于经济上的

①［比利时］亨利·皮雷纳：《中世纪的城市》，陈国樑译，商务印书馆 2006 年版，第 107～108 页。

要求。比如，对"特许权"与"身份"的追逐，最终也是为了确认与巩固自己在经济上的垄断地位。然而，正如马克思所指出的，"商品是天生的平等派"，即便市民千方百计地要维护自己对自由的垄断，只要他继续追逐经济利益，就必然要与他人分享自由。因此，正是城市与市民的这种"经济人"性格使得城市及其市民在客观上承担起了在中世纪等级结构的基本框架下传播自由的历史使命，尽管它没有意识到这一点，或者说，尽管它不愿意去这样做，还是在客观上承担起了这样的历史使命。

就城市自身而言，正如韦伯所指出的那样，中世纪城市中的身份区别，至少一般意义上的"自由人"与"非自由人"的区别，开始消失。由此，"中世纪城市便成为一个选择力很强的环境；它从农村向自己身边吸引了大批更有技能、更富开创精神、更正直——大约因而也更聪明——的人口。市民身份以及自由交往，代替了以血亲乡土、家族和封建伦常的古老纽带。专门化的各种职业团体则以一套完全新的关系和责任，补充了原始的家族、邻里团体：人人都在新城市中占有一席之地"①。由于传统身份共同体纽带的断裂，由于城市人口构成上的多元化，由于城市人际关系上的陌生化，使得等级差别失去了合理性。尽管这些多元化的城市居民最初仍然可能被冠以特定的身份标识，但随着这种标识的泛化，也就逐渐失去了实际含义，所有城市居民都被融入一个共同的市民身份之中了。这就是身份经由多元化而走向同一化的过程。事实上，这一同一化过程不仅发生在市民内部，也发生在市民与贵族之间。

根据韦伯的考察，到了中世纪末期，至少在北欧，城市豪族的贵族资格不再为乡村的骑士贵族所承认，因为他们参与了营利事业，尤其是因为他们"屈尊"于行会成员而在市政府中与市民比肩同坐。结果是，城市豪族被拒绝参加骑士竞技、圣堂参事会，甚至被拒绝与贵族通婚，被剥夺了持有采邑的特权。② 在城市豪族与农村贵族相对立的情况下，

① ［美］刘易斯·芒福德：《城市发展史——起源、演变和前景》，宋俊岭、倪文彦译，中国建筑工业出版社2004年版，第280页。

② ［德］韦伯：《非正当性的支配——城市的类型学》，康乐、简惠美译，广西师范大学出版社2005年版，第42页。

城市居民更倾向于团结了，从而促进了城市居民身份的进一步同一化。当然，这种团结仍然是有界限的，比如，行会内部就仍然保留了由学徒、帮工与师傅所组成的等级结构。由学徒、帮工和师傅构成的却是一种新型的、暂时性的等级，它与原先那种身份等级已经有了根本性的区别，或者说，它是原先那种身份等级的异化形态，是必然要被历史的进一步发展所摒弃的。另一方面，在这样一种暂时性的、历史过渡期中形成的等级间，即便依然有着等级界限，也已经不像从前那么严格了，而是具有了某种流动性。

就城市与农村的关系而言，不管是商业还是手工业，城市实际上都离不开农村。因此，城市的发展过程其实也就是一个"城乡一体化"的过程，只不过这个一体化过程是不对称的，城市并不愿意让农村分享自己的所有发展成果。除了商业本身能够促进城乡一体化，行会的日益封闭导致了大量学徒、帮工无法在城市中生存的问题。正如我们今天所看到的那样，中国城市在发展到某个临界点的时候出现了"农民工"返乡的逆向流动。在欧洲历史上，不仅城市的发展对学徒、帮工造成的压力使他们离开城市，而且由于黑死病等在城市的发生，也迫使城乡人口多次出现逆向流动的情况。在这些逆向流动中，城市的生产方式、生活方式甚至治理方式都逐渐传播到了农村，并构成了另一面相的城市化，这就像我国今天的"打工仔"回到农村而把城市的生活方式以及思想观念带到农村一样。这种隐性的城市化与常规的城市化方式交织到了一起，或者说，在这两种城市化路径的缠绕中，共同促进了中世纪社会的城市化。"到 16 世纪时，城市与乡村之间的差别，从政治上说，已经部分地消除了。水上交通的改善减少了城市与乡村的间隔，而且，在许多地区，由于封建的征赋即使在农村地区也可以用金钱支付，人们可以留在乡间或经常来往于乡间，不用担忧沦为奴隶或臣仆。"①

中世纪城市的发展在诸多方面都表现出了矛盾的状况。就客观结果而言，城市及其市民促进了自由在整个社会中的传播，推动了市民对所

---

① ［美］刘易斯·芒福德：《城市发展史——起源、演变和前景》，宋俊岭、倪文彦译，中国建筑工业出版社 2004 年版，第 355 页。

有身份等级的同化。但是，就主观愿望而言，当自由成了市民的身份时，城市市民又在主观上极力抗拒自由的传播和社会的同化，试图让城市自身永远拥有对自由的特权，极力排斥农村对自由的获取。也就是说，中世纪的城市化虽然在一定程度上促进了城乡一体化，实现了对农村的改造，使城市与农村共同构成统一的市民社会。可是，在这个市民社会中，不对称性也是显而易见的，城市在一切方面都以"特许权"的形式将自己与其他城市和整个农村区别开来。当一个城市在某一方面获得了"特许权"，也就意味着获取了这一方面的自由，但这种自由是以特许的形式出现的，因而是对农村以及其他城市的排除。如果说在中世纪城市的发展过程中已经出现了市民社会，那也仅仅是一个雏形。在这个雏形之中，不仅城乡之间存在着严重的不对称，而且，由于缺乏一种共有的治理权力，就是在城市之间，也往往是彼此孤立的。这时的市民社会实际上是有名无实的，并不是我们今天所谈论的那个市民社会。或者说，中世纪后期的西欧已经具有了市民社会的形式，但还不具有市民社会的内容，中世纪的历史仍然是一段城市的历史，而不是市民社会的历史。

如果不考虑特许权意义上的自由，而是去观察一般意义上的自由，就会发现，城市在自由问题上所取得的成就基本上是在国家缺位的前提下得到的。在中世纪，由于神权治理的普遍性，严格意义上的国家尚未生成。城市是在不存在国家权力的条件下，或者说在国家权力极其薄弱的情况下，获得了独特的自由地位。正是因为还没有国家权力渗入到这个地方，城市的自由空气才能够在等级结构的缝隙中悄无声息地流动。当国家权力在中世纪后期逐步强盛并渗入城市中的时候，即当国家在整个治理结构中逐步就位时，城市的自由也就被蒙上了一层阴影。

根据欧洲史的研究，西欧民族国家的形成一般被称作"绝对化"的过程。这是国王与僧俗贵族之间展开角力的过程，城市发展所面临的主要限制也来自这些贵族。在绝对化进程的初期，城市与国王具有一种天然的同盟关系。就城市与国王的结盟而言，是有利于城市发展的。因为，在国王与贵族之间，城市成了一股中间力量，可以自如地争取两方面的支持。所以，"民主革命"的高潮往往也是发生在这一时期的。另一方面，这又更有利于国王，因为国王与城市不存在直接的冲突，当城市因争夺领地上的劳动力而与贵族爆发冲突的时候，国王就成了中间力量。"每当能够支持市民阶级而又不受到牵累时，王室就予以支持，因为市民阶级起来造他们的领主的反，实际上是为王室的特权而战斗。把国王当作他们的争端的仲裁者，对于斗争双方来说就是承认君权。因而市民进入政治舞台的结果削弱了封建国家的契约原则而有利于君主国家的专制原则。"① 这种城市与贵族的斗争使双方都去谋求国王的支持，从而增强和巩固了王室的权力。这就是王室权力的绝对化，并最终导致绝对国家的出现。

从当时的情况来看，尽管国王的权力还比较弱小，但与城市相比还是绰绰有余的。因此，随着绝对化进程的深入，城市与国王之间同盟关系的天平就不断地向国王倾斜了，城市不得不一次次地向国王让步。最终，我们就看到了这样的景象："路易十一世指定城市的市长、长老和军事组织指挥官人选，命令行会会长们向自己宣誓效忠。西班牙的城镇管理权完全落入国王之手，市政自治权受到压制。在英国，城市的独立只留存于记忆中。在都铎王朝的专制统治下，议会下院变得和上院一样衰弱。德意志帝国的都市本来是独立的，此时由于分裂和孤立，重要性也降低了。热那亚和佛罗伦萨衰落了，标志着曾经繁荣、辉煌的意大利城市共和国的衰落。"②

随着绝对化进程的完成，中世纪城市衰落了。在某种意义上，这是它不可避免的命运。由于城市与贵族都倚重于国王，它们的斗争使国王从中渔利，国王强大了，政使它们都衰落了。因而，"中世纪城镇的自治机关想在城墙之内解决它们的城市问题，结果失败了，因为要解决城市问题，只能破除城墙把各城市的主权和控制权在更大的范围之内联合起来。欧洲生活的各个方面都卷入了那个重新确定方向的大事。它并不像但丁所想象的是个简单地让一个主教或皇帝去领导一个世俗王国的问题。中世纪城市把自身的全部局限也移交给了国家。国家取代了城市，又不

---

① ［比利时］亨利·皮雷纳：《中世纪的城市》，陈国樑译，商务印书馆 2006 年版，第 114 页。
② ［法］勒纳尔、乌勒西：《近代欧洲的生活与劳作（从 15—18 世纪）》，杨军译，上海三联书店 2008 年版，第 2～3 页。

利用城市的自治功能，因而也就削弱和贬低了城市的自治生活"①。也就是说，城市的衰落是与国家的崛起同步的。

一旦国家崛起，城市也就成了旧世界中的因素，它与王国的性质不同，成了绝对国家极力加以压抑的那一部分社会存在。不过，正是在国家崛起之后，也正是由于绝对国家对它的压抑，迫使市民从自我封闭的城墙中解放了出来，以更为宽广的胸怀投身于以国家的名义而联为一体的社会之中。具体而言，在与绝对国家的矛盾日益尖锐的过程中，城市也深切地感受到，不与整个社会的力量相联合就根本无法在绝对国家中生存。在此意义上，城市是被迫与农村开展联合，是不得不以通过与农民的结盟去抵抗国王，在农民反对领主和市民抗拒国王的过程中各取所需。它们的结盟却使城市的性格传染到了农村，使农民也具有了市民的特征。与农村的结盟只是一个方面，在另一个方面则是城市间的结盟，原先各自孤立的城市在对抗国王的过程中结成同盟，一道开展行动。这就是因对抗国王的需要而成长起来的统一的市民社会。

绝对国家的兴起一方面造成了城市的衰落，另一方面，又迫使城市与农村一道朝着市民社会的方向转化。同时，从绝对国家的角度看，正如勒纳尔与乌勒西所看到的："随着全国性的经济格局开始主导那些大国，在某些方面，它令人惊奇地类同于旧有的城镇经济，在另一些方面则完全不一样。在这以后，国家不可能牺牲别的城市而特许某个城市某些权利，也不可能为城市而牺牲乡村。不同地方的居民或许有不同的利益所在，可是不管多么模糊，人们首次感到他们是同一实体的成员。"② 这样一来，城市与城市之间、城市与农村之间，就进入了一个均一化的政治框架之中，而市民社会恰恰是在这样一个均一化的框架下才以一个整体的面目出现的。所以，就欧洲的情况而言，市民社会是产生于城市衰落的过程中的。城市衰落了，却又在这种衰落的过程中再生，拥有了全新的面貌和全新的性质。

---

① ［美］刘易斯·芒福德：《城市发展史——起源、演变和前景》，宋俊岭、倪文彦译，中国建筑工业出版社 2004 年版，第 360 页。
② ［法］勒纳尔、乌勒西：《近代欧洲的生活与劳作（从 15—18 世纪）》，杨军译，上海三联书店 2008 年版，第 6 页。

总之，如果说绝对国家终结了中世纪城市的历史，那么它也同时开创了市民社会的历史。尽管绝对国家中的市民社会还是以一种臣民的身份出现的，却使市民们摆脱了贵族的压迫。当然，对一种压迫的摆脱又是对另一种压迫的接受，在绝对国家帮助市民社会摆脱了贵族压迫的同时又把市民社会置于自己的压迫之下了，而且，这一种压迫可能更为严酷，以至于城市市民很快就觉察到了这种压迫，并奋力反抗。其后的历史就是城市反对绝对国家的历史了，在这种反抗中，城市间联合了起来，城市与农村也联合了起来。也许在这种联合一开始的时候城市处于领头的地位，但随着行动的深化，城市逐渐地失去了它的号召力，取而代之的是市民社会以一个整体的面目出现，代替了城市分立的状态。也就是说，在与绝对国家的斗争中，人们不再是以城市的名义而是以市民社会的名义发出了革命的呼号。而且，也就是在这次革命中，他们确立了近代国家生成的历史起点。

三、 近代国家的生成过程

中世纪的那段历史是没有国家的历史，所谓神权国家实际上是不能视为国家的，它不是现代民族国家意义上的国家。如上所说，"自由"的城市之所以能够兴起，除了商业复苏的原因，国家的缺位也是一个必不可少的条件，可以认为，中世纪城市乃是由于国家缺位而结出的硕果。但是，城市的产生却预示了国家的出现。因为，城市是自由的，虽然这种自由最初仅仅存在于等级结构的缝隙中，但它天然地要求透过这些缝隙而流遍整个等级结构，并打破这一结构中各部分之间彼此割据的状态。因此，城市再度兴起的历史实际上就是一段迈向国家的历史。

在迈向国家的过程中，城市可能并没有意识到它已经承担起了造就国家的使命，而且城市在很多时候以各种方式阻挠了国家的形成。无论如何，城市的存在本身就向人们宣告了国家生成的可能性。这种可能性具有两重含义：其一，可能每个城市都希望使自己成为国家；其二，可能城市以牺牲自己为代价而成全了国家。在西欧历史上，城市曾经先后尝试过这两种可能，但最终，绝对国家的出现宣告了第一种可能性的破产，并将第二种可能性变成了现实。所以，绝对国家产生以后的那些被今天称为政治学的论著，再也没有以城市为核心论题，而是将几乎所有注意力都集中到了国家这一主题上来了，即便是思想家们提到了古典城市也把它视作国家，即在国家的意义上来解读它们的。

韦伯指出，中世纪城市在本质上所从事的是一种"营利事业"。作为一种营利事业，城市需要最大限度地清除其营利道路上的各种障碍。因此，封建社会纵横交错的权力网络以及建立在这个权力网之上的错综复杂的法律体系就自然而然地成了城市的敌人。也就是说，城市的存在本身就提出了受到最少的权力限制的要求，在不可能完全不受权力限制的情况下，使权力限制最小化的办法显然就是这样一种选择：用唯一性的国家权力去替代纠缠不清的各级封建权力。这一点构成了城市选择绝对国家而抛弃贵族统治的基础，也正是由于这个原因，促使绝对国家的形成。也许城市并没有这种自觉意识，但从它们与王室结盟反对贵族的事实来看，是在不自觉的情况下作出了抛弃贵族的选择。

蒂利看到，"农村—城市密集贸易的存在为统治者通过海关筹集财政收入和征收赋税提供了一个机会，而相对商业化的经济又使得君主们更容易越过作为他们皇权延伸的大地主直达集镇和村庄"[①]。在封建制度下，国王往往只是王国内部的一个领主，虽然国王是最大的领主，但其收入是有限的，那些名义上受他管辖和节制的领主所提供的贡赋远远不济其支出，由于无法得到来自领主的供养，国王必须遵循"国王自理生计"的财政原则。在很大程度上，正是由于财政实力的不济，中世纪国王才总是无法改变他与贵族之间的关系，并在很多情况下受制于贵族。城市的出现，特别是城市在经济以及商业贸易上的功能，意味着它是一个巨大的财政来源。虽然贵族也会觊觎城市收入，但城市作为一种结构外的新因素是封建体系所未加容纳的，显然并不支持贵族的权力，贵族的手在每一次伸向城市的时候所能抓住的可能都是少之又少的一点钱财，甚至可能会受到拒绝空手而归。贵族在其领地上获取财富的方式到了城

---

① ［美］蒂利：《强制、资本和欧洲国家：公元990—1992年》，魏洪钟译，上海人民出版社2007年版，第54页。

市则变成了交易，他如果不愿交易，就什么都得不到，而让他们放下贵族的身段去与城市中的那些平民进行交易又是何等困难的事情呀。然而，国王却不同，他可以利用自身的特殊地位去到城市中攫取他所需要的财富。在这方面，作为一种征税机制而出现的等级会议就是一个很好的证明。虽然各国等级会议发育程度不一，但它们的出现却足以表明，在征税问题上，国王正在加强对整个王国的控制。作为回报，城市在等级会议中的议席往往也都有所增加，形成了国王利用城市对抗贵族的政治格局。

城市商品经济的发展也对国家的出现起到了积极作用。在封建制度下，封臣需要协助领主管理领地，而领主则需要对封臣提供保护。领主与封臣之间的这种互助关系构成了当时政治生活的基本特征，而广大农奴则被排除在了政治生活之外，成为纯粹的治理对象。由于商业的发展，随着流通货币的增多，封建关系也开始抽象化。封臣开始逐渐地不再继续亲自履行协管与效忠的役务，而是通过缴纳货币租税向领主表达自己的忠诚，领主则可以运用收取的这些货币去雇用其他人来代为履行各种役务。这也使社会生活中出现了专业分工。结果，以官僚为代表的职员阶层就获得了产生的条件。比如，从 12 世纪开始，"长吏"这种职业官员就已经出现了，[①] 他的出现使封臣获得了更多的人身自由，同时，他也使领主尤其是王侯获得了组建一个稳定的行政班子的可能，而这一点无疑成了封建王朝向绝对国家转化的一个重要起点和基础。虽然刚刚诞生的绝对国家在形式上还拥有封建王朝的诸多特点，而在性质上，已经与封建王朝之间有着根本性的差异了。

同时，虽然可以肯定这些"长吏"在当时也必然是贵族共同体中的成员，却构成了一种全新的社会成分，不仅改变了官职持有者原来的社会位置，也预示了其他社会成员加入这一社会构成部分的可能性。由此，长吏的出现也就成了政治生活领域化和不断开放的前兆。这一点不仅在从封建王朝向绝对国家转型的过程中发生过重要影响，对于从绝对国家向法治国家的转型，更具有非比寻常的历史意义。所以，到"16 世纪

---

① ［比利时］亨利·皮雷纳：《中世纪的城市》，陈国樑译，商务印书馆 2006 年版，第 142 页。

时，在较先进的国家，专业官吏在战争、财政和法律这三个领域取得了明确的胜利。就在君主专制主义凌驾于身份等级制度之上的同时，君主大权独揽的统治也逐步让位于专业官吏体制。正是这些官吏协助君主取得了对贵族等级的胜利"①。事实上，也正是这些官吏构成了绝对国家的人力基础。正是由于官吏队伍的出现，才在君主被取消之后保证了"国家"仍然能够成为国家。

最为重要的还是，市民本身的社会性质决定了国家的生成。虽然市民在很长一段时间内是产生于城市的，是作为城市居民而存在的，而且，他们是把城市作为自己的终极归宿的，是作为享有自由特权的等级而存在的，但是，就市民不同于封建政治结构中的其他社会阶层而言，则意味着一个全新的社会阶层的出现，他从一开始就包含着演化为一支社会力量的潜能，市民的"经济人"本性决定了他在一刻不停地催促他拥抱利益的同时也在一刻不停地去拥抱整个社会。尽管在市民作为一个社会阶层出现的早期"城市小心翼翼地将自己在城墙之内享有的自由给自己保留着，周围的农民对它来说似乎丝毫不是同乡，它只想到剥削他们以图利，它竭尽全力地防止农民从事由它所垄断的工业生产，它把供应的义务强加于农民，如果有力量，它就使农民屈服于一个专制的保护国"②。这一点似乎是天然的。不过，从欧洲的情况来看，"就是这个如此排他的市民阶级，承担了向周围传播自由思想并且促使（虽然并非有意）农村阶级逐渐解放的使命。其实，仅仅市民阶级的存在这一事实本身就必然立即对农村阶级产生影响，并且逐渐地缩小起初把市民阶级和农村阶级分开的差别。无论市民阶级怎样千方百计将农村阶级置于它的控制之下，拒绝让农村阶级分享它的特权，将农村阶级排斥于商业和工业活动之外，这一切都是徒劳的。市民阶级没有力量阻止事态的发展，它是这种事态发生的原因，除非它本身消失，否则它就不可能制止这种事态的发展"③。

事实上，城市发展的整个历史就是不断消除城市与农村、市民阶级

---

① ［德］韦伯：《学术与政治：韦伯的两篇演说》，冯克利译，三联书店2005年版，第68页。
② ［比利时］亨利·皮雷纳：《中世纪的城市》，陈国樑译，商务印书馆2006年版，第133页。
③ ［比利时］亨利·皮雷纳：《中世纪的城市》，陈国樑译，商务印书馆2006年版，第134～135页。

与农村阶级差别的历史。从 12 世纪中期开始，那些在新开垦的土地上建立起来的村庄也被冠以"新城"的名称，通过特许状，这些地方的农民成为一种享有自由的新型农民。甚至，在许多特许状中，他们干脆就被称为市民。① 同样，在近代早期的城市化过程中，郊区有时也被划进了城市的法律范围之内，虽然尚不具有与城市平等的特许权。② 这一事态发展的最终结果就是，作为特权阶级的市民被泛化了，从此以后，市民不再专指城市的居民了，而是经常被用来指全社会的居民，城市居民与农村居民齐一化而为市民。与此同时，市民作为一种身份所享有的自由特权也在城市居民与农村居民的齐一化中而被洗涮净尽，从而走向同一。这时，市民不再以一个特权阶层的面目出现，而是作为个人而承担起了社会角色。除此之外，个人还获得了另一重角色，那就是国家中的公民，而不是国王的臣民。

在近代历史上，城市市民在出现时间上要比公民早得多，但平等的、社会意义上的市民则因为国家公民的出现而得到确认。只有在国家中，才能让所有人共享一个标准，才能在公民的意义上去实现平等理念。尽管在中世纪甚至古典时期可能就已经产生过某种"法前平等"的观念，但我们却不能拿这种观念去证明人们之间平等关系的出现，因为中世纪的每个人或每个阶层所受制辖的法律是不一样的。只有到了近代国家产生的时候，当公民同等地受到国家法所管辖，"法前平等"才变成了人人平等。有了国家，有了国家法框架下的人人平等，市民社会与公民国家的积极互动才真正开始。

在近代意义上的公民国家出现之前，市民有了自由，市民间也有了一定程度上的平等，但市民社会的平等追求却一直无法真正实现。公民国家的出现却使之实现了，从而使市民的社会真正成为"市民社会"。"在这个社会里，市民们以理性为基础，平等自由地摆脱了专制的和教会的制约，摆脱了世袭等级的特许权，共同地生活在一起。国家的公民不仅是城市的市民，或者是'新的'市民，而且还有农民，甚至还有贵族。

① ［比利时］亨利·皮雷纳：《中世纪的城市》，陈国樑译，商务印书馆 2006 年版，第 136～137 页。
② ［德］里夏德·范迪尔门：《欧洲近代生活：村庄与城市》，王亚平译，东方出版社 2004 年版，第 64 页。

除此之外还有无财产的人和妇女。国家公民的思想起初并不一定否定被纳入一个社会等级制度的归属性，但人人有平等权利的思想，公民享有自由和参与公共事务的思想，久而久之必然会导致建立一个市民的法律制度，它不再承认等级的划分。"①

当然，国家对公民的塑造也还是一种自然历史过程。在绝对国家形态下，早期市民社会的发展曾一度使市民阶层变得非常复杂，而且市民阶层的出现本身就是等级关系的复杂化，这种复杂化的状况增加了绝对国家的控制难度。出于控制的需要，绝对国家必须把不同身份、不同等级的不同生活模式塑造为同一种生活模式，即把所有生活模式塑造为同一种臣民的生活模式。在这一点上，绝对国家无疑是成功的，它把所有人都变成了君主的臣民。但绝对国家在把所有等级变成臣民的时候并没有消除等级，臣民相对于君主所持有的还是臣民的身份，臣民之间也依然处在不同的身份等级关系之中。在对绝对国家的否定中，法律取代了君主的最高地位，作为法律的"臣民"，所有人都变成了国家的公民。从此以后，由于能够以国家公民为依托，市民才真正成为社会的市民。所以，到1803年的时候，一位市民就已经这样写道："我们没有贵族，没有城市新贵，没有奴隶，没有臣民。每个真正的汉堡人都知道自己的等级，一个市民的等级，市民就是我们大家。"② 就德国当时的实际情况而言，这一说法难免言过其实了，但这种观念的出现却是具有历史意义的，而且在其后的历史发展中成了全社会共有的观念，并成为近代革命的基本目标。

上述可见，市民社会的发展史也就是等级制度的瓦解史，市民身份从多元化到同一化的发展历程也就是等级制度因为结构的复杂化而不堪重负从而最终土崩瓦解的历程。以行会为例，随着社会的复杂化，行会结构也变得更加复杂了。尤其是在手工业行会中，随着手工业门类的增

---

① ［德］里夏德·范迪尔门：《欧洲近代生活：村庄与城市》，王亚平译，东方出版社2004年版，第88～89页。

② Fr. Chr. B. *Avé-Lallemant*, Das deutsche Gaunertum in seiner sozialpolitischen, literarischen und linguistischen Ausbildung zu seinem heutigen Bestande (1858) 68. 引自 ［德］里夏德·范迪尔门：《欧洲近代生活：村庄与城市》，王亚平译，东方出版社2004年版，第118页。

加，手工业行会的人员构成愈趋多元化。比如，在 1689 年的沃尔姆斯有
70 多个手工业行业，却只有 7 个行会。其中，面包师行会包括面包师、
磨坊工人、面粉商人和烤点心的工人；做盾牌的行会则包括装订工人、
做纽扣的、做假发的、理发师、做梳子的、制针的工人，旋工、玻璃匠、
乐师、做筛子的、扎刷子的、扫烟囱的、画工、雕刻工、制绳子的、制
鞍的、做肥皂的、印刷工、制管风琴的和做帽子的工人。[①] 如此复杂的
人员构成，势必增加了在一个行会中形成共同利益的难度。事实上，在
同一行会内部的各个构成部分之间都会存在着经常性的利益冲突。在这
种情况下，如果行会继续以原来的方式维护各行业的垄断利益，那它无
疑是在对自身的权威进行挑战。因为无论它怎么做，都会招致其成员的
不满，久而久之，当这种不满积累到一定程度时，行会成员们就会尝试
着脱离行会的保护。而且他们很快就发现，当他们选择了脱离行会的冒
险行动时，却为他们带来了更多的利益和更大的自由，也在某种意义上
带来了更多的安全感。于是，行会制度存在的历史合理性就被行会成员
自己抹杀了。所以说，行会制度的瓦解也是整个等级制度瓦解的缩影，
在市民社会不断复杂化的过程中，传统的身份等级制度因为其需要加以
控制的身份变得越来越多而不堪重负了，身份的多样化最终促使拥有各
种身份的人们共同抛弃了其身份。

　　自由和平等对于近代法治国家来说是那样的重要，但从上述考察中
可以看到，自由和平等的源头却包含在那个试图剥夺一切自由和平等的
绝对国家之中，或者说，市民社会走向平等的历程与国家绝对化的趋势
达成了某种历史性的默契。所以，绝对君主虽然占据了前所未有的最高
等级地位，却可以看作是对其他等级加以贬低和挤压的结果。在这个贬
低和挤压绝对君主之外的其他一切等级的过程中，等级制度不断地受到
破坏，内在地包含着这样一种要求，那就是绝对君主之下不再有等级。
后来的法治国家虽然取消了绝对君主，但绝对国家试图取消一切等级的
努力却得到了延续和加强。这是因为，国家的出现本身包含着这样一个

[①] ［德］里夏德·范迪尔门：《欧洲近代生活：村庄与城市》，王亚平译，东方出版社 2004 年版，第
　　105 页。

逻辑：只有对社会构成的各种成分进行最大限度的简化，国家才能以最小的代价实现对社会的控制与管理，即便是绝对国家，也同样包含着这一逻辑。所以，所有法治国家都继承了绝对国家挤压等级制度的遗产，并通过君主的取消而实现了最优化的压缩，将所有社会成分压缩为同一种身份——公民，从而促成了等级制度的最终瓦解。在此意义上，法治国家无非是用法律代替了君主。从历史进程来看，当法治国家借助于公民而为自己开疆拓土的时候，社会中仍然存在着的那些不同地位的市民也开始趋同化了，并最终形成了一个真正的市民社会。在此过程中，城市也就通过对自我的否定而迈入了国家发展史中，在某种意义上，这也是一段由社会与国家所共同书写的历史。

第二节　基于市民社会的国家理论

一、 历史上的市民和市民社会

对于公共生活的形成而言，市民社会无疑是最主要的催化因素。如果没有市民社会从等级世界中的突围而出，那么政治生活将永远都是身份精英们的权力游戏。正是市民社会，打开了等级世界的缺口，将人们从封闭的身份共同体中引领出来，进入一个开放的世界，在开放所带来的流动性中趋向了平等。早期市民社会首先获得的还只是马克思所说的"政治解放"，他在开放的世界中和在流动性中获得的自由以及因为这种自由而带来的平等得到了政治上的确认，从而获得了政治上的自由和平等。不过，从这种初始意义上的政治平等和自由中，却可以发现走向新世界的通道。也就是说，当市民社会在政治平等和自由的原则下开展社会交往活动时，却使人们的社会生活中出现了某种可以在理论上被提炼为"公共性"的东西。黑格尔和马克思都对市民社会给予了充分的关注，认为市民社会是近代以来政治等整个上层建筑得以产生的根源。

在马克思那里，市民社会最终是用"经济基础"这个概念来加以表述的。今天看来，随着公共领域与私人领域的界限在理论上变得清晰了之后，市民社会是被作为私人领域的构成部分看待的，或者说，在近代历史上，市民社会主要是作为一种私人生活的空间而存在并发挥作用的，国家以及在国家的框架下所展开的全部政治生活都是建立在市民社会的基础上的。进入 20 世纪，随着国家及其政治生活的公共性内容的增长，随着公共领域的最终定型，市民社会则可以被理解成存在于公共领域之外又时时处处影响着公共生活的社会构成要素，是公共生活赖以存在的前提和公共生活能够拥有活力的源泉。

从词源学的角度看，"市民社会"一词是由"市民"与"社会"两个词构成的。如上所述，"市民社会"这个词本身就反映了近代社会产生的过程：一方面是城市的出现造就了市民，即把原先的农民转化为市民；另一方面则是人们交往的社会化，交往的范围不再限于熟人圈子之中，而是有着无限延伸的可能性，是陌生人之间的真正的社会交往。对于近代社会而言，市民社会的出现具有重大的历史意义。首先，市民可以通过自己的勤勉劳作而编织出属于自己的私人领域；同时，在市民的社会活动和交往过程中提出了建构近代国家的需要，促使一种不同于中世纪的宗教以及政治治理系统的出现，这就是先以城市当局进而以国家形式出现的治理体系。

近代国家的出现，使政治生活的性质发生了根本性的改变，即扩大了政治的范围，不断地把一切社会成员都纳入政治生活中来，让政治生活不再像中世纪那样成为少数特权阶层独享的一种生活。也就是说，当国家把市民改造成公民并吸纳到政治生活中来的时候，也就悄悄地在政治生活之中加入了公共性的成分。这就是公共生活的最初形态。20 世纪的学者们也把这个过程看作是公共领域与私人领域的分化过程。当哈贝马斯对公共领域的生成过程进行考察的时候，也正是把市民社会的出现作为逻辑起点的。的确如此，在人类社会走向近代的时候，虽然市民是作为城市化进程的结果出现的，但市民用自己的活动所建构起来的是私人领域。市民是私人领域的构成部分，也是私人领域的建构者，在很大程度上，"市民社会"这个词与"私人领域"的概念是相重合的。与私人领域相伴而生的则是公共领域。虽然公共领域的成熟形态要比私人领域的成熟形态出现得要晚得多，但就公共领域的产生来看，则是与私人领域同步的。当市民们建构起私人领域的时候，也就同时提出了公共生活的要求，即要求开辟一个社会共有的可以共享公共生活的领域。不过，当市民们在公共领域中去过他的公共生活的时候，他的身份发生了改变，他不再以市民而是以公民的身份出现了。这就是近代人的双重性：一方面，他是市民；另一方面，他又是公民。作为市民，他是私人领域的构成部分；作为公民，他是公共生活的主体。

市民社会的出现是一个"去等级化"的过程。从市民的出现到市民社会的形成是一个艰难的过程。在城市化的初期出现了市民，但此时的等级关系并没有被冲破，虽然人们汇集到城市之后进入了一个陌生人的环境中，却又被"行会制度"这一等级化的群集方式所框定。直到行会制度解体，等级制度才在城市中被彻底冲垮，市民才有了自己的社会，即市民社会。市民社会天然地就是适应于自由、平等的原理的，正是市民们的自由、平等追求最终打破了城市中的等级限制。反过来，市民社会的生成又为一切市民的平等提供了同样的社会空间。正是因为在走出中世纪的过程中出现了市民社会，十八世纪的启蒙思想才是可以理解的。因为，在很大程度上，启蒙思想无非是市民社会的理论表述，是对市民社会的各种各样的要求的系统表达。启蒙思想所规划出的近代政治生活模式和社会管理框架，都是来自市民社会的要求。在近代政治理论的开创者霍布斯那里，我们可以清楚地看到这一点。

当然，霍布斯的理论著述基本上是可以看作出于论证绝对国家合理性的目标，在霍布斯的眼中，所看到的只是绝对国家而不是社会。但是，当霍布斯思考绝对国家在与教会的斗争中可资借用的力量时，还是用理论的语言描述了市民社会的基本特征，他说："社会秩序与友爱是虚假和强加的，其基础是理性而非本能；除了通过计算个人利益而达到的一致，人们之间没有什么内在的一致性。爱，友谊与互助都是次要的考虑。市民社会的价值，首先是安全与平等，成为绝对的东西。"[1] 布莱克在评论霍布斯的这一观点时说："这是对有机的社会观，友爱的哲学以及整个社

---

[1] Antony Black, *Guild and State: European Political Thought from the Twelfth Century to the Present*, Transaction Publishers, New Brunswick, New Jersey, 2003, p. 158.

团理论的终极替代。"① 由此看来，正是因为有了市民社会，霍布斯在阐述自己的国家理论时才可能做出这种被评价为所谓"终极替代"的贡献。

紧随霍布斯之后，洛克在理论上的一项重要贡献就是把"财产权"作为全部社会治理规划的起点来看待。在洛克这里，财产权的引入使市民社会的私人性质得到了理论上的确认。在此前提下，洛克自然而然地就逻辑地推导出财产权的保障问题，即"谁为财产权提供保障"以及"如何保障"等问题。可见，在《政府论》中，洛克关于国家的设计无非是出于为市民社会中的财产权提供保障的需要。不仅如此，由于财产权的引入，也为市民社会的历史形象定下了基调。正如萨拜因所指出的，近代以来的主流思想都是在洛克的财产权基础上展开的思考，都认为"任何社会集团的价值在于对其成员造成幸福或自我满足，而尤其在于保护其成员享有和行使其固有的财产权利。人类是由开明的自利思想和对个人利益的精明计算而被引向合作的。社会本质上是功利的产物；它本身并不具有价值，虽则它是保护价值准则的。社会赖以维系的动机是普遍的自私；它的作用主要在于能为其成员的安乐和保障服务"②。

结果，一个以"私"为基本特征的市民社会不仅成了基本的社会现实，甚至还在早期思想家那里获得了某种理想性。因为，一旦在市民社会中突出了"私"的原理，这个所谓的社会就必然会被归结到市民个人这里。而在市民个人这里，根据洛克的意见，我们所看到的是个人的财产权，基于这种财产权所发生的交往是存在于市民社会之中的，是以交换的形式出现的。或者说，不再像传统社会那样，财产是依靠等级关系的链条而逐级分配的。这样一来，构成国家的所有因素在终极目的上所担负的就只是保证交换过程中财产权不受侵害的使命。这就是 C. B. 马克费尔森所指出的："社会由所有者之间的交换关系所组成。政治社会成了保护这种财产与维护有序的交换关系的适当装置。……政治社会是人类的一项发明，用以保护个人包括在其人身与产品中的财产，并维护被

---

① Antony Black, *Guild and State：European Political Thought from the Twelfth Century to the Present*, Transaction Publishers, New Brunswick, New Jersey, 2003, p. 158.

② ［美］乔治·霍兰·萨拜因：《政治学说史》（下册），刘山等译，商务印书馆 1986 年版，第 651 页。

视为所有者的个人之间的有序的交换关系。"①

关于市民社会的认识，在启蒙思想家那里是存在着分歧的。

在洛克那里，市民社会被归结为市民，市民是以个人的形式出现的，支撑着市民作为个人而立于社会的则是他的财产权。正是从此出发，洛克展开了他对整个社会治理体系及其功能的规划。洛克的思想之所以根据这样的逻辑展开，是因为在洛克开展理论活动的时候市民社会还处在生成的过程中，市民社会的"社会"一面尚未发育成熟，而"市民"的一面则已经暴露无遗。所以，洛克更多的是基于"市民"而进行思考，对市民社会的"社会"一面关注得较少。虽然洛克也将市民社会称为"政治社会"，但它所规划的政治社会却完全是出于保护个人的财产权不受绝对国家侵犯的要求。随着市民社会的迅速成长，其"社会"一面的历史形象开始逐渐成形，同时，它的"市民"一面的缺陷也更为充分地暴露了出来。于是，反思"市民"、正视"社会"的声音也日渐变得洪亮了起来。

也就是说，在霍布斯、洛克的时代，"市民"之所以优先于"社会"，是因为市民先于它的社会而产生。到了 18 世纪，市民的社会已经基本形成并显露出来，思想家的关注点也就自然而然地转向了"社会"。所以，在启蒙思想家那里，社会变成了先于个人的理论设定，即便如孟德斯鸠这样一个在思考很多问题时都追随洛克的思想家，也认为"人生于社会，存在于社会"②，表现出了与洛克的不一致。在 18 世纪，孟德斯鸠的观点是具有很强的代表性的，在当时以及其后的许多思想家那里，都可以看到对这一观点的回应和复述。在某种意义上，正是由于看到了这一点，18 世纪以后的主流政治理论才会更加坚决地推动"市民"与"社会"的

---

① C. B. Macpherson，*The Political Theory of Possessive Individualism：Hobbes to Locke*，Oxford University Press，1962，p. 264，cited from Antony Black，*Guild and State：European Political Thought from the Twelfth Century to the Present*，Transaction Publishers，New Brunswick，New Jersey，2003，p. 154.

② 转引自［英］弗格森：《文明社会史论》，林本椿、王绍祥译，辽宁教育出版社 1999 年版，第 18 页。这句话可能化自《波斯人信札》第九十四封信，"人一生下来就是相互联结在一起的，……这就是社会，也是形成社会的原因。"（［法］孟德斯鸠：《波斯人信札》，罗国林译，南京译林出版社 2000 年版，第 115 页）弗格森虽然在这句话上加了引号，却并未注明出处。

分离，在"市民"与"社会"的矛盾中更加坚定地站到"市民"一边。因为，从逻辑上看，当社会是先于个人而存在的时候，它就蕴含了某种吞噬个人的可能。这表面看来是向洛克观点的回归，而在实际上则是一种基于对"社会"的认识。

不过，这里也体现出了启蒙思想家们在市民社会问题上所存在的分歧，从"社会先于个人"这样同一个理论设定出发，他们得出了两种截然相反的认识：主流观点从中看到了个人可能遭到社会吞噬的危险，但也有一些非主流的意见从中发现了将社会从个人对它的殖民中解放出来的契机，并在此基础上作出了自己的理论规划。比如，苏格兰启蒙运动的代表人物之一弗格森就抛弃了关于"孤立无援的人"的假定，转而坚持"我们应从群体中去看人类，因为他们总是生活在群体中"[1]。这表明弗格森的观察视角是远离洛克以来的主流观点的。

弗格森认为："我们完全有理由相信，假定从幼儿园分出一群孩子，放任他们去形成一个独立的社会，没人管教，也没有约束。在这种对小孩的实验中，我们只会让世界上许许多多不同地方的人们已经做过的事情重演。我们这个小小社会的成员要吃要睡，要一起玩耍，要有一种自己的语言，会争吵，会分裂，彼此之间可能成为对方最喜欢的对象。在友情和竞争的狂热的驱使下，会忽视个人安危，会把自我保存搁到一边。"[2] 我们知道，在契约论者的眼中，社会是理性约定的产物，是既出于自我保存又克服了自保天性的结果。因此，社会总是非自然的，并由于它的非自然性而在根本上从属于自保与自利的自然目的。但是，在弗格森这里，却借助于小孩这种非理性的存在和行为特征否定了联盟的理性特征，从而把联盟作为一种天性的自然。从理论上看，这似乎是对社会的贬低，实则不然，反而是赋予社会以自然的性质。深掘启蒙思想的逻辑，可以发现其中存在着一个有趣的悖论：当社会被看作"非自然"的存在的时候，它需要从属于自然目的；而当社会被理解成"自然"的存在的时候，社会自身就是目的。于是，我们发现，在弗格森这里，历

---

① ［英］弗格森：《文明社会史论》，林本椿、王绍祥译，辽宁教育出版社1999年版，第4页。
② ［英］弗格森：《文明社会史论》，林本椿、王绍祥译，辽宁教育出版社1999年版，第4页。

史观察的视角在不知不觉之中发生了转换。启蒙思想从霍布斯、洛克的自然状态出发，到了弗格森这里又回归自然，即为社会涂上自然色彩，实现了启蒙思想的一个逻辑循环。也许这一点对黑格尔有所启发，让黑格尔的辩证法以一个又一个圆圈去描绘历史。

在启蒙思想家中，弗格森是以激进的道德文章而进入后人的记忆中的，他也许是西方较早从群体、从社会出发去把握人的思想家之一，他与当时乃至整个近代以来的处于主流地位的个人主义观点都不甚合拍。弗格森承认，人确实具有自我保存的天性，但这种自我保存的天性只是人的天性的一种歪曲。他说："把爱与自我相提并论，我们不仅误用了'爱'这个字眼，而且，我们把这种假想的自私的爱的目标局限于私利或纯粹肉体生活手段的获得或积累，在某种程度上，侮辱了我们的天性。"① 在弗格森看来，这种侮辱的后果是非常严重的。因为，在这样的观念下，个人"只有在他人触动到他的利益时才会考虑到他们。盈亏是每项交易的标记，分辨他的社会伙伴的两个形容词就是'有用的'（useful）或'有害的'（detrimental）。好比说用它们来形容一棵树，当它硕果累累时，自然就是'有用的'；当它碍手碍脚挡住了视线时，自然就是'有害的'了"② 结果是每个人都以他人是否于己有利为标准去开展社会交往，这其实就是把他人当作了自我的工具。合乎逻辑的推导就是，由于每个自我相对于他人而言也都是他人，他人的工具化实际上就是自我的工具化。因此，市民的社会也就导致了普遍性的人的工具化。

既然人本身已经沦为了工具，那么，无论个人、群体还是国家也都免不了发生了异变。"在将财产、荣誉和享乐抛出来作为想象的诱饵、激情的动力的国家，似乎公众政治生活的保存与否取决于党派间互相对抗、互相制衡之竞争与倾轧的程度。公民胸中追求晋升和利润的欲望是激励公民参与公益事业的动机，也是引导公民的政治行为的观念。"③ 于是，"对于现代人而言，在欧洲的许多国家里，个人至高无上，公众不名一文。国家不过是部门的综合体，在这个综合体里，关心、财富、声望或

---

① ［英］弗格森：《文明社会史论》，林本椿、王绍祥译，辽宁教育出版社1999年版，第14页。
② ［英］弗格森：《文明社会史论》，林本椿、王绍祥译，辽宁教育出版社1999年版，第34页。
③ ［英］弗格森：《文明社会史论》，林本椿、王绍祥译，辽宁教育出版社1999年版，第286页。

权力是作为对人们提供的服务的奖赏。甚至于在最初的阶段，现代政府的本质就是为个人提供固定的地位和尊严，个人必须自我维护这个地位和尊严"①。

对于这样的个人而言，弗格森说："我们认为自己有赖于机遇，故而我们总是焦虑和孤独。我们认为自己有赖于他人的意志，故而我们卑躬、怯懦；我们认为幸福在于和别人竞争的事物中；在追求幸福的过程中，我们陷入了竞争、妒忌、仇恨、憎恶和报复之中，从而导致了最大的痛苦。总而言之，我们的所作所为似乎表明保存自己就是保存缺陷，延长痛苦。……但是那些记得人生来是有理智的，是社会的一分子的人；记得保存自己就是保存理性，保存心中最美好的情感的人就不会受到上述的任何一种情感的困扰；在关心自己的同时，他会发现一切都令他满意，让他感到欣喜。"② 这样的社会显然就是个人的异化。尽管弗格森还不能用"异化"这个词来加以概括，或者说他把这项概括留给了德国古典哲学家们，但他所揭示的确实是一种异化现象。所以，根据弗格森的描述和分析，关于市民社会的理论不仅由于对个人的关注而把政治建构导向了错误的方向，甚至市民社会自身也因此而陷入了走向解体乃至毁灭的危险中。正是基于这一认识，弗格森要求把对市民社会的关注点转移到"社会"上来，在"社会"的意义上去发现道德的力量，并在此基础上去完善与市民社会相对应的政治社会。

二、 市民社会与国家的统一

上述可见，对市民社会的观察有两个出发点：一种是从市民社会中的"市民"出发；另一种是从市民社会中的"社会"出发。出发点不同，关于国家以及整个政治系统的建构方案也就不同。就西方思想发展史看，从早期对市民的关注开始，一直到后来系统化的个人主义理论的出现，几乎全部理论努力都把思考问题的切入点放在了个人身上，而且这似乎

---

① ［英］弗格森：《文明社会史论》，林本椿、王绍祥译，辽宁教育出版社 1999 年版，第 61 页。
② ［英］弗格森：《文明社会史论》，林本椿、王绍祥译，辽宁教育出版社 1999 年版，第 57 页。

是一个处于主流地位的和不移不易的思想路线。只是当这一思想路线发生了严重偏斜时，一种从弗格森等早期不入主流的思想家们关注的"社会"的思想中演化出来的另一思想路线才被突出出来并发挥矫正的作用，而且在实践上产生数十年之久的影响。比如，20世纪在凯恩斯主义的名下所展开的社会治理行动就可以看作对个人主义的矫正过程。当然，总的说来，在西方国家，个人主义是一种占主导地位的意识形态，另一条路线中的思想从未获取意识形态意义上的地位。尽管如此，我们还是应当看到这两条路线是各有自己的国家建构方案的。

如果我们把理论上的两条思想路线区分为"个人中心论"和"社会基原论"，然后再去梳理它们的历史，就能够看到一条它们在相互批评和指责中推动思想前行的线索。"个人中心论"是西方近代思想叙述的主线，而"社会基原论"在每一个时期出现的时候都是出于矫正个人中心论极端化的需要。以弗格森为例，当他强调"我们需要改变对社会的看法"时，表明当时关于市民社会的认识已经在偏向"市民"一端走得太远了。我们也看到，类似弗格森的矫正作用是有限的，每一次作出矫正之后，当"个人中心论"回复过来的时候，又会迅速地走向极端化的境地。弗格森对洛克传统作出了矫正，到了19世纪末的时候，我们就见到了滕尼斯所指出的这样一种情况："社会的理论构想出一个人的群体，他们像在共同体里一样，以和平的方式相互共处地生活和居住在一起，但是，基本上不是结合在一起，而是基本上分离的。在共同体里，尽管有种种的分离，仍然保持着结合；在社会里，尽管有种种的结合，仍然保持着分离。于是在这里并不存在着派生于首先和必然存在的统一体的行动，因此，只要行动是由于个人而产生的，也在个人身上表示着这个统一体的意志和精神。所以行动的发生与其说是为了与个人结合的人们，不如说是为了他自己。在这里，人人为己，人人都处于同一切其他人的紧张状况之中。他们的活动和权力的领域相互之间有严格的界限，任何人都抗拒着他人的触动和进入，触动和进入立即被视为敌意。"[1] 即使就

---

[1] ［德］滕尼斯：《共同体与社会：纯粹社会学的基本概念》，林荣远译，商务印书馆1999年版，第95页。

20世纪的情况看，也依然如此，在凯恩斯主义对"个人中心论"作出矫正之后，又出现了所谓"新自由主义"，而且在不到30年的时间内，就把全球引向了处处浮现危机的境地，甚至出现了2008年这样的"全球性金融危机"。所以说，西方历史表明，基本上是由根源于"市民"还是"社会"的理论争执决定了社会治理方案的选择。

通过前面的叙述，我们发现了对市民社会的两种态度，而且这两种态度都建立起了自己的国家理论。尽管"个人中心论"与"社会基原论"拥有一个共同的理论预设，那就是将市民社会作为私人领域的象征以及构成部分，但是，当他们在市民社会的基础上去设计近代国家的时候，"市民"与"社会"的矛盾就显现了出来，从"市民"一面出发与从"社会"一面出发，所形成的国家设计方案是不同的。这样一来，本来属于市民与社会的矛盾就被转化成了"私"与"公"的矛盾，进而转化为市民社会与国家的矛盾，而近代社会治理的所有问题又都是从这一矛盾之中衍生出来的。到了20世纪，即到了哈贝马斯这里，全部理论叙述也就围绕着私人领域与公共领域之间的矛盾展开了，而且是把私人领域与公共领域所构成的社会结构作为理论探讨的基本框架确立了起来。

其实，市民社会与国家间的矛盾是人的两种生活需求之间的矛盾，是人对"私人生活"的需求与对"公共生活"的需求之间的矛盾。在近代早期，当市民社会开始生成的时候，是人告别农业社会那种把自身与共同体融合为一状态的行动。此时，人的私人生活需求与公共生活需求开始萌动，正是人的私人生活需求把人逐步改造为"市民"，而人的公共生活需求则推动了"市民社会"的生成和发展。可是，在市民社会之中，其社会的一面并不能满足人的公共生活需求，致使人的私人生活需求也缺乏实现的保障，以致人们不得不转向市民社会之外去寻求私人生活的保障和公共生活的实现。就此而言，近代以来所有关于国家理论的建构都无非是对来自市民社会的这一要求的回应。再进一步，当启蒙思想家的理论被贯彻到实践中去的时候，也就造就了近代以来的国家。既然有了国家去为人的私人生活提供保障，私人领域与公共领域的分化也就得到了进一步的加强。结果，人的私人生活需求在私人领域中就可以得到满足，而人的公共生活需求也可以在公共领域中得到实现。人的两重生活是分别在两个领域中实现的。

由于市民社会自身的矛盾呼唤出了国家去解决这一矛盾，由于市民社会中的人的私人生活与公共生活的双重要求促进了私人领域与公共领域的分离。这样一来，根源于市民社会自身的矛盾就转化为市民社会与国家、私人领域与公共领域的分离、分立和矛盾了。这样一来，就又引发了另一个理论课题，那就是如何处理市民社会与国家、私人领域与公共领域的关系问题，即如何去维护它们间的平衡。从逻辑上看，近代国家的产生是根源于市民社会的，如果市民社会因为国家的原因而瓦解和消失了，国家也就失去了自身存在的基础。所以，国家既担负着保证实现来自市民社会的各种各样的需求之使命，又需要为了自身存在的合理性和合法性而去保障市民社会的健全。沿着这个思路走下去，就需要在理论上把市民社会与国家看作是两种并存的社会力量，这两种力量必须保持平衡。市民社会所拥有的是制衡国家的力量，即保证国家不能够滥用它所掌握的权力，既不对市民社会造成侵害，也不使国家所具有的公共领域性质受到腐败所侵蚀。国家的力量则体现在它掌握权力和运用权力的过程中，即体现在它以什么样的方式掌握和运用权力才能既满足市民社会的要求又为市民社会的健全提供保障。

由此看来，民主制度的设计是何等准确而深刻地理解了市民社会与国家、私人领域与公共领域之间的矛盾。同时也说明，在任何一个走出了农业社会历史阶段的地区，如果仅仅致力于市民社会的发展、专注于市民各项权利的保障，都是片面的。相反，仅仅在国家和公共领域中进行"折腾"也是不可取的。从国家设计的理论表述来看，尽管存在着两条思想路线，但在其相互质疑中所汇成的思想轨迹上，我们却看到了这两种思想路线的并存对于维护市民社会与国家、私人领域与公共领域的相对平衡所具有的积极价值。其中，黑格尔依据辩证法而对这两条思想路线的统合更是一种积极的理论贡献。黑格尔在《法哲学原理》一书中对如何平衡市民社会与国家、私人领域与公共领域的矛盾问题，给出了他的回答。

虽然《法哲学原理》通常被学术界视为是一部替普鲁士绝对君主制辩护的作品，但也必须看到，这本书反映了黑格尔试图解决市民社会与国家间矛盾的理论努力。与其他思想家不同，黑格尔并没有在理论前提上武断地偏向市民社会与国家任何一方，而是以他的特殊性与普遍性的辩证法表述，把市民社会与国家平等地放置在一个共同的哲学平台上。

在黑格尔看来，特殊性与普遍性具有同样的意义，特殊事物是普遍事物的环节，同时，普遍事物通过"权利"等又成了个人自己的特殊事物。因此，"现代国家的本质在于，普遍物是同特殊性的完全自由和私人福利相结合的，所以家庭和市民社会的利益必须集中于国家；但是，目的的普遍性如果没有特殊性自己的知识和意志——特殊性的权利必须予以保持，——就不能向前迈进。所以普遍物必须予以促进，但是另一方面主观性也必须得到充分而活泼的发展"①。这些规定，很好地体现了黑格尔所处的时代背景，那就是经过长期的现实演进和理论争辩，市民社会与国家都取得了充分的理论证明，理性的思想家必须正视对方所做出的证明，必须承认对方理论叙述的合理性。因而，再也无法在市民社会与国家间作出简单的取舍了，相反，应当对市民社会和国家予以同时承认。所以，是黑格尔首先指出市民社会的特殊性，他认为："市民社会是个人私利的战场，是一切人反对一切人的战场，同样，市民社会也是私人利益跟特殊公共事务冲突的舞台，并且是它们二者共同跟国家的最高观点和制度冲突的舞台。"② 市民社会又蕴含了普遍性的萌芽。因为，市民社会实际上需要遵从两条原则，那就是，"具体的人作为特殊的人本身就是目的；作为各种需要的整体以及自然必然性与任性的混合体来说，他是市民社会的一个原则。但特殊的人在本质上是同另一些这种特殊性相关的，所以每一个特殊的人都是通过他人的中介，同时也无条件地通过普遍性的形式的中介，而肯定自己并得到满足。这一普遍性的形式是市民社会的另一个原则"③。作为个人私利的战场，市民社会所要遵从的只是它的第一个原则，并在这种遵从中证明每一个人的独立性。既然"我"需要以别人为手段，"我"的需要必须以他人为中介才能得以满足，"我"就不得不接受别人的意见，并同样成为满足别人的手段。于是，彼

① ［德］黑格尔：《法哲学原理》，范扬、张企泰译，商务印书馆1961年版，第261页。
② ［德］黑格尔：《法哲学原理》，范扬、张企泰译，商务印书馆1961年版，第309页。
③ ［德］黑格尔：《法哲学原理》，范扬、张企泰译，商务印书馆1961年版，第197页。

此配合，相互联系，每一个个人就这样成为市民社会制度下的成员，即每一个个人的相互联系构成了"社会"，社会无非是包含在每一个个人中的普遍性。

作为一部集中阐述国家理论的著作，《法哲学原理》把"市民社会制度"作为国家这一普遍领域得以产生的前提来加以论述，也正是在对市民社会制度的论述中，反映了黑格尔对市民社会的深刻洞察，体现了黑格尔对国家诞生于市民社会的逻辑所做出的深刻揭示。应当看到，与今天的社会环境不同，在黑格尔的时代，直接从市民社会的土壤中产生的那种被黑格尔称作为"市民社会制度"的因素，还只是"等级"和"同业公会"。所以，在《法哲学原理》中，我们看到黑格尔特别关注的是"等级"和"同业公会"。

所谓等级，显然是黑格尔借用的一个概念。与通常用来指称人的身份等级状况的意思不同，黑格尔赋予"等级"一词以历史和社会结构的含义，既可以看作是在历史上前后相继的过程，也可以看作是在一个社会平面上描画出来的立体画面。也就是说，黑格尔是在考虑从市民社会到国家的历史过程和社会结构状况时使用"等级"这个概念的，是在行业或职业的意义上定义等级结构的。比如，黑格尔认为，第一等级以农业为业；第二等级以产业（包括手工业、工业和商业）为业；第三等级也就是普遍等级是"以社会状态的普遍利益为其职业"的。[1] 在这些等级中，不难看出，以农业为业的人们是先于以产业为业的人们而出现的。在以产业为业的人们出现之前，以农业为业的人们还不能构成一个等级，正是由于以产业为业的人们出现之后，它们才分别构成了第一和第二等级，并共存于市民社会之中，同时又以同业公会的形式而开展活动。至于第三等级，则是居于国家之中的人们，以他们的职业而专事普遍事务。这样一来，我们就可以清楚地看到一个既是历史的又是现实的结构，在市民社会与国家之间，存在着"市民社会制度"这一中介，它把市民社会与国家联系到了一起，既把"市民"与"社会"的矛盾传递到国家之中又化解了市民社会与国家的矛盾，使它们构成一个整体。

---

[1] ［德］黑格尔：《法哲学原理》，范扬、张企泰译，商务印书馆 1961 年版，第 214 页。

　　"市民社会制度"的载体是同业公会，或者说，同业公会代表了"市民社会制度"。关于这一点，在黑格尔的论述中表达得是非常清楚的。黑格尔认为，"国家在政治情绪方面深入人心和强而有力的根源就在公会精神中，因为在这里特殊物是直接包含在普遍物之内的"①。同业公会既是市民社会的构成部分，又是走出市民社会的必经途径，是市民社会与国家的中介。个人只有首先在同业公会中习得公会精神，并在随后更为广阔的社会生活中将其转化为国家精神，才能真正走出市民社会而步入国家，从而实现特殊性与普遍性的统一。同样，对于普遍等级而言，根据黑格尔的规定，"国家职务要求个人不要独立地和任性地追求主观目的，并且正因为个人做了这种牺牲，它才给予个人一种权利，让他在尽职履行公务的时候，而且仅仅在这种时候追求主观目的。于是也就从这方面建立了普遍利益和特殊利益间的关系，这种联系构成国家的概念和内部巩固性"②。

　　由于有了普遍等级，在人们追求特殊性的过程中，普遍性也获得了稳定的供给。如果普遍等级是开放的，就会因为普遍等级已经实现了特殊性与普遍性的统一而使所有人都能够获得一种机会，那就是通过进入普遍等级而实现特殊性与普遍性的统一。至于个人能否把握这个机会，是由知识和才能决定的。黑格尔说："行政事务和个人之间没有任何直接的天然的联系，所以个人之担任公职，并不由本身的自然人格和出生来决定。决定他们这样做的是客观因素，即知识和本身才能的证明；这种证明保证国家能满足它对普遍等级的需要，同时也提供一种使每个市民都有可能献身于这个等级的唯一的条件。"③

　　按照黑格尔的观点，合乎逻辑的结论应当是，根据市民社会的第一个原则，市民社会将导向无所不在的冲突，如果这种冲突延续不止，特殊性与普遍性就不可能得到统一。所以，市民社会的存在还需遵从第二个原则，即在普遍性中寻求自我实现。而被黑格尔称为"同业公会"和"普遍等级"的因素，就是顺利完成特殊性与普遍性统一的必要工具。它

———————————

① ［德］黑格尔：《法哲学原理》，范扬、张企泰译，商务印书馆1961年版，第309页。
② ［德］黑格尔：《法哲学原理》，范扬、张企泰译，商务印书馆1961年版，第312页。
③ ［德］黑格尔：《法哲学原理》，范扬、张企泰译，商务印书馆1961年版，第311页。

们一个立足于特殊性却朝向普遍性，一个代表着普遍性却扎根于特殊性，前者处于市民社会内部，却是向国家攀爬的起点，后者属于国家的构成部分，却反作用于市民社会。于是，经由"同业公会"和"普遍等级"的中介，市民社会与国家就从对立走向了统一。

三、　从黑格尔到马克思

应当说，黑格尔是第一位明确认识到公私领域分离这一现实所具有的完整含义的近代思想家。在此之前，虽然每一位对市民社会发表过意见的人都在某种意义上承认了公与私的分离，但对这一分离的含义的认识是不完整的，因而，他们对公私分离后果的认识也往往走向了极端。对于肯定市民社会的人来说，所看到的是市民社会的出现赋予了个人以前所未有的自由。因此，为了保卫这份自由，就需要保卫市民社会，并尽一切可能削弱乃至消除那些可能对市民社会造成威胁的因素。然而，对于否定市民社会的人来说，往往看到市民社会出现的结果是使人们的道德处境整体恶化的一面，因而，他们不仅不会要求保卫市民社会，反而试图扭转领域分离的历史趋势。现实是无情的，近代历史并没有按照其中任何一方所规划的道路前进，而是在他们的推波助澜之下将市民社会内部的矛盾完整地释放了出来，并使公私领域的分离定型化而成为市民社会与国家的分立。从此，市民社会与国家孰先孰后、谁应该决定谁的争论也就逐渐失去了意义。对于18世纪以后的近代人来说，市民社会与国家的分离与共在，已经是一个冷冰冰的现实了，决不会由于人们感情上无法接受而有所改变。与此前的思想家不同，黑格尔通过特殊性与普遍性这一矛盾而对国家作出了论证，从而较好地解决了市民社会与国家的关系问题，尽管在黑格尔这里是以哲学表述的方式出现的。

认识到了市民社会与国家的分立，并且认识到在这种分立的前提下还必须求助于某种中介因素而完成市民社会与国家的统一，这不仅是黑格尔辩证法的逻辑结论，也是对当时市民社会与国家关系的深刻认识，更是对市民社会与国家关系发展的历史趋势的把握。这无疑是黑格尔在理论上的一大贡献。但是，在当时，被黑格尔视作中介因素的"同业公会"和"普遍等级"能否真正承担起统一市民社会与国家的中介功能,却是值得怀疑的。

如果说黑格尔的所谓"公会精神"有助于个人对公共事务的关心,那么在近代社会早期,这种关心在根本上是从属于自我利益考量的,所导向的只能是黑格尔所说的一种"特殊公共事务",即与市民们的个人利益直接相关的那些所谓公共事务。不过,根据黑格尔的历史发展观,在这种特殊公共事务之中也包含着国家精神,包含着必然走向普遍事务的历史和逻辑。也就是说,在历史发展的进程中,"特殊公共事务"的特殊性将会日益消损,而同业公会与普遍事务之间的距离也将越来越小。然而,事实并非如此。在《黑格尔法哲学批判导言》中,马克思满怀悲情地写道:"这是一幅什么景象呵!社会没有止境地分成形形色色的行会,这些心胸狭窄、心地不良、庸俗粗暴的行会处于互相对立的地位,它们这种暧昧的猜疑的关系能够使它们的统治者毫无例外地——虽然形式不同——把他们看成只是仰仗统治者的恩典才活着的东西。"① 所以,现实的历史进程并没有按照黑格尔的逻辑发展,并没有从"特殊公共事务"转变为普遍事务,市民社会不仅没有按照黑格尔的设想经由同业公会联成一体,反而被形形色色的行会拆解得支离破碎。历史无情地证明,黑格尔对同业公会所寄予的期望破灭了,它没有承担起市民社会向国家过渡的中介角色,公会精神不仅没有成为通向国家精神的桥梁,反而成了特殊性抵御普遍性的精神堡垒。黑格尔的希望让"同业公会"担负起特殊性与普遍性相统一的中介功能的构想,也只能沦落为一种不切实际的想法。

同业公会如此,普遍等级的情况如何呢?在探讨各等级之间的关系时,黑格尔说:"各等级对普遍福利和公众自由的保障,并不在于他们有独到的见解,因为国家的官吏必然对国家的各种设施和需要的性质具有比较深刻和比较广泛的了解,而且对处理国家事务也比较精明

---

① 《马克思恩格斯全集》,第1卷,人民出版社1956年版,第455页。在1962年版的《黑格尔法哲学批判》单行本中,亦译为"行会"。在其他版本的"马恩选集"或"马恩全集"中,将"行会"译为"行帮"或"各色人等",我们认为,"行会"的译法是准确的,所以采用1956年版全集的译法。

干练；所以，他们有等级会议，固然要经常把事情办得很好，就是不要各等级，他们同样能把事情办得很好。"① 进一步说，普遍利益是由普遍等级确定的，而不是从特殊利益中提炼出来的，特殊等级存在的意义乃是通过立法程序而使普遍利益获得政治含义。这样一来，立法权、代表制以及人民本身都成了普遍等级及其普遍利益合法化的工具了。在这里，作为政治学家的黑格尔显然已经背叛了作为哲学家的黑格尔，因而，特殊性与普遍性的矛盾也就被强行简化为人民与普遍等级的矛盾。此时的人民利益竟然沦为普遍利益的对立物，所谓的普遍利益也就不再可能具有任何普遍性了。所以，人们批评黑格尔的国家理论沦落为官僚统治的辩护词，成了一种反市民社会的理论，显然是不无道理的。

与黑格尔不同，马克思基于当时的现实指出，那种被黑格尔称为普遍等级的官僚机构其实只不过是一种特殊的同业公会，他们事实上在国家中形成了一个特殊的闭关自守的集团。如果说同业公会和官僚机构之间存在着什么互动的话，这种"互动"也是出于反对其他同业公会的目的，是因反对异己的特殊利益的目的而产生的。这样一来，出于实现自身的利益和达成自己的目的之要求，同业公会也就不得不委身于官僚机构，它推动了市民社会的性质，使自己谪居到一种"纯粹的假象"的背后。在市民社会失落的情况下，正是市民社会对国家的呼唤，让官僚机构自己变成了以国家形式出现的"市民社会"，并"认为它自己是国家的最终目的"②，国家也因此而成为这一代表市民社会或假扮成市民社会的官僚机构，从而成为实现其特殊利益的工具。或者说，官僚政治的结果是实现了官僚对社会的统治，黑格尔用来统一特殊性与普遍性的工具（同业公会和普遍等级）在事实上成了"普遍性"统治"特殊性"的工具，而且这种普遍性是虚假的普遍性，在实质上依然是特殊性。

与此前的绝对国家不同，官僚政治在形式上保留了一丝让每个人都有可能跻身于其中的希望。可是，在实际的国家运行中，哪怕是这么一

---

① ［德］黑格尔：《法哲学原理》，范扬、张企泰译，商务印书馆1961年版，第319页。
② 《马克思恩格斯全集》，第1卷，人民出版社1956年版，第301页。

丝希望也是虚幻的。因为能够跻身于官僚队伍中的市民毕竟只是极少的一部分人，而且往往是那些与官僚队伍有着极其密切关系的人。即便市民能够跻身于官僚队伍，那么从他成为官僚的那一天起，就已经脱离了他原先的领域，即成为官僚这个特殊利益群体中的一员了。这就是马克思所说的："每个人都有可能获得另一领域的权利，这不过证明他本来的领域不是这种权利的现实罢了。"① 所以说，虽然黑格尔把官僚看作普遍等级，认为这个普遍等级能够成为市民社会与国家统一的中介，但事实却不是这样的。官僚不仅没有发挥市民社会与国家的中介作用，没有达成市民社会与国家的统一，反而使自己成了一个特殊等级并与社会相对立，成了市民社会之外的又一个"市民社会"，它总是能够在政治过程中让利益实现向官僚阶层偏斜，所以，官僚阶层成了吞噬市民社会和破坏市民社会健康成长的力量。引申而言，即使官僚阶层变得极其腐败，也只能由那种来自它自身的力量去进行纠正，至于市民社会，在这种腐败面前是无能为力的。官僚阶层可以任性地提出政策和作出任何规定，而市民社会只能无条件地接受。因为，当官僚阶层自身既代表国家又是一个特殊的利益群体的时候，它的一切决定都是合理的，也是合法的，即使它是腐败的，人民面对这种腐败也是无能为力的。这就是在黑格尔的逻辑中推导出来的必然结果。

回顾启蒙时期那些基于市民社会的国家理论，可以看到，在契约论那里，通过权利的让渡方式，市民社会与国家间的逻辑关系是清楚的，权利的部分转让使国家从属于市民社会；如果权利全部转让出去的话，则使市民社会从属于国家。到了黑格尔这里，理论发生了逆转，为了从根本上确立起国家存在的合法性，黑格尔抛弃了契约论，否定了契约论国家中的偶然因素，从而确认了市民社会与国家分立的格局。就市民社会与国家相分立而言，黑格尔的理论显然要比契约论更清楚，而且也更合乎近代社会的实际情况。但是，由于黑格尔所找到的中介因素并不能如他所认为的那样发挥中介功能，致使市民社会与国家的分立也就不像契约论那样能够更好地使市民社会与国家纠集到一起。

---

① 《马克思恩格斯全集》，第 1 卷，人民出版社 1956 年版，第 307 页。

所以，黑格尔的论述也需要更多地在哲学的层面上看才具有合理性。也就是说，黑格尔只能在哲学的意义上解决特殊性与普遍性的关系问题，一旦触及实际，也就成了马克思所批评的那种"醉醺醺的哲学"了。因此，黑格尔的特殊性与普遍性的辩证关系在市民社会与国家间不能得到复制，而契约论者的人民主权原则却得到了普遍认可。所以，黑格尔的国家理论是失败的。也可能正是由于这个原因，此后的政治学发展并没有采用黑格尔的国家理论，而是把黑格尔以及他的国家理论封存在历史哲学的领域中了。

在黑格尔失足之处产生了马克思的国家理论。马克思认为，"市民社会和政治国家的分离必然表现为政治市民即公民脱离市民社会，脱离自己固有的、真正的、经验的现实性，因为作为国家的理想主义者，公民完全是另外一种存在物，他不同于他的现实性，而且是同它对立的。……市民要获得政治意义和政治效能，就应该背弃自己的等级，即背弃市民社会，背弃私人等级，因为这个等级正处在个人和政治国家之间"①。可是，市民社会的悖谬之处恰在于市民无法背弃他所归属的市民社会，于是，"现实的人就是现代国家制度的私人。……个人的生活方式、个人的活动性质等等，不但不使个人成为社会的一个成员、社会的一种机能，反而使他成为社会的例外，变成了他的特权。这种区别不只是个人的，而且凝结为一种特定的共同体，即等级、同业公会，这种情形不仅不排除这种区别所固有的特异性，甚至可以说是这种特异性的表现。不是单个的机能成为社会的机能，而是单个的机能从单个的机能变成独立的社会"②。这就是一种社会的异化状态，即个人不是社会的一员，反而是一个独立的社会。当个人成了独立的社会，他就必然要求整个国家服务于他的这个社会。如果说近代以来一直存在着个人主义与整体主义的论争，就是因为个人成了独立的社会，一种意见要求国家从属于作为个人的社会，而另一种意见则要求把个人这个社会归结到国家中去。在本质上，这两种意见都是对马克思所批评的社会异化

①《马克思恩格斯全集》，第1卷，人民出版社1956年版，第341页。
②《马克思恩格斯全集》，第1卷，人民出版社1956年版，第346页。

状态的肯定，是在首先肯定的前提下提出的两种不同解决方案。如果考虑到马克思不是肯定而是批评这种社会异化状态的话，那么消除这种异化才是首先要做的工作。可是，恰恰是在这一点上，马克思没有得到后人的真正理解。进一步地说，正是马克思的这一论点没有引起充分的注意，才使政治的历史进程一直处于自然历史进程中。尽管资产阶级学者们都积极地去探讨市民社会与国家的关系，都努力去发现解决市民社会与国家矛盾的方案，可是，由于不从马克思的观点开始继续前行，以至于他们的全部制度安排和社会治理过程的设计都包含着无法解决的矛盾和悖论。

历史无数次地证明，理论无法解决的课题往往会被历史进步的足迹踏平，市民社会与国家的关系问题也是这样。基于市民社会的国家建构在契约论模糊的规划中无法避免自由的悖论和民主的形式化；在黑格尔所进行的严谨的逻辑论证中，也暴露出了难以自圆其说的矛盾；马克思关于首先解决市民社会内部的异化问题的思想却又因为其深刻性而不被理论探讨和学术研究所理解。结果就是，社会的发展尽管在每一个微观的步骤上都可以看到人的干预，而在总体进程上，依然是以马克思所说的"自然历史"进程的形式出现的。直至20世纪80年代，随着市民社会的中兴，才在市民社会与国家的关系问题上展现新的解决前景。

概括说来，市民社会与国家的关系其实是由三个基本问题构成的：其一，市民社会对国家提出了什么样的要求？其二，国家应当如何加以建构才能回应市民社会的要求？其三，国家应当以什么样的方式去满足市民社会的要求即如何治理市民社会？如上所说，无论是从市民社会中的"市民"出发，还是从市民社会中的"社会"出发，所提出的国家建构方案都是片面的。黑格尔有所不同，他要求把市民社会当作一个整体来看待，进而在从市民社会向国家过渡的进程中确定中介因素和环节，再去提出整体性的国家规划方案。但黑格尔所确认的中介因素在现实中是不存在的。所以，黑格尔的逻辑就只能是：市民社会是一回事，国家是另一回事，它们之间没有什么实质性的关联。虽然黑格尔可以把它们都纳入绝对观念演进的历史序列中去，而实际的历史进程并不支持黑格尔。马克思认为，关于国家的建构应当首先解决市民社会中的异化问题，即防止市民社会中的个人变成独立的社会，同时，也要防止社会成为个人达成其目的的手段。马克思的设想在 20 世纪后期的市民社会再一次兴起时展现出转化为现实的可能性。在今天，我们思考非政府组织的社会地位、发展方向以及合作治理等问题时，马克思的这些思想将会予我们以极大的启发。

20 世纪后期，当市民社会再度兴起的时候，不是以行会、同业公会等形式出现的，而是以非政府组织以及形式多样的社会自治力量的形式出现的。在治理的意义上，它们表现出更强的自治特征；在治理方式上，它们完全超越了任何从个人或社会的理论原点出发的设计，尽管学者们依然努力把它们纳入近代资产阶级的理论或意识形态框架中去。事实上，由非政府组织以及其他各种各样的社会自治力量所构成的"新市民社会"既不要求个人服务于社会，也不要求社会从属于个人，而是出于共生共在的目的去开展活动，所要健全的是实质性的公共生活形态。

所以，在"新市民社会"中，将不会再有把个人转变成"独立的社会"的这样一种异化，每一个人都需要通过合作行动才能融入"新市民社会"。在其未来的成长中，将会在一个很长的时期内，同样也会对国家提出要求，要求国家的官僚也从一个个"独立的社会"这样一种异化状态中走出来，不再因为自身的异化而滥用权力和以权谋私。如果市民社会与国家都消除了这种异化，那么，它们之间的统一性也就真正地被它们所俘获。可以想见，在迅速成长着的新市民社会的推动下，我们将要获得的是一个社会普遍合作的状态，国家与社会、社会自身等，都将被纳入一个合作体系中，近代以来个人与社会的对立、市民社会与国家的分立，都将成为历史。也就是说，我们实际上正在走进一个新的历史阶段，对这个阶段的理论的理解，需要扬弃包括黑格尔在内的各种各样对市民社会与国家关系的解读，需要以马克思对市民社会中的异化形态分析为起点，去规划我们的理论行程。

第三节 "市民社会"与"公民国家"

一、 市民及其社会

尽管走出中世纪的历程是极其艰难的，但近代人仿佛一睁开眼就发现自己身处于市民社会之中了。实际上，早在中世纪，就已经显现出了一些市民社会萌芽的迹象，如我们上述所指出的，在中世纪后期就已经出现了市民，并在一定程度上为市民社会的生成提供了准备。毫无疑问，市民社会是孕育于中世纪的母体之中的。首先是由于城市的出现造就了市民；然后，行会把市民组织了起来；再后来，由于王室的介入以及在绝对国家的生成过程中又把市民从行会中解放了出来，促使市民社会实现了转型，让市民社会不仅逗留在城市，而是发展到农村，把整个社会吸纳到市民社会之中来了。不过，现代意义上的市民社会是在绝对国家的历史使命完成之后才最终定型的。可以认为，正如有了城市才有了市民一样，也是因为有了国家才有了市民社会。

我们已经指出，"市民"的生成是与城市工商业的发展密不可分的，最初，它是以城市固定居民的形象出现的。"城市"一词的用法在今天已经泛化了，无论是在学术探讨还是日常用语中，我们都把所有时代的类似居民点称作为城市，这显然是不准确的。城市是有历史的，在不同的历史时期，城市的含义是大不相同的。或者说，在很长一段历史时期中，并未出现我们今天名之为"城市"的现象。通过历史考察，我们发现，造就了"市民"的城市是 11 世纪城镇工商业兴起的结果。

中世纪前期，只有"城镇"的概念，在英文中，它对应于 town，而city 则是到了 12 世纪才出现的一个词。在回答此前是否存在城市的问题时，皮雷纳给出的判断标准是，只有那些包含了"市民阶级的居民"和"城市组织"① 的居民点才能被看作城市。无疑，这两个条件都是在工商

---

① ［比利时］亨利·皮雷纳：《中世纪的城市》，陈国樑译，商务印书馆 1985 年版，第 35 页。

业发展过程中出现的。此前，没有城市，也就无所谓市民。皮雷纳指出，"当时的文献中用来指城镇居民的 civis 一词仅仅是地形学上的一个名称，不具有法律上的意义"①。到了 11 世纪，北起佛兰德尔海岸，南至威尼斯和整个南意大利，工商业才在广大的范围内兴起，特别是手工业生产迅猛地成长起来，商品生产也迅速蔓延。这实际上是一场伟大的历史运动，它改变了西欧的面貌，使之一步步摆脱了传统的（那种由建立在人和土地关系基础上的社会组织所强化了的）静止状态，人与物都开始频繁地流动了起来。

特别重要的是，此时的商业和手工业不再仅仅从属于农业，而是反过来改造着农业，把农产品由单纯的消费品转变为了商品。既然农产品变成了商品，区域性的市场也就出现了，而商品流通则有效地把城镇与乡村联结了起来。与以往相比，城镇与乡村的相互依赖显著增强。显然，任何时候的市场都具有很强的扩张能力。随着市场的扩张，城镇间出现了相互融合的局面，因而，规模更大的城市出现了。

如果对城市和城镇进行历史比较的话，则可以发现，与城市相比，城镇是一个静止的共同体，城镇中的人有一个共同的称谓，在英语中就是 townsman。对于城镇而言，乡村远处于其边缘，甚至是与它相隔绝的，农民的生活也与城镇居民的生活大不一样。城市则不同。随着商品流通不断地对城镇和乡村进行整合，使居民结构发生了实质性变化，城镇演化为城市，城镇居民的名称自然也发生了变化。此时，城市居民已经不再是原先的城镇居民了，townsman 已经无法再准确地表明城市居民的特征了，"市民"的概念也就产生了。

11 世纪，在欧洲大陆上出现了 burgenses（市民）一词，虽然已经无从考证当时这个词究竟包含几分"市民"的含义，却说明城市中出现了一股全新的社会力量。在英国，市民（citizen）一词出现得比较晚，因为英格兰直到 14 世纪中叶还主要是一个农业国家。英语中 city 与 town 也是在 14 世纪才被区别开来的，当然，这一区别在此时还不完全是现代意义上的。比如，威廉斯就认为，city 被用来指涉较大的或者非

---

① ［比利时］亨利·皮雷纳：《中世纪的城市》，陈国樑译，商务印书馆 1985 年版，第 42 页。

常大的 town，而 town 的用法则源自 16 世纪。不过，威廉斯同时也承认，从 13 世纪起，city 无论如何都有着显得比 town 更高贵的内涵。一般认为，city 一词最初是指拥有较大教堂的 town。不过，教堂的设立本身就具有两层含义：其一，作为信仰活动的场所，它可以表明 town 的人口较多；其二，作为教会组织的一部分，它可以表明 town 的实力强大，有了对之加以控制的必要。因此，可以认为，此时的 city 已经有了现代意义上的与 town 之间的区别。①

城市的出现带来了新的劳动观念，"在城市出现以前，劳动是奴役性的；随着城市的出现，劳动成为自由的"②。或者如我们一再引用的那句著名的德国谚语所说的，"城市的空气让你感到自由"。当然，对这里的"自由"，我们还必须加上引号，原因是我们上述已经分析过的。虽然这种自由发生在城市，但考虑到中世纪的等级环境，即使在城市中，市民也是作为一个等级而存在的，受到等级限制。此时构成市民的主要是工商业者，他们从事工商业活动在当时也是需要特许权的。在整个社会的等级序列中，市民所处的位置是靠后的，它作为一个新生的社会因素即使得到了承认，也是被放置在等级序列后面的。不过，与农民相比，市民还是某种荣耀的象征，作为城市居民，天生地优越于农民。正是这份荣耀，使它有了含义深远的影响，直到 16 世纪，莫尔还在《乌托邦》中骄傲地自称为"伦敦市民"，③ 这就像后来"公民"一词能够唤起人们骄傲时卢梭把自己称作"日内瓦公民"一样。

我们知道，城堡是贵族的象征，没有乡间城堡的贵族显然是不能被承认为贵族的。所以，任何一个贵族都会穷其所有而建立起一个属于自己的城堡。同样，作为一个等级，市民也需要有属于自身的等级象征，

① ［英］雷蒙·威廉斯：《关键词：文化与社会的词汇》，刘建基译，三联书店 2005 年版，第 43～44 页。
② ［比利时］亨利·皮雷纳：《中世纪的城市》，陈国樑译，商务印书馆 1985 年版，第 63 页。
③ 根据威廉斯的考证，city 一词在 19 世纪之前通常是作为伦敦的专称而被使用的（参见［英］雷蒙·威廉斯：《关键词：文化与社会的词汇》，刘建基译，三联书店 2005 年版，第 43～44 页）。果若如此的话，能够成为伦敦这一 city 的居民（citizen），其背后所蕴含的荣耀自然是不言而喻的了。由此也可见，citizen 成为一个平等的市民与公民的概念应当是相当晚的事情，因为，现实中政治平等的实现本就离他们不远了。

这个象征就是行会。行会几乎是与城市同时出现。11世纪后期，在欧洲大陆的"市镇革命"中，或者说在中世纪后期开始发生的城镇化运动中，提出了行会的要求，即希望有这样一个组织，它能够维护交换商品的市场和保护地区工商业。事实上，工商业行会也正是在市镇革命中出现的一种组织。在历史的演进中，行会的产生所具有的积极意义是显而易见的，"它们可靠地提升了技能，保证了生产者的安全与一份适当的回报，并关注所有行会成员的福利"①。

的确，行会保护了从业者，让他们能够安全地从事生产与贸易，在与市镇当局的较量中，它甚至能够为其成员提出"自由""权利"等要求。虽然这些要求在当时还是具体性的，不具有普遍性的意涵。不难发现，在"市镇革命"中，显然包含着这样一个目标，那就是，要使人人都能自由买卖。作为一场历史运动，"市镇革命"取得了可以称为历史进步的成果，即承认行会并把它们共同的"风俗、权利、自由"写入城镇法律，从而使市镇也逐渐成为手工生产与一般贸易的保护者。② 当然，"权利"在此时还是一个等级概念，行会成员的权利相对于社会整体而言仍是一项特权，行会对其成员的保护也同时就是对非行会成员的排斥。

从学术的角度看，"行会"与"同业公会"是一对让人难解的概念。二者一般是作为中国近代史的分析术语而成对出现的，这两个概念的同时使用或相对比地使用，可能是中国语境下的产物，它们的区别可以追溯到1929年（民国十八年）。在该年，国民政府出台的《工商同业公会法》中要求所有"行会"改组为"同业公会"。在西方历史上，尽管近代早期的行会本身经历了巨大的变化，却没有一个行会解体和同业公会兴起的客观历史过程。英语对这种组织形式的称谓一直都是guild（在中古时期的英语中，该词也写成gild），通译"行会"。"同业公会"的名称来自德语的korporation。如皮朗指出，"在英格兰，这种独占团体被称为

---

① Antony Black, *Guilds and Civil Society in European Thought from the Twelfth Century to the Present*, London: Methuen & co. LTD, 1984, p. 10.

② Antony Black, *Guilds and Civil Society in European Thought from the Twelfth Century to the Present*, London: Methuen & co. LTD, 1984, p. 34.

'行会'，在德国被称为'同业公会'或'手工业公会'"①，对它异于行会的认识一般认为是得自于黑格尔，是黑格尔在《法哲学原理》中对同业公会作出了不同于行会的理论规定。从清朝末年开始，对中国官方影响较深的当首推欧洲大陆，也许自德语翻译过来的"同业公会"影响了民国时期的人，所以才有了要求"行会"改组为"同业公会"的规定。当然，民国时期的许多具有黑社会性质的组织也使用了行会的名称，当时用"同业"一词来标识行会，也许是出于反对或遏制黑社会的实践需要。同样，在新市民社会兴起时，非政府组织、非营利组织是由民政部门注册还是到工商管理部门登记，也意味着国家对它们的性质界定是不同的。

行会的解体是近代历史发展的必然，但由于它承担了今天任何一种组织都不具有的一体性的社会功能，其解体也造成了不少影响到"社会团结"的后果，使思想家们在面对这一问题时难以轻易释怀。黑格尔的"同业公会"概念无疑体现了这种矛盾。其实，在涂尔干的corporation概念那里，我们也能看到同样的矛盾。加之词义本身随着社会形态的变化而发生改变，19世纪以后，各种语言中的"行会"一词都充满了歧义，这给学术作品的翻译造成了不小的困难。所以，对于中国读者来说，要在西方作品中去寻找"行会"与"同业公会"的区分是比较困难的。

就欧洲的情况看，行会不仅在社会整体中成了市民等级的代表或标志，而且在行会内部也存在着一种等级结构。比如，在手工业行会中，一般行会成员名为"师傅"，享有行会提供的福利，可是，师傅之下的帮工和学徒则不被视为行会成员，不具有行会成员资格，不享受行会福利，他们实际上近似于被奴役者，只能勉强维持生存。在理论上，商业行会不应具有类似的等级结构，但在马克思所说的那个"实业家同时又是商人的时期"，商业行会也不可避免地使自己卷入了等级系列之中。在行会发展过程中，在师傅之上又出现了一些"大师傅"，后期行会尤其是大城市中的商业行会，其控制权实际上是集中在少数"大师傅"手中的。因

---

① ［比利时］皮朗：《中世纪欧洲经济社会史》，乐文译，上海人民出版社2001年版，第173页。

此，行会在培育出一批熟练的手工匠人并为欧洲现代工业的出现打下了良好基础的同时，其另一面也越来越显露了出来，"它们在成员资格上越来越严格，力图对学徒与帮工维持一份极低的固定酬劳，并反对非熟练、非行会劳动者的利益"①。正是行会的这种等级性和封闭性，使它在促进了生产力发展的同时也迅速地演变成生产力进一步发展的障碍。在此后的几百年里，行会的负面影响变得越来越突出。

行会壮大以后，很自然地与城市政权结合了起来。当然，这种结合也包含着今天所说的那种"博弈"，行会与城市当局的讨价还价也变得经常化了。而且，在与城市当局的讨价还价中，行会自身也培育出了政治意识，开始有意无意地谋求政治地位和提出政治要求。在有些地方，由于商业的发展，贵族也会表现出热衷于投资的行动，就像今天的官员退休后成为股民一样。贵族的投资意味着将自己与工商业密切地联系到一起，意味着加入行会或与行会捆绑到了一起。由于贵族的加入，显然在无形中提高了行会的地位。不过，更多的时候，行会的政治要求（其中主要是行会对城市控制权的要求）总会演化成暴力。历史地看，这种暴力恰恰是导向城市制度确立的一种路径，因为其结果是在一些地方（如意大利、佛兰德尔和法兰西北部）建立起了城市制度，出现了选聘的执政官。在随后的历史发展中，又在意大利产生了城市共和国。行会与城市政权的结合显然达成了一种"双赢"的结果，行会获得了政治地位，城市经济地位则在这个过程中有所提高。

这时，出现了王室向城市借钱的情况。城市当然明白，王室的"借钱"多半是有去无回的，所以，城市往往把借贷转变成交易，提出以"特许权"作为王室借钱的交换条件。在领主制下，王室的权力主要反映在对与土地相依存的农村的控制上，对于城市，它本来就没有多大的控制权，所以，王室也乐意于用"特许权"去与城市达成交易。于是，出现了拥有"特许状"的"自治市"，"王侯们逐渐地养成一种习惯，将市民召来参加高级教士和贵族会议"②。这表明，城市作为一种社会力量开

① Antony Black, *Guilds and Civil Society in European Thought from the Twelfth Century to the Present*, London: Methuen & co. LTD, 1984, p. 10.
② ［比利时］亨利·皮雷纳：《中世纪的城市》，陈国樑译，商务印书馆1985年版，第141页。

始介入政治角逐，领主制的既有平衡开始动摇，西欧的议会传统也由此展开。特别重要的是，由于"特许状"的保护，自治市内部的经济活动变得更加活跃，并不可避免地对周边城市产生影响。自治市通过商业活动向外围渗透，不断地扩张市场，从而冲击了领主经济的贸易壁垒。由于自治市的出现，商业发展有了自己的基地，促进了商业行会的迅速成长。凭借着这一优势，商业行会很快就超越了手工业行会的地位，出现了手工业行会依赖和仰仗商业行会的情况。由于商业行会的崛起，城市间、地区间的相互依赖关系得以建立，跨区域的、局部性的统一市场开始形成，一种完全不同于自然经济的非自足性经济形态开始深刻地影响着人们的生活，这就是生产社会化的起步阶段，市民社会则在这个过程中得以孕育。

civil 一词最早在 14 世纪 80 年代出现于英语文献中，是 Civil War 的联用，所指的是"1381 年起义"。这次战争的起因是议会决定向王国境内的所有居民征收高额人头税。从实际情况看，当时称之为"Civil War"可能并不具有"内战"的含义，实际所指的是"市民战争"，有市民反对议会的含义。civil 一词的"国内的"含义应当是在其后才出现的，是在"Civil War"成为固定用法之后才派生出来的一种含义。在 civil 一词出现之前，已经出现了 citizen 一词，但它不足以表明市民社会已经出现，因为它更多的是一个指称城市居民的概念。而把"1381 年起义"称为 Civil War，其意义就大不相同了。因为，从当时的情况看，这次战争的主体实际上是农民，称其为"市民战争"正可以说明市民社会已经有了自己的雏形，作为城市居民的 citizen 一词已经不能涵盖作为市民社会构成因素的"市民"了，所以创造了一个新词。如果考虑到当时英国工商业的发展滞后于大陆的话，那么大陆上的市民社会可能出现得还要早一些。

市民社会的出现，使权利的观念向前迈进了一大步，在一定程度上弱化了特权的内涵。"财产权观念看来首先是在十二三世纪的民法注释者那里得到清楚表达的，他们视占有为一项权利，并引入了'绝对个人所有'的概念，它使'个人可以向所有人要求权利'并且'可以通过所有者的行为进行转让'"①。中世纪的"罗马法"注释热是一个值得引起注意的现象，其中有几分复兴又有几分创造的内容，这是一个大有深意的问题。客观地解读，可以看到这是因为市民社会已经形成了，从而要求根据市民社会的需要去重新注释"罗马法"，才出现了一场注释"罗马法"的热潮。资料显示，这时的市民社会对人们生活的影响已经无所不在了，以致阿奎那也需要从个人占有能够使人谨慎和勤劳的角度看问题，并认为财产权是"生活的必要"。13世纪中期甚至出现了一本小册子，列举了一系列"市民权利"，认为人们有权去做符合市民社会特征的事情。1300年，巴黎人约翰创立了一门激进的财产权理论，使后人能将之与洛克相提并论。② 1380年，佛罗伦萨的人文主义者萨卢塔蒂则从罗马"公民身份"的角度为自由下定义："依据权利生活，遵守所有人都服从的法律……遵循以平等和公正的观念对待每个人的法律。"③ 可见，中世纪晚期，关于"法前平等"与"依法而治"的朴素想法已经提了出来，它表达了市民社会希望通过塑造国家来保障自身权利的要求，也表明这种要求正在成为一项具有普遍意义的社会意识。当然，这时还不可能有关于平等和自由等权利的完整理论。因为这时的市民在很大程度上仍是一个等级概念，它的代表——行会作为等级特权的捍卫者也变得越发保守。

14世纪以后，带有明显行会特征的城市政府在欧洲出现并得到了迅速蔓延。依赖其经济地位，手工行会在那些相对独立于领主和王室的小城镇中确立起了政治优势，而在城市中，商人和银行家则通过规模庞大的行会组织操纵城市政权。到了近代早期，一般认为，基本上确立起了城市政权由行会与贵族分享的格局。在此过程中，行会蜕变为不折不扣的特权阶层，在经济上和政治上实行双重垄断，其特权以及垄断造成的负面结果是："任何人不得用别人生产得更多与更廉价的方法来'损

---

① Antony Black，*Guilds and Civil Society in European Thought from the Twelfth Century to the Present*，London：Methuen & co. LTD，1984，p. 36.

② Antony Black，*Guilds and Civil Society in European Thought from the Twelfth Century to the Present*，London：Methuen & co. LTD，1984，p. 36.

③ Antony Black，*Guilds and Civil Society in European Thought from the Twelfth Century to the Present*，London：Methuen & co. LTD，1984，p. 39.

害'别人。技术进步则意味着不忠不义。在没有变化的工业中一切按陈规不动，这就是当时的理想。"[1] 而一直处于行会底层的学徒和帮工们却在日益严重的不平等逼迫下发动了对行会秩序的冲击，开始建立自己的组织。这些组织与中世纪晚期教会中出现的"兄弟会"有某种渊源，有些干脆就自称"兄弟会"。比如，由石匠们成立的类似于兄弟会的组织现在还经常成为茶余饭后的谈资，人们甚至大力渲染其神秘性。当时，这些组织"有意培育一种关于人类平等的一般信念：'所有人都是平等的，由同一个造物主用同样的泥做成，不管是最卑微的乞丐还是最高贵的君王'"[2]。出于团结，它们吸收了一些宗教规范作为组织规范，更为重要的是，它们努力与宗教改革结合到一起并对基督教教义进行改造，以求在其中表达自己的平等诉求。从当时一位胡格诺教徒的传道中我们也可以清楚地听到他们的心声："毋庸置疑，我们都是生而自由的，因为我们都是兄弟；无法想象自然既已使我们互为兄弟，又怎会使任何个人沦为被奴役者。"[3] 其实，在行会底层出现了平等意识以及这种意识的迅速增强，也反映出整个社会中变得日益急切的平等要求。在英国，这股力量被结合到了克伦威尔时期的"平等派运动"中，从而加速了行会及其所代表的等级秩序的崩解。

行会不仅受到城市以及它自身内部的挑战，也受到来自城市之外的威胁。中世纪晚期，王室与城市间便时有冲突发生。眼见城市垄断着经济活动以及通盘占有了经济发展的收益，王室没有理由不去努力争取对城市的控制，只是苦于沿袭已久的割据局面，王室才无法大展拳脚。不过，在王室与城市的冲突中，主权国家的观念开始萌现。客观地讲，王室要想加强对城市的控制就必须首先改变自身，只有当王室转化为（绝对）国家，才能在国家框架下将城市整合到自身中来，才能实现对城市的控制。正是由于存在着这样一种要求，王室才在不自觉中转化为国家

---

[1] ［比利时］皮朗：《中世纪欧洲经济社会史》，乐文译，上海人民出版社 2001 年版，第 176 页。

[2] Antony Black, *Guilds and Civil Society in European Thought from the Twelfth Century to the Present*, London: Methuen & co. LTD, 1984, p. 125.

[3] Antony Black, *Guilds and Civil Society in European Thought from the Twelfth Century to the Present*, London: Methuen & co. LTD, 1984, p. 126.

机构了，演化为绝对国家。当然，地理大发现为当时王室的国家化提供了推力。一方面，地理大发现为王室掠夺回来巨额财富，使王室实力显著增强；另一方面，海外殖民地的形成也愈发刺激了它与城市之间争夺工商业控制权的冲动，以至于"在西班牙和法国等中央集权国家，王室绝对主义的发展削弱了城市的政治地位"[①]。这种情况在欧洲沿海地区是非常普遍的，也就是说，国家的兴起大多是与增强它对城市的控制权同步的。耐人寻味的是，这一点却得到了城市市民的响应和支持。在王室与城市政权争夺城市控制权的过程中，城市市民却把摆脱行会和城市政权控制的要求寄托到了王室身上，从而站到了王室一边。

随着王室转化为国家机构和绝对国家的实际控制者，启动了打破地方壁垒的行动，统一的国内市场被贯通，以至于更能够以一个整体的形式去开拓海外市场和进行掠夺。城市中的工商业主在参与到开拓海外市场的运动中又得到了国家的支持，因而与国家也结成了同盟关系。这也更加刺激了工商业自我膨胀的欲望。同时，资源、资本以及劳动力的自由流动在国内统一市场中也都成为可能，市民空前地感受到劳动（实则出卖劳动力的）自由气氛，学徒不再像以往那样严格地受到师傅的钳制，而是自己可以决定受雇于谁。因而，行会结束了早期曾经发挥过的那种作为市民组织的功能，并因市民对行会中的那种不自由的逃避而开始走向衰落。此时，"地域分割"和"行会限制"被打破，市民也就不再是单纯的市民了，他们所获得的劳动和受雇佣自由为他们联结起来去捍卫自己的利益提供了可能。因而，市民们结成了社会，即出现了市民社会。这也就是18世纪的思想家们所看到的市民社会，也是我们今天在学术研究中经常提起的那个定型了的市民社会。

如果在广义上使用市民社会这个概念，那么行会所代表的也应当被看作是一种市民社会，但那是等级条件下的市民社会，准确地说，那是社会中的市民等级。当市民摆脱了行会的控制而获得自由的时候，他们重新结成的社会联合体已经与等级条件下的市民社会完全不同了。所以，

[①] Antony Black, *Guilds and Civil Society in European Thought from the Twelfth Century to the Present*, London: Methuen & co. LTD, 1984, p. 144.

我们今天所谈论的市民社会的最初形态就是绝对国家出现以后才产生的这个市民社会。虽然市民社会的生成在欧洲各地并不是同步的，但它们基本上走过了相同的历程。在市民社会的生成过程中，城市及其工商业造就了市民，而王室对国内市场的统一以及海外市场的开辟则促进市民联结成为一支社会力量，从而以市民社会的面目出现。到了14世纪后期，欧洲各地的市民基本上都拥有了市民社会的面貌，并登上了政治历史的舞台。在这个过程中，由于王室转化为国家机构，即由于绝对国家的生成，市民逐渐获得了另一重角色，那就是"公民"。所以，绝对国家既扬弃了市民，使其转化为市民社会。同时，又再度否定了市民社会，使市民走出市民社会而转化成公民。这样一来，绝对国家就向我们展现了近代社会的前景，那就是在国家与市民社会的对立统一中赋予人以"公民"和"市民"两种身份。

发生在从农业社会向工业社会转变过程中的这个市民社会的发生和演变历史是值得认真考察的，因为，20世纪80年代以来，非政府组织、非营利组织以及各种各样的社会自治力量的出现是与人类从工业社会向后工业社会的转变联系在一起的，这是一场新市民社会兴起和演化的运动。虽然新市民社会不会走一条与早期市民社会相同的道路，但是，如果希望在这场新市民社会运动中提升人的行动的自觉性，在历史中寻求启示就是必要的。

二、 公民及其国家

从我们的考察中可以看到，市民与市民社会不仅有着逻辑上的先后，而且在历史发展进程中也是先有市民然后才生成市民社会的。所以，可以认为市民社会是市民出现了几个世纪之后的产物。同样，市民也是先于公民而出现的，因为公民是与国家联系在一起的，在逻辑上说，不是有了公民然后才有国家，反而是因为有了国家才有了公民，正是绝对国家把市民转化成了公民，让市民有了公民的身份。所以，市民与市民社会的关系同公民与国家的关系是不能按照同一个逻辑来加以理解的。即使拿市民与公民加以比较的话，虽然是由于国家的出现而把"市民"型塑为"公民"了，但市民与公民还是应当被看作两个不同的概念。在此前提下，市民社会与公民国家也是两个完全不同的范畴。

我们说走向近代社会的历史进程是一个社会分化的历程，其中就包含了市民社会与公民国家的分化。市民社会在逻辑上提出了建构国家的需要，而恰恰是有了国家才促使市民联结成为市民社会。虽然绝对国家还不是现代意义上的国家，但它的出现已经意味着公共领域的生成有了历史起点，同样，市民社会的出现也意味着私人领域有了自己的雏形。所以说，市民社会与公民国家是一道产生的，而且是近代以来的社会整体构成中的两个互动的部分。一方面，市民是城市的产物，是经历了几个世纪的演进，才形成了市民社会；另一方面，虽然市民存在于国家之中，却不能直接地把市民看作国家的构成要素，它依然是社会的构成要素，而国家则是属于公民的。当然，在中世纪后期，绝对国家是属于王室的，并不属于公民，只是后来随着主权观念的提出并经过了一番争论之后，当人民主权战胜了君主主权、教会主权等，才把国家确认为公民的国家。在绝对国家时期，只能把国家看作是君主的而不是公民的，但公民则应当被看作是国家的。市民构成了市民社会并属于市民社会，而公民却属于国家。公民属于国家这一点的意义就在于，当绝对国家受到历史所否定的时候，公民也就成了国家的构成要素，公民与国家的关系也就颠倒了过来，从而使国家成为公民的国家，并有了公民国家与市民社会的分立和互动。

尽管市民与公民的身份可以由同一主体来承载，我们却无法说"市民国家"或"公民社会"。如果我们使用了"市民国家"或"公民社会"的概念，实际上就无法真正理解近代以来的整个历史进程以及社会结构，就无法根据国家与社会分立的现实去思考社会治理的问题。特别是在今天全球化的背景下，几乎每一国都会存在着一些不是本国公民的人，他们不是公民却是市民，他们也会向所在国的政府提出利益诉求以及必要的生存保障要求，如果"公民社会"的概念把整个政治学理论搅乱了的话，会不会在实践上把一国的社会治理引向对那些没有公民身份的市民的排斥呢？虽然我们处于后工业化的进程之中，虽然领域分离的历史正在为领域融合的趋势所替代，但是，国家与社会的分离却是近代社会的基本特征，也是一项历史成就。无视这一点，实际上也是对近代以来的历史的无知，又怎么可能去提出适应现实的社会治理方略呢？

事实上，当今国际社会中存在着大量的难民，由于各种原因，许多难民无法被承认为他们实际所在国家的公民，也就不是这些国家的一员，不拥有作为国家一员的各项权利。但如果他们不被承认任何权利，在现有法律体系中，也就等于不被承认作为人的地位。有鉴于此，卡伦斯提出一种"社会成员资格理论"。"社会成员资格理论认为，人们可以成为一个社会的成员，即使他们不是公民，而且他们的成员资格让他们可以在道德上主张法律权利。社会成员资格理论由此为对许多法律权利的道德主张提供了基础。这一基础是公民角色的一种替代物，且比公民角色更加根本，因为它事实上是公民们自己在道德上主张许多法律权利的基础"①。也就是说，难民可以被承认为他们实际所在的社会的成员，并由此获得相应的权利。在这里，所谓社会成员资格其实就是市民，卡伦斯所提出的难民保护方案也可以被视为对市民社会理论的一种重申。这也表明，在今天，明确市民与公民、市民社会与公民国家的区别仍然有着重要的现实意义。

"公民"是一个严格的现代概念，是现代国家形成过程中市民社会参与塑造国家的一种结果。也就是说，市民社会的生成打破了传统社会的混沌状态，形成国家与社会分立的二元格局。国家（state）是与公民同构的，因为公民角色本身就意味着有一套与之相伴随的完整的权利义务关系，这在居民、市民身上都不存在，只有当人作为公民而存在的时候，国家才将这些权利义务赋予他。② 市民是在客观的历史过程中产生的，它不需要国家赋予它什么，同样，在农业社会的历史条件下也不存在公民。在近代社会发生之前，人们的身份是"臣民"，需要的只是无尽的服

---

① Joseph H. Carens, *The Ethics of Immigration*, New York: Oxford University Press, 2013, p. 160-161.

② 这里的意思是，从城市市民向国家公民的转变是一个从特权向权利的转变过程，然后才有了对称的权利义务关系，并使城市市民受到了国家公民的改造，变成了社会的市民，相应地，在现代社会中，市民也能作为社会的成员而拥有某些社会权利。与中世纪城市市民所拥有的特权不同，现代市民所拥有的社会权利是包容性的，而不是排斥性的，所以卡伦斯要求将社会成员的市民角色作为某些法律权利的基础。

从，不存在对应的权利义务关系。概念是有历史的，每一个概念都会反映特定的历史关系，正如我们不同意人们去谈论所谓奴隶社会的公共行政、封建社会的公共行政一样，我们也不同意用公民的概念去转换"臣民"。在农业社会，既没有市民也没有公民，到了近代社会，随着国家与社会的分离，市民社会与公民国家也是不应混淆的。

从词源来看，state（演化自拉丁文 status）最初是用来表示某种状态，尤指君主所具有的权威状态。到了16世纪，"church and state"（教会与国家）词组的出现表明，在君主主权与神权相分离等思想的作用下，绝对国家观念开始生成，从而使 state 具有了国家的含义。其实，state 一词最早是用来指称以君主制为特征的"绝对国家"的。比如，1551年的 Robinson 版《乌托邦》英译本对"国家"概念所使用的是commonwealth、nation 和 country，却没有使用 state。这说明，当时的人们并不把"乌托邦"作为国家，或者说是刻意地要把"乌托邦"与绝对国家区分开来。又如，洛克的《政府论》中谈到国家时所使用的是commonwealth 一词，所取的是其"独立共同体"（independent community）之义。总之，state 一词是与绝对国家的出现联系在一起的，是一种君主权威统摄下的国家形态，只是到了后来才泛化为指称一般国家的概念。同样，只是到了更晚近的时候，citizenship（公民角色）一词才出现，它的出现表明，citizen 开始与权利观念相结合了，具有了公民的含义。

公民概念的出现意味着个人开始拥有了一定的相对于国家的主动性。如果说12、13世纪"罗马法"的注释热是当时市民权利意识觉醒的反映，那么16世纪共和主义的兴起则是公民概念生成的体现。当时的思想家往往到古希腊去寻找"公民"存在的证据。其实，对于他们来说，古代"公民"是否真正是公民并不重要，称其为公民乃是为了借鉴它所包含着的一些必要的元素，即从他们积极投身政治生活这一事实中去引申出公民对于国家的主动性内涵。不过，在这种"托古"行为清除了历史进步的障碍后，也对后人造成了理解它的困难，以至于人们经常使用"公民"概念去还原历史，从而造成了很多无法解释的现象。比如，用公民的概念去指称古希腊城邦中的"政治动物"时，就无法理解城邦中的等级关系，为了迁就公民平等的意涵，就必须把公民限制在一个极小的范围内，这又需要把古希腊城邦割裂开来，仅仅把古希腊城邦看作是那极少的一部分人的城邦，而不是所有城邦居民的城邦。由于在学术界总是存在着用新出现的概念去理解历史的问题，所以，总会遇到一些无法解释的问题，运用公民概念去解释历史也同样遇到了这些问题。于是，人们又提出"积极"与"消极"的或"深厚"与"浅薄"的公民概念的说法，以求去维持这个概念在历史叙述中的一贯性。其实，这又是一种误导。对概念进行程度上的解析是对概念内涵的破坏，概念层次上的细分则会削弱其完整性，公民概念在学术上的泛化也使它失去了对特定历史现实的解释能力。实际上，如果还原历史的本来面貌就会看到，从市民到公民的演进是一个历史过程，公民概念仅仅是与现代国家联系在一起的，是一个现代概念。

正如我们所熟知的，古希腊人把自己的"政治共同体"称为 polis，而古罗马人则称为 civitas。相应的，古希腊人是把现代人认为是"公民"的那个政治共同体构成要素称为 polites 的，而古罗马人则称为 civis。至于"城邦"这个名称，是得名于国家观念形成之后。现在通行的城邦概念来自英语 city-state，是 19 世纪翻译古希腊作品时所创造的一个词，此前的英语中没有看到有特指城邦的词，而是沿用其法语词源 cite 的用法，即以 city 一词笼统表示所有的类似对象。这表明，将城邦视为一种国家形式实乃现代人的"前见"（借用解释学的一个词语）。资料显示，这种"前见"可能始自 Benjamin Jowett，他在 1885 年版《政治学》中将 polis译为 state，其不当之处是显而易见的。随后，Newman 在 1887 年的古希腊文新版《政治学》中采用了 city-state 的用法①，此后，才固定地把polis 译为 city 或 city-state（城邦）。

可见，"城邦"概念实为现代人用"国家"观念反刍历史的结果。既

---

① 这一用法是建立在 Newman 对《政治学》的深入研读的基础上的，他认识到"摆在他（亚里士多德）面前等待分析的这个词（πσλις，即 polis），是与我们的'国家'（state）不同的一个词，它在词源和含义上都是模糊的，因而能够包容任何内涵"。（见 *The Politics of Aristotle：With an Introduction，Two Prefatory Essays and Note Critical and Explanatory*，by W. L. Newman，Vol.1，Oxford：Clarendon Press，1887/1950，p. 40）在这里，他明白无误地指出了 polis 屡受误读的现实以及原因。

然如此，称 polites 和 civis 为公民，也是误读。如上所说，公民概念中包含着一套完整的权利义务关系，古代社会则不存在这样的关系。古代"公民"（如果还是翻译成"公民"的话）实际上是特权的象征，他们的荣耀是建立在对占共同体多数的非"公民"成员的奴役之上的。在古希腊语中，城邦、"公民"与治理具有相同的词根。换句话说，"公民"实际上是城邦的治理者。按亚里士多德的说法，"公民"就是参与无定期官职的人。事实上，亚里士多德的这个定义也绝不仅是理论上的规定。因为，自公元前 400 年后，参加"公民大会"的成员便可领取酬劳。所以说，当时的"公民"身份实际上是等级制下社会分配的依据，是一种完整的身份而不是现代国家条件下的"角色"（我们在叙述中也把公民、市民等说成身份，其实，身份是具有完整性的，当公民同时也是市民的时候，实际上只是人的两种角色。只是限于既定的学术语境，我们才使用身份这一词语），如果将其称为权利的话，无疑是对权利这一现代造物的亵渎。

在反诘自我的时候，我们发现，否定希腊存在公民并不难，因为被现代人认定为"公民"的范围确实太过狭窄。但是，在考察罗马的时候就显得复杂多了。因为罗马拥有开放的"公民权"且有专门的"万民法"去调整司法管辖权内非罗马各族人之间的法律关系，所以，要断定罗马也没有公民似乎就不那么令人信服。的确，按现代逻辑，法律就是权利关系的体现，在被视为"法治"滥觞的罗马怎能不存在公民呢？然而，这仅仅是现代逻辑。实际上，确定权利义务关系的法律是经"契约论"改造后的法律，是在启蒙运动确立了"法的精神"之后才出现的，古代法律在内容上所反映的其实仍然是特权关系。权利与特权的区别在于，前者具有本质上的平等性。这从西塞罗对罗马法律的剖析中是可以清楚看到的。

西塞罗宣称，"希腊人赋予法律以公平概念，我们赋予法律以选择概念"[①]，从西塞罗的这句话看，他实际上是在暗示希腊"公民"没有选择

---

① ［古罗马］西塞罗：《论共和国 论法律》，王焕生译，中国政法大学出版社 1997 年版，第 190 页。

其"公民身份"的余地，公民是一个封闭的群体，对外具有排斥性。罗马则不同，罗马的"公民权"使外邦人也可以做出成为罗马"公民"的选择。因此，罗马具有了希腊所不具备的平等环境。事实是否像西塞罗所要证明的这样？非也！在对待外邦人的问题上，罗马只能说比希腊有所进步，而在本质上仍是不平等的。"市民法"与"万民法"本身就说明了罗马法律的不平等性，说明罗马的"公民权"是有条件、有限制地开放了一些。因为，这些法律在肯定了外邦人有权选择成为罗马公民的时候，也允许他们仍然保留其出生地为故乡。

西塞罗在解释这些法律的精神时进行了更为透彻的注释，指出那些成为罗马公民的人必须把"称之为国家的那个故乡放在首位。我们应该准备为它献出生命，把我们完全献给它，把我们的一切交给它，奉献给它"①。这样一来，虽然出生地是故乡，却是被包括在罗马之内的，是从属于作为国家的那个"故乡"的。这样，以出生地为标志的公民身份与作为罗马公民的身份也就统一了起来，西塞罗所要求的为国家献身，也就完全成了为罗马而献身，绝不能理解成献身于为了他的出生地而反对罗马的行动。至于西塞罗所表达的所谓优于希腊的"选择性"，也只表明外邦人可以选择成为罗马人（即便是因罗马的征服而做出的被动选择），而在罗马内部，特权体系则是不容选择的。关于这一点，西塞罗表述得其实是非常清楚的。西塞罗反对人民有立法权，甚至反对要求扩大平民权益的法案成为法律。

根据西塞罗的观点，"如果是由一些一窍不通、毫无经验的人打着有益于健康的名义开出的可以致人于非命的药方，人们完全应该不把这些药方视为医生的处方，同样，如果人民通过了有害的决议，不管这些决议是什么样的，它们也不应被称为法律"②。法律依据自然的正义与非正义的区分，"受自然指导，惩罚邪恶者，保障和维护高尚者"③。在西塞

---

① ［古罗马］西塞罗：《论共和国　论法律》，王焕生译，中国政法大学出版社 1997 年版，第 215 页。
② ［古罗马］西塞罗：《论共和国　论法律》，王焕生译，中国政法大学出版社 1997 年版，第 219 页。
③ ［古罗马］西塞罗：《论共和国　论法律》，王焕生译，中国政法大学出版社 1997 年版，第 220 页。

罗这里，既然人民都是一窍不通的，显然也就不难推测他所指的"高尚者"是哪些人了。由此看来，将现代权利观念的源头回溯到罗马时代实在不具有太大说服力。而在不存在权利的情况下，也就没有所谓义务之说了，西塞罗关于罗马"公民"应具有服从之"义务"的规定其实是不能称之为义务的，就其实际来看，最多只是那些成为或希望成为"罗马公民"的人所承担起来的"役务"。进一步地说，没有完整的权利义务关系，又何谈"公民"呢？

沿着思想史的进程继续考察，我们发现，在近代早期的思想家中，最为热烈追捧"罗马公民"概念的人当首推马基雅维利。虽然马基雅维利所重新发现的是罗马公民，但他的时代决定了他的罗马公民已经具有了某些现代意象。

在资本主义萌芽最早的意大利，马基雅维利的《论李维》被公认为罗马"公民"概念的复兴之作。作为现代政治学的鼻祖，马基雅维利留给后人的，其实是一个自我矛盾的形象。在《君主论》中，马基雅维利露骨地描绘了成为一名君王的条件，那就是应当无所不用其极地使用各种方法，因此，马基雅维利背上了数百年的"阴谋家"恶名。然而，在《论李维》中，马基雅维利又表达了对罗马共和国的无限向往。这看似有悖常情，却自有其合理的解释。《论李维》比《君主论》晚发表 20 年，但二者的实际写作顺序一直存疑。在《君主论》的"世袭君主国"一章中，他提到，"我将不会讨论共和国，因为先前我已详细论及"[1]。学术界认为，这句话是后来加上的，因为马基雅维利有随时修改自己作品的习惯。但曼斯菲尔德却由此推测二者至少应为同时写作，《论李维》大概写于 1513（《君主论》发表）至 1517 或 1519 年间。[2] 若实情如此，则《君主论》完全可能是《论李维》逻辑上的延续。如同亚当·斯密写作《国富论》是为解决《道德情操论》所留下的疑难，即如何从不道德的原点走向道德的结局，《君主论》实际上也提供了走向共和理想的途径，试图去证明一位强势君主是使当时松散的城市共同体成为一个"国家"的

---

[1] ［意大利］马基雅维利：《君主论》（剑桥政治思想史原著系列影印本），中国政法大学出版社 2003 年版，第 6 页。
[2] 参见曼斯菲尔德为马基雅维利《论李维》一书所写的"导论"。

前提。从篇章结构看，《论李维》中有不少《君主论》曾出现过的论证，也说明这种逻辑关系在马基雅维利那里确实存在。

马基雅维利关于共和国的想象是在对罗马历史的评述中展开的。实际上，对他来说，罗马只是一个托词，并不是历史的真实状况。马基雅维利理想中的共和国实则是一种"混合政体"，其中，平民与贵族是一对平衡力量，是国家稳定的基础。因此，他认为平民与元老院的不和是罗马保持自由的原因所在，正因其"不和"才不致使任何一方力量过于强大。"罗马城内大多数专制政体的原因是一样的：它既来自人民的自由欲望过于强烈，也来自贵族的支配欲望过于强烈。"① 但平民与贵族仅是自由的平衡机制，要建立起丰功伟业，还得依赖"独裁官"。"独裁官"是罗马人的发明，"他们不但用这种制度克服了危机，并且也避免了无此建制社会就会产生的无数罪恶"②。在马基雅维利眼中，作为共和国这一"目的"的组成部分，"独裁官"与作为"手段"的君主是不可同日而语的。他没有绝对性的权力，其设置乃是出于行政上的考虑，"共和国的常规制度动作迟缓（因为议事会或官员不能擅自做主，在许多事上需要相互合作，集思广益也需要时间），利用它们去对付那些刻不容缓的事，便成了风险极大的手段"③。马基雅维利也许意识到人们可能会误会他关于君主问题的见解，所以，他又作出了进一步的规定，"当人民做主时，如果法纪健全，他们的持之以恒、精明和感恩，便不亚于君主，甚至胜过一个公认的明君"④。

可见，马基雅维利对混合政体各部分的论述都是有所保留的。这种保留或许可以看作是近代制衡思想的滥觞，即让国家的每一构成要素都具有一种"有限性"的特征。这也就是马基雅维利所说的："不想为忘恩负义制造理由的共和国，应像罗马那样治理自己；希望避免受其伤害的公民，也应恪守罗马公民所遵守的限度。"⑤ 当然，"限度"的存在须以

① ［意大利］马基雅维利：《论李维》，冯克利译，上海人民出版社2005年版，第152页。
② ［意大利］马基雅维利：《论李维》，冯克利译，上海人民出版社2005年版，第133页。
③ ［意大利］马基雅维利：《论李维》，冯克利译，上海人民出版社2005年版，第135页。
④ ［意大利］马基雅维利：《论李维》，冯克利译，上海人民出版社2005年版，第194页。
⑤ ［意大利］马基雅维利：《论李维》，冯克利译，上海人民出版社2005年版，第126页。

自由为前提。当马基雅维利把平民与元老院并举的时候，其实也就是肯定了平民有自己的利益。马基雅维利举"土地法"为例所表达的是："罗马贵族在荣誉上总是向平民作出让步，并未引起不寻常的麻烦。然而一涉及财产，他们便成了顽梗不化的守财奴，平民也只好借助于上述非常手段来发泄自己的欲望。"① 联系到他在《君主论》中关于君主不可侵犯臣民财产的戒条，则可以看到，他实际上是在为市民社会的财产权要求张目。同时，马基雅维利承认平民具有与元老院相当的力量，这无疑是承认了平民参与政治生活的权利。

马基雅维利本人对公民概念并没有做出理论上的阐发，其实，在公民概念尚未从国家概念中脱胎而成的条件下，他也不可能有进一步的发挥。但是，马基雅维利是将平民视为与贵族、君主有着同等意义的政治力量的。这一做法在后人眼中就成了一种具有积极意味的理论贡献，即"恢复"了罗马的"公民传统"。也就是说，他为即将出现的"公民"概念寻找到了合法性源头，后人无论想对公民概念赋予什么样的内涵，都可以沿袭他的做法到古代去寻找依据。因是之故，后人在阅读马基雅维利的时候才会说："对马基雅维利而言，一个名副其实的'共和国'意味着'自由建制'，并能提供所有公民参与公共生活的机会。"②尽管所有这些都是一种托古行为，但在这种托古中所表达的真实思想则是一种共和国的理想，即提出了属于近代的公民概念，而且是在这一概念的基础上去构想其国家形态的。

所以，在近代思想的源头处，我们看到的是关于公民国家的初步构想，这一构想得力于市民社会的发展，或者说，是由于绝对国家把市民社会推向了前台，才使近代思想家能够根据市民社会的要求去重新思考国家建构的问题。就此而言，也证明了马克思关于"经济基础决定上层建筑"这一历史唯物主义原理的科学性。

---

① ［意大利］马基雅维利：《论李维》，冯克利译，上海人民出版社 2005 年版，第 143 页。
② ［意大利］马基雅维利：《君主论》（剑桥政治思想史原著系列影印本），中国政法大学出版社 2003 年版，109 页（译者说明）。

三、 国家与社会的分离

　　尽管马基雅维利已经为公民概念的出现做了准备，但在现实的政治运行中，公民却没有即刻成为现实。这是因为，当时的欧洲还处于"绝对国家"的时代。在绝对国家中，臣民概念受到了吹捧，人们也会谈到公民和使用公民的概念，但这个概念所指的内涵是与臣民没有什么区别的。也就是说，在绝对国家条件下，臣民与公民两个概念基本上是重合的。在霍布斯那里，这一点表现得尤其明显，他的著作虽然名为《论公民》（Decive），却在前言中写道："本书旨在阐明人之义务——首先作为人、其次作为臣民、最后作为基督徒的义务。"① 不过，在霍布斯对公民国家作出构想的时候，或者说，在他描述走向公民国家的历史进程方面，还是作出了很大的理论贡献。因为霍布斯是最早援用了"契约论"证明的思想家，他在其著作中是从"自然状态"开始其契约论论证的。

　　霍布斯认为，人们在自然天赋即体力、经验、理性与激情上是平等的。在霍布斯看来，这种平等原本是好事，但是，由于人们有伤害意愿，反而引起了恐惧。因为，自然平等便意味着人们具有互相残杀的平等能力，所以人在自然状态中是没有安全感的，自然状态的每一处都弥漫着彼此的恐惧，而恐惧则导向战争，导致生命等自然财产的毁灭。霍布斯认为，为了克服恐惧，人们便寻求联合。在联合的过程中，人们彼此订约使自己的意志服从某个单一的意志，即某个人或会议的意志，这就形成了联盟。这样的联盟就被称作"国家"。

　　需要注意的是，霍布斯用以表示"国家"的词是 city（拉丁版原文是 ciuitate）。联系到《论公民》只是他"用拉丁文来重写整个传统哲学的领域"② 的一个部分的情况，他这里所使用的 city 其实并不是国家，

---

① Thomas Hobbes，*De cive：the English Version*（The Clarendon Edition of the Philosophical Works of Thomas Hobbes；v. 3），Oxford，1983，p. 29.
② 参见塔克为霍布斯《论公民》（冯克利译，贵州人民出版社 2003 年版）一书所写的英文新译本导言。

而应当被读作城邦，① 霍布斯所描绘的那种"契约联合过程"其实也只是对城邦产生史的复写。只有作如此判断，才能解释他为何既将这一联盟称为 city，又称为"civill society"（societatis civilis），还称为"法人"（civill person），也才能解释他在行文中为何不加区别地使用"civill society"和"civill government"②。原因在于，城邦状态中本就没有国家与社会的区别，霍布斯的所谓"法人"的称谓也只是对类似"哲学王"思想的重复，也就是说，他实际上是要论证君主制的合法性。霍布斯使用的拉丁文 ciuitate 与"societatis civilis"也只是对希腊城邦（polis 与"koinnia politike"）的对应翻译，实指同一个对象。因此，他对"civill society"的使用不具有现代含义，所指称的并不是现代市民社会。其实，在霍布斯的理论中，是没有市民社会这一社会层次的，最起码，在他的原初设定——自然状态中是没有市民社会的，反而从霍布斯的自然状态中，我们所看到的是城邦之前的无政府状态。因此，在对自然状态作出说明之后，他马上就转入了对 city 的论述，却没有看到他对市民社会有所着墨。

联盟形成后，代表联盟意志的个人或会议就具有了主权，成为主权者。任何个人或社团就都成了主权者的臣民。根据这一逻辑，也就形成了霍布斯的"公民"概念的两个层次：自然状态下的"人"与相对于主权者的"臣民"，再加上基督徒，"公民"的三层含义就完整了。在自然状态中，"人"的义务是交出权利以形成联盟；在主权者之下，"臣民"的义务在于"按照自然的吩咐，彼此相互约束要遵从主权"③；对于基督徒而言，"得救"的本质也就是服从，即对作为主权者的君主的服从。可见，霍布斯使用 city 这一概念的意图是要说明，正如混沌状态下不存在个体一样，国家也不拥有具有独立性的"公民"。这实际上是一种出于替绝对国家辩护的目的而作出的设定。所以，尽管霍布斯也采用"civill

① 霍布斯为 city 举例时，所提到的就是斯巴达（the city of lacedaemon）等城邦。见 Thomas Hobbes, *De cive*：*The English Version*（The Clarendon Edition of the Philosophical Works of Thomas Hobbes；v. 3），Oxford，1983，p. 101.
② 原文 civill 是 civil 的一种现已不常见的用法。
③ ［英］霍布斯：《论公民》，冯克利译，贵州人民出版社 2003 年版，第 86 页。

society"的说法，却极力将其与 city 相混同，或者说，霍布斯是不敢把它与 city 分开来讨论的。这在逻辑上是不难理解的。如果在自然状态与国家状态中引入一个市民社会的层次，其契约论的证明路径就必然会把他导向对绝对国家的背叛的方向上去了。

也需要看到，虽然霍布斯的目的是要用自己的思想服务于绝对国家，他的所谓"公民"在本质上也仍然是臣民，由于他选取了契约论的证明路径，从而为公民概念的出现作出积极的理论准备。也就是说，在自然平等的假设中，不可能不考虑公民在理念上的平等性之设定，虽然每个人在主权者面前都等于零，但作为公民，他们却应当是平等的。在此基础上，霍布斯用一个得到修正了的民法概念去替代事实上造成现实不平等的民法，从而确立起"平等权利"这一现代国家赖以建立的社会基石。霍布斯说，虽然"一个公民没有什么可以只属于他自己而不属于国家或主权者的财产，但每个公民的确可以有不属于别的公民而属于自己的东西"①。正是这些论证，为平等的公民概念的出现作了进一步的铺垫。不过，从历史进程来看，是因为资产阶级革命才最终让绝对国家为人民主权国家所取代，才使契约论在实践上得以执行。到了这个时候，国家与社会相分离的现实才能够最终得到理论上的认识，关于公民的理想也才真正进入政治安排之中。这样一来，我们就自然而然地走到了洛克这里来了。

如果需要对霍布斯作出评价的话，可以说，从霍布斯的著作中看不到关于市民社会的理论表述。尽管在这个时候市民社会已经成为普遍的现实了，霍布斯的理论不仅无视了市民社会，而且是用绝对国家否认它作为一个相对独立领域的事实。不过，如果从理论上对市民社会加以证明的话，还是需要求助于"自然状态"的假定的，这也就是霍布斯为什么对后世有着久远影响的原因。虽然后人关于自然状态的运用已经与霍布斯的初衷完全相反了，但他提出了"自然状态"这一理论假设则是不可抹杀的功绩。正是在霍布斯所设定的这个"自然状态"的基础上，洛克完成了对社会与国家相分离的理论认识。可以说，洛克发现了霍布斯

---

① [英] 霍布斯：《论公民》，冯克利译，贵州人民出版社 2003 年版，第 90 页。

逻辑上的破绽，因而，他借用了"自然状态"的假定却又对霍布斯的论证过程加以修改，从而实现了思想史上的一次历史性转型。

洛克设定自然状态为"完备无缺的自由状态"①，认为自然状态是因为缺乏裁判者才变得无序，以至于面临强力威胁时，无序便转为战争。在洛克看来，如果有了明文法律和权威的裁判者，人们可以向其作出诉请，战争状态即已结束，没有这些，战争就会持续。根据洛克的这一看法，避免战争状态就成了人类组成社会的重要原因。表面看来，洛克的这一观点与霍布斯的观点是一致的，实际上却有着很大的不同。因为霍布斯的战争状态是自然的，而洛克的战争状态则是人为的。依洛克之见，霍布斯的国家完全是一场灾难，其国家状态反而不如自然状态。因为"谁企图将另一个人置于自己的绝对权力之下，谁就同那人处于战争状态"②。所以，洛克设定理想的自然状态的目的在于否定绝对国家的合法性，因为他认为绝对国家本身就意味着战争状态。可见，同样是从自然状态出发，霍布斯是要为绝对国家提供理论证明，而洛克则要从根本上否定绝对国家并提出公民国家的理论。

我们已经指出，绝对国家造就了市民社会，同时也把市民转化为公民，但是，这个国家的主权者却是君王而不是公民。洛克所要极力描绘的是公民国家与市民社会的关系，因而，根据洛克的观点，是自然状态中的人们"进入社会以组成一个民族、一个国家"③。在此判断中，关于市民社会与公民国家产生的先后顺序第一次得到明确而正确的阐述。市民社会是先于公民国家产生的，因而不可能是国家的附属之物，而是具有相对独立的地位。或者说，即使在一个历史截面上看，国家与社会也是两个不同层次的存在物。对此，洛克试图用不同的权力来对国家和市民社会作出区分，他认为"立法权"属于社会，"行政权"属于国家。人们首先结成市民社会，然后才授权给"社会的"立法机关为其制定法律。立法机关成了裁判者，有了这个裁判者，才使人们进入一个有国家的状态。所以，立法权先于行政权，引申而言，市民社会创造了公民国家。

---

① ［英］洛克：《政府论》（下篇），叶启芳、瞿菊农译，商务印书馆1995年版，第5页。
② ［英］洛克：《政府论》（下篇），叶启芳、瞿菊农译，商务印书馆1995年版，第13页。
③ ［英］洛克：《政府论》（下篇），叶启芳、瞿菊农译，商务印书馆1995年版，第54页。

虽然国家的产生在洛克这里表现为一种叙述逻辑，但中世纪后期以来的历史却恰恰是这样一个进程。可以说，洛克对这一进程做出贴切的描述，同时也起到了批判绝对国家的作用。对于这一点，马克思给予了充分的肯定。

洛克的《政府论》是近代资本主义时期的经典著作，而他的这一著作实际上是通过处处与马基雅维利和霍布斯相对立的方式展开自己的经典思想阐发的。洛克认为，在世袭君主制下，"人民感到他们的财产在这个政府下不像以前那样能获得保障（殊不知政府除了保护财产，没有其他目的），因此他们非把立法权交给人们的集合体（你称之为参议院、议会等等），就不会感到安全和安心，也不会认为自己是处在市民社会中"①。可见，洛克是为了演绎立法权而认识到了市民社会并赋予它以现代含义，即把市民社会看作先在于和独立于国家的存在。

在洛克的时代，绝对国家依然有着相当大的余威，尽管绝对国家使市民从行会中走了出来并造就了市民社会，却又同时是市民社会必须承受的压迫力量，由于它们之间的相互异己性，绝对国家时时处处都表现出了对市民社会的压制。如果绝对国家不被摧毁，如果公民国家不被确立起来，市民社会也就没有发展和完善的空间。为了从理论上彻底摧毁绝对国家，洛克必须赋予市民社会以政治含义，并证明它可以被结合到革命的现实中去，能够成为与绝对国家相抗衡的一股政治力量。正是在此意义上，洛克也把市民社会称为"政治社会"，认为"政治社会本身如果不具有保护所有物的权力，从而可以处罚这个社会中一切人的犯罪行为，就不成其为政治社会，也不能继续存在；真正的和唯一的政治社会是，在这个社会中，每一成员都放弃了这一自然权力，把所有不排斥他可以向社会所建立的法律请求保护的事项都交由社会处理"②。

在这里，洛克的思想是，面对绝对国家，市民社会具有政治功能，能够成为个人与绝对国家间的一道屏障，从而发挥保护个人的功能。反过来，个人也只有成为市民社会的成员，才能摆脱对绝对国家的臣属地

---

① ［英］洛克：《政府论》（下篇），叶启芳、瞿菊农译，商务印书馆 1995 年版，第 58～59 页。这里参照英文原文将中译中的"公民社会"改译为"市民社会"。
② ［英］洛克：《政府论》（下篇），叶启芳、瞿菊农译，商务印书馆 1995 年版，第 53 页。

位，进而抛弃臣民身份。由此看来，市民社会的政治功能是特定历史条件下的产物，一旦走出这段历史，一旦现代公民国家生成之后，市民社会的这一功能也就发生了变化，从而不再以政治社会的形式出现了。

近代的历史进程与洛克的理论逻辑是非常吻合的，当市民社会的力量积聚起来并足够强大的时候，否定绝对国家的革命运动便发生了。结果，国家不再是绝对的了，市民也不再是臣民了。这时，社会发展的一个新的里程开始了，作为市民，人们从事社会活动，过着社会生活；作为公民，开展政治活动，在政治活动中运用和维护其公民权利。市民属于社会，而公民则属于国家。所以，也就有了真正的"共在"而又"分立"的市民社会和公民国家。

如上所说，在每一个公民国家的国境内都会存在着一些并不是本国公民的市民，它们对国家的日常性机构也往往提出各种各样的要求，而这些要求却不可能因为他们不是本国公民而被置之不理。特别是 20 世纪后期以来，这种情况变得越来越普遍。它从反面证明了社会是市民的而不是公民的，公民拥有国家却不能垄断社会。实际上，迄今为止也不存在什么"公民社会"。他国公民可以成为本国市民，参与本国的社会生活，但本国的政治（如选举等）生活却只对本国公民开放。在今天，虽然还存在着一些不对他国公民开放的社会生活，却也很难设想一种可以对他国公民开放的政治生活。无论一个国家怎样标榜自己的开放性，也不可能让他国公民参与选举和在议会中通过他国公民提出的议案，即使让他国公民到议会中做证，也是有着很多限制条件的。基于这样的现实，如果我们用"公民社会"的概念替代了"市民社会"的概念，甚至在理念上用"公民社会"否定了"市民社会"，是应当还是不应当把作为本国居民的他国公民放入"公民社会"的构成因素之中呢？

洛克之后，无论是思想还是现实的历史进程都进入了市民社会与公民国家迅速分化的过程中了。正是市民社会与公民国家的分立，才使市民社会参与塑造公民国家的行动成为可能，而不是像在绝对国家中那样总是处于臣属和服从的地位。同时，公民国家与市民社会的分立也使国家有了自己的"边界"，它再也不能像绝对国家那样越过这个

"边界"去任意地支配或处置市民。所以，市民社会与公民国家既是分立的又是统一的，只是由于有了公共生活，才把它们联为一个整体。

从领域分化的角度看，市民以个体的形式出现并在私人领域中活动，而公民则以整体的形式出现和在公共领域中开展活动。由于市民社会与公民国家的分离，同时也由于公共领域、私人领域与日常生活领域的分离，市民的角色多样化了。在国家，他是公民，拥有在国家政治生活中的权利和义务；在社会，他是市民，有个人的追求和责任。同样，在公共领域，他的正义感、良心、守法意识等成为公共利益的支柱；在私人领域，它是理性化的经济动物，追求个人利益的实现；在日常生活领域中，传统、习俗和基本的道德观念通过他而得以保持和延续。

市民社会虽然在中世纪就已开始萌芽，但就它作为与国家相分立的社会力量而言，则是在现代化过程中出现的，成熟的、独立的市民社会仅仅存在于近代以来的这段历史中。虽然从词源上看是西塞罗创造了societas civilis 一词，但在当时，这个词并不具有市民社会的含义，在很大程度上是可以翻译成"社会动物"的，只是西塞罗对希腊语"政治社会"（koinnia politike）的一种译法。在古希腊，"社会动物"实质上就是"政治动物"，societas civilis 所表示的只是政治社会或者说城邦中那个特定阶层上的人的整体状态。虽然罗马有了较发达的商业，但在当时的生产力条件下还不可能存在着完全为了增值而进行的生产和交易。因而，也就不存在由交换关系构成的市场经济形态，至多只能说出现了实体意义上的交易场所。没有市场，社会便没有自我分化的能力，市民与市民社会的概念便不可能产生。

总之，近代社会的历史是一段社会分化的历史，它在一切方面都表现出分化的特征。社会的分化使之呈现出不同的领域、不同的阶级、不同的利益集团以及不同的构成部分。沿着历史的轨迹，近代社会的分化是以家庭的分化为起点的，市民社会与公民国家的分立则是这一社会分化的结果。我们现在所拥有的社会治理体系以及政治和社会生活，都是在国家与社会分化和分立的基础上展开的。

我们一再指出，市民社会的出现可以追溯到中世纪后期，是在城市和市场兴起的过程中得到认知的，同时，也是被作为资本主义萌芽的标志而得到承认的。市民的出现瓦解了传统社会的身份体制，开始培育出人们的权利意识。随着市场的扩大和城市生活的定型化，市民阶级的权利要求更加丰富，市民们普遍意识到了权利之于其社会生活的必要性。正是由于这个原因，市民社会开始参与塑造国家，提出了公共生活的要求，要求国家提供和保障其权利，甚至已经包含着要求国家消除参与公共生活障碍的内容。适应市民社会的要求而建立起来的国家就是公民国家，它将市民转化为公民并从属于保障市民生活权利的目标，尽管在近代资本主义的国家形态中市民生活的权利并没有真正得到切实保障，但与此前的社会相比，由于国家在一定程度上对市民权利提供了保障，也在很大程度上把市民生活改造为一种现代意义上的公共生活了。所以说，市民社会是与公民国家处在一种互动过程中的，它们之间是一种既分立又相互支持和相互促进的关系。在某种意义上，近代以来的历史既是市民社会型塑公民国家的历史，同时也是公民国家规范市民社会的历史。正是由于这个原因，18 世纪以来，思想家们一直都是从市民社会与公民国家分立的现实出发去思考、改进和完善社会治理方案的。

与市民社会、公民国家分化的过程相伴而行的是个体的人的解放运动。正是因为个人被从绝对国家之中解放了出来，才有了黑格尔所描述的那个"自我意识"进程，才有了市民的觉醒，进而构成了他们自己的社会，并在市民社会（马克思后来选择了其客观性的一面而改称其为"经济基础"）的基础上建立起了公民国家。有了公民国家，市民也开始拥有了公民的角色，尽管在不同的国家间公民是因其国籍而被看成一种身份的，但在公民国家与市民社会的结构中，公民只是一种角色而不是（古希腊城邦中的那种）身份。角色的多重化给社会科学研究带来了困难，使那些不加深究的人在使用概念的时候表现出了极大的随意性，因而才会出现所谓"公民社会"的表达式。

其实，角色是由其所在领域及其结构和功能所规定的，在国家中，我们看到的是公民而不是市民；同样，在社会中，我们看到的是市民而不是公民。所以，不存在"公民社会"这样一个领域。一个简单的事实是，人类历史会积淀在人文社会科学的学术概念中，特别是那些一个学科赖以建立的基本概念，肯定包含着深刻的历史内涵。"市民社会"与"公民国家"的概念就是这样，包含着从古代走向近代社会这一政治发展过程的历史内涵，如果我们在使用它们的时候有着过大的随意性，比如把"市民社会"改用为"公民社会"的话，就是对历史的不尊重，因而也会失去概念自身应有的功能。

第二章

市民社会发展中的治理变革

一般认为，市民社会是一个不道德的社会，从启蒙时期开始，就有许多思想家开始思考如何把市民社会转化为一个"道德化社会"的问题。在对这一问题的解决过程中，学术探讨作出了"私人性"与"公共性"的区分，走向了对公共领域的解析。公共领域中的公共生活是建立在意见表达的基础上的，然而，意见表达体系的建立却是一个艰难的历史过程，从中世纪后期开始直到今天，走过了一段漫长的道路。今天，人们已经普遍获得了表达权，而早期市民社会的表达自由之理想却依然没有实现。这是因为，近代以来的政治发展在赋予人们表达权的同时也造就了一个"中心—边缘"表达结构。在这个结构框架下，中心的表达得到放纵，边缘的表达则受到压制和排挤，而且造成了全面的表达异化状态。表达异化与一切社会危机、政治危机之间都有着密切的关联性。人类社会今天所要进行的社会变革和政治变革也都需要从消除表达异化入手。这首先意味着对国家主义的扬弃。事实上，自 20 世纪 80 年代开始，随着后工业社会的来临，社会结构出现了重组的趋势，正在形成中的"新市民社会"必将终结国家主义的历史，使社会治理迈入"后国家主义"时代，尽管所走的道路不同于列宁的设想。

第一节　对市民社会的解读

一、不道德的社会

市民社会是历史的杰作，然而，市民社会的产生史也是资本主义的发家史，这是一段由剥削与压迫书写的历史。资本的原始积累往往被文学家们用浪漫主义的方式处理为一个个惊险刺激的冒险故事，实际上，对于故事中那些看不到的"群众演员"而言，无情的资本支配毫无浪漫可言。蒸汽机的出现引热的煤矿开采，它让多少矿工在暗无天日的地下度过一个又一个岁月，地层深处又掩埋了多少矿工的尸体；毛织品的出现，让人们为了从羊的身上去获得羊毛，又使多少人流离失所。总的说来，市民社会生来就是不道德的，在这里，古代社会曾有的那种备受推崇的美德受到了抛弃，市民们的眼神里放射出灼人的欲望。从文艺作品中盛行一时的守财奴故事里，我们可以深切感受到拜金风潮下人性的"异化"。虽不能断定市民社会生成史中的每一个阶段在社会整体上都出现了道德败坏的状况，但的确存在着尼布尔在其书名中所指示的，近代以来，我们进入了一个"道德的人和不道德的社会"这样一个历史阶段。正是由于这个原因，才会有那么多学者和思想家永不疲倦地去表达对古代社会之"美德"的憧憬。阅读近代以来的著作，我们首先在弗格森那里看到了对市民社会的揭露和批评，在某种意义上，弗格森开辟了批判资本主义的先河。

在弗格森看来，"从词源上看，'有教养的'（polished）这一术语最初指的是就国家法律和政府而言的国家状态；'文明人'（men civilized）指的是履行公民职责的人"①。弗格森希望探讨的是文明人的标准，即文明人应当是什么样子？是什么因素造就了文明人？弗格森努力在历史比较中去揭示的是他所处的古典时期的人与未开化状态下的人的区别。正是

---

① ［英］弗格森：《文明社会史论》，林本椿、王绍祥译，辽宁教育出版社1999年版，第226页。

围绕着文明社会这一主题，弗格森对人类社会的历史进行了他自己独到的人类学考察，其目的就是要揭示人类应有的道德是如何在人类社会的发展中衰落的。弗格森所考察的文明社会也恰是市民社会生成的历史阶段，他所批评的这一社会的不道德一面也正是包含于市民社会发生过程中的。

当然，在弗格森的论述中，并没有明确指认近代社会是一个不道德的社会。但从他对古代社会道德状况所进行的洋溢着热情的描绘中，还是可以看到他对之后的历史发展所导致的道德衰落状况的不满，它对古代社会之后的社会的基本判断就是"不道德"。弗格森所努力追寻的是，要从古代社会那里汲取救治近代社会的灵感。比如，他在论述了斯巴达的繁荣之后感叹道："我们生活在这样的社会里：想出名就得有钱；出于虚荣人们才追求享乐；对于假想的幸福的渴求会点燃人们最恶劣的情感，并且它本身就是痛苦的基础；社会公正好比肉体上的枷锁，用不着激发坦率、平等这些情感，就可以防止实际的犯罪行为。"[1]

弗格森批评他的时代的人们不仅不再崇尚美德，连社会公正也变成了外在于他们的强制性力量。在他看来，人们已丧失了公正之心，社会也失去了它的道德基础，政治开始变味而成为仅仅保证人们各自享乐的政治。有了这样的政治为人们提供保证，"他们可以埋头追求私利，不用考虑公共福利也可保存自己所得"[2]。更不可容忍的是，那些由于人身安全得到了保障而一味享受财富的人，往往将其他人用美德获得的好处化为腐化堕落的源泉。"大度、勇气、对人类的爱，因贪婪、虚荣而牺牲了或受到了依赖感的压抑。个人只有在群体有助于其晋升或获得私利时才会考虑到它。他公开表明自己要与他人竞争。在竞争、恐惧、羡慕、嫉妒或恶意等情绪的驱使下，他对该信条的信奉程度就像一只动物执意要保存自身，沉湎于奇思异想或耽溺于个人欲望而不惜牺牲同类利益。"[3]

弗格森生活的时代正是市民社会方兴未艾的时代，受到启蒙精神的感染，他怀着启蒙的情愫批判性地审视他处于其中的社会，这是积极的。

---

① ［英］弗格森：《文明社会史论》，林本椿、王绍祥译，辽宁教育出版社 1999 年版，第 180 页。
② ［英］弗格森：《文明社会史论》，林本椿、王绍祥译，辽宁教育出版社 1999 年版，第 245 页。
③ ［英］弗格森：《文明社会史论》，林本椿、王绍祥译，辽宁教育出版社 1999 年版，第 263 页。

事实上，他所持的也是一种积极的进步观念，与他同时代的其他思想家不同，他并不认为市场经济的高度繁荣和商贸活动的高度发达必然导致社会的堕落。在他看来，商业虽有可能造成腐化堕落与奢侈，但"无论我们在商业艺术发展的哪个阶段停止商业艺术的发展，我们都仍然有可能招致那些比我们落后的人谴责我们奢侈"①。他认为市民社会的出现本身是进步的，腐化堕落只是无法避免的瑕疵。而且，堕落也并非绝对，"如果奢侈被认为是人们对满足虚荣心的东西和满足享乐的昂贵物质的偏好，那么它对人类品格是有害的。如果奢侈被认为仅仅是对某个年代所具备的衣食住行和便行条件的利用，那么是否奢侈则取决于已取得的制造业上的进步和人类财富分配不均的程度，而并不取决于某些人作恶或行善的倾向"②。在弗格森看来，欲望并非坏事，它其实是人们追求幸福的表现与前提，"如果人们没有了工作，没有了欲望，那么活着将是一种负担，回忆将是一种折磨"③。他也认为，对欲望的放纵绝不可取，纵欲绝不等同于幸福，反而是堕落的原因。所以，弗格森对市民社会的批判在真实用意上并不是要否定它，而是出于改进它的目的，是要在批判中寻找改进市民社会的方案。他虽承认人类社会在道德上的堕落，却对那些认为这种堕落是商业社会高度繁荣和商贸高度发达的结果的观点进行了反驳。

弗格森肯定了商业之于社会进步的意义，同时，他也考察了商业繁荣在人类道德上的消极影响。根据弗格森的意见，人类社会发展到了一定程度的时候，艺术与专业产生了分工，这首先是一件好事，它使财富的源泉大开，每一种原料都能加工到尽善尽美，每一种商品都能大量生产。因此，国家依靠财富获得了举足轻重的地位和力量，个人成功也变得更加容易，不管公务人员还是生意人，"他们就像是一台发动机上的零件，不约而同地为一个目的而运作"④。尽管人们对总体一无所知，却仍能谋求自己的生活，并为国家做出贡献。但是，商业艺术和谋利艺术的

---

① ［英］弗格森：《文明社会史论》，林本椿、王绍祥译，辽宁教育出版社1999年版，第270页。
② ［英］弗格森：《文明社会史论》，林本椿、王绍祥译，辽宁教育出版社1999年版，第273页。
③ ［英］弗格森：《文明社会史论》，林本椿、王绍祥译，辽宁教育出版社1999年版，第46页。
④ ［英］弗格森：《文明社会史论》，林本椿、王绍祥译，辽宁教育出版社1999年版，第200页。

繁荣却是以牺牲其他追求为代价的，"对利润的渴望压抑了对完美的热爱。私利使想象力冷却了，使心灵变得冷酷无情。依据工作是否有利可图，是否有可靠收入来决定工作是否可取，将会把人们的聪明才智、雄心壮志推向柜台和车间"①。

专业分工虽然提高了技术，使产品更加完美，却也同时破坏了社会纽带，"以单纯的艺术形式和规则来替代聪明才智，并且使个人退出共同的职业活动。而共同的职业活动能使个人的情感和思想获得最惬意的享受"②。也就是说，商业在使成功变得容易的同时却导致了人们的精神不振，让民族走向了衰亡。弗格林认为："当实行这一制度到登峰造极时，人们被教育成能为凯撒誊写军事训导甚至可以实施他的部分计划的人，但是，没有一个人会在所有的场合中：国家、战场、稳定时期、动荡时期、分裂时期、统一时期都会像称职的领导那样应付自如。没有一个人既可以在商讨内政时，又可以在国家面临外敌入侵威胁时给国家事务委员会注入活力。"③ 伟大的国家不复存在了，"对于古希腊人或罗马人而言，个人不名一文，公众至高无上。对于现代人而言，在欧洲的许多国家里，个人至高无上，公众不名一文"④。即使到了今天，弗格森的这一评价也依然能够唤起人们同样的感受。

在从哲学的角度对人进行思考的时候，弗格森认为，人类的各种性情及职业可以分为两类："自私型的"和"社会型的"。前者喜欢孤独离群，后者喜欢和别人生活在一起；前者导致妒忌、竞争、敌意，后者导向互相关心、分享快乐；前者认为幸福在于和别人竞争，他对幸福的追求反而带来最大的痛苦，后者则相反，他认为自己是社会的一分子，关心自己的同时也关心别人，从而也受到别人关心，因此，一切都令他满意，让他欢喜。在某种意义上，对人性加以分析，或者说，把考察社会的起点放在对人性的分析上，是启蒙时期通用的研究方法。弗格森的叙述也自然拥有了这一特征。但启蒙以来的思想家在进行人性分析的时候

① ［英］弗格森：《文明社会史论》，林本椿、王绍祥译，辽宁教育出版社1999年版，第240页。
② ［英］弗格森：《文明社会史论》，林本椿、王绍祥译，辽宁教育出版社1999年版，第241页。
③ ［英］弗格森：《文明社会史论》，林本椿、王绍祥译，辽宁教育出版社1999年版，第249页。
④ ［英］弗格森：《文明社会史论》，林本椿、王绍祥译，辽宁教育出版社1999年版，第61页。

总是看到人性中恶的一面，而弗格森在这群思想家中应算作一个异例，他所拥有的是一种人性善的立场。弗格森认为，很可能一个人从他给别人的好运中获得的好处比从他自己获得的好运中得到的更多，行善往往是人类幸福的首要因素，"那些伟大的国家的人民，习惯于把自己看作社会的一部分，或者至少认为在国家中自己与人的某种秩序有密切关系"①，他们从不考虑个人得失，只心系国家命运。结果，这些国家的力量便极为强大。

弗格森有着积极的乐观主义情怀，甚至可以说他是有些浪漫主义色彩的人，他眼中的人具有道德天性，他的诗意描述是，"如果人的精神一旦被一种不同的东西刺激而兴奋起来时，肉体的快乐就会显得枯燥无味"②。基于对人性的这一判断，他对社会的复兴抱持着一种期望，认为社会尽管已陷入堕落，但仍可以挽救。在他看来，社会的诸多乱象都源于对欲望的极端追求，要使社会恢复正常，就需拨乱反正，就需要对个人与社会的关系进行重新定义。他说："人天生是社会的一员，从这一点考虑，个人似乎不是为自己而生。当他的幸福和自由与社会利益相矛盾时，他必须放弃个人幸福和自由。他只是整体的一部分。"③ 不过，个人与社会利益并非水火不容，二者可以调和。"如果个人每时每刻都能够考虑到公众利益的话，那么在付出这种考虑的同时，他得到了他毕生所能享受到的最大的幸福。"④ 按照这一思路，弗格森逻辑地走向了美德至上的立场，认为"国家的财富、扩张、力量往往是美德的结果；而这些优势的丧失通常是不良习气造成的"⑤。从弗格森对古代社会的长篇大论中可以看到，他的基本观点是，通过对每一个人的美德的复兴去救治社会不道德的病症。

今天看来，也许弗格森的观点毫无新鲜之处，在我国走向社会主义市场经济的过程中，弗格森的观点几乎是绝大多数人自发地就可以拥有

① ［英］弗格森：《文明社会史论》，林本椿、王绍祥译，辽宁教育出版社1999年版，第60页。
② ［英］弗格森：《文明社会史论》，林本椿、王绍祥译，辽宁教育出版社1999年版，第49页。
③ ［英］弗格森：《文明社会史论》，林本椿、王绍祥译，辽宁教育出版社1999年版，第62～63页。
④ ［英］弗格森：《文明社会史论》，林本椿、王绍祥译，辽宁教育出版社1999年版，第63页。
⑤ ［英］弗格森：《文明社会史论》，林本椿、王绍祥译，辽宁教育出版社1999年版，第227～228页。

的，对传统社会及其理论的无限美化，已经是当下非常流行的思潮。在我们这个社会中，有多少个弗格森？这可能是无法计数的。然而，在弗格森的时代，他的思想是不是具有代表性？是不是有着很多人同他一样也持有这种看法？这是无从考证的，但从我们的叙述中可以看到，弗格森所持的是一种客观的、理性的立场，因为其中既有对商业进步的充分肯定，又有对道德失落的惋惜，更有从古代社会传统美德中寻求救治策略的积极要求。这对今天的许多学术作品以及恢复中国传统文化的建言来说，不是如出一辙吗？可是，对于许多熟悉近代思想史的人，如果问起弗格森这个人，他可能会一脸茫然。因为近代以来的社会发展看不到弗格森的影响，谈到近代以来的历史，我们只会看到那些在社会设计上作出了积极贡献的人，弗格森的基于道德建构社会的想法没有在现实行动中产生任何影响。这就是历史。

二、"看不见的手"

亚当·斯密的伟大道德文章是他的《道德情操论》。与弗格森相同，斯密也是围绕着道德的主题展开自己的思考，尽管后世把他列入经济学家的行列，其实他是在探讨市民社会道德化的问题时而无意中成为经济学家的。斯密与弗格森都是在道德这一主题下进行写作的，但在对道德的追寻上以及对于后世的影响方面，他们两个又是完全不同的。

弗格森对市民社会的不道德做出了批判，而在思考如何加以救治的问题时，弗格森却让自己的叙述沦落为空洞的说教。作为弗格森的同时代人，亚当·斯密也看到了市民社会的不道德状况。他说，由于"通往美德的道路和通往财富的道路二者的方向有时截然相反"①，所以，新兴资产阶级在攫取财富的过程中做出了不道德的事，即使他们用其后的行为加以掩饰也是徒劳无益的。在斯密看来，"具有野心的人自以为，在他追求的那个优越的处境里，他会有很多办法来博得人们对他的钦佩和尊敬，并能使自己的行为彬彬有礼，风度优雅；他未来的那些行为给他带

---

① ［英］斯密：《道德情操论》，蒋自强等译，商务印书馆1997年版，第76页。

来的荣誉，会完全掩盖或使人们忘却他为获得晋升而采用的各种邪恶手段"①。然而，斯密所寻求的是另一种解决方式，那就是求助于"看不见的手"。斯密认为，"社会不能存在于那些老是相互损伤和伤害的人中间"②，一个明显不道德的社会必定无法维持。市民社会即使不能真正变得道德，也必须使之"道德化"，这样才能让它继续存在并发展下去。这也就是斯密写作《道德情操论》的真实意图所在。正是出于这一愿望，他要考察市场经济条件下的道德发生机制。

对斯密而言，市民社会的不道德是一个不容否认的事实，但他认为这一现状是不能轻易改变的。因为，如果试图去改变它的话，就有可能造成更为严重的不道德。"剥夺我们已经占有的东西，比使我们对只是希望得到的东西感到失望更坏。因此……最神圣的正义法律就是那些保护我们邻居的生活和人身安全的法律；其次是那些保护个人财产和所有权的法律；最后是那些保护所谓个人权利和别人允诺归还他的东西的法律。"③ 按照他的看法，任何对他人财产的侵犯即对现状的改变，都是最不道德的。所以，斯密理论的目的不是用人为的手段去改变不道德的现实，而是要顺应这一不道德的现实而将其"道德化"。基于这一设想，斯密排除了弗格森人为地恢复古代社会美德的做法，转而求助于"看不见的手"。

与所有试图解决这一问题的思想家一样，斯密也必须对人与社会的关系作出某种规定，"人只能存在于社会之中，天性使人适应他由以生长的那种环境……所有不同的社会成员通过爱和感情这种令人愉快的纽带联结在一起，好像被带到一个互相行善的公共中心"④。斯密的贡献是，不把联结人们的纽带作为美德。他甚至不无极端地指出，"在这一社会中，没有人负有任何义务，或者一定要对别人表示感激，但是社会仍然可以根据一种一致的估价，通过完全着眼于实利的互惠行为而被维持下

---

① ［英］斯密：《道德情操论》，蒋自强等译，商务印书馆 1997 年版，第 76 页。
② ［英］斯密：《道德情操论》，蒋自强等译，商务印书馆 1997 年版，第 106 页。
③ ［英］斯密：《道德情操论》，蒋自强等译，商务印书馆 1997 年版，第 103 页。
④ ［英］斯密：《道德情操论》，蒋自强等译，商务印书馆 1997 年版，第 105 页。

去"①。在这里，斯密表现出了与一般道德学家的不同之处，即不再只是纸上谈兵式地做出规定，而是要从实际利益的实现出发去寻找一种可行方案。这无疑是对求助于美德的一种革命性的超越。因为，美德追求要求人们为使命奉献乃至献身，要求所谓"大公无私"，不关注个人或者说普通人的具体利益。斯密恰恰相反，要求在关注和承认人的现实利益的前提下去发现客观的道德机制。也就是说，在人的利益实现过程中去发现社会道德化的可能性，而不是借由每一个人的美德去赋予社会以道德属性。

不难看出，弗格森所向往的古代社会人之美德其实只是一种等级道德，而在市民社会出现后所提出的，则是人与人之间平等的要求，特别是启蒙思想把这种平等要求作为一项政治原则确立了起来。在这种情况下，等级道德显然无法解决市民社会的不道德问题。所以，弗格森的主张能够唤起人们对曾有的"精神家园"的思恋，却无助于解决现实问题。与之相比，斯密的主张则要更实际得多。因为斯密所看到的是，损人利己本是人性中的一部分，"对于人性中的那些自私而又原始的激情来说，我们自己的毫厘之得失会显得比另一个和我们没有特殊关系的人的最高利益重要得多"②。如果从这一立场出发，"他的那些利益就决不会被看得同我们自己的一样重要，决不会限制我们去做任何有助于促进我们的利益而给他带来损害的事情"③。

斯密也看到了人的另外一面，即人在被置于社会之中才显现出来的一面。他说："在追求财富、名誉和显赫职位的竞争中，为了超过一切对手，他可以尽其所能和全力以赴，但是，如果他要挤掉或打倒对手，旁观者对他的迁就就会完全停止。"④ 这就是斯密所看到的"道德情操"，也是后来罗尔斯所解读出来的"正义观念"。虽然在斯密的《国富论》中发展出了另一只调节竞争行为的"看不见的手"，而在《道德情操论》中，这种正义观念则是作为市民社会道德化的"看不见的手"而存在的。

---

① ［英］斯密：《道德情操论》，蒋自强等译，商务印书馆1997年版，第106页。
② ［英］斯密：《道德情操论》，蒋自强等译，商务印书馆1997年版，第164页。
③ ［英］斯密：《道德情操论》，蒋自强等译，商务印书馆1997年版，第164页。
④ ［英］斯密：《道德情操论》，蒋自强等译，商务印书馆1997年版，第103页。

有了这只看不见的手，人也就成了"内心的那个人"，这个"内心的那个人"是一种对光荣而又崇高的东西的爱，是一种对伟大和尊严的爱，是一种对自由品质中优点的爱，它教导我们在所有重大场合要按照介于自己和他人之间的某种公正的原则行事，使它们具备某种程度的合宜性，既不过于倾重他人也不过于倾重自己，甚至，它能促使高尚的人在一切场合和平常的人在许多场合为了他人更大的利益而牺牲自己的利益。

尽管无从考证罗尔斯是否从亚当·斯密那里获取了"正义观念"，但在整个启蒙时期，无疑首先是斯密对社会正义作出了较为系统的经典性叙述。正是因为发现了社会正义，斯密才使自己关于市民社会道德化的理想得到了理论上的支撑，而不再需要像卢梭和洛克那样求助于"契约"。斯密说："与其说仁慈是社会存在的基础，还不如说正义是这种基础。虽然没有仁慈之心，社会也可以存在于一种不很令人愉快的状态之中，但是不义行为的盛行却肯定会彻底毁掉它。"① 虽然正义之心的道德约束力是十分有限的，却又是非常重要的，有了它，人的行为才有了社会准则。所以，亚当·斯密情不自禁地赞美人的正义之心，"这些重要的道德准则是造物主的指令和戒律，造物主最终会报偿那些顺从的人，而惩罚那些违反本分的人"②。

如果从哲学的角度看，也许"内心的那个人"是一种主观形态的存在物，把市民社会的道德化寄托于这一主观存在物显然会落入贝克莱的窠臼。但在斯密这里，却全无这一嫌疑。因为，斯密的"内心的那个人"作为社会正义的根源在社会运行的过程中是作为一种客观力量而存在的，它与市场中的那只"看不见的手"具有同样的属性，只不过后者是作为市场机制而存在的，而前者则是作为社会机制而存在的。斯密所援用的是一致同意的原则，"我们据以自然地赞同或不赞同自己行为的原则，似乎同据以判断他人行为的原则完全相同"，无论我们对事物作什么样的判断，"都必然会，或者在一定的条件下会，或者我们设想应该会同他人的判断具有某种内在联系"③。我们具有被人赞同的愿望，而且，生活在社

---

① ［英］斯密：《道德情操论》，蒋自强等译，商务印书馆1997年版，第106页。
② ［英］斯密：《道德情操论》，蒋自强等译，商务印书馆1997年版，第199页。
③ ［英］斯密：《道德情操论》，蒋自强等译，商务印书馆1997年版，第137页。

会中也必然会有应该"成为"被赞同对象的愿望。"成为那种值得赞同的对象，则肯定始终是他的最大目的。"① 这在哲学上显然是经不起审查的，可是，如果我们把这看成对人的社会心理、情感或意志的描述，又不能不承认斯密的传神之笔。在理论上，你可以说这是一种庸俗观，但它又是具有一定的解释功能的。那就是，有了赞同与被赞同的愿望甚至渴求，人才能构成社会而共生共在，才会考虑用自己的行动去支持互利的事业。就斯密的逻辑而言，走到这里，我们已经可以清晰地看到市场中的那只"看不见的手"呼之欲出了。因为，由于赞同是相互的，人们在市场中活动的时候，只要依据相互赞同的原则，就可以不知不觉地在利己行为中达到互利的效果。这样一来，互利动机得到客观化，交易行为具有了互利的性质，市民社会也因而披上了道德的外衣，从一个不道德的原点走到了道德的终点。

　　许多学者认为，《道德情操论》是斯密著述的导论，他的《国富论》其实是《道德情操论》的展开，这一说法是非常贴切的。这倒不是因为作为市场机制的"看不见的手"是作为社会机制的"看不见的手"的直接延伸，而是因为他的《国富论》的全部论证都要走向这一结局，即每一个出于自我利益考虑而在市场中活动的人，都会用自己的行动去造就利他之结果。当然，后来由于垄断问题的出现，斯密的那只作为市场机制的"看不见的手"失灵了，继之而起的凯恩斯主义要求抛弃斯密神话，代之以政府直接干预的现实行动。可是，政府运用任何宏观干预的手段都是在诠释斯密的所谓不道德原点，即充分发掘人的利己动机，让这种利己动机听从宏观干预手段的指挥。这说明，从不道德的原点出发，可以发展出"自由市场"和"政府干预"两种策略，而在市民社会道德化的问题上，在起点和终点上都能够合乎斯密的证明。

　　至此可以看到，弗格森希望让市场经济与传统文化相结合从而造就有道德的市民社会的设想是不成功的，斯密所寄予厚望的"看不见的手"也被垄断打破了。那么，是否还有赋予市民社会以道德的第三条道路呢？阅读黑格尔的《法哲学原理》也许能够回答这一问题。

---

① ［英］斯密：《道德情操论》，蒋自强等译，商务印书馆 1997 年版，第 145 页。

三、 辩证法的理解

《法哲学原理》具有多重面向，而且每一重面相中都包含着极其丰富的内容，但在我们看来，它更多地具有政治哲学的色彩，可以看作黑格尔哲学体系中的政治哲学部分，所要破解的依然是市民社会与道德不相兼容的难题。

如果说在《精神现象学》中黑格尔借助于"自我意识"等范畴而对市民社会生成过程作了思辨性的哲学描绘，那么在《法哲学原理》中，黑格尔则从所有权的问题开始而对市民社会的道德状况进行了考察。黑格尔认为，"人有权把他的意志体现在任何物中，因而使该物成为我的东西……这就是人对一切物据为己有的绝对权利"①。既然所有权是对人的存在的证明，"从自由的角度看，财产是自由最初的定在，它本身是本质的目的"②。"这就是关于私人所有权的必然性的重要学说。"③ 当然，在市民社会中，财产不均是不容否认的，而黑格尔却认为这不能作为不平等的理由，因为"平等是理智的抽象同一性……是抽象的人本身的平等"④。在政治上、人格上或理念上的人是平等的，就"每个人必须拥有财产"这个无从判断的标准而言，每个人都是平等的。从某种道德愿望出发，一切人都应有足够的收入以满足他的需要。这就是黑格尔为市民社会确立的道德基准。

黑格尔把道德行为分为三个环节：故意、意图与善。一项行为称之为道德的，必须首先跟我的"故意"相一致；其次，必须具有自我相关中的相对价值，符合我的"意图"；最后，它还得具有普遍价值，即"善"。也就是说，一项道德行为首先必须不与我既有的需求相冲突，其次须有助于满足我的需求，最后须有助于满足普遍的需求。按照思辨的逻辑，特殊物可能符合也可能不符合普遍物，自利可能道德也可能不道

① ［德］黑格尔：《法哲学原理》，范扬、张企泰译，商务印书馆1979年版，第52页。
② ［德］黑格尔：《法哲学原理》，范扬、张企泰译，商务印书馆1979年版，第54页。
③ ［德］黑格尔：《法哲学原理》，范扬、张企泰译，商务印书馆1979年版，第55页。
④ ［德］黑格尔：《法哲学原理》，范扬、张企泰译，商务印书馆1979年版，第57页。

德，但当它与互利结合或结合到互利中时，就一定是道德的。这样一来，从自利与互利关系的角度，就可以破解市民社会与道德不相兼容的难题了。自利是特殊性，互利是普遍性，普遍性寓于特殊性之中却支配着特殊性。易言之，自利是前提，互利是目的，但自利并不具有现实性，只有在互利中自利才具有现实性。由此可见，在解决市民社会的道德问题时，黑格尔关于普遍性与特殊性的辩证法发挥了优势。

黑格尔也承认，在市民社会中作为特殊性而存在的具体的人本身就是目的，但他同时又指出，特殊的人在本质上同另一些特殊性相关，所以，每一个特殊的人都通过他人的中介，同时也无条件地通过普遍性的形式（市民社会）的中介，去肯定并满足自己。或者说，"特殊目的通过同他人的关系就取得了普遍性的形式，并且在满足他人福利的同时，满足自己"[1]。表面看来，这是对斯密《国富论》中的"看不见的手"的哲学表述，而在实际上，却又是不同的。因为在斯密那里，道德是以人的利己性为其原点的，是通过互利而达到利己的目的，黑格尔的"特殊性的具体的人是目的"所表明的是，利己也是社会结构以及人的行为的原点。当利己付诸行动的时候，通过市民社会这一普遍性的形式而实现了互利。

在斯密那里，作为道德结局的互利是客观结果，而在黑格尔这里，互利则是主客观的统一。既是客观结果也合乎主观目的。这种理论上的区别导致制度设计方案的不同。斯密意在保障个人权利，因而要求最低限度的"守夜人"政府。对黑格尔来说，个人权利（他称之为"绝对权利"）已经不是问题了，在个人权利的前提下所指向的则是普遍利益的实现。这样一来，"利己的目的，就在它的受普遍性制约的实现中建立起在一切方面相互依赖的制度"[2]。可见，黑格尔是把他的道德前提设定在私人所有制的基础上的。正是在此基础上，他才突出强调特殊性的意义，要求市民社会中的特殊性不被普遍性所湮没。虽然普遍性才是最终目的，但它必须经过特殊性的环节才能实现。所以，黑格尔是用国家所代表的普遍性去纠正斯密的个人主义的，如果国家与自身普遍性的质相符的话，

---

[1]　［德］黑格尔：《法哲学原理》，范扬、张企泰译，商务印书馆 1979 年版，第 197 页。
[2]　［德］黑格尔：《法哲学原理》，范扬、张企泰译，商务印书馆 1979 年版，第 198 页。

那么市民社会也就自然而然地是道德的了。

在逻辑延伸中，黑格尔描绘出的是这样一幅构图，个人的生活、福利与权利是同众人的生活、福利和权利交织在一起的，并构成了一种制度。进而，在这种制度的基础上，个人与众人的生活、福利和权利都具有了现实性和可靠性。个人通过普遍物而使自身得到满足，普遍物只是手段。同样，市民社会是特殊性与普遍性的中介，只有通过市民社会，个人才能进入国家，才能在普遍性中实现自身。所以，市民社会无非是个人通向国家的手段和途径。反过来，普遍性又是目的，特殊性"只有在普遍性中才达到它的真理以及它的肯定现实性所应有的权利"①。这样一来，市民社会被定位在个人与国家之间的位置上，成了个人与国家相连接的中介和桥梁。如果从个人这个角度看，根据三段论的模式，市民社会同时又是个人的扬弃，是作为个人的否定形态出现的。在市民社会这里，个人的利己性已经得到消解，从而获得了道德属性。但市民社会还需要在逻辑通道的前行中归于国家，因而国家又是扬弃了市民社会的存在形态。把这个三段论模式与道德联系在一起又可以看到，个人因为是利己的而无法作为道德载体被肯定，市民社会作为个人的否定形态却是道德的载体，国家是个人与市民社会的"合题"，应当实现对道德的超越。这种超越的形式是什么呢？在黑格尔那里是有答案的，那就是"公共性"。

同样都属于启蒙时期的思想家，斯密与黑格尔却是不同的。斯密保持了英国启蒙的传统，而黑格尔所代表的则是德国启蒙的成就；斯密所突出强调的是个人权利，黑格尔则将其表述为特殊性。所以，按照黑格尔的观点，可以说斯密的思想是把特殊性绝对化了，而黑格尔自己的特殊性只是在实现了自我扬弃的时候才归于普遍性，而且普遍性本身就是特殊性的目的。在这里，普遍性无疑被推向了绝对化的方向。如果把他们的思想放在一个历史序列中来看，黑格尔对普遍性的绝对化可以看作对斯密思想的"矫枉过正"。在市民社会道德化的问题上，斯密集中于解读市民社会如何能够达成道德的结局，而黑格尔则试图超越道德的话题，把目标指向公共性的问题。尽管在黑格尔那里尚未正式形成"公共性"

---

① ［德］黑格尔：《法哲学原理》，范扬、张企泰译，商务印书馆1979年版，第201页。

这样一个概念，但其思想却表达出了对公共性问题的关注。在今天，当人们谈论哈贝马斯的时候，很少有人会想起黑格尔，其实，无论是就法兰克福学派的黑格尔主义传统而言，还是就哈贝马斯本人的德国思想渊源来看，都可以说是直接地从黑格尔那里获得了提出公共性这个概念的启发。所以，黑格尔真正地从理论上结束了启蒙时期的任务，开辟了对市民社会中公共性要求的理论考察。

德国的启蒙运动与英法的启蒙运动在理论主题上有着很大差别，这一点是学术界所公认的。因为德国的启蒙运动发生得稍晚一些，因而需要在理论上进行更为深入的思考。在德国的启蒙运动这里，英法启蒙思想家那些无须证明的假设在理论上是不可容忍的。黑格尔就是反对"契约论"的，即便是肯定契约论的理论价值，也只能说"契约的客体是个别的外在物"①，它只能保证具体行为的道德性，却不能保证社会意义上的道德。所以，按照"契约论"设计出的国家必然是不道德的国家。指出这一点，可能是学者们无法接受的，然而，耐心地阅读黑格尔的《法哲学原理》，这一点又是不难发现的，在黑格尔的行文之间，这是不容置疑的内容。事实上，黑格尔是深刻的，他的感受也是正确的。如果在历史的宏观视野中去看道德的问题，我们就会明白，黑格尔要求对契约论持一种几近极端的否定态度在逻辑上是可以理解的。从历史的维度看，在古代社会，权力支配是制度化的，这是人类拥有权力制度并仅仅依靠权力来进行社会治理的历史阶段。在一切权力支配的铁蹄践踏过的地方，都毫无疑问地需要治理者的美德来加以抚慰，所以，这个社会存在着对道德的强烈渴求。同时，也由于这个社会的权力制度在规范性上具有较大的主观随意性，没有受到客观形式的普遍约束，从而为道德的存在并发挥作用提供了较大的空间，以至于到了今天，人们还会到这个历史阶段中去憧憬道德的社会。

契约论中的权利设置蕴含了其后走向形式化的、客观化的法制之全部内容，特别是权利的排他性，决定了社会的道德要求日益式微，而市民社会又恰恰被赋予了权利，是为了权利实现的方便而加以组织的，结

---

① ［德］黑格尔：《法哲学原理》，范扬、张企泰译，商务印书馆 1979 年版，第 82 页。

果也就把它的不道德的一面暴露了出来，使社会成了不道德的社会。在此情况下，斯密通过求助于"内心的那个人"去寻求市民社会"道德化"的方案，实则惘然。鉴于此，黑格尔也就不能不作出一种超越道德化方案的思考。黑格尔承认"恶"是社会发展的动力，但"恶"不能够作为一种社会形态而存在，到了社会这个层面上，"恶"是应当受到抑制的。正是这样一个逻辑，决定了黑格尔思想中包含着一个呼之欲出的"公共性"概念。

阅读了弗格森、斯密和黑格尔之后再来观察现实，可以发现，改革开放以来，特别是当我们走上了市场经济发展道路，关于社会的道德状况成了一切批判性话语最乐意涉及的问题，许多学者也在努力思考如何走出道德困境。但我们总感到所有的社会救治方案都有些似曾相识。其实，许多方案都在近代启蒙时期就已经提出过，弗格森、亚当·斯密和黑格尔呈现给我们的就是三种不同的方案，我们今天所看到的那些由学者们开出的救世"药方"也都没有超出这三个方案。在西方国家，思想家们关于道德话题的展开都是同对市民社会的考察联系在一起的。历史也确实是这样，在传统的混沌一体的社会中，道德或不道德往往涉及的是对具体的人的评价问题，而不是作为一个严重的社会问题来加以认识的，只是在近代社会的门扉开启之后，随着市民社会与国家的分离，道德才成了严重的社会问题，以致人们不得不对它进行专门性的研究。在我们经常使用的所谓"道德滑坡""道德荒漠"等词语的背后，所评价的都是社会而不是某一个具体的个人，这一点也充分证明了中国社会的市民社会化已经取得了一定成果，与传统社会中总要塑造一些恶人形象已经完全不同了。

第二节　市民社会的意见表达

一、　从权力分享到意见表达

认识市民社会可以有两个基本视角，一个是道德的视角，前述弗格森、斯密和黑格尔都在这个视角中对市民社会作出了深刻的解读；同时，更多的学者是从政治学的视角出发去认识市民社会的，去分析市民社会对国家、对政治生活的影响，去解读市民们的活动所具有的政治内涵。可是，在政治学的视角中看，市民社会直接性政治活动基本上是以表达的形式出现的。近代政治的发展，特别是代议制的确立，给予市民社会的政治活动权利也就仅仅是表达，而市民社会由于被这一政治模式所同化，也已经完全把表达作为其政治理想和行动目标。

当我们说表达是市民社会的政治理想时，并不是说只有市民社会才会要求对政治权力的运行产生影响，事实上，自政治权力产生以来，始终面对着各种关于分享权力的要求。但在市民社会出现之前，社会治理处于一种"家天下"的状态，分享政治权力的要求只能由一些势力强大的"家"所提出。具体而言，这些"家"就是贵族和王室，政治权力就是在贵族和王室之间频繁流转。市民社会出现后，社会治理开始由"家天下"向"公天下"转变，伴随着国家的产生，政治权力逐渐被转化为国家权力——一种领域化了的权力。至此，社会治理成为一种领域化的事务，国家权力的行使也具有了专门性的特征，虽然权力的具体行使者不断地发生变化，但已经不再能构成对权力的分享了。因为权力的行使者并不享有权力，仅仅定位于承担起辅助国家权力运行的职责，掌握权力和行使权力只是一种职业活动。也就是说，"国"而非"家"成了权力的主体。在这种情况下，市民社会自然而然地会要求以表达的方式抒发自己的政治理想和利益诉求，即对政治权力的运行表达自己的意见。

通向近代的意见表达最早是以"等级会议"的方式进行的，或者说，"等级会议"标志着意见表达的正式途径的出现。在从中世纪向近代社会转型的这段历史进程中，政治权力开始了从"家天下"向"公天下"方向的转变，推动这种转变的功劳应当归于等级会议。也就是说，在这段历史过程中，首先出现了等级会议，后来，这种等级会议经历了几个世纪的演变而转化成了议会。所以，可以把等级会议向议会的转变看作是由"家天下"向"公天下"转变的一项实质性意义的行动。在等级会议出现的初期，是作为贵族与王室的权力分享机制而存在的，但当等级会议转变为议会的时候，也就在性质上发生了根本性的变化，即转化为市民社会向国家表达意见的表达机制，而且自产生之日起，议会就一直是作为意见表达的基本形式和主要途径而存在的。

考察从等级会议向近代议会转变的历史，可以看到一条从中世纪到近代政治发展的基本线索。在中世纪神权国家的治理结构中，僧俗贵族与王室之间复杂的利益纠葛时常会激化，各方在利益实现的追逐过程中都会提出分享政治权力的要求，而且围绕权力分享问题的激烈冲突也是经常发生的，甚至会以暴力的形式出现。显然，这样的冲突对于任何一方都是不利的，所以，在经历了反复的摩擦之后，各方都越来越倾向于谋求一种比较和平的方式去解决争端，即寻找一条权力共享的途径。于是，到中世纪后期，等级会议这种方式就被发现了。

以英国为例，13世纪初期，贵族与国王在捐税等问题上的矛盾变得十分尖锐，在对法战争失利的刺激下，1215年，以丹诺等为首的大贵族借口约翰王未能保护封臣和王国利益而联合教士与市民发动叛乱，大败国王军队并要挟约翰签下了一份具有深远影响的著名文件，这就是《大宪章》。《大宪章》生效之后，国王被要求经常召开贵族会议以解决各种利益争端。此后几十年，虽然贵族仍然动辄以武力方式胁迫国王，却需要通过召开某种会议而将胁迫行为合法化。随着日益广泛的社会阶层参加到这种会议之中，到13世纪末，等级会议制度就正式形成了。通过等级会议，贵族与王室在一定程度上实现了权力分享。等级会议作为一种权力分享或共享机制在等级制的条件下已经是一个具有所谓"民主"性质的治理方式了。不过，它并不是我们今天所说的民主，直到由选举产生的下院出现之前，等级会议都只承担了贵族与国王分享权力的单一功能。至于广大的平民阶层，都被排斥在社会治理的过程之外，是作为被治理者或被统治者而存在的。14世纪中叶，随着下院的出现，等级会议才开始逐步获得表达的功能。但是，由于下院长期臣服于上院，其表达功能一直是极其微弱的，远没有实现用意见表达取代权力分享的功能。

在等级会议的早期历史中，主要有三股力量要求共享政治权力，即国王、世俗贵族与僧侣贵族。在神权国家时期，与世俗贵族相比，僧侣贵族占据着明显的优势，不仅在人数上多于后者，而且大主教和主教都享有会议的当然出席权，而世俗贵族则必须等待召集。在由神权国家向绝对国家转型的过程中，世俗贵族与国王结成了某种联盟，并逐步改变了僧俗贵族在会议中的地位。在1536年一位男爵所收到的"召集令状"上清楚地写道："每个世俗贵族都应当收到议会召集令状，这是制度。"[①] 这一"每个世俗贵族"所表明的是等级会议的扩大，即扩大到每一个拥有贵族身份的人。这样一来，无异于是说世俗贵族也像主教们一样拥有当然的出席特权。因此，会议中僧俗贵族的构成比例开始发生变化。随着修道院在宗教改革中的解散，僧侣贵族人数锐减，僧俗贵族的参会人数比例也颠倒了过来，从亨利七世时的10∶6变成了宗教改革后的4∶10。[②]

应当看到，僧侣贵族的衰落并不意味着世俗贵族的崛起，其更为重要的意义在于它意味着国王的绝对君主地位的确立。一方面，在僧侣贵族的衰落与世俗贵族的崛起间，所反映的是权力中心倾斜到了国王所代表的世俗权力上来了。另一方面，原先在国王与贵族间的权力分享也更多地转变成了在国王与世俗贵族间的分享。起初，世俗贵族与国王站在一边，僧侣贵族则站在另一边，但当僧侣贵族地位的衰落达到一定程度时，便出现了世俗贵族与国王争夺权力的问题了。

在世俗贵族与僧侣贵族的较量中，从出席权的获得到议席地位的提升都得益于国王的直接授意，世俗贵族为了获得出席权并使自己的议席地位得到提升就需要效忠国王，因而，世俗贵族建立起了与国王之间更为牢固的臣属关系。同时，这个过程也塑造出了一个更为强大的君主形象。以议席的变化为例，宗教改革将上院人数从百余名削减至75到88名，[③] 这显然为国王拳脚的施展清除了不少障碍。随着国王权力的崛起，僧侣贵族的当然出席权受到了挑战。比如，1543年，亨利八世曾在反对宗教改革的达勒姆主教滕斯托尔赴会途中粗暴地勒令其返回驻地；而1536年会议召开前，国王通知某些反对宗教改革的僧侣贵族：如果他

[①] Miller，H.，Atendance in the House of Lords in the Reign of Henry VIII, *The Historical Journal*，10，4（1967）．p．330．引自刘新成：《英国都铎王朝议会研究》，首都师范大学出版社1995年版，第29页。

[②] 刘新成：《英国都铎王朝议会研究》，首都师范大学出版社1995年版，第29页。

[③] 刘新成：《英国都铎王朝议会研究》，首都师范大学出版社1995年版，第29页。

们愿意的话，可以指定一个代理人，这样他们本人便可免受赴会之劳。从此，由国王指定"代理人"也渐成惯例。① 这种可以指定代理人的做法也许让我们联想到近代以来的代表制也就是说，随着近代民主制度的确立，代表制被作为一项基本的操作方法而被确立了起来，1536 年开始的代理人制度也许就是代表制的原型。此外，等级会议的发展，也使贵族反抗国王的方式发生了变化。比如，玛丽一世时期，部分上议员就曾以集体退席的方式表示对国王宗教政策的不满；1559 年，在伊丽莎白女王宗教倾向尚未明朗之际，半数以上的上议员也曾告病退隐以静观事态发展。② 如果说在等级会议产生之初贵族还经常胁迫国王与他们分享权力，随着绝对国家的出现，等级会议则完全成了贵族与君主制度化地分享权力的场所。

在上院诸股势力互相缠斗的过程中，具有平民性质的下院也获得了一定程度的发展，并为等级会议向一种表达机制的转变奠定了基础。就当时的情况看，两院的分离在很大程度上是贵族拒绝与平民代表共同议事的结果，是平民代表地位低下的表现。但在客观上，两院的分离又有利于平民代表在不受贵族影响的情况下形成独立意见，使得平民代表不再仅仅作为贵族的"应声虫"而存在，从而使下院得以逐渐成为一种代表性表达机构。在很大程度上，英国等级会议向议会转型的过程也就是政治重心从上院向下院转移的过程，正是这种代表性表达机构的崛起，使我们可以将直到今天仍然保留着贵族痕迹的英国议会制度视为一种民主制度。

从理论上讲，无论是人还是机构，有代表性就应该具备表达功能，代表就应该是其所代表对象的表达者。但是，代表能否作为一个表达者或者作为谁的表达者？则是由选举制度的实际情况决定的。具体而言，只有当选举是自由的，选举行为才能够获得意见表达的功能；而选举自由的真实性，又必须以选举过程中存在着必要的竞争来予以保证。在等级会议时代，这两个条件是不能得到满足的。

① 刘新成：《英国都铎王朝议会研究》，首都师范大学出版社 1995 年版，第 30 页。
② 刘新成：《英国都铎王朝议会研究》，首都师范大学出版社 1995 年版，第 31～32 页。

　　首先，在"选举自由"问题上，虽然等级会议颁布过相关法律，而在实际上，选举经常性地受到当地贵族或大臣的控制。不管是在选郡还是选邑的选举中，贵族或显贵们都会向郡守或市政当局推荐和提名自己中意的人选，受到压力的郡守与市政当局也往往会利用各种"选举技术"来左右选举结果。虽然法律也有关于惩罚舞弊的规定，由于候选人往往承诺代缴罚金，这种规定亦是形同虚设。

　　其次，当时选举的竞争性是非常微弱的。虽然在某些选举活动中已经出现了竞选的局面，但"总的说来，激烈的竞选角逐毕竟很少发生。伊丽莎白朝97％的选举没有'竞选'的迹象，至少无须清点各候选人支持者的人数"①。由此推断，即便在"竞选"中，选民自由选择的余地也极少，除了候选人的产生不受选民意志左右以外，选民中的许多人（主要是公簿持有农）还需要背负忠诚之等级役务。从现代选举政治看，一种足以成为意见表达的选举恰恰有赖于大量"墙头草"的存在，在每个人都忠心耿耿的情况下，"选民"所能做的仅仅是投票而不是表达，因为投票中没有表达的内涵。如果说其中也有某种表达因素的话，那也只是对其忠诚性的表达，而这样的表达显然不能被称作真正意义上的"表达"。

　　虽然这一时期的选举不能被看成等级会议具有表达功能的证据，却不能抹杀它确实进行着某种表达的事实。或者说，在等级制度下，政治表达也具有等级性，等级会议的表达功能不像议会一样体现在"选民"身上，而是在"候选人"那里得到了体现。等级会议主要的历史功能是造成了政治生活对候选人开放这一结果，随着选举制度的完善以及近代意义上的"代理人"观念的确立，这种开放才变成了相对于选民的开放，从而使议会活动成为选民意见表达的场所。因而，16世纪以后，候选人主动出击的活动明显增多。比如，赫里福德郡的枢密大臣就曾接到过某个乡绅附庸这样一封来信："我……希望成为一名议员，我冒昧地、谦卑地请求您在贵郡您认为最合适的地方提携我成为一名城市议员。"② 同时，乡绅还常常向城市兜售自己，向城市保证放弃应得的津贴以换取市

---

① 刘新成：《英国都铎王朝议会研究》，首都师范大学出版社1995年版，第41页。
② 刘新成：《英国都铎王朝议会研究》，首都师范大学出版社1995年版，第53页。

民的支持。① 事实上，在当选后，许多人的表达活动也显得非常积极。比如，曾令伊丽莎白女王十分头疼的著名议员彼得·温特沃斯就曾"四处奔走，到其他城市的市议员中间去觅求知音"②。这就是波拉德所指出的，16世纪选邑增加、下院扩大导致了"民族意识的普遍增长和渴望对自己的事务拥有发言权的意识的增长"③。埃尔顿更是认为，宗教改革之后，议会在国家政治生活中的地位显著提高，"这助长了乡绅和自耕农真正参与议会事务的热情，他们产生参加议会的强烈愿望，以至竞相争取出席"④。可以想见，如果参选议员不能达到实际的表达效果，这些候选人是不可能具有如此高的热情的。

正是因为等级会议已经承担起了一定的表达功能，在等级会议不断发展的过程中，类似以"代表民意"为口号的政治活动才显著增多。例如，1566年，下议员拉尔夫·萨德勒就说到，如果议员们返回家乡时只能对家乡父老说"除了让你们掏腰包之外，我们一无所获"，那么父老乡亲会十分不满的。⑤ 从前面对选举过程的分析来看，这番话难免有几分造作的成分。然而，这段话所反映的观念转变却是应当承认的，它有助于一种近代意义上的代理人意识的生成，并促使议员在政治活动中更多眷顾选民们的利益，从而使等级会议越来越成为一种表达机制和表达场所。此后，随着资产阶级革命的胜利，君主与上院的地位相继衰落，所有曾经试图分享权力的政治主体都被排除在了权力体系核心之外，政治权力在根本上转化为国家权力，权力分享问题也就逐渐淡出了历史舞台，所有针对国家权力的活动此时在性质上都变成了一种意见表达。同时，随着选举权的不断扩大以及政党制度的建立与完善，选民与候选人之间

---

① 刘新成：《英国都铎王朝议会研究》，首都师范大学出版社1995年版，第54页。

② Collinson, P. , Puritans, Men of Business and Elizabethan Parliaments, *Parliamentary History*, 4 (1985). p. 205. 引自刘新成：《英国都铎王朝议会研究》，首都师范大学出版社1995年版，第54页。

③ Pollard, A. F. , *The Evolution of Parliament*, London, 1926. p. 164. 引自刘新成：《英国都铎王朝议会研究》，首都师范大学出版社1995年版，第53页。

④ Elton, G. R. , *Tudor Constitution*: *Documents and Commentary*, Cambridge University Press, 1982. pp. 248 - 249. 引自刘新成：《英国都铎王朝议会研究》，首都师范大学出版社1995年版，第53页。

⑤ 刘新成：《英国都铎王朝议会研究》，首都师范大学出版社1995年版，第185页。

的"委托—代理"关系也正式确立起来，等级会议实现了向近代议会的转型，并最终从一种权力分享机制转变为一种意见表达机制。

二、 边缘性意见表达的兴起

就在等级会议开始表现出了承担意见表达功能的时候，一些独立于等级会议之外却又通过等级会议而进行的表达也逐渐兴起。由于在很长一段时期内都只有候选人才能进行中心化表达，因而，边缘性表达在市民社会对表达理想的追逐上显得更加举足轻重。在英国历史上，《大宪章》除了开启了等级会议这一中心化表达传统，还开启了请愿这一边缘性表达传统。不过，在最初，请愿实际上也属于一种中心化表达方式，是议员向等级会议和国王的请愿。此后，随着等级会议职能的转变，议员的请愿权逐渐转变为提案权，成为立法权的一个组成部分。请愿的方式则保留了下来，并在表达的意义上从中心逐渐流向边缘，成为社会各阶层得以接近权力中心的主要途径。在很长一个历史时期，请愿并没有完全退出中心地带，议员仍然经常诉诸请愿书等形式去表达对等级会议以及国王的不满。不过，正是边缘地带的或边缘性的请愿活动，逐渐促成了我们今天所熟知的表达权（利）。

在市民社会生成而等级会议尚存的条件下，请愿是广义的市民所拥有的一种表达方式。被称为请愿的表达方式也是多样的，其中包括在工场中工作的工人们的表达，而且工人的表达还经常会以罢工的形式出现。从历史上看，罢工行为的出现及其表达性质的获得，都是比较早的。在一些资本主义因素开始发育的大城市中，工人与雇主之间是比较容易产生矛盾的。同时，由于市政当局成了悄悄兴起的资本主义因素的代表，罢工行为也就更容易把矛头直接指向市政当局，从而使罢工不再局限于一种针对雇主的经济斗争。韦伯夫妇所指出的现象在当时是极其普遍的，"早在 1383 年，伦敦自治市即已下令禁止'工人一切集会、结社和阴谋'"[①]。工人在生产之外的活动被当局视为阴谋，这说明工人的集会、

---

① ［英］韦伯夫妇：《英国工会运动史》，陈建民译，商务印书馆 1962 年版，第 2 页。

结社、罢工等活动已经具有了政治性质，成为一种非法的表达。不过，早期的罢工是不能够被认定为普遍具有政治含义的，这是因为工人力量还很羸弱，还没有发展成为一个政治意义上的阶级；另一方面，也由于市政当局尚未普遍承担起经济职能，即没有实现经济行为的政治化。所以，早期的罢工并不完全是一种政治表达，大多数的罢工可能是由于具体事件引发的，是为了某项具体要求而采取的行动。只是到了资本主义的成熟阶段，即在工人成长为一个阶级的时候，特别是当工人有了阶级意识的时候，罢工才成为一种政治表达。

当然，罢工并不是工人唯一的表达方式，甚至不是其主要的表达方式，在存在请愿权的条件下，工人可能更愿意采用合法请愿的表达方式。比如，1662 年，2000 名威克哈姆的英国煤矿工人集体签名，联合向议会请愿，抗议不支付工资和食品价格过高。[①] 同样的事情各处都有发生，荷兰毛纺工人甚至在更早的时候就采取了请愿行动，要求市政府提高工资。1667 年，英国帽业工人团体成立并联合工人向伦敦市参议院呈递请愿书，表达对雇主的不满和希望提高工资等要求。收到请愿书后，参议院也曾要求雇主与工人共同提交一份计件工资表以有效地解决工资纠纷，但是，在雇主的影响下，其结果却反而降低了工资。于是，1696 年，工人代表向市参议院宣称以后决不接受降低工资的做法，并要求修正旧日之法令。经过三年的斗争，最后的判决不仅要求提高工人工资，而且禁止雇主起诉。[②] 1703 年，4 个布鲁日企业家单方面降低了精梳工的工资从而引发了工人的请愿活动，市政府对工人的请愿作出了回应，禁止降低工资，但当工人们要求地方行政官依据法规提高他们的工资时，在雇主的影响下，这个请求却被拒绝了，于是，工人们进行了罢工。[③] 由此可见，罢工往往是在请愿失效的情况下发生的具有过激性质的行动。

在罢工与合法请愿之间存在着一种复杂的关系。一方面，罢工并不

---

① ［英］杜普莱西斯：《早期欧洲现代资本主义的形成过程》，朱智强等译，辽宁教育出版社 2001 年版，第 359 页。

② ［英］韦伯夫妇：《英国工会运动史》，陈建民译，商务印书馆 1962 年版，第 19～20 页。

③ ［英］杜普莱西斯：《早期欧洲现代资本主义的形成过程》，朱智强等译，辽宁教育出版社 2001 年版，第 360 页。

必然是一种表达，只有与合法请愿活动结合到一起时，作为经济斗争的罢工才能够成为一种政治表达。至于那些直接指向市政当局的罢工，往往是由于在地域上超出了工厂界限的事件引起的，一般说来，也是在已经向当局提出要求而受到无理拒绝的时候才发生的。同时，对于工人来说，即便他最初的动机只是想以合法的方式请愿，由于合法的请愿得不到有效回应，才会最后把请愿与罢工结合到了一起。就近代意义的工人运动而言，发展到了后来，逐渐走上了请愿与罢工的概念重合。由于罢工往往成了最有效的请愿方式，合法的请愿逐渐为工人们所抛弃，当需要表达时，他们立即就想到了罢工。所以，到了今天，随着罢工合法化之后，几乎所有的罢工都是一种请愿，更准确地说，是一种较为简单、直接的表达。

罢工与请愿关系的演变体现了一个重要的历史趋势，那就是表达行为的抽象化。罢工与请愿本来是工人可以采取的两种不同行为方式，但在表达的意义上，它们走向了重合。这种情况造成了一种复杂情况：一方面，我们已经无法在罢工与请愿之间作出严格的区分，甚至在罢工与请愿之间出现了无数的变种，每一个变种都包含着不同比例的罢工与请愿的成分；另一方面，我们又无须对任何一个变种作出严格的分析，因为，不论其成分如何，都是一种表达。实际上，这是边缘性表达兴起过程中的一个基本现象：以请愿权为依托，许多行为方式获得了表达的内容，并逐渐与其原有的含义分道扬镳。随着这些行为在结果上的不断趋同，它们也就不断扬弃自我并最终构成了一个表达的概念。在正常的或者说合法的请愿活动中，请愿者往往以请愿书或陈情书的形式向等级会议或市政当局诉说要求或不满，如果这些表达得到了接纳并进而转化为提案与立法，那就是边缘性表达成功转化为等级会议的代表性（中心化）表达的范例。但是，如果它们没有得到接纳，这些请愿书或陈情书的性质就可能发生变化，从而成为引发罢工的号召书，即发展到罢工的地步。虽然这依然是一种表达，却是一种作为对立行动而出现的表达。这样的表达是具有煽动性乃至叛逆性的，它们的出现和存在本身，就是对权力中心的挑战甚至威胁。

在近代史上，边缘性的表达往往表现为革命前夕的传单、小册子等形式。早在宗教改革时期，由于契合了绝对国家的反神权需要，各种承载异见的传单、小册子在西欧就已经非常流行。哈贝马斯甚至把这些传单、小册子认定为公共领域产生的最初标志。宗教改革之后，国家努力把其所辖地区的所有事务都纳入自身之中来，这也自然地使国家成为所有批评之靶的。起初，国家总是努力限制表达自由而去减少对它的批评。比如，英国在宗教改革后不久就建立起了出版审查制度，并成立了可以不经公开审判就作出判决的法庭，目的就是对政治异见施以高压。直到19世纪，从马克思担任《莱茵报》主编期间所写的激烈批评普鲁士书报检查令的文章中依然可以看到对表达意见的一种政治高压政策。但是，高压政策在社会日益高涨的表达要求面前是无能为力的，出版限令不仅没有达到预期效果，反而进一步刺激了人们的表达欲望，不仅传单、小册子等随机表达仍如潮水一般涌现，而且报刊这种定期出版的具有表达功能的载体也开始出现。自1605年始，英国出现了各种官方的和非官方的、定期的和不定期的报刊，有人估计，在1620—1642年间，英国出版的新闻书刊约有1000种，发行4万多份，只是生存期大多不长，保存下来的极少。[①] 虽然当时的出版限令规定报刊只准报道有利于王室的国外新闻而不准涉足国内事务，事实上，在无法禁绝非官方报刊的情况下，又怎能成功地禁止非官方新闻呢？所以，出版限令便成了一纸空文。

当时的报刊毕竟是一种受到限制的表达形式，在革命时期，其表达的力度和效果都远不及非法的传单和小册子。所以，不管是在英国还是在法国的革命过程中，都曾经出现过传单、小册子"满天飞"的壮观景象。正是因为看到了它们的巨大作用，密尔顿和潘恩才先后对出版自由给予热情洋溢的褒奖；也正是因为看到了它们的巨大威胁，两次革命之后，国家权力都曾条件反射式地对出版自由予以收缩。但在英美两次革命的标志性成果"权利法案"和"人权宣言"中，臣民的请愿权和公民的言论、著述与出版等权利都分别得到了宪法意义上的重申和确认，尽管这两份文献还不是宪法。在此背景下，表达方式自然会越来越多，表达权也就越来越拥有了政治性质。

---

① 郭亚夫、殷俊编著：《外国新闻传播史纲》，四川大学出版社2004年版，第50页。

结社是一种更具现代性质的表达方式，也经常被人们解读成自治的标志。1675 年，伦敦出现了一个议会外党派团体，由于其成员在活动时都在帽子上缀一条绿色的布带，因而得名"绿带俱乐部"。每当议会召开时，许多反对派议员和一些对现状不满的学者、律师便聚集于此，批评政府官员，攻击当局政策，评议议会中的重大活动。由于其主持人往往是议会反对派的骨干，许多议案也就在此草拟了。比如，对"光荣革命"的发生产生了重要影响的《排斥法案》就是在此预先拟就的。① 此后，类似的"公共论坛"层出不穷。即便在试图恢复个人专制的乔治三世时期，"狂士俱乐部""阿尔玛克俱乐部""布鲁克斯俱乐部""辉格党俱乐部"等反对派组织也异常活跃。毫无疑问，反对派的出现是近代民主进程中的一个重要事件，它构成了作为一种"机会"概念或者说"选择"概念的"消极自由"的必要条件。从表达结构来说，反对派的出现，模糊了边缘性表达与权力中心间的界限，其成员往往既是权力中心的组成部分又长期活跃于边缘人群中。因此，他们实际上成了权力中心与边缘人群间的中介，既把边缘人群的表达以及边缘性的表达传递到权力中心去，同时又为权力中心分散了来自边缘人群的表达以及边缘性表达的压力。通过反对派，边缘人群找到了表达途径，边缘性表达找到了知音，而权力中心也逐渐地发现了反对派有用的一面，也开始对具有政治性质的结社行为予以容忍了。

在结社成为一项合法权利之前，一切表达实际上还都是请愿。因为，彼此分离的人民永远无法使自己成为真实的主权者，只能以臣民的身份而向事实上的主权者请愿。所以，托克维尔才会在《论美国的民主》中对美国人民所享有的充分的结社自由权羡慕不已。不过，托克维尔的羡慕其实是有几分假托成分的。因为，尽管美国的结社状况确实比欧洲要好，但一直到 20 世纪中期之前，自由结社的权利在美国宪法中都是不被承认的。托克维尔之所以会对美国的自由结社大加赞赏，不在于美国结社的真实状况如何，而是因为他看到了结社之于人民主权的重要性，是希望借此引起欧陆各国对结社自由的重视。事实上，争取结社自由的斗

---

① 阎照祥：《英国政党政治史》，中国社会科学出版社 1993 年版，第 26 页。

争在实现表达的过程中也确实发挥了关键性的作用。

在反对派出现之后，英国政治生活中的各种异见团体开始兴盛起来。尤其是在法、美两国革命的推动下，不满于贵族统治现实的各种力量都跃跃欲试。在这种背景下，议会于 1799 年通过了《结社法》，以求用法律限制结社，企图把一触即发的政治运动扼杀于摇篮之中。这样的举动显然只会激起社会更加强烈的反抗。到了 1824 年，经过近 30 年的斗争，《结社法》被废除，随即，议会通过法令，有条件地承认了罢工、结社的合法性，其条件就是不得用于政治目的。其实，在罢工、结社已经得到法律认可的情况下，对之进行"不得用于政治目的"的限制已经是画蛇添足了。事实上，《结社法》被废除之后，英国的政治表达很快就掀起了一轮高潮。这次高潮不再局限于边缘人群，也不再是一种边缘性的表达，而是深入到了表达结构的中心，并反过来将边缘性表达带进了一个新的高潮。

1832 年，英国议会进行了一次最为重要的改革，开启了迈向普选权的民主进程。1834 年，"塔姆沃斯宣言"的发表标志着政党开始树立对选民负责的意识，也同时表明"代理人"观念的生成。此后，针对表达的限制被逐个击破。1861 年，"纸张税"的取消再次标志着历时 150 年之久的印花税制度走到了尽头，从而使出版自由得到了进一步的解放。1871 年颁布了《工会法》，使工会这种最大的结社具有了合法性。1913 年，当再次颁布《工会法》的时候，工会的政治性质也被写进了法律，表明国家实际上已经无力继续否认工会表达的合法性了。

在表达权利的获得问题上，近代国家大都走过了一段与英国大致相同的道路。经过这段历程，获得了哲学意义上的人民主权原则。在人民主权原则被提出后，人们也就从臣民身份中解脱了出来，转化成了公民。与臣民不同，公民的意见表达是行使权利的活动，不能再被归入到臣民向统治者请愿的范畴。这时，为了突出表达者的主权地位，一些具有强烈民主意识的作家往往更愿意用"示威"一词来指称公民的某些表达行动。即使到了今天，请愿活动也依然是一种最为常见的边缘性表达方式，但与中世纪后期以及近代早期相比，请愿的性质已经发生了根本性改变。对于请愿性质上的变化，米克尔约翰曾经作过形象的描述，他认为，在今天，当人们请愿时，并不是在向政府祈求"我们需要这个，请把它给我们吧"，而是在向他们的政治代理人声明，"你们犯了一个错误，请和善地改正它"①。在这里，"请愿"获得了几分命令的色彩。

因此，作为一种边缘性的表达，请愿已经开始成为对代表性结构中的那些中心化表达施加压力的基本途径。就表达方式而言，除了在选举日运用选票去进行表达，在选举日过后，则可以通过请愿等边缘性的表达方式去保证代表甚至全部代理人都能够按照选民的要求进行表达。这个时候，由于人民主权的提出，边缘人群在理论上已经开始消解，被保留下来的只是表达方式意义上的边缘性表达。虽然是边缘性表达，却与政治结构中正式途径的中心化表达之间有着很强的互补性和互动特征。这就是人类社会进入近代以来在政治表达方面所形成的基本构图。

三、 结构化的意见表达

从选举出自己在权力中心的代理人到通过言论、集会、结社等边缘性表达方式对权力体系施压，构成了一个完整的表达体系。这个表达体系的生成是与市民社会的形成同步的，是从中世纪到近代社会的政治发展的结果。有了这个表达体系，民主化的进程也进入了一个凯歌行进的历史阶段。

表达方式的多样性、表达主体的多元化、表达内容的复杂化等，是表达体系形成的前提。一旦意见表达以体系的形式出现，就拥有了一定的结构。这个结构是有层次的，有着中心与边缘的区别。总的说来，在近代以来的表达体系中，选举权以及选举行为是最为基本的表达途径和方式，属于中心化的表达，这是因为选举直接决定了权力中心的人员构成。至于言论、集会、结社等表达权和表达方式，则属于边缘性表达的范畴。这些边缘性表达仅仅对国家权力及其运行施加影响，不能够直接地对掌握国家权力的人作出变更的影响。依据这样一个表达结构，中心化表达机制的存在保证了表达者的主权者地位，而边缘性表达机制的存

---

① ［美］米克尔约翰：《表达自由的法律限度》，侯健译，贵州人民出版社 2002 年版，第 29 页。

在则弥补了表达者无法随时行使主权的缺陷，从而使表达者总是能够影响到国家权力的运行。这就是民主社会中的"中心—边缘"表达结构。

在理想状态下，"中心—边缘"表达结构的正常运行将带来这样的结果，"为了响应他的输入，这个系统创造出比没有那些输入时在某种程度上对个人更为有利的输出。这个有利的输出，反过来又把个人，通过其对系统的满足，引向对这个系统的更高水平的依附。这样，如果其他一切都平等的话，从参与者的观点来讲，民主政治系统将会更有效（参与者将会对政府的输出更加满意），又更具合法性（参与者一般会把这个政治系统本身视为是合适的）"①。所以，到20世纪中期，在阿尔蒙德和维巴所考察的五个国家中，认为自己对政府有影响力的人显著地超过了认为自己不具有这种影响力的人，而所有其他新兴国家也都争相开展一场"参与革命"，试图将"中心—边缘"表达结构引入本国政治生活中。

从功能上讲，"中心—边缘"表达结构具有很强的合理化倾向，中心与边缘之间所存在的落差提供了某种过滤功能，能够在纷繁复杂的表达信息中滤选出最具代表性的部分并使之进入国家权力的中心地带，从而使国家意志尽可能接近于公意。这样一来，如何确立这一过滤机制就成了最为重要的事情。在建设性的意义上，只有安装一个均匀的过滤器，才能使通过它而流入国家权力中心的意见具有公意的内涵，也才能更有效地转化为国家意志，并使国家意志更能代表公意或最接近于公意。从历史上看，这一过滤器最初是以反对派的形式出现的。反对派打破了当权派对国家意志的垄断，将异见注入国家意志的形成过程，从而扩大了国家意志的代表性。也许反对派的意见并不代表公意，但当反对派打着公意或公共利益的旗号与当权派展开较量的时候，是能够有效地把公共意识与公共观念注入政治过程的，至少会成为政治活动必须首先加以考量的因素，从而保证国家意志趋近于公意。

如果说反对派为当权派提供了一个参照物并使权力的运行围绕着公意展开，那么随着反对派的壮大，国家意志趋近于公意的条件也就更加

---

① ［美］加布里埃尔·A. 阿尔蒙德、［美］西德尼·维巴：《公民文化——五国的政治态度和民主》，马殿君等译，浙江人民出版社1989年版，第288页。

充分了。从理论上说，力量强大和阵容齐整的反对派会让当权派感受到置身于严峻的挑战之中，在削弱当权派的主导地位和弱化了当权派与反对派之间的对立时，在国家意志的形成过程中也就难以见到一个明显的主导力量。结果，国家意志也就会日益远离偏私，并更加趋近于公意。然而，这样一种理想的状态在政治现实中并没有发生。在"中心—边缘"结构框架下，当权派的主导表现为一种结构性的支配地位和力量，并不会因为反对派在数量上的增加而受到明显削弱。除非出现了突发性的政治危机，反对派往往难以撼动当权派。只要当权派能够意识到来自反对派的政治威胁，它就会调动一切力量和使用一切法律允许的手段去排挤和压制反对派，迫使反对派退出国家权力的中心地带。当然，反对派不会放弃支配和掌握国家权力的要求，更不会主动回退至表达结构的边缘，在受到来自国家权力中心地带的挤压时，反对派退缩的底线就是化身为利益集团，并随时准备对国家意志产生有利于自己的影响。

从近代政治发展史看，反对派及其能力一直都是有限的。一般说来，在一定的政治共同体中会生成一个反对派，即使出现了多个反对派，在与当权派的较量中也会再度整合成一个反对派联盟，结果还是以一个反对派的形式出现的。但是，当反对派转化为利益集团时，情况就发生了变化。利益集团已经不再具有明确的反对派色彩了，而且利益的特殊性和具体性也决定了利益集团会朝着多元化的方向发展，即分化成许许多多的利益集团。也就是说，反对派往往只有一个，而利益集团则是多样的。所以，近代民主政治的发展也经历了一个从出现反对派到反对派分化成利益集团的过程，以至于今天反对派几乎瓦解了，我们满眼望去，所看到的都是利益集团。就意识形态而言，工业社会的巨大成功就在于形塑出利益集团意识，从而有效地避免反对派凝聚起颠覆的力量。当然，存在着执政党与在野党的区别，但它们之间的竞争与相互攻讦往往是形式化的，在野党往往是在具体的利益和政策工具选择上假扮反对派的角色，而在基本立场上却与执政党没有什么区别。党派的界限已经变得模糊，只是随机性地选择做哪一个利益集团的代言者。

利益集团的出现更有利于边缘意见流入权力中心，因为它可以起到一种汇聚边缘意见的作用，并在必要的时候对其进行放大，以求增强它对中心地带政治权力的影响力。利益集团同时又会发挥一种对某些边缘意见加以排斥的作用，一种意见如果得不到利益集团的承认，可能就会被扼杀。在政治已经成了利益集团政治时，受到利益集团忽视或排斥的意见要想进入表达结构的中心简直比登天还难。所以，利益集团这种过滤器所起到的实际作用很难让人作出断然肯定的评价，因为它所过滤掉的往往不是那些不具有代表性的意见，而是那些缺乏影响力的意见；它所保留下来甚至极力加以放大的也往往不是那些具有代表性的意见，而是那些最有影响力的意见。当然，具有代表性和具有影响力的意见在某些情况下可能是重合的，但在大多数情况下，二者并不一致，甚至会截然相反。具有影响力的意见很可能是那些最不具有代表性的意见。尽管它不具有代表性而具有影响力，却会制造出一个虚假的现象，即利用公共舆论将自己装扮为最具代表性的意见，而真正最具代表性的意见却由于无法操纵公共舆论而被淹没在表达洪流之中了。由此可见，当政治发展走到了通过利益集团去实现意见表达的时候，虽然是作为民主化进程的逻辑结果出现的，却没有朝着人类民主理想的方向前进，在某种意义上，它恰恰是对人类民主理想的亵渎。只是随着网络意见表达平台的出现，这种状况才得到一定程度的改善，才展现出一种新的前景。

概而言之，在作为近代以来全部政治生活重要特征的"中心—边缘"表达结构中，实际上并没有产生理想的表达效果，尽管它告别和取代了中世纪后期的权力分享模式，但对边缘意见向权力中心的传达，所发挥的作用却是十分有限的。正如阿尔蒙德和维巴所看到的，作为表达者的公民实际上仍然经常把自己视作为臣民。"一方面，具有高度政治能力的公民可以对官僚们施加压力，令其遵守行政法则。他们对行政过程法则的支持，将不只是通过这些法则本身的内在化，或者行政长官对其进行的控制来实施的，而是通过进行政治报复的威胁：如果官员们不遵守这些法规，公民将通过政治机构进行抗议。用这种方法，一种高程度的公民能力，提高了臣民能力的水平，但是，它并没有改变个人与行政长官的关系——他结果仍然是一个臣民，尽管是一个有能力的臣民。"另一方面，"政治影响（在这里，这一术语的技术用法，与这个单词的日常贬义用法是相吻合的）被用来加在行政官员的头上，不是来迫使他们遵守官僚政治的法规，而是迫使他们做出一个对于某个特别的团体或个人有利的特殊决策"①。在第一种情况下，边缘表达虽然可以对权力中心施加某种影响，但在根本上仍然隶属于权力中心；在第二种情况下，边缘表达在利益集团的筛选过程中进一步受到边缘化，使得他们越来越远离权力中心。总之，对于边缘表达而言，只能是越来越游离于表达结构与权力体系的中心而边缘化。

正因为存在着这样的缺陷，以"中心—边缘"表达结构为基本特征的近代民主制度从 20 世纪中期开始逐步陷入危机之中。在某种意义上，"公民文化"研究的兴起也是出于应对这种危机的一次尝试，目的是要去发现一种支持既参与又服从的政治行为模式，从而在文化上使既是公民又是臣民的个人被现存的民主制度所同化。根据公民文化方面的研究，如果这样一种政治文化能够在人们心中普遍生成并充分地转化为人们的政治心理，那么，存在着根本性表达缺陷的民主制度就具有了合理性与合法性，人们就不会因为它的内在缺陷而去对它作出进一步的追问了，民主危机也就能够得到化解。显然，这样的解决方案只能是一种幻想。与其说它将危机的解决诉诸政治文化，不如说是求助于意识形态，以文化的名义而进行的这种意识形态强化只是一种采用欺骗性手段去化解民主危机的做法，并不能从根本上解决民主制度在今天所面对的那些现实问题。所以，民主制度仍然深陷于危机之中，而且越陷越深。关于这一点，从充斥于政治学著作中的诸如"冷漠"与"过热"、"满意"与"不满"等互相矛盾的词汇中就能够清楚地看出来。

在 20 世纪的政治学词典中，"冷漠"与"过热""满意"与"不满"等概念几乎是同时出现的。它们彼此"共在"的现实体现出了民主制度的深刻矛盾。试问，一项运行良好的政治制度如何能够既包含了满意又充斥着不满、既弥漫着冷漠又蕴含着过热的危险呢？一般认为，这几个概念在逻辑上具有这样的关系：在理想状态下，由于民主制度运行良好，

---

① ［美］加布里埃尔·A. 阿尔蒙德、［美］西德尼·维巴：《公民文化——五国的政治态度和民主》，马殿君等译，浙江人民出版社 1989 年版，第 265～266 页。

政治系统输出了充足的资源，满足了几乎所有表达者的需求，于是，就在表达者心中产生了一种满意感，进而降低了政治系统的输入，表现出冷漠的景象；由于输入的减少，政治系统的资源输出也相应降低，久而久之，由于各种需求越来越难以得到满足，原本满意的表达者心中也逐渐滋生出不满，进而将这种不满转化为表达行动，当这种表达比较集中的时候，就会产生出过热的现象；随着表达的升温，已经冷却的政治系统重获活力，进而推动着政治资源输出与政治满意度的双重提升。一些学者甚至把这样一个政治运行过程制成模型去进行定量分析，以求找到冷漠与过热、满意与不满的临界点。这样做，实际上是一种把民主政治权术化的努力，而且是以科学面目出现的权术，在某种意义上，它可能比中世纪的政治权术更加可憎。

民主的理想是不可能在既有的表达结构中实现的，一方面，现有的"中心—边缘"表达结构不仅不能保证一切表达都对国家权力的运行产生影响，而且大量有代表性的表达往往受到有影响力的表达途径的排斥，或者在表达噪音中被淹没；另一方面，社会的复杂性和不确定性的迅速增长使现有的"中心—边缘"表达结构显得更加迟钝，表达通道显得更加狭窄。由于这两个方面的原因，既有民主制度的缺陷暴露得更加明显。我们知道，既有的"中心—边缘"表达结构是由权力形塑出来的，具有高度的稳定性，实际政治运行过程中的每一次表达都会进一步增强它的稳定性。然而，权力执掌者对中心化表达和边缘性表达却是区别对待的。中心化表达受到鼓励，政治系统恰恰是通过中心化表达的增强来为自己谋求更多的合法性；同时，边缘性表达受到冷落，政治系统总是通过努力降低边缘性表达来削弱一切批评的声音。结果，政治成了一个封闭系统，政治发展的动力仅仅来自其权力中心地带，处在政治系统边缘的一切力量都难以进入权力中心地带，他们的声音都被屏蔽在了政治体系的外围，因而难以发挥哪怕是微小的影响作用。在社会的复杂性和不确定性迅速增长的条件下，政治发展仅仅依靠那些来自权力中心的动力显然会产生一种动力不足的状况。就像农业社会的王朝统治仅仅依靠王室而显得人才不足一样，现代政治的发展在这个有着中心—边缘结构的体系中也遇到了动力不足的问题，更不用说能够满足急剧变动的社会要求了。就此而言，现有的民主制度出现危机是无法避免的。

政治的发展以及民主理想的实现需要在打破现有"中心—边缘"表达结构的前提下才能取得积极进展，在人类进入21世纪后，我们更清楚地看到这一点，"中心—边缘"表达结构在意见表达上所产生的异化起初是表现在政治系统中的，是以民主制度危机的形式出现的。很快，危机面就扩大到整个社会治理体系，表现为政府治理能力不逮的状况。再接下来，则表现为社会危机，乃至以全球性危机的形式出现。进入21世纪后，危机事件频发的事实，特别是2008年出现的全球性金融危机，充分地说明了这一点。在这种情况下，所需要的是一场全面的变革运动，特别是应当打破现有的"中心—边缘"表达结构，而且，互联网的出现也为无中心表达结构的生成提供了技术条件，只是互联网受到了不当利用，才会出现一些人为控制互联网而造就新的中心表达的局面。互联网中的意见表达受到操纵无非是当今政治的表现。就当前的政治发展而言，我们还没有看到一种全面变革的迹象，相反，所有的政治体系都在强化其操纵性特征，更不用说日常的政治生活被全面地纳入了可操纵的范畴中，而且在应对危机事件的过程中，也总是采取了可操纵的危机应对方案。正是一种操纵需求，也把互联网这个自由的世界转变成了可操纵的空间，从而使民主理想有望实现的一个新的世界也出现了异化。只要人类无法告别民主政治的危机，其他领域的危机也就会频繁地造访，我们可以通过一些强力手段的推行而走出2008年的危机，却会在我们还未来得及庆贺胜利的时候，就必须面对一场更大的危机。

公共舆论是一种最为显著的表达方式，而在今天，它往往是被操纵的，不仅权力中心地带的人们操纵了大众传媒，而且反对派或利益集团也努力去操纵大众传媒，从而使公共舆论的表达功能出现全面异化。人类正处在这样一个社会中，"有组织的政治活动和社会生活被非常熟练和巧妙地制造出来的舆论所包围……公共领域里经常出现各种公共集会、质询和选举委员会，政界知名人士和他们（现在受到破坏）的私生活引起的轰动，以及发生党派冲突和其他引人注目的事件。公共生活具有'一种明显的公开性'。公民们落入了官僚主义奴役的怀抱，就不再仔细考虑；他们应该高兴地表示崇敬，或者悄悄地发出诅咒"①。本来，公共舆论赋予公共生活"一种明显的公开性"，然而，由于公共舆论本身是受操纵的，公共生活也就变得神秘了。它要么将公众卷入民族主义的狂欢中，成为官僚主义与政治领袖的膜拜者；要么引导公众去进行事先设计好了的宣泄，成为统治机器的泄压阀。当然，这一切都是"公开"进行的，由于它是公开的，所以，属于公共生活的范畴，赋予公共生活以公共性。可是，它又是被操纵的，致使它所赋予公共生活的公共性在实质上也就仅仅是一种虚假的公共性。

人所制造出来的一切虚假的东西都会对人的生活带来消极影响，当公共生活弥漫着虚假公共性的时候，就必然会以各种各样危机事件的形式出现。所以，祛除人类社会生活以及公共生活中的虚假因素，就是社会变革以及政治变革的基本内容。正如挤掉了财富符号化过程中所产生的一切泡沫后就不再会发生金融危机一样，祛除掉公共生活以及政治生活中的虚假因素，也就不再会受到各种各样政治危机和社会危机的困扰。而这一点又恰恰需要通过健全和完善表达体系去加以实现。早期的市民社会一直追求一种表达自由的理想，却由于"中心—边缘"表达结构的确立而使这一理想沦为空想。在政治现代化的过程中，虽然人们已经获得了几乎无所不包的表达权利，但"中心—边缘"表达结构却剥夺了人们的表达自由。公共舆论看似一种放纵自由的表达，而它的受操纵性则决定了它恰恰是一种异化了的表达。表达异化了，所以社会受到了危机事件的困扰，可以断言，当代人所遇到的一切社会危机都直接或间接地与表达异化关联在一起。因此，从表达的问题入手，可能是人类的一场根本性变革的出路所在，也是人类面向未来的希望所在。

总的说来，市民社会的意见表达是市民走出市民社会而进入国家、走出私人领域而进入公共领域的步骤，即使从政治学的角度看，民主演进的历史也是一部争取表达自由的历史。一个简单的事实是，在我们对民主的认识中，其形式的一面是以意见表达为突出特征的。在某

---

① ［英］约翰·基恩：《公共生活与晚期资本主义》，刘利圭等译，社会科学文献出版社 1999 年版，第 110～111 页。

种意义上，民主就是一种意见表达的方式。我们断定一个社会是民主的，就是指这个社会的成员普遍拥有表达意见的权利，能够进行意见表达，保证意见表达会得到某种回应并取得一定结果。但是，人们的意见表达权是怎样生成的以及它未来会走向一个什么样的方向？不仅是一个学术研究的课题，也是我们面向未来而进行民主建设时必须思考和认识的问题。显而易见，人们能够拥有普遍的意见表达权是在近代社会，此前，人们的意见表达是与权力联系在一起的，而权力又是被特定的等级所占有的，只有那些处于统治地位的等级，才有所谓意见表达的特权，对于被统治、被压迫的广大社会阶层而言，则没有表达的权利，至于农民起义等过激的表达方式是不在我们所讲的"表达"范畴之列的。

由于近代社会产生之前的意见表达都只是特定等级的特权，是与民主的政治生活无关的，所以我们并不在这个历史阶段中去发现和提出表达问题的研究课题。表达的问题作为一个值得研究的课题是可以回溯到中世纪后期的，是与市民社会的产生同步的，表达是市民社会的政治理想。自市民社会产生的那一天起，市民就开始追寻一种自由表达的境界，并在市民社会不断扩展的过程中将表达的权利给予越来越多的人。资产阶级革命之后，由于市民社会中的市民被转化成了政治生活中的公民，成了理论上所设定的国家主人，其表达权也因此而不断地得到了法律确认。与前近代社会相比，近代以来的人们在政治上最为突出的特征就是拥有了表达权利，这也是他作为主权者所享有的公民权利的实现方式，或者说是公民权利实现了的形态。根据天赋人权的设定，人们拥有平等、自由等基本权利，但这些权利如果不通过和不借助于表达来加以实现的话，那是没有意义的，或者说只是一些空洞的口号。因此，民主的标准就是表达的状况，而一个社会的民主化进程也需要从表达机制的建立、表达方式的完善、表达权的保障等方面入手。

第三节　与市民社会相伴的治理变革

一、市民社会与国家的分离

近代历史是由市民社会与国家所共同书写的历史。自中世纪城市衰落以来，市民社会与国家的互动关系便构成了社会治理演变的基本历史线索。如上所说，市民产生于城市之中，而市民社会则产生于绝对国家，绝对国家打破了地域间的割据状态，将君主的臣民及其生活空间凝结成了一个社会。同时，市民社会又天然地与绝对国家相对立。绝对国家打破地域割据的目的是对其臣民实行最为严密的控制，而一个统一的"臣民共同体"反而最不利于任何形式的控制。所以，市民社会与绝对国家一直处于一种此消彼长的矛盾中，这种矛盾在现实中也就表现为此起彼伏的资产阶级革命。——这是基于政治学视角的描述。从历史哲学的角度看，市民社会既是领域分化的结果也是领域分化的原因。作为领域分化结果的市民社会是严格意义上的市民社会，是与国家同时出现的；作为领域分化原因的市民社会其实只是指西欧中世纪的城市，它创造了市民，促使市民去开垦属于自己的社会，进而在这种活动中推动了市民社会与国家的分离。

具体而言，一方面，城市将等级间的政治对立转化为城乡间的经济对立，并在经济动机的刺激下促进了城乡间的交流，担负着在等级结构的缝隙中传播自由的历史使命；另一方面，它又成为绝对君主打压贵族、树立权威的筹码，并促成了绝对国家的建立。由于绝对国家的生成，在绝对国家的主权范围之内，原先主要由各个城市联结而成的松散的地理集合体才变成了统一的市民社会。在此意义上，市民社会与绝对国家是同时产生的。因为，只是有了绝对国家，城市中的市民才最终演变成了社会的市民，而这个社会也就成了市民的社会。

既然市民社会是与绝对国家同时产生的，市民社会的出现也就同时宣告了国家主义时代的来临，或者说，这是国家观念开始形成的源头。

以国家为治者和以市民社会为被治者的治理关系自那时开始就奠立了下来。在某种意义上，近代以来所有关于社会治理的理论构想与政治实践设计都是这种治理关系的延续，各种理论构想之间的不同，仅仅表现在国家主义的具体实现方式上。其中，绝对国家是社会治理的一种最早的实现方式，但它也是最不符合市民社会要求的一种实现方式。因为绝对国家虽然创造了市民社会的观念，却又一直在阻碍市民社会成为一种实在。市民社会在被绝对国家利用去反对等级贵族的时候开始确立起了国家观念，而这种国家观念却包含着否定市民社会的逻辑。因此，市民社会与国家间的矛盾必然要走向激化的方向，也正是这种矛盾以及市民社会争取自己存在权利的要求，促使市民社会掀起了反对绝对国家的斗争，并在斗争的过程中使自己与国家分离。这就是在近代社会开端处所发生的历史运动，市民社会与国家同时生成，却在前进的过程中分化和分离了。

应当看到，绝对国家创造了"国家"与"社会"两种观念，但绝对国家却不允许社会独立存在，而是要求社会永远成为对自己言听计从的臣民，任何抵御与反抗的表现都被国家看作是不可容忍的。所以，尽管市民社会的观念已经在绝对国家中产生了，但市民社会的实际存在形态却依然是一个臣民共同体。只是到了革命时期，市民社会才自觉地站到了绝对国家的对立面，以一种政治社会的形式与绝对国家划清界限，一步步地走向把绝对国家改造成现代国家并与社会相分离的方向。

在近代思想史上，是由洛克首先提出"作为政治社会的市民社会"的问题，并进行了探讨。洛克认为，市民社会是一种先于国家的存在，在这一社会中，每个人都放弃了自己对自然法的执行权，并把它交给了公众，而这样的公众就构成了市民的或政治的社会。进而，在进入这种社会之后，人们才能进一步组成国家。因此，从权力归属上说，最高权力是属于政治社会的，并且在获得了最高权力的归属地位之后，政治社会就能够使得"每一个个人和其他最微贱的人都平等地受制于那些他自己作为立法机关的一部分所订定的法律"①。显然，在这里，市民社会承

---

① ［英］洛克：《政府论》（下篇），叶启芳、瞿菊农译，商务印书馆1964年版，第59页。

担了追求政治平等和破除等级统治的资产阶级革命任务，"作为政治社会的市民社会"虽然是以绝对国家的对立面出现的，其自身却蕴含着建构另一种国家的强烈冲动，它的所有努力都是在寻求国家主义的另一种实现方式。

对于市民社会而言，"国家之于市民社会，只具工具性的功用，是手段而非目的。这就意味着，作为手段的国家原则上是不能渗入市民社会的。从反面来讲，是市民社会决定国家，因为国家的权力源于人民。一方面，人民为了保护自身而通过多数同意的社会契约让渡给国家的只是其部分权力，国家只享有这部分权力，而主权则依然在民。倘若国家违背契约而滥用权力侵吞市民社会，后者就可以依凭主权收回曾让渡的权力，可以不再服从国家，直到推翻它，建立新的政权"[①]。所以，作为目的，市民社会要求树立起自己对国家的支配地位，在当时，也就是建立起以议会主权为标志的主权国家，即将议会这一政治社会变成国家。而从长远来看，"作为政治社会的市民社会"对于国家与社会关系的这一重塑也为二者日后的不断分离定下了基调。

泰勒看到，"洛克仍然是在传统的意义上——亦即'政治社会'的同义语——使用'市民社会'这一术语的。但是，他当时恰是在为一个世纪之后出现的更新了的、与'政治社会'相对的市民社会含义做铺垫"[②]。既然在政治社会之前就已经存在了某种"完备无缺的自由状态"，那么政治社会就不会成为人们订立契约的必然目的。事实上，由于看到了存在着国家撕毁契约的可能性，市民社会时时都在注意维护自己与政治社会和国家之间的界线。

洛克之所以无法将市民社会与政治社会区分开来，是因为当时存在着反对绝对国家的现实需要，那就是市民社会需要成为政治社会。只是当绝对国家的历史走向了终结，市民社会与政治社会才开始了相分离的历史进程。其实，市民社会与政治社会的分离是制度安排的结果，是代

<hr />

① 邓正来：《市民社会与国家——学理上的分野与两种架构》，载邓正来、[英]亚历山大：《国家与市民社会：一种社会理论的研究路径》，中央编译出版社1998年版，第93页。

② [加]查尔斯·泰勒：《市民社会的模式》，载邓正来、[英]亚历山大：《国家与市民社会：一种社会理论的研究路径》，中央编译出版社1998年版，第15页。

议制度的产物。正是代表制的出现，标志着市民社会正式放弃了作为政治社会而存在的方式。当然，在洛克那里，出于巩固革命果实的目的，他所关注的主要是主权归属的问题，所看到的主要是市民社会的政治属性。虽然洛克将自己的代表作命名为《政府论》，但他却很少谈及政府的组织问题，即便是代表的问题，在洛克这里也没有显示出理论上的重要性。但在洛克的议会主权设计中，"人民代表"显然是具有非常重要的现实意义的。所以，作为洛克理论的逻辑延伸，在革命结束之后，以英国为理想国家原型的孟德斯鸠对这一主题进行了探讨。

孟德斯鸠看到，"在一个自由的国家里，每个人都被认为具有自由的精神，都应该由自己来统治自己，所以立法权应该由人民集体享有。然而这在大国是不可能的，在小国也有许多不便，因此人民必须通过他们的代表来做一切他们自己所不能做的事情"①。具体而言，"古代的共和国有一个重大的弊病，就是人民有权利通过积极性的、在某种程度上需要予以执行的决议。这是人民完全不能胜任的事情。他们参与政府应当只是选举代表而已，这是十分适合他们的能力的"②。在这里，三权分立学说与人民代表学说恰到好处地结合到了一起，通过三权分立，行政与司法的权力已经被排除在人民的能力范围之外；通过代表，立法权实际上也与人民产生了距离。这样一来，市民社会的政治意涵也就所剩无几了。接着，孟德斯鸠给出的进一步规定更是把代表与人民间的距离拉开了，"已接受选民一般指示的代表不必在每一件事情上再接受特别的指示"，因为，"事事请示选民，固然会使代表们的发言更能表达国家的声音；但是，这将产生无限的拖延，并使每一个代表都成为其他代表的主人，而且在最紧急的时机，全国的力量可能为一人的任性所阻遏"③。也就是说，代表与选民之间必须具有一定的距离，而这一距离正是市民社会与政治社会之间的距离。

从此以后，如果说还有什么政治社会的话，那也就是由代表们所组成的那个社会了。在这里，通过代表设置，在市民社会与政治社会分离

---

① ［法］孟德斯鸠：《论法的精神》（上册），张雁深译，商务印书馆1978年版，第158页。
② ［法］孟德斯鸠：《论法的精神》（上册），张雁深译，商务印书馆1978年版，第159页。
③ ［法］孟德斯鸠：《论法的精神》（上册），张雁深译，商务印书馆1978年版，第158~159页。

的条件下，市民社会远离了政治也远离了国家。如果说设置代表的本意是要使其成为市民社会与国家之间的中介，而在事实上，它却成了二者的界碑。从一方面看，市民社会通过代表参与了国家活动，国家也通过代表去治理市民社会，二者经由代表而被紧密地联系在了一起。从另一方面看，由于代表的存在，市民社会与国家之间已经没有任何直接的联系了，而且，随着代表活动范围的不断扩大，市民社会与国家的距离也渐行渐远。

如果说孟德斯鸠用其理论揭开了市民社会与国家分离的序幕，那么黑格尔则将这种分离作为一项成果而在理论上予以确认。如 M. Riedel 所说："透过市民社会这一术语，黑格尔向其时代观念所提出的问题并不亚于近代革命所导致的结果，即通过政治集中而在君主……国家中产生了非政治化的社会，将关注重心转向了经济活动。正是在欧洲社会的这一过程中，其'政治的'与'市民的'状态第一次分离了，而这些状态于此之前（即传统政治的世界中），意指的是同一回事——一如托马斯·阿奎那所意'communitas civilis sive politica'或约翰·洛克所谓'civil or political society'。"[1] 由于孟德斯鸠已经把二者区分开来，在黑格尔这里，市民社会与国家一上来就被视为了两个不同的环节和两个不同的领域。

在摆脱了国家这一政治束缚之后，市民社会成为一种"需要的体系"，是各种特殊性共同拥有的竞技场。作为一种需要的体系，市民社会"借以证实的首先是需要和满足手段的殊多性，其次是具体的需要分解和区分为个别的部分和方面，后者又转而成为特殊化了的，从而更抽象的各种不同需要"[2]。"这种差异在特殊性的领域中表现在一切方面和一切阶段，并且连同其他偶然性和任性，产生了各个人的财富和技能的不平等为其必然后果。"[3] 在这种追求特殊性的过程中，"奢侈"得以产生，

---

① M. Riedel, *The concept of "Civil Society" and the Problem of its Historical Origin*, in Z. A. Pelczynski, ed. *The State and Civil Society*, pp. 3-4. 转引自邓正来：《市民社会与国家——学理上的分野与两种架构》，载邓正来、[英] 亚历山大：《国家与市民社会：一种社会理论的研究路径》，中央编译出版社 1998 年版，第 87 页。
② [德] 黑格尔：《法哲学原理》，范扬、张企泰译，商务印书馆 1961 年版，第 205 页。
③ [德] 黑格尔：《法哲学原理》，范扬、张企泰译，商务印书馆 1961 年版，第 211 页。

与此同时，"依赖性"和"贫困"也无限增长。于是，由于需要的特殊性，市民社会就具有了局限性。为了克服这种局限性，黑格尔就在市民社会中设置了"警察"与"同业公会"，令它们承担起一定程度的普遍职能。但是，由于警察与同业公会在满足普遍需要方面的功能都是有限的，使得市民社会自身的局限也就无法得到克服。作为一种"特殊需要的体系"，它坚持把自己同一切形式的普遍需要分离开来，因此，对普遍需要的满足也就寄托于国家了。进而，沿着特殊性与普遍性的边界，市民社会与国家就获得了不同的性质，具有了不同的功能。正是从此开始，它们完成了在社会结构意义上的分离，成为公私领域分离的实体性标志。

在近代思想史上，黑格尔是以其"辩证法"而闻名于世的，在他的笔下，事物都会朝着相反的方向去展现自身，"法哲学"也是遵循着同样的逻辑。虽然"法哲学"的整个叙述都是以市民社会与国家的分离为起点的，但其辩证运动的终点则是市民社会再次遁入国家。根据黑格尔的规定，在市民社会中，"特殊性本身既然尽量在一切方面满足了它的需要，它的偶然任性和主观偏好，它就在它的这些享受中破坏本身，破坏自己实体性的概念"[1]。因此，在特殊性本身没有节制、没有尺度的情况下，匮乏和贫困也是没有节制、没有尺度的，由此所造成的混乱状态"只有通过有权控制它的国家才能达到调和"[2]。"正因为如此，它（国家）不是作为自由、而是作为必然性而存在的，因为特殊的东西必然要把自己提高到普遍性的形式，并在这种形式中寻找而获得它的生存。"[3] 在这里，黑格尔走到了激进的国家主义立场上去了。对于这种立场所引起的后果，黑格尔也意识到了，所以，他将"司法"留在了市民社会，以司法来保护作为特殊性实质内涵的所有权。在所有权得到了保护的前提下，国家对市民社会的任何干预都变得可以容忍了。有了这种保障，尽管时时存在着国家侵入市民社会的危险，但市民社会却不至于受到毁灭。这可以说是黑格尔对市民社会在近代历史上的命运所作出的富有远见的预言。

---

[1] ［德］黑格尔：《法哲学原理》，范扬、张企泰译，商务印书馆1961年版，第199页。
[2] ［德］黑格尔：《法哲学原理》，范扬、张企泰译，商务印书馆1961年版，第200页。
[3] ［德］黑格尔：《法哲学原理》，范扬、张企泰译，商务印书馆1961年版，第201页。

二、 国家对市民社会的入侵

市民社会与国家之间关系的演变与黑格尔在理论上所作出的描述是基本一致的。如上所说，在与政治社会分离后，市民社会成为一种"特殊需要"的体系，它在将满足"普遍需要"的职责转交给了国家的同时，也与国家进一步分离了。在这个过程中，市民社会主动放弃了对自己的治理，将社会治理的职责毫无保留地交给了国家，仅仅依靠自己与代表之间的微弱联系而保持着对国家的非常有限的影响。市民社会对社会治理的这种放任态度与国家垄断社会治理的强烈欲望达成了内在默契，故而，国家也就顺水推舟地将市民社会排挤出社会治理体系之外。当然，市民社会内部仍然有一些具备自治功能的组织存活了下来，然而它们的地位却在不断地边缘化，仅仅是国家治理社会的一种补充或者辅助工具。所以，市民社会与国家的分离史其实也就是一部国家主义得到不断强化的历史，国家与市民社会之间的治与被治的关系得到了持续不断地巩固。在进入 19 世纪晚期以后，国家已经不满足于在市民社会之外对其进行治理了，而是尝试着将其触角伸入到市民社会之中。但是，当国家这样做的时候，它与市民社会相分离的趋势却又发生了有趣的逆转。

根据哈贝马斯的看法，1873 年的经济危机标志着自由主义时代走到了尽头。利益冲突无法继续在市民社会内部得到解决，于是，冲突便向政治层面转移，干预主义由此产生。[①] 施普尔伯的考察则表明，高度保护主义最终于 1879 年在德国成为主宰，并且，在那段总的工业萧条期，保护主义在大多数国家都大获全胜。[②] 对 19 世纪晚期文献的研究发现，早在 1893 年，Keasbey 就在名为《经济国家》的论文中把国家作为经济活动中除了土地、劳动者和资本之外的第四个构成要素了，认为只有拥有一个经济国家，一切经济系统才能以最小的资源代价满足日益增长的各类需求。在他看来，国家已经成了经济进步的决定性因素。"所以，当

---

① ［德］哈贝马斯：《公共领域的结构转型》，曹卫东等译，学林出版社 1999 年版，第 171 页。
② ［美］施普尔伯：《国家职能的变迁》，杨俊峰等译，辽宁教育出版社 2004 年版，第 17 页。

我们在经济学的意义上谈论契约的自由，劳动与资本的自由，买卖与市场的自由的时候，我们就只能是指国家允许个人在这些事项上所具有的自由。"① 这番宣言毫不客气地颠覆了自由主义的经济学传统，表明市民社会迫切要求国家入侵于其中。我们发现，在 19 世纪后期的最后几年，政治学文献中出现了对 corporation 与 private corporation 性质及其政治含义的探讨，说明私人组织已经受到了国家的干预，市民社会正在进入一个"国家化"的进程之中。在这里，私人组织尤其是大型组织在 19 世纪晚期的大量出现本身也是颇具深意的事件。在某种意义上，它们可以被认为是市民社会发生的一次变异。市民社会在其发展过程中可能发生过许多次变异，每次变异都对市民社会的性质与功能产生了程度不一的影响。总的说来，此前的历次变异都在不同程度上推动了市民社会与国家的分离，而这次变异却契合了国家化的历史趋势，并为国家对市民社会的入侵提供了组织基础。

1898 年，Burgess 看到，由于国家干预的加强，人民主权原则已经受到了侵蚀，政府正在成为事实上的主权者。所以，他希望通过结社尤其是私人结社来抵抗政府的入侵。他认为，"在这样的一个时代，在这样的条件之下，个人之间的结社，不管是出于社会的还是经济的目的，对于防止政府僭取主权和堕入专制都是绝对必要的。在所有这些结社中，私人企业机构是最卓有成效的"② 从逻辑上说，私人组织由于对自身利益的高度关切而成了政府入侵的天然抵抗者，但从另一方面看，政府之所以能够侵入市民社会，恰恰是私人组织高度自我关切进而远离政治社会的结果。所以，寄希望于以私人组织来抵抗社会的国家化，是完全不切实际的。私人组织尤其是大型组织的大量存在，还为国家提供了入侵市民社会的理由，而且它在事实上也起到了辅助国家化运动的作用。实际上，Burgess 自己也承认，之所以会强调私人组织的政治功能，是因为它业已受到了破坏。

---

① Lindley M. Keasbey，The Economic State，*Political Science Quarterly*，Vol. 8，No. 4 (Dec.，1893)，pp. 601 - 624
② John W. Burgess，Private Corporations from the Point of View of Political Science，*Political Science Quarterly*，Vol. 13，No. 2 (Jun.，1898)，pp. 201 - 212

在西奥多·罗斯福那里，大型组织的出现以及它与国家化运动之间的关系得到了清楚的说明。罗斯福认为，"工业中的联合是经济法则的必然结果，它不能以政治立法来撤销。禁止所有工业联合的努力实质上已经失败了。出路不在于阻止这样的联合，而在于完全控制这些工业联合以符合公共福利"。就美国而言，既然多数大公司的经营超出了各个州的范围，广泛地从事着跨州商业和对外贸易，其结果也就只有联邦政府才适合承担起控制这些公司的任务。因此，出于"公共利益"的考虑，全国性政府的权力必须与公司权力的规模相称。① 可见，大型组织的兴起成了国家入侵市民社会的借口，以废除大型组织对个人的奴役为由，国家入侵市民社会取得了合法性和正当性。更为重要的是，在国家侵入市民社会之后，私人组织也演变成了一种"政府公司"②，成为国家管理市民社会的工具。

哈贝马斯认为，随着政府公司的出现，"国家从公法中'逃遁'了出来，公共权力的职责转移到企业、机构、团体和半公共性质的私法代理人手中，与此同时，也出现了私法公共化的反向过程，亦即，公法之私人化。公共权力即便在行使其分配、配给与促进职能时也运用私法措施，每当此时，公法的古典标准便彻底失效了。……随着资本集中和国家干预，从国家社会化和社会国家化这一互动过程中，产生出一个新的领域。从这个意义上来说，公共利益的公共因素与契约的私法因素糅合在了一起"③。在市民社会与国家力量对比严重失衡的情况下，是否存在着国家社会化与社会国家化这两个并行不悖的运动过程？可能是一个可以表示怀疑的问题，但市民社会与国家之间原有界线已经开始变得模糊则是一个不争的事实。在某种意义上，这也表明社会正在侵入国家，包含着国家社会化的可能。所以，在很多对国家主义治理现实表示不满的学者那里，政府公司都被看作是市民社会重返社会治理体系的途径，被认为是

---

① 见［美］桑德尔：《民主的不满》，曾纪茂译，江苏人民出版社 2008 年版，第 254 页。
② 在诸如国有企业、公共企业等类似的概念之中，政府公司（government corporation）这一称谓可能是最为恰当的，因为，"国有"与"公共"的标签由于其产权结构的复杂性而难以具有普遍的适用性，但无论如何，它都是既与政府相关，又具有某种公司形式的组织。
③ ［德］哈贝马斯：《公共领域的结构转型》，曹卫东等译，学林出版社 1999 年版，第 178～179 页。

市民社会自我治理的标志。

1941 年，Pritchett 写道："在二十年前的美国，'政府公司'确实象征着某些东西。它体现了关于一种专门的行政机构形式的观念，而这种观念的产生事实上已经超前于我们对这种组织形式的基本经验。"① 其实，早在 1917 年，Pritchett 的这种"专门的行政机构"就已经得到了 Willoughby 的详细描述，Willoughby 认为，"实质上这意味着每一个那样的机构都将被赋予一种合法的、行政上的和财政上的自主性。每个那样的机构都将拥有自己的组织条例或章程，它们表明了它的成立，也规定了它的辖区以及权力与职责，它的理事会，它的领导成员与下属职员，它以自己的名义持有的场地、设备及其他资产，它自己的收支系统，它独立于普通政府的清晰的财会与报告制度，以及它自己的界定明确的活动领域。一言以蔽之，每个那样的机构都将具有一个公共机构所具有的全部特征"②。也就是说，政府公司有可能成为一个个独立的政府，进而，市民社会也就可能承担起对自己的治理。在当时的社会背景下，这种想法其实是不切实际的。这就是施普尔伯所指出的，"在大战和大萧条之后，国家的工业机体变得支离破碎，技术陈旧、过时，生产过剩，失业率猛增。……随着对直接或间接的指导方法以及对经济运行和关键指令的控制越来越多的依赖，不只是自由的（按 20 世纪的含义）政府，甚至保守的政府这时也寻求在其现有政府机构的法律或行政框架之外，创建各种国有企业和公司，……在一个'自由'的政府领导之下，'新政'强有力地变更了当时盛行的决定因素，不仅推动了消费和需求的增长，而且还推动了一些国有企业的建立、收入的重新分配、债务的降低，并且提高了工薪人口的'购买力'。……国家的职能不断扩大和多样化——特别是在国家为扩大其目标和服务所能动用的资源方面，人们普遍幻想并相信，国家有能力克服国有化市场的不完善、技术的滞后、长期的失

---

① C. Herman Pritchett，The Paradox of the Government Corporation，*Public Administration Review*，Vol. 1，No. 4（Summer，1941），pp. 381 - 389

② W. F. Willoughby，The National Government as a Holding Corporation：The Question of Subsidiary Budgets，*32 Political Science Quarterly 507*（1917），cited from C. Herman Pritchett，The Paradox of the Government Corporation，*Public Administration Review*，Vol. 1，No. 4（Summer，1941），pp. 381 - 389

业问题和贫困的威胁及后果"①。结果是，国家全方位地侵入了市民社会，并产生了政府与社会相重合的一种形态——"行政国家"。

在行政国家中，政府公司的治理理想落空了，如果说它也可以被视为某种"专门的行政机构"的话，那也只能是一种辅助行政国家管理市民社会的专门行政机构。所以，Pritchett 也承认，"重要的事实仍然是，过去十年的发展已经排除了公司这一形式和观念的大部分含义；被称为公司的政府机构行动得越来越像一般的司局和部。谈论'政府公司'正变得越来越困难与不明智，因为标志着早先联邦政府公司并使它们成其为一种特别的行政组织类型的那些特质已经在我们的眼前消失了"②。事实上，将政府公司视为市民社会中的一种特殊的治理组织可能只是学者们的一种想象，在当时，它们并没有真的发挥过这样的作用，因为它们本来就是国家化的产物，自然不会抗衡崛起中的行政国家。在很大程度上，它们恰恰是作为行政国家的机构而存在的。

在组织这一微观视角中，从私人组织到政府公司的演变反映了国家侵入市民社会的现实。其实，这一现实在宏观层面上也有着突出的表现，那就是社会结构的变化。在市民社会与国家分离之后，二者之间仍然存在着以"议会—代表"为核心和由言论、集会、结社等表达权所构成的表达领域。通过它，市民社会可以参与对国家的塑造活动，这种活动也确实承担起了由市民社会的私人性向国家和政府的公共性过渡的功能。正是在此意义上，哈贝马斯把这个中间地带也称为公共领域。但是，由于表达领域与国家并不重合，如果把表达领域称为公共领域，那国家又是什么东西呢？所以，哈贝马斯就不得不制造出"代表型公共领域""资产阶级公共领域""政治公共领域""文学公共领域""国家内的公共领域"等复杂的术语，以求在具体语境中对表达领域与国家进行区分。实际上，哈贝马斯不仅不能如其所愿地作出区分，反而混淆了他的信奉者对公共领域的认识。所以，我们倾向于将市民社会与国家间的这部分社

---

① ［美］施普尔伯：《国家职能的变迁》，杨俊峰等译，辽宁教育出版社 2004 年版，第 46 页。
② C. Herman Pritchett, The Paradox of the Government Corporation, *Public Administration Review*, Vol. 1, No. 4 (Summer, 1941), pp. 381 - 389

会存在称作"表达领域"。

如上所述，表达领域的出现是市民社会与国家相分离的结果。对于市民社会而言，"摆脱政治束缚"的过程也就是一个祛除它自身的政治属性的过程，在剥去了政治社会的外衣之后，市民社会就只剩下了表达这样一条可以影响国家的途径。因此，表达自由其实就是市民社会的全部治理理想。在这一理想图景之中，作为表达领域的"公共领域将经济市民变为国家公民，均衡了他们的利益，使他们的利益获得普遍有效性，于是，国家消解成为社会自我组织的媒介"①。然而，市民社会与国家在整个近代的发展历程却告诉我们，市民社会的这一治理理想是无法实现的。近代历史不是一部国家走向消解的历史，反而是社会不断萎缩的历史。随着国家一步步地侵入市民社会，市民社会作为被治者的地位不断恶化。这也就是哈贝马斯所说的"公共领域的结构转型"。虽然哈贝马斯把表达领域误读为公共领域，但他所说的结构转型却是事实。

在市民社会的理想中，"具有政治功能的公共领域获得了市民社会自我调节机制的规范地位，并且具有一种适合市民社会需要的国家权力机关"②。通过这样的机关和机制，市民社会能够对国家作出自由的表达。但从19世纪晚期开始，表达领域发生了"再封建化"的运动，经受了官僚主义的入侵。首先是企业官僚主义机构的入侵，它使表达领域服从于名为"公共关系"的一系列策略原则。经过公共关系的改造，"公共利益看起来所必需的行为共识，实际上是一种精心策划的'公众舆论'。……由精心制造舆论的机构假冒公共利益的名义而制造出来的共识根本没有合理的标准。在那种向公开展示的个人或个性看齐的情绪面前，对公开讨论的事务的明智评论退到了一边；共识与被宣传激发出来的善良意愿合在了一起。公共性曾经意味着在公众的批判面前揭示政治统治，现在则添加了一种无义务约束的善良意愿所作出的反应。在公共关系的影响下，资产阶级公共领域又带有了封建的形式特征：'供应商'在准备追随的消费者面前披上了代表型的外装。公共性仿造了过去那种代表型公共

①［德］哈贝马斯：《公共领域的结构转型》，曹卫东等译，学林出版社1999年版，（1990年版序言）第11页。

②［德］哈贝马斯：《公共领域的结构转型》，曹卫东等译，学林出版社1999年版，第84页。

领域赋予个人魅力和超自然权威的神圣光环"①。

正是因为表达领域所具有的神秘功能，而且官僚精英们也很快地认识到了这一点，促使国家介入到对表达领域的干预。随着表达领域被国家所攻克，它的功能也就从表达转向了谋求合法性的行动。结果，"具有政治意义的权力实施和权力均衡过程，直接在私人管理、社团组织、政党和公共管理机关之间展开。公众本身只是偶尔被纳入这一权力的循环运动之中，而且目的只是为了附和。……公共性似乎是自上而下建立起来的，它试图为某些姿态笼罩上良好意愿的光环。原先，公共性确保公共批判对统治做出合理的解释，同时，对统治的实施进行批判监督。其间，公共性使对非公众舆论的统治这一矛盾现象变得可能：公共性不仅在公众面前呈现了统治的合法性，还操纵了公众。批判的公共性遭到操纵的公共性的排挤"②。

表达领域的结构转型所表明的是国家侵入市民社会的最后一个步骤，从此以后，不仅市民社会的形象已经完全为国家庞大的身躯所遮蔽，甚至市民社会的声音也彻底地消失在了国家为自己所奏响的主旋律当中了。如果说以前由代表所组成的政治社会还起到过为市民社会与国家间厘定界线的作用，那么现在，随着整个表达领域的沦陷，市民社会与国家之间的界线已经无迹可寻了，国家全方位地侵入了市民社会，彻底地把市民社会转化成了国家的殖民地。然而，市民社会的衰落造成了社会结构的失衡，使国家失去了确定的治理对象，从而在政治上陷入民主的喧嚣吵闹之中，使行政陷入无目标的技术主义泛滥之中。但是，这种状况意味着一场新的社会变革的开始，事实上，20世纪80年代以来，随着人类社会启动了后工业化的历史航程，社会结构已悄然地发生了变化，正在形成某种不同于近代早期市民社会的"新市民社会"。而且，这种新市民社会极有可能终结国家主义的历史，使社会治理进入一个"后国家主义"的新时代。

---

① ［德］哈贝马斯：《公共领域的结构转型》，曹卫东等译，学林出版社1999年版，第230页。
② ［德］哈贝马斯：《公共领域的结构转型》，曹卫东等译，学林出版社1999年版，第201~202页。

三、　新市民社会的兴起

从社会治理的形式方面看，资产阶级革命的最大成果就是建立起了法治国家，即用资产阶级法治国家取代了绝对国家。但就社会治理的性质而言，它们都属于一种"国家主义"状态，是国家对市民社会的治理。在这一关系中，国家是治者，市民社会则是被治者。虽然国家为市民社会准备了民主制度而使后者能够参与到对自己的治理中来，而实际上，治与被治的关系从来没有发生过实质性的改变。从19世纪晚期开始，随着国家主义的进一步强化，市民社会的地位却不断恶化，并最终为"行政国家"所吞噬。行政国家的出现标志着国家主义走到了顶峰，市民社会则跌到了谷底。

基恩指出，行政国家，或者说的好听一点，"福利国家'已经产生了一个庞大的官僚机构，这个机构表现出通过扶植它的福利国家逐步成长和把它的影响从我们生活的一个领域扩大到另一个领域的倾向'"。其结果，"从家庭到工作和闲暇，日常生活的几乎任何一方面都不能避免国家行政官员和计划制定者试图实行的'有意识控制'"①。这种无微不至的"有意识控制"不仅造成了市民社会的节节败退，而且对于国家，也是一种巨大的负担。因此，进入20世纪后期，对行政国家及其干预主义进行反思的声音明显多了起来。在实践上，各国政府也逐渐掀起了一轮以"私有化"为基本导向的行政改革浪潮，试图重新梳理国家与市民社会的关系。

从直接动机看，私有化具有减轻国家负担的冲动，因此它在一开始主要表现为国家退出被它所侵占的领域，并尝试恢复它与市民社会原来的分界。但是，正如施普尔伯所看到的，"私有化——或者'非国有化'，这一过程有时也如此称呼——显然涉及出售公共资产，将生产的商品和服务从公有转变为私有，还有使政府脱离其中种种不同的责任。但我们

---

① ［英］约翰·基恩：《公共生活与晚期资本主义》，刘利圭等译，社会科学文献出版社1999年版，第16页。

实际所看到的是（我们将进一步看到新的情形），公共领域和私有领域之间的界限并不总是容易界定，或者在所有情况下都那么分明"①。事实上，由于国家长期以来对市民社会的持续入侵和殖民化，国家与市民社会、公共领域与私人领域早已在很大程度上重合了起来，不同的社会领域之间已经出现了一种不对称的融合趋势。在这种情况下，是根本不可能简单地恢复它们之间彼此分离的原有状态的，私有化运动并不能使国家退回到原先与市民社会之间的边界内去。然而，新一轮的社会运动正在发生，那就是以非政府组织为标志的新市民社会的生成。

随着改革进程的深入，尤其是随着人类社会后工业化航程的开启，一种不同于政府却又确实具有某种政府实体地位的组织产生了，这就是以"代理机构、权力主体和其他政府实体"为代表的"非政府组织"。关于非政府组织，萨拉蒙等人是将志愿性作为定义这类组织的最基本特征来看待的。其实，非政府组织并不仅仅是指那些具有准政府实体地位的组织，也不能等同于我们今天习惯上所认为的那些志愿组织，尽管志愿性可能会发展成为非政府组织的一个重要特征。在发生学的意义上，所有组织通过终极追溯都可以被认为是自愿形成的，是否具有志愿的属性并不构成非政府组织与私人组织甚至公共组织的关键性区别。事实上，在非政府组织作为一种组织现象而被我们意识到之前，市民社会中早就存在着大量的志愿组织，这些志愿组织的存在表明，非政府组织并不是突然凭空冒出来的。但是，它能够作为一个重要的社会现象而为我们所认知并被赋予"非政府组织"这样一个全新的称谓，显然意味着它具有某种独特的历史特性。

非政府组织独特的历史特性在于，不管它是从国家还是从市民社会中诞生的，都处在传统的社会治理体系之外，而且提出了自己的治理要求。与那些曾经辅助过国家治理社会的志愿组织不同，非政府组织不再把自己定位为一种社会治理的辅助工具，而是要求与国家合作承担乃至独立承担某些社会治理职能。正是在此意义上，在由市民社会与国家所构成的私人部门与公共部门之外，非政府组织构成了一个全新的"第三

---

① ［美］施普尔伯：《国家职能的变迁》，杨俊峰等译，辽宁教育出版社 2004 年版，第 117 页。

部门"。如果说传统的社会结构呈现出的是市民社会与国家的分离和分立，那么在私有化运动中，当国家准备退出被它侵占的市民社会领地时，却出现了一个"第三部门"。所以，非政府组织既不属于传统的市民社会，也不属于国家，是在国家与市民社会重合后而新生的一种社会现象，所以，我们将其称为"新市民社会"。

艾伦·舍克看到，"代理机构运动对国家的职责和地位产生了深刻影响。建立代理机构可能是把国家分解为有各自利益、权力基础和财政资源的不同政治板块的过程的一部分。部门是 20 世纪型国家的基本组建模块；部门的废除可能是 21 世纪后现代型国家的特征。20 世纪的国家是权力集中的必然结果；21 世纪的国家则可能建立在联盟路线上，代理机构、次国家级政府和非政府组织将会与传统的国家在合法性、资源及权威上进行竞争"①。正是由于存在着这种可能，我们才能理解非政府组织在当前所面临的合法性困惑，作为国家的挑战者，它必然难以得到国家的充分承认。即便国家承认它并试图通过法律对其进行规范，一个"非"字仍然形象地表达出了非政府组织在国家主义的社会治理体系中的尴尬处境。

卡蓝默看到，"在 80 年代，非政府组织一般对于公共机构——无论是国家还是地方当局，有一种与生俱来的不信任。这些组织的名称甚至也有这种不信任的烙印，因为这些组织是以否定来定义的，成为非政府组织。到了 90 年代，进入了一个成熟期，与国家合作的必要性成为理所当然的事"②。应当说这种变化是真实存在的，卡蓝默的描述是准确的。也正是因为有了这种变化，非政府组织在进入 90 年代后才得以迅猛发展。但是，我们仍然需要谨慎地思考当前非政府组织与国家之间的这种"合作"关系。这种"合作"其实仅仅发生在公共服务领域，只有在这个领域，国家才对非政府组织的存在表示肯定甚至欢迎，一旦迈出了公共服务的边界，国家马上就会明显地表现出对它的敌意。由于与国家在公共服务领域中的"合作"，大大扩展了非政府组织的数量与活动范围，但

---

① 经济合作与发展组织：《分散化的公共治理——代理机构、权力主体和其他政府实体》，国家发展和改革委员会事业单位改革研究课题组译，中信出版社 2004 年版，第 32 页。
② ［法］卡蓝默：《破碎的民主》，高凌瀚译，三联书店 2005 年版，第 52 页。

由于这种合作是在不对称的条件下进行的，特别是在国家主义的控制之下进行的，因而完全置非政府组织以从属和附庸的地位了。所以，呈现给我们的是非政府组织对国家的依赖，随着这种依赖的不断强化和不断升级，使国家对非政府组织的控制不仅实现了制度化，而且也变得自然而然了。

在非政府组织与国家"合作"提供公共服务这一事实中，仍然可见某种革命性的意义。舍克指出，"作为决策者，政府拥有掌握国家权力的绝对权威。但作为服务提供者，政府只是一种选择，因为它在向谁和如何提供服务方面并没有垄断权"①。尽管"建立代理机构的动机可能是为了加强高层力量，但实际情况可能很不相同。一旦服务提供者有能力进行独立运作，国家专断行使政府权力的垄断地位就会被削弱。代理机构（顾名思义）名义上是国家的代理人，但实际上，它们常常根据自身利益采取行动，授予它们管理上的独立性等于是给了它们追求自身利益的特许。正是由于这个原因，代理机构的兴起才可能对国家形成挑战"②。在福利国家条件下，国家主义强大到无以复加的地步，以至于学者们强烈地感受到，"我们当前道路的逻辑结果是，国家最终会成为所有社会服务的唯一提供者"③。然而，随着非政府组织的兴起，这一局面发生了改变，至少在提供公共服务的方面，国家降格为一种备选方案。

长远看来，将非政府组织定位于"公共服务中的伙伴"看似削弱了国家主义，实则可能变成对国家主义的加强。因为，即便非政府组织可以成为"作为服务提供者的国家"，但"作为秩序提供者的国家"仍然是国家自身，并且，仅仅出于秩序这一条理由，国家就可以拒绝非政府组织的其他一切"非分之想"。在这种情况下，非政府组织对于公共服务的

---

① 经济合作与发展组织：《分散化的公共治理——代理机构、权力主体和其他政府实体》，国家发展和改革委员会事业单位改革研究课题组译，中信出版社 2004 年版，第 47 页。
② 经济合作与发展组织：《分散化的公共治理——代理机构、权力主体和其他政府实体》，国家发展和改革委员会事业单位改革研究课题组译，中信出版社 2004 年版，第 34 页。
③ Kerrine, Theodore M., and Neuhaus, Richard John. Mediating Structures: A Paradigm for Democratic Pluralism. In *The Annals of the American Academy of Political and Social Science*, No. 446 (November), p. 18. 引自 [美] 萨拉蒙：《公共服务中的伙伴》，田凯译，商务印书馆 2008 年版，第 39 页。

介入实际上减轻了国家的治理负担，从而使国家可以专注于那些有利于维持自己在社会治理中的垄断地位的核心事务。这一点在新公共管理运动的"掌舵而不是划桨"的口号中得到了最为形象的说明。

对于新公共管理运动而言，20 世纪 80 年代以来的行政改革是一场"再造政府"的运动，所要颠覆的是传统的政府职能结构，所要求的是将政府工作的重心从具体的"划桨"转移到宏观的"掌舵"上来，在确保政府"掌舵"的前提下而让公共服务这一"划桨"方面的职能从政府职能体系中剥离出来，并转交给私人组织、非政府组织等社会组织。新公共管理运动以为，由于政府获得了充足的精力去进行"掌舵"，它就能够进行"更好的治理"。可以看到，新公共管理运动"再造政府"的做法虽然剥夺了政府对于"划桨"的垄断权，而在实际上，却巩固了政府在"掌舵"这一社会治理核心事务上的垄断地位。因此，新公共管理运动并不试图否认公私领域的区别，更没有去考虑过要与任何一种社会力量分享"掌舵"的职能。"再造政府"的倡导者明确地宣布："许多人认为政府简直可以'像企业那样来运作'，他们也许会以为我们的意思也是如此。那就弄错了。""政府和企业是根本不同的两种机构组织。"[①] 他们虽然在许多领域引入了企业的运行机制，但在根本上，他们所欲引入的只是企业家精神。在他们看来，企业机制不一定都适用于政府，而以效率为核心内容的企业家精神则一定可以带来"更好的治理"。正因为他们只要求提高政府"掌舵"的效率而不是要把政府改造为企业，所以，不仅不会动摇政府在社会治理中的中心地位，反而会通过对"更好的治理"的追求而去不断强化政府的这种中心地位。在他们这里，非政府组织的存在是极其可疑的，它们最多可以作为"公共服务中的伙伴"出现，最多只是政府掌舵时可以加以利用的工具，除此之外，非政府组织可能会受到鄙视乃至敌视。新公共管理运动在当前行政改革实践中的胜利表明，尽管非政府组织已经对国家主义的治理现实提出了挑战，但国家仍然会通过各种方式继续维护自己对社会治理的垄断。尤其是在 2008 年全球性

---

① ［美］奥斯本、［美］盖布勒：《改革政府：企业家精神如何改革着公共部门》，周敦仁等译，上海译文出版社 2006 年版，（序）第 17 页。

金融危机的爆发，世界各国普遍表现出了"再度国家化"的趋向，国家主义又露出了沉渣泛起的苗头。

尽管当前非政府组织的发展是受到诸多限制的，而且在很长一段时间内它都不可能有力量对国家主义形成实质性的挑战，但它的出现已经使原有的社会结构发生了根本性的变化，尽管这种变化还是非常微弱的。可以相信，总有这么一天，非政府组织会吹响终结国家主义的号角。我们知道，近代社会的典型结构是以市民社会与国家的分离为特征的，随着国家对市民社会的入侵，这一结构在两个方向上发生了变化：其一，市民社会与国家间的界线变得模糊了，社会结构出现了混沌化与复杂化的趋势；其二，由于市民社会与国家的关系具有严重的不对称性，社会结构的混沌化与复杂化尚未得到充分发育就被国家化的浪潮所淹没。所以，虽然典型的近代社会结构已经受到了破坏，但还没有发生重组。在这种情况下，当我们谈论国家与社会的时候，仍然知道我们所谈论的是两种不同的存在物。随着非政府组织的兴起，这种情况正在发生改变，从非政府组织的"非"字当中，我们可以看出，这种组织在原有的社会结构中是找不到自己的位置的。然而，非政府组织又确实具有原有结构中各种构成部分的性质，这意味着什么呢？这意味着非政府组织是作为一种打破领域分界和促进领域融合的力量而兴起的。

与 19 世纪晚期的大型组织一样，我们可以把非政府组织也视为市民社会所发生的一次变异，但这次变异反映出的则是领域融合的趋势，而且有可能构成领域融合的组织基础。在此意义上，非政府组织将会真正成为市民社会与国家之间的中介，它既不像政治社会那样替二者厘定界线，也不像政府公司那样辅助后者侵入前者，而是通过自己与市民社会和国家的交往而不断地模糊二者的性质，并最终促使社会结构各个层次之间的相互融合。这样一来，整个社会结构就会重组，从而表现出在行政国家之中去重新组合起一个新的社会的迹象。这种迹象被很多学者称作"市民社会的复兴"。但这个形成中的社会与近代以来的市民社会是明显不同的，它不再是领域分离的原因与结果，而可能是领域融合的先导与产物。虽然它与那一从绝对国家中挣脱而出的市民社会有形式上的相似性，但所承载的历史使命却是截然不同的。这就是我们一再重申的，应当将其视为"新市民社会"。

在我们把这一新的社会现象称为"新市民社会"的时候，也许会受到这样的质疑：既然在领域分离的进程中，即到了19世纪晚期，市民社会就已经发生了变异，那么，是否可以把那时的市民社会也称作新市民社会呢？对此，我们的回答是，19世纪晚期那次市民社会的变异完全是国家入侵的结果，是市民社会的衰落，所以，那不是市民社会的转型，不是新市民社会的产生。只是到了20世纪后期，新市民社会才以一种全新的形象而出现在历史舞台上。新市民社会的出现意味着整个社会结构正在发生重组，市民社会与国家之间的治理关系将发生根本性的变化，原先那种国家对社会的治理将不再有任何垄断性的基础，以国家为中心的社会治理体系将进入一个"后国家主义"的全新时代。

在《公共领域的结构转型》一书（1990年版）的序言中，哈贝马斯认为，当前的"'市民社会'的核心机制是由非国家和非经济组织在自愿基础上组成的。这样的组织包括教会、文化团体和学会，还包括了独立的传媒、运动和娱乐协会、辩论俱乐部、市民论坛和市民协会，此外还包括职业团体、政治党派、工会和其他组织"[①]。将国家和经济组织排除在市民社会之外，表明哈贝马斯已经发现了社会结构的变化，看到了新市民社会与市民社会的不同，但将新市民社会的基础定位于一种志愿组织则是对新市民社会的严重误读。因为，所有哈贝马斯提到的志愿组织都是在市民社会中早已存在的，单凭这些组织的力量根本不可能将国家和经济组织从市民社会之中排除出去。比较合理的解释应当是，随着非政府组织的出现，在国家开始收缩之后，原来那些陷入沉寂的志愿组织突然获得了广阔的行动空间，并因为这些行动而引起了人们的注意。同时，由于社会结构已经发生了变化，这些行动也改变了它们的性质，使它们成为非政府组织的一部分，并通过自己的行动去塑造新市民社会的形象。但是，我们是不能够将其直接等同于非政府组织的。

以哈贝马斯的学术敏觉，既然能够在干预主义兴起之初就判断出领

---

① ［德］哈贝马斯：《公共领域的结构转型》，曹卫东等译，学林出版社1999年版，（1990年版序言）第29页。

域融合的趋势，自然不可能察觉不到非政府组织兴起的兆头，之所以忽略它或者把它贬低到一种志愿组织的地位，可能是因为他已经意识到，如果以这些组织作为市民社会的基础，那么这种市民社会就将推翻近代以来长期积累而形成的整个社会治理模式。事实上，这也是所有仍然对国家主义社会治理体系心存幻想的人们的共同担心。正因为存在这种担心，他们才坚持继续以市民社会的概念来框定形成中的新市民社会，而不敢张开双臂拥抱这种全新的社会存在。此外，在当前的学术语境中，还有另一种现象也能反映出这种消极情绪，那就是"社区"概念的盛行。我们不否认社区是新市民社会得以兴起的基本前提，但在国家主义治理之下，将理论关怀的重心集中于社区，将民主治理等同于社区自治，实际上是将社会拱手让给了国家（福克斯与米勒将这种趋势称为社会的"新部落主义"）。因此，这种理论认识也是对新市民社会的一种顽固抗拒。

新市民社会的出现乃是近代以来历史发展的必然结果，是市民社会与国家的矛盾长期累积的产物，也是国家主义的社会治理体系无法继续满足市民社会治理需求的一种表现。对于理论工作者而言，放弃从新市民社会的角度来认识这种全新的社会存在，就等于是放弃了对历史脉动的自觉把握，也就放弃了一个理论工作者所应担负的历史使命。从历史上看，市民社会所意味着的是人类社会的一个历史阶段，但在其发挥作用的社会现实中，市民社会主要是一种地域性的社会形态，它是西欧历史发展的独特产物。正是市民社会的这种地域性特征，构成了近代"中心—边缘"化国际关系格局的历史基础。新市民社会则不然。虽然新市民社会仍然可以被认为是首先在西方各国的行政改革的背景中出现的，但由于我们已经生活在了一个全球化的时代，它自出生的那一天起就是在全球背景下得以成长的。所以，新市民社会的重要特征就是否定近代国家这种"虚幻的共同体"，从而让社会真正成为每一个个人的社会，使国家真正成为每一个个人的国家。

马克思发表在《德法年鉴》上的文章中提出了"人的解放"的问题，可是，长期以来，"人的解放"成了无法破题的谜语。在自觉的追求无法结出果实的时候，历史却展现出峰回路转的一面，新市民社会的出现向我们展现出了人的解放的光辉前景。根据马克思主义历史哲学的理解，公民国家是"政治解放"的成果，而市民社会则应承担起"人的解放"的使命。可是，在近代以来的国家主义治理结构中，市民社会并没有承担起这一使命，反而充当了国家奴役人的工具。新市民社会则不然，它从一开始就显现出了某种非国家主义的特征，直奔"人的解放"的主题。尽管现在新市民社会在很大程度上还是被作为市民社会的孳生物看待的，关于非政府组织的研究还是在原先市民社会的理论上来加以解读的，但可以相信，随着新市民社会的不断成长，它终将取代并超越市民社会，并通过对公民国家的颠覆而完成马克思所提出的人的解放的主题。只有在这个时候，马克思关于"是市民社会决定国家，而不是国家决定市民社会"的预言才能成为现实。

第三章

国家演进中的政治发展

在现代历史上，国家的最初范型是绝对国家，在绝对国家之后，英国建立起了立宪君主国，美国则建立起了宪政国家，通过三权分立而确立起了人民主权的政治原则。宪政国家是一种法治国家，在这里，法治超越了主权范畴而成为现代社会治理的基本框架。不过，法治并没有完全解决治理体系的合理性与合法性问题，因为法治国家并没有消除权力意志，反而使其在官僚制组织中得到了保留甚至增强。所以，法治国家在宏观层面以及在社会生活中表现出了法治的气象，但在微观层面、在组织生活中，则遗留下了权力的阴影。到了 20 世纪，由于官僚制的建立，公共生活走上了片面追求技术合理性的道路。这是合理性与合法性相分离的状态，合理性被归于技术，而合法性依然从属于政治。国家的演变以及治理体系对合理性与合法性的追求，所反映的是近代的政治发展路向，而政治发展的过程又可以在普遍性的视角中来加以认识，政治的普遍性则是通过其开放性和公开性而获得的。行政是政治的重要组成部分，政治的普遍性在行政这里是以公共性的问题出现的，行政的公共性也需要在它的公开性中获得和得到保障。

第一节　近代国家演进的逻辑

一、　主权国家的生成过程

在政治学的国家理论研究中，人们很少对国家的概念作出区分，特别是在中国学术界，每当谈到国家的时候，究竟是指什么国家，可能是不清楚的。我们在阅读中国学者关于国家问题的叙述时，往往需要在具体的语境中去琢磨其真实所指。由于国家的概念是含混的，所以，在建立一个什么样的国家的问题上，以及需要在国家的框架下去对哪些方面的建构作出努力等，都是缺乏理论支持和系统规划的，许多政治行动方案让人感到有着很大的随意性。如果我们对近代国家的历史演进进行历史考察，就可以发现不同类型的国家，而在不同类型的国家之间则有一个演进的过程。

近代国家最初是以主权国家的形式出现的，早期的所谓"朕即国家"其实不过是"朕即主权"的同义语。在近代国家生成的过程中，几乎所有的争执都发生在"神权"与"主权"之间，所以，主权的发现或发明无疑是找到了一把使近代国家从神权体系的捆缚中挣脱出来的利刃。不仅是主权观念使国家从神权体系中挣脱了出来，而且在国家出现后，有关国家形式的一系列论争也都是围绕主权进行的。首先，绝对国家确立起了君主主权，而且希望一直保有它。很快地，在神权与君主主权之间还未拉扯得清楚的时候，新生的社会力量却希望限制乃至推翻君主主权，以求建立起有利于自己的主权国家。因而，在绝对国家治理体系内部又产生了议会与国王间的持续斗争。随着社会力量的不断壮大，这种斗争以革命的形式爆发了，并在英国建立起了第一个"议会主权"国家。伴随革命的深入，人们对主权观念的认识不断加深，并发展出了"人民主权"学说。

然而，随着人民主权观念的出现并在革命实践中被确立为基本的政治原则的时候，主权国家的历史也就终结了。在近代历史上，人民主权是通过三权分立的代议制度的形式而得以确立的。在这种制度模式下，人民主权实际上是不存在的，它是以一种虚构的方式而成为国家的组织原则，或者说它并没有转化为或安排到现实的组织形态之中去。美国走得更远一些，在美国革命后使用了三权分立的代议民主制，建立起了宪政国家，也被人们常常称为"法治国家"，而不是一种主权国家。说它是法治国家，其典型特征就是法律而非主权获得了国家治理上的最高性。今天看来，在人类的后工业化进程中，法治国家开始显现出疲态，人们发现它处在某种困境之中，这意味着国家形式的一场新的变革。在这种情况下，如果我们对近代国家演进逻辑进行梳理的话，也许是有助于我们更好地认识人类后工业化进程中的这场社会变革的。

回顾历史，主权观念的提出敲响了神权国家的丧钟，当人们发现世间存在着主权这样一种"至高无上的权力"时，对无上神权的所有崇拜也就灰飞烟灭了。从逻辑上看，从神权的绝对性到主权的绝对性是一种顺理成章的过渡，但在现实的历史进程中，这一过渡却是很复杂的，经历了一个由分到合的过程。即便在绝对国家内部，所谓的"合"也更多地是指它统合了教权，在完成了这种统合的同时又把教权排除出了治理体系，更重要的是，在其治理体系内部出现了治权的分化。

国家治权上的分化是由近代史上的总体分化趋势所决定的。首先，市民社会的出现引发了神权治理体系内部的利益分化，教权与俗权在逐利动机的驱动下开始分道扬镳。起初，市民社会的要求渗入神权国家的治理体系中，通过各种渠道而对国家治理施加影响，并最终通过议会这样一种制度设置而找到了自己在国家中的一席之地。议会出现之后，议会、王室与教会在神权国家内部形成了三足鼎立之势。出于共同的利益诉求，议会与王室逐渐走到了一起，以一种"联盟"的形式共同对抗神权国家的残躯。世俗权力联合了起来去对付教权这一"共同的敌人"。适应这种联合的需要，或者说为了聚合起一致的行动，无疑需要一种世俗的理论来为其提供支撑。正是这个原因，主权学说得以发明，并通过对君主主权的论证去寻求一种对神权国家的替代。经过反复较量后，神权国家最终土崩瓦解，而绝对国家则建立了起来。

议会在绝对国家的出现中成了必不可少的催化因素。从历史上看，议会的产生正是迅速成长起来的市民社会与国家寻求联盟的结果。有了议会，市民社会与国家便可以在很多事情上绕开神权国家，甚至可以在某些场合直接与神权国家进行正面交锋。考察议会的发生史，可以使这一点得到证明。1295 年，英王爱德华一世为求在征收税款的问题上得到各阶级的同意，召开了被后世称为"模范议会"的会议，这可以看作西欧议会史的开端。世俗权力通过召开会议来就征税的问题达成一致意见，这本身对教权并不构成什么威胁，但这种做法却显示了国家可以独立于教权而行事，并开启了通过会议去处理各种各样的世俗事务的先河。

通过会议这一形式，国家力量增强了，而教会的影响却受到了相应的削弱，会议成了联合市民社会以及各种社会力量的载体，获得了社会的普遍支持，并逐渐演化成了"议会"这样一个独立于教会之外的、国家与社会讨价还价的机构。在欧洲议会史上，这种情况是普遍存在的，比如，1302 年，战争迫使法王菲利普四世向教士抽取"什一税"，这引发了与教皇之间的矛盾。为了解决这一问题，菲利普四世的做法是通过召开三级会议而求得支持，从而开启了法国的议会史。既然议会本身就是出于增强国家实力而创设的，它自然而然地需要为国家的强大献力。此后，国王在议会的支持下顺利地扩大了税源，除了封臣的常规贡赋，还从城市居民与乡村居民那里普遍征收了财产税，贸易关税也从这一时期开始征收。在英国，到了爱德华一世之后，英王可以不经罗马教皇批准而向教士课税，并可以分享教皇向教士征收的赋税。[①] 在此，国家相对于教会的力量已经显现无遗了。

不过，议会毕竟是以社会利益代表的身份出现的，在增强国家实力的同时也必须为社会利益张目。通过与国家的"联盟"，议会逐渐掌握了立法权。爱德华一世之后，未经议会批准，君主不得发布新法令也变成了事实。[②] 1407 年，亨利四世赦准，此后征收钱款的法案由平民院拟定，获两院同意后再呈国王。因而，在征税问题上，议会获得了有限的却又是关键性的草拟权。1414 年，平民院成功地规定，今后平民院的要求与立法之间应一字不差。至 15 世纪中叶，对平民院拟定的法案国王可以否决，可以钦准，但不得予以修正。也就是说，国王无法任意阉割平民院的立法要求。同时，在立法序言中则出现了"依贵族院，平民院的权力"字样，表明平民院的立法权力得到正式确认。[③]

表面看去，好像议会对立法权的获取是在与国王的斗争中实现的，但在实际上，这仍然是国家与社会"联盟"的结果。在神权国家中，教

---

① ［英］阿萨·勃里格斯：《英国社会史》，陈叔平等译，中国人民大学出版社 1991 年版，第 73 页。
② ［英］安德森：《绝对主义国家的系谱》，刘北成、龚晓庄译，上海人民出版社 2000 年版，第115 页。
③ 蒋劲松：《议会之母》，中国民主法制出版社 1998 年版，第 20～24 页。

会阐释的神法是社会治理的基本依据，随着世俗力量的崛起，教会统治的合法性来源开始发生转变，以致"人法"开始逐渐取代了"神法"的地位。根据"政府建立在被统治者同意的基础上是居主导地位的学说"①，国家便只能将立法权力交由代表被统治者的议会。易言之，这实际上是国家通过与社会的联盟而取得的与教会争夺立法权的胜利，也可以看作是国家与社会的一次共同胜利。因此，可以说是为主权国家的出现而作出的准备。这在随后出台的法律文件中得到了明确的体现。比如，1393 年，英国议会通过了《王权侵害罪法》，重申教权不得逾越王权，否则视为犯罪。② 于是，在议会持续的合法活动中，神权国家迈向了解体之路，而主权国家则在教权的衰落中兴起。

教权与主权的此消彼长也在理论中得到了反映，正是在议会产生的前后，阿奎那提出了"教皇的权威直接来自上帝；皇帝的权威则来自人民的同意和教会的合作"③ 的观点，从而开启了对两种不同性质的权力加以区分的思想传统，也为主权观念的出现铺平了道路。其后，马西利乌斯在《和平的保卫者》一书中进一步对教皇的权力展开了猛烈批判，并提出了一种具有革命性的论点，即认为立法权应当归属于人类社会的立法者。可见，经过长期的斗争，人们实际上已经初步具有了主权观念。到了中世纪后期，社会处于一个急剧转型的过程中，特别是在宗教改革的巨大冲击下，神权国家轰然坍塌，以布丹为代表的君主主权学说在将主权观念迅速普及为政治常识的同时，也迅速占领了政治理论的制高点，为君主的强势行动提供了充足的理论支持。随着各国君主相继与罗马教廷反目并建立起受自己控制的教会体系后，绝对国家在欧洲基本上建立了起来，欧洲社会就此进入了主权国家演变的历史进程。

---

① ［美］梅里亚姆：《卢梭以来的主权学说史》，毕洪海译，法律出版社 2006 年版，第 3 页。
② ［英］阿萨·勃里格斯：《英国社会史》，陈叔平等译，中国人民大学出版社 1991 年版，第 104 页。
③ ［美］梅里亚姆：《卢梭以来的主权学说史》，毕洪海译，法律出版社 2006 年版，第 3 页。

二、 从主权国家向法治国家的演进

主权国家的第一个形态被学术界称为"绝对国家"，意指国家不再受控于神权，而是具有了绝对性的地位。但是，由神权国家向绝对国家的转化却是以社会分化为前提的，社会分化正是神权国家解体的真正原因。虽然在当时的历史条件下绝对国家可以保证社会分化被维持在国家框架下，但从逻辑上看，绝对国家是与社会分化的历史趋势不相符合的。所以，君主主权的理论自一产生起就面临着此起彼伏的反对之声。可以认为，绝对国家是国家的一种过渡形态，是从神权国家走向现代法治国家的一种过渡形式。一方面，绝对国家用君主主权冲击了神权，终结了神权国家；另一方面，君主主权自身又必然与神权一道而受到人权的否定。然而，当"天赋人权"从抽象的理论设定转化为现实的时候，又开始了朝向两个方向的运动：其一，把"人权"解读为"人民主权"，要求建立人民主权的国家；其二，在人权中解读出法的精神，并根据法的精神去建构法治国家。

在较早发生革命的荷兰，阿尔色修斯就提出了一种激进的反对君主主权的理论。他认为，主权在本质上不能被看成个体的属性，而是应当被看成整体的属性。也就是说，主权不能归于个体，而是必须归于所有的人。在他看来，最高权力不仅在原初意义上属于人民，而且永远属于人民。至于政府权力，只是得自于明示或推定的契约，所谓统治者，只不过是执行者，只有人民，才是无可置疑的所有者。[1] 就这些主张来看，阿尔色修斯已经非常接近于提出人民主权主张了。不过，由于绝对国家中的臣民概念尚未消退，在他的视野中，"人民"只是排除了统治者的那些臣民的集合，而不是与国家相对的那些人们的集合。这就使其学说面临了一种尴尬：主权者不是统治者，统治者也不是主权者，主权者是人民，而人民却又是臣民，是臣属于统治者的。在这一矛盾中，国家到底属于谁，又该依据谁的需要进行建构呢？既然人民是臣民，即便他作为

---

[1] ［美］梅里亚姆：《卢梭以来的主权学说史》，毕洪海译，法律出版社 2006 年版，第8～9 页。

主权者而存在，但它相对于统治者的臣属地位也决定了它无法对国家治理施加影响，所谓主权也就只能是一种"纯粹虚构意义上的人的、与政府相对的臣民集合体的主权"①。可见，虽然阿尔色修斯的思想是出于反对君主主权的需要，却表现为对君主主权的条件反射，具有极大的感性特征，而不是一种自觉的、理性的思考，还远远称不上是主权在民的思想。由于贯穿其中的是统治者与被统治者的二元对立，所以更多地显现出利用主权概念去对中世纪社会学说加以改造的学术特征。

当然，这一改造本身也是革命性的。因为以正统思想自居的君主主权论在受到了来自主权学说内部的攻击时必然会进行还击，而这种反击一旦作出也就为论战布设了正式舞台。在持续的论战之后，各种主权学说不仅在理论上更加成熟，而且也找到了更有利于同现实结合的方式。随着英国革命以"议会军"的胜利而暂告结束，议会主权已成取代君主主权之势。这时，虽然霍布斯以绝对国家理论代言人的身份而对议会主权进行了猛烈的抨击，但历史已经不可能容许君主主权继续存在了。所以，霍布斯所奏响的其实只是一曲挽歌。在英国的绝对国家时期，议会实际上已经能够在很大程度上左右王位继承，而革命的进展则使议会意识到自己不仅可以选择国王，更可以指定国王。尽管革命不久就出现了复辟，但议会也通过"邀请"新的执政者的方式击退了复辟。随着新政权的上台，议会与国王的关系已经在事实上颠倒了过来。在《权利法案》及一系列相关法律文件出台后，这一事实进一步得到了法律的确认，议会主权就此确立。不过，议会主权在理论上并不具有十足的合法性，议会之所以能够宣示主权，是因为它自视为社会的代表，而社会不过是人民的别称。所以，不可能有一种能够自圆其说的议会主权理论。议会主权能够成为现实，乃是由于当时"人民"概念的模糊性所引致的，而任何试图对议会主权进行论证的人，一不留神都会跨过人民主权的疆界。这种矛盾，在洛克身上表现得尤为明显。

与霍布斯不同，洛克把自己对立法权以及议会的探讨置于其理论的核心地位。在他看来，"立法权不仅是国家的最高权力，而且当共同体一

---

① ［美］梅里亚姆：《卢梭以来的主权学说史》，毕洪海译，法律出版社 2006 年版，第 10 页。

且把它交给某些人时，它便是神圣的和不可变更的；如果没有得到公众所选举和委派的立法机关的批准，任何人的任何命令，无论采取什么形式或以任何权力作后盾，都不能具有法律效力和强制性"①。因此，社会契约生效与国家形成的标志便是立法权的出现，而"执行权""对外权"则是由此派生出来的。国王虽然拥有执行权，也参与立法，并且因此而被称为至高无上的权力拥有者，但在实际上，他握有的只是最高的执行权。就国王是最高的执行者而言，是免于隶属别人的。"他既参与立法，则除他所参加和同意的立法机关以外，他并不属于其他更高的立法机关和对之负责"②。易言之，确实不存在高于国王的议会而可以约束他，但他必须对自己所属的议会负责。在这里，通过分权以及对立法权最高性的强调，君主主权被化解了。国王仍然可以说自己是政府乃至议会的首脑，但已经被证明是必须从属于他所"领导"的这个议会了，国王即便能够宣示主权，也是因其议会首脑的身份。故而，主权实际上是属于议会的。这不仅是理论上的设定，其实也是当时的现实。

洛克的工作表现在对1688年革命进行理论确认，所确认的正是议会主权。但作为一种革命学说，要赋予立法权以最高性也就不得不求助于契约论。这又使他面临着人民主权的困扰。既然权力是由人民让渡的，人民自然有权收回；如果人民希望收回，那是否意味着进一步的革命呢？果若革命，那就意味着1688年革命的所有成果以及所有为之进行的辩护都白费了。因此，他必须规定"共同体在这方面总是最高的权力，但是这并不能在任何政体下被认为是这样，因为人民的这种最高权力非至政府解体时不能产生"③。事实上，人民的这种最高权力仅仅意味着"决定是否有正当理由可以诉诸上天"④。同时，"人民并不像一些人所想象的那样易于摆脱他们的旧的组织形式……人民迟迟不肯放弃他们的旧制度的倾向，在我国发生的许多次革命中，在现代和过去的时代，仍旧使我们保留由国王、上议院和下议院所组成的我们的旧的立法机关，或经过

---

① ［英］洛克：《政府论》（下篇），叶启芳、瞿菊农译，商务印书馆1995年版，第82页。
② ［英］洛克：《政府论》（下篇），叶启芳、瞿菊农译，商务印书馆1995年版，第93页。
③ ［英］洛克：《政府论》（下篇），叶启芳、瞿菊农译，商务印书馆1995年版，第92页。
④ ［英］洛克：《政府论》（下篇），叶启芳、瞿菊农译，商务印书馆1995年版，第103页。

几番无结果的尝试之后仍使我们重新采用这一制度"①。

按照洛克的上述证明,人民握有最后的权力,但行使与否,则需要交由一个虚构的上天来定夺。即便人民最终行使了这一权力,他们仍然会建立起传统的政府组织。可见,从契约论出发,洛克没有推导出人民主权,是因为现实令他不能得出这样的推论。所以,我们往往既承认他是"主权在民"思想的首创者,也认为他是议会主权的辩护者。两种说法无所谓对错,这说明现实的复杂性决定了理论的矛盾性。议会主权能在英国建立起来是由其强大的议会传统决定的,在议会传统相对薄弱的大陆,洛克的理论就不能适应革命的需要了。因此,一种新的主权学说适时地出现了。

在 1688 年革命后的百余年时间里,大陆仍然处于绝对国家的统治之下。不过,革命的春风已经掠洋渡海,带给许多思想家以激情与灵感,使之可以进行进一步的理论构造。其中,孟德斯鸠与卢梭是当仁不让的杰出代表。与卢梭相比,孟德斯鸠的理论出发点更多的是关于治理而不是引发革命。因此,孟德斯鸠所关注的不是权力而是自由。在当时的政治背景下,能够超脱革命而谈自由的只能是在英国的背景下进行,故而,孟德斯鸠的阐发是以英国的议会君主制为前提的。孟德斯鸠认为,不管民主制还是贵族制的共和国,在性质上都是不自由的国家。因为在这些共和国中,"同一个机关,既是法律执行者,又享有立法者的全部权力。它可以用它的'一般的意志'去蹂躏全国;因为它还有司法权,它又可以用它的'个别的意志'去毁灭每一个公民"②。在他看来,真正的自由只有在英国式的君主国中才会存在,"它的政制的直接目的就是政治自由"③。

孟德斯鸠较多地受到了洛克的影响,也正因为对洛克的学说和英国的政治现实有着充分的了解,他才发现了其中存在的问题。在英国式的议会主权中,尽管议会与政府已经分离,但立法与司法两权仍然操控于

---

① ［英］洛克:《政府论》(下篇),叶启芳、瞿菊农译,商务印书馆 1995 年版,第 135 页。
② ［法］孟德斯鸠:《论法的精神》(上册),张雁深译,商务印书馆 1978 年版,第 156 页。
③ ［法］孟德斯鸠:《论法的精神》(上册),张雁深译,商务印书馆 1978 年版,第 155 页。

议会之手，这也是洛克最终避免了人民主权推论的一个重要原因。也就是说，尽管人民握有最后权力，却由于世间不存在一个居于议会与君主之间的裁判者，最后权力的意义便只能诉诸上天。然而，议会的强势同样蕴含着危险，"政府形式稳定地迈向议会专权之路，权力由一小撮密切合作、仅代表某一有限阶级之利益的寡头执政者所掌握"[1]。这一现实使持有"主权在民"观点的洛克在18世纪受到了英国法学家的批判，对于孟德斯鸠所倾心的自由，更是构成了不小的挑战。孟德斯鸠意识到，要化解这种矛盾，就必须进一步分权。洛克划分的三权是"立法权""执行权"和"对外权"，孟德斯鸠则提出了"立法权""行政权"与"司法权"的分立。但为了维护英国政制的理想形象，孟德斯鸠在进行转换的时候耍了一个小把戏，那就是虽然承认三权分别为"立法权力""有关国际法事项的行政权力"和"有关民政法事项的行政权力"，却将第二种权力称为"行政权"，将第三种权力称为"司法权"。这样，他仍然可以说他描述的是洛克笔下的英国，虽然二者已经有了本质性区别。

如果说设计一种新的治理体系本身就是革命的话，就可以认为孟德斯鸠的三权分立属于一种革命学说，或者说，孟德斯鸠不像卢梭那样基于法国的现实思考革命的问题，而是基于英国的现实去寻找一种革命后政治建设的理想样板。尽管如此，法国人更认同的还是卢梭。因为，对于仍然处于绝对国家治下的大陆人民来说，此时的首要任务是革命而非建设。这只能说孟德斯鸠的学说超前了一些。在革命意义上，卢梭最大的贡献就在于将"人民"与"主权者""国家"三个词等同起来。国家只是一种契约的产物，"当它是被动时，它的成员就称它为国家；当它是主动时，就称它为主权者"[2]。而作为契约的结合者，"他们集体地就称为人民；个别的，作为主权权威的参与者，就叫作公民；作为国家法律的服从者，就叫作臣民"[3]。所谓臣民就是人民，所谓人民也就是主权者，

---

① ［美］沃特金斯：《西方政治传统：近代自由主义之发展》，李丰斌译，新星出版社2006年版，第64页。

② ［法］卢梭：《社会契约论》，何兆武译，商务印书馆2003年版，第21页。

③ ［法］卢梭：《社会契约论》，何兆武译，商务印书馆2003年版，第21页。

而主权者就是国家。因此，国家就是人民，人民可以建立国家，自然也就可以推翻不合心意的国家。人民主权学说由此而正式形成。

洛克与孟德斯鸠本质上都是在论证社会之于国家的独立性，由此才可以从社会出发去探讨治理的问题。而卢梭则将二者重新统合了起来，虽然人民或者说社会被赋予了无上的权力，却因之而失去了自我，无时无刻不背负着国家这一重担。可以说，卢梭因为创造了一种有力的革命学说而抹杀了所有有效的治理理论。在这一学说指导之下的法国革命久久不能平息，很大程度上也应拜卢梭所赐。卢梭式的人民主权从一产生起就宣告了它的非现实性，它统合国家与社会的做法必然导致极权主义的结局。故而，法国乃至欧洲大陆的革命虽然都在此时迎来了高潮，却因为找不到一条现实出路而经历了痛苦的反复。直到后来，欧洲国家再度出现极权主义的时候，往往在一开场都是打着人民主权的旗号。就此而言，卢梭的人民主权理论是有着他自己意想不到的后果的。

卢梭之后，欧洲关于议会主权与人民主权的争执从未停息过。此时，为了抵制大陆的革命风潮，英国人进一步强化了其议会主权的原则。由于人民主权学说在法国的失败，在德国则发育出了国家主权的变种。然而，人民主权已经走到了主权学说的顶峰，任何理论上的改造都不可能再得出有意义的成果。建立现代国家的要求，需要通过寻找另一条路径来加以实现，这一路径是由美国革命发现的。美国人与大陆之间的那种既有渊源又相分离的关系决定了它可以不偏执于英国或法国任何一极，而是把洛克、卢梭与孟德斯鸠结合了起来，通过三权分立的议会民主制而建立起第一个严格意义上的宪政国家。其中，人民主权作为最重要的政治原则也得到了体现。在宪政国家的框架下，人民主权的原则中所包含的逻辑是：既然主权不属于立法机关、行政机关、司法机关或任何特定的机构与个人，那么它就是属于人民的；人民的主权既在宪法中规定又存在于宪法框架之中；人民在原则上拥有国家主权，甚至会反映在大选之类的行动中，而在政治的日常运行中，人民主权却不是无条件的。所以，在根本上，宪政才是国家的最高原则。这就是美国人的贡献，也许还是延续至今并流布世界的政治之梦。

三、　法治国家在治理上的困难

美国的宪政国家模式实现了对主权概念的超越。就本质而言，法治本身与任何一种类型的主权观都是矛盾的，因为法治是建立在法的最高性的基础上的，只要主权者存在，它就是超越于法的。早在议会主权的形成期，柯克就意识到了这一矛盾，所以，他虽然在反对君主主权的意义上更多地表现出对议会的支持，而在实际上，他是希望用法律去同时限制国王与议会的。比如，他在驳斥御前大臣的一个提议时说："没有国会，国王不能改变普通法中的任何部分，也不能通过他的谕令创造出任何罪名，如果在此之前它不是一个罪名的话。"[①]　而在另一个案例中，柯克又明显地偏向国王，"［国会的］任何法案不能约束专属于国王、与他的位格不可分割的任何权力……国王不能受到作出赦免的法案的约束；因为，施恩和赦免的权力乃是一种君主特权，专有地、不可分离地附属于国王的位格"[②]。如果以主权观去评判，他的这两段言论是矛盾的；若以法治的标准去衡量，这种"矛盾"又是合理的。当然，不能说柯克已经具有了成熟的法治思想，但通过他至少可以发现，法治只有在主权被虚化、不专属于任何个人或机构之时才具有可能性。

如上所说，卢梭的主权概念具有绝对化的内容，当他把人民与国家、与主权者等同时，当他把个人称为公民与臣民时，无疑发现了现代社会的复杂性与个人角色的多面性。在他这里，个人是作为一个"角色集"出现的。的确，到了今天，国家与社会关系的演进已经把所有人都形塑成了复杂的角色集，一个人既是公民又是"市民"，还会拥有其他的社会角色，人的生活被分成不同的部分，在他郑重地去过每一种生活的时候，总是以特定的角色出现的。在政治生活中，他拥有公民的身份和扮演公

---

① Edward Coke，*The Reports of Sir Edward Coke*，ed. George Wison（Dublin：J. Moore，1793）. 12 Reports 74. 引自［美］斯托纳：《普通法与自由主义理论：柯克、霍布斯及美国宪政主义之诸源头》，姚中秋译，北京大学出版社 2005 年版，第 49 页。

② Edward Coke，*The Reports of Sir Edward Coke*，ed. George Wison（Dublin：J. Moore，1793）. 12 Reports 18. 引自［美］斯托纳：《普通法与自由主义理论：柯克、霍布斯及美国宪政主义之诸源头》，姚中秋译，北京大学出版社 2005 年版，第 50 页。

民的角色；在职业活动中，他是一个从业者；在经济生活中，他作为市民具有严格的逐利特性……这种角色的多重性与卢梭的主权概念恰恰是不相容的。因为，个人角色的多重性在"人民"那里是无法实现纯粹化的，如果硬生生地进行抽象，那也是一种虚假的抽象。由于不可能在个人的多重角色中抽象出人民的概念，也就不可能在人民的概念中发现同一性以及单一性的内涵。如果人民概念中不具有同一性和单一性的内涵，那么它的哪一个部分才能成为主权的载体呢？这就是卢梭人民主权理论上的自反性。

当然，卢梭在论证人民主权的时候所引入的是"公意"的概念，试图用公意去化解"人民"概念中的那些非同一性和非单一性内容。其实他这样做是经不起逻辑分析的，因为人的角色的多重性决定了，他们只有在一个共同领域中扮演相同的角色的时候才有可能就相同的目标去达成一致意见。然而，对于国家这一最高的实体性存在物来说，这些具体领域中的一致意见是不具有实质性意义的。所以，超出具体的生活或活动领域，在一般的意义上，人的角色的多重性决定了"公意"根本不可能形成。这样一来，人们就只能依靠法律来确定某种公共利益。所以，国家的生命就在于法律而不是人民主权。

既然法律是对公共利益的规定，那么公共利益是如何形成的？这个问题就变得很重要了。在密尔看来，公共利益的形成过程是这样的：我们首先对利益进行分类，"这种分类既使我们想起它们的类别，就可能表明政府形式适于分别促进各种利益的性质。如果我们能说社会的利益是由如此这般的因素组成，那将会是很方便的；这些因素之一要求这样的条件，另一因素要求另外的条件，那么，在最大程度上把所有这些条件结合在一起的政府就必然是最好的政府了"[1]。显然，这种政府就是代议制政府。正是在这里，才能真正发现美国人确立起"法治国"的秘密。通过对英国以及大陆现实的审视，他们不愿意去完整地接受英法的学说。所以，他们接受了人民主权原则，却是有限地接受，是把人民主权原则置于宪法框架下的。或者说，在实践上把这一原则安排成一种选举制度，

---

[1]〔英〕密尔：《代议制政府》，汪瑄译，商务印书馆1984年版，第18页。

而在社会治理的问题上，则把法律放置在最高的位置上，从而建立起了法治国家。法治国家是三权分立的，同时又贯彻了代议民主制的精神，人民主权作为一项原则被保留了下来，却不作为国家存在以及合法性的证据，只是在需要更换最高行政首长或议员的时候，才让人民行使一下。

虽然卢梭谋求"公意"对人民主权原则的支持，但要从人民主权原则中推导出公共利益却是困难的。公共利益的概念所代表的是另一个理论视角，这一理论视角是基于社会分化成了公共领域和私人领域的现实而提出的。正是由于社会分化为不同的领域，而又在不同的领域中谋求同一性的因素，才发现了公共利益。或者说，由于社会分化为不同的领域，国家在凌驾于不同领域之上去整合或调整不同领域的时候，才需要从维护和保障公共利益出发，而法律则是它维护和保障公共利益的基本手段。正是这样，产生了法治国家。法治国家无非是确认公共利益的手段。有了公共利益的问题，也就有了认识国家机构公共性的要求，进而有了建构现代公共生活的需要。

在现代政治学理论中，公共利益、公共性以及公共生活又都是与"代表性"这个概念联系在一起的，它们正是通过代议制的制度安排才转化为现实的。然而，在公共利益、公共性以及公共生活之中既有着形式的一面还有着实质性的一面。它的形式的一面被哈贝马斯称作为形式公共性，而实质的一面则是它的公正内涵。代表性或代议制的制度安排所实现的是形式公共性的一面，而公正问题则须交由其他途径去予以解决。这个途径就是行政，只有在连贯的行政行为中，社会公正才能在较大程度上受到维护。因而，政治与行政的分离实际上也是代议制在逻辑上的延续。就此而言，美国人率先提出政治与行政二分原则也就不难理解了。所以，我们所看到的存在于美国的机构以及制度设置都需要从法治国家的角度来认识，它与欧洲近代早期的主权国家概念是不一致的。

法治国家的治理逻辑是：政治部门制定规则，再由行政部门予以实施；体现在制度设计上，那就是议会制定规则，政府执行规则。由此可见，法治国家的制度设计初衷是希望通过议会制定规则的方式而形成公共利益，再由政府在规则的施行中使公共利益得以实现。但是，在复杂的社会条件下，正如密尔所说的那样，由所有利益结合而成的公共利益是不存在的，因为利益间的冲突是不可避免的。故而，公共利益形成的现实途径就只能是通过特定的表达渠道进行抽象，过滤掉那些具有冲突性的利益，留下那些可以被结合为一体的利益。这种渠道就是政党以及利益集团等政治组织。作为利益交汇乃至争锋的一个场所，议会本身不是一个利益组织，而是各种不同利益"抵净"的地方。在现实的政治运行中，政党以及利益集团是典型的利益组织，它们只关注自身利益而不关心公共利益。而且，由于利益组织间必然存在着力量上的差异，它们的利益表达也就对规则的制定有着不同的影响。虽然是通过议会和在议会中进行的，但集团利益总是无法抵净的，公共利益也就不可能真正形成。代议制的制度设计本身恰恰是把议会活动的结果当成公共利益了，以至于治理规则也就在无形中成了集团利益的体现。政党政治越发达，这一情况就越严重。这就是法治国家理论与实践上的不一致，亦如主权国家理论一样，法治国家理论一旦被放置到实践中去，也出现了逻辑上的不彻底性。

法治国家发展到今天已使得常规性的立法活动程式化了，议会在很大程度上变为一个选举或选择机构。同时，由于政党的介入，选举（择）被强化为竞争。作为一种竞争，选举（择）活动更关心"话题"，而非"议题"，议会随之演变为一个政治秀场，形形色色的话语排斥了实际行动。话题本身也有可能是社会需求的真实反映，实际情况却不总是这样。由于话题本身易受误导，它在很多时候是与真实的社会需求毫不相干甚至背道而驰的。如果代表性在这里被解读成最能体现公共话题的话，那么那些迫在眉睫的议题，那些真实的却与集团利益相冲突的社会需求，就将受到掩盖或粉饰，并会随着选举周期的循环而不断地累积起来。当累积到一定程度时，便酿成了严重的合法性危机。因此，法治国家并不能真正解决代表性的问题。

就行政而言，自从与政治分离之后便被称为公共行政了，其理由是作为公共性表现形式的代表性问题已在政治领域得到了解决，行政只需要将政治意志执行下去就能实现公共性，就能向社会提供公正。这种供给公正的安排是通过对行政人员私心的排斥而进行的设计，是合乎代表性的逻辑的。也就是说，社会公正是一种关于"公"的价值考量，其实现的前提是要排除一切关于"私"的价值考量。进一步的逻辑要求就是让行政理性化，进行价值"祛魅"，建立起官僚制度。从 20 世纪的实践看，理性官僚制通过"分工—协作"机制以及层级节制原则的确立消除了行政行为中价值判断的必要性与可能性，使得治理规则可以不经过滤地得到实施。然而，也正是由于官僚制极端化的"分工—协作"倾向，将每一个人、每一个组织都变成了庞大官僚体系中某个或大或小的零部件。随着行政领域的理性化，政治领域逐渐成为那些无经验的职业政治家的乐园，其结果就是确立起了技术专家在决策中的主导地位，使得官僚政治最终演变成了专家治国的实践。

无疑，专家治国可以提高决策理性，减少决策风险，而且由那些与现实无直接利益关联的技术专家去进行决策，也确实可以保证决策动机上的公正，但决策者与执行者的分离却必然要付出降低决策科学性与针对性的代价。特别是在执行过程不包含价值重估的情况下，这种南辕北辙的所谓"公正决策"是鲜有实际意义的。从现实运作来看，对社会公正的供给主要是在社会不公正发生之后的补救，如果行政决策失去了针对性，补救性的行动也就很难及时跟进，即使做出了也有可能不到位，或者被用错了方向。在此意义上，罗尔斯对契约论传统的复兴实际上也就是希望以"原初状态"消除"专家"对公正问题的误导。其中，制度设计的初衷，即以行政去实现社会公正的愿望，同样是无法达成的。这就是法治国家在通过行政实施治理时所出现的困难。

在法治国家中，公共利益、公共性以及公共生活都只是一个假象，属于理论上的假定，即便把它们转化为现实的代表性设置以及公正供给途径，也都无法真正达成目标。所以，法治国家至多只能在形式公共性方面去做出努力。特别是在法治国家由于理性化的追求而发展出了专家治国时，形式公共性与实质公共性的分离就变得越来越严重了。我们知道，等级社会的治理模式就是一种赤裸裸的精英治国，尽管它并不能保证治国者一定是精英。就法治国家是出现在主权国家之后的历史现实而言，它应当继承主权国家废弃等级社会的成果，而现实却是，法治国家重新把精英集团推到了治国的位置上了。当然，与等级社会中身份精英治国不同，它是一种技术型的精英治国，相比前者而具有了一定的开放性。然而，正如韦伯指出的："专业知识的社会意义在理性化的进展下只会增加，而不太可能减少。它所造成的结构性问题，顶多也只能借着全面实施自我管理制度来'减轻'，却非'解决'此问题。因为，虽然任何组织上防患于未然的办法，如官员之选举罢免、缩短任职期限、轮调或以抽签决定去留、严格的委任命令制与赋予职位以业余性的特质等，都想要'减少专业知识及业务性知识的权力地位'，以便有助于社会关系之开放以及最小化支配的关系；问题是这些专业的、业务性的和由此而生的'支配的知识'正好有着最佳的本钱，足以混入这种开放策略之中使其失效，并且还借着强调专业能力来达成社会结构进一步的分化……纵使在某些例子里，人们对安排合理生活规划的意愿尚不强烈，但不需经过多长的时间，那起先与直接民主制最为配合的外行管理便会变质为名流士绅型的管理，而随着与日俱增的绩效压力，这一种管理总会让位给科层官僚制的行政管理。"① 可见，作为"开放社会"的现代社会实际上却拥有强大的不断自我封闭的内在动力。在结果上，它与传统社会的精英治国是非常相似的，这就是法治国家在治理结构上无法最终走出传统社会精英治国陷阱的真实情况。尽管它引入了理性和知识，尽管它强调规则和技术的作用，甚至会偏执地宣称"技术治理"，却没有发生结构上的根本改变。

到了 20 世纪后期，学术界对精英治国的问题做出了反思并提出了批评，"民主行政"与"参与治理"理论的提出都代表了寻求替代精英治国路径的努力，但就理论特征看，"民主行政"和"参与治理"的设计还只是一种将代表性设置下移到行政领域的做法，而不是对法治国家本身作出怀疑。当然，在民主行政和参与治理的设计中包含着一个合理的判断，那就是政治与行政的分离使社会治理落入了形式公共性追求的窠臼，希望借参与治理的方式来加以纠正，从而让公共行政获得实质公共性的内涵。表面看来，参与治理的确可以对精英专制造成冲击，而在实际上，参与本身却不能改变精英治国的基本格局。因为参与本身是有限的，而且是受到精

---

① ［德］施路赫特：《理性化与官僚化：对韦伯之研究与诠释》，顾忠华译，广西师范大学出版社2004 年版，第 67～68 页。

英控制甚至利用的，完全可能成为治国精英们为自己涂脂抹粉的材料。其实，"参与"一词本身就意味着默认了精英存在的前提，参与治理的设计只是一种对公众表达方式或表达途径的改变，是把政治上的大型表达转化为行动上的小型表达的做法，所收获的往往是碎片化的表达。

在一个复杂的规则体系中，任何规模的表达都须承担巨大的成本，而且小型表达越多，大型表达的可能性就越小。同时，在法治逻辑下，每一次非常规的表达在再度复制后都会走向常规化，从而使新的非常规表达面临着更大的困难。参与治理在法治国家中有着强大的合法化动力，而一旦合法化，就会获得排斥其他表达途径的力量。就此而言，它不仅不会对正在生成的非政府组织以及社会自治运动提供社会治理的机遇，反而会成为阻碍它们进入社会合作治理体系的障碍。所以，这一在法治国家框架不变条件下的补充性方案并不能取得社会治理上的积极进展，沿着法治国家理论的逻辑去思考社会治理变革的问题是没有出路的。这表明，在面向未来的社会治理变革中，近代资产阶级的主权国家理论以及法治国家实践都不是通过稍加修缮就能获得新生的社会治理模式，真正的社会治理体系变革是包含在对主权国家和法治国家这两种近代国家形式的否定之中的。

第二节　法治国家中的权治

一、　权力行使方式的转变

从理论上说，当人们能够依据法的精神开展社会生活与政治生活的时候，他们的国家也就实现了法治。然而，在近代以来的政治实践中，从来也没有像理论所论证的那样，真正地实现了法治。即使在西方那些标榜为法治国家之样板的地方，也没有完全实现法治。反而，在具体的社会生活与政治生活中处处弥漫着权力意志，受到权力意志的支配，时时处处都存在着法的精神向权力意志妥协的情况。在法治国家的形式之下，权力支配行为却无处不在，几乎每一个人都被笼罩在权力意志的厚重阴影之中。其实，自从人类有了社会治理的问题也就有了权力，或者说，当人类进入了等级社会的时候，权力也就开始在维护社会结构和调整社会行为中发挥作用了。

从农业社会向工业社会的转变是平等人权取代等级统治的历史过程，人的平等本身意味着权力的消解。然而事实却不是这样的，权力不仅没有得到消解，反而在社会治理过程中发挥着更强的作用。这在理论上是与法的精神以及法治国家的治理框架相悖的。由于理论上权力与法治国家的不相容性，决定了谈论权力的问题显得有些另类。所以，在法治国家开启了它的强势征服历程的19世纪以后，所有对权力问题情有独钟的思想家都被主流社会贴上了某种异端的标签，马基雅维利如此，尼采如此，福柯自然也不例外。所以，福柯的整个学术生涯都是在激烈的争议和纷涌而来的非议中度过的。应当看到，福柯是有着许多惊世骇俗之举的。比如，他的所有学术研究都是从社会的阴暗面、从那些"不正常的人"入手的，而这就难免让人以为他是在嘲弄这个社会和嘲弄那些心安理得地生活在这个社会中的"正常人"。

福柯对权力问题的探讨是选取瘟疫作为切入点的。通过对流行病学史的考察，福柯发现，在18世纪以前，社会对麻风病人采取的是排斥的态度与措施，患上麻风病就等于被宣判"死亡"。18世纪以后，在面对鼠疫患者时，社会则采取了截然相反的措施，不再是进行排斥，而是实行一种检疫隔离。鼠疫患者不再被驱逐，而是被指定于某一场所，被确定为一种分区控制的在场。在福柯看来，这意味着"权力的个人化、分化和细分化最终直至与细小的个体连接起来。……麻风病招致距离，而鼠疫意味着权力相对于个人越来越精细的接近，某种越来越持续、越来越坚决的观察。……这是要制造健康的人口；而不是如同在麻风病的场合中那样要清除生活在社区中的人。最终，你们看到这不是对某一部分人口打上决定性的标记；而是对一个规则领域进行不断的检查，在此领域中人们不断地评估每一个人，从而了解他是否很好地符合确定的健康标准和规范"①。福柯这一描述并不是要揭示仅存于流行病学史中的一个

---

① ［法］福柯：《不正常的人》，钱翰译，上海人民出版社2003年版，第47～48页。

孤立的现象，而是要说明近代以来整个权力行使方式的重大转变，更深的意蕴则是，要指出权力行使方式变化背后是两种截然不同的社会治理模式之间的差别。

我们知道，农业社会的统治型社会治理模式在权力行使上是以排斥和驱逐为基本特征的。比如，在雅典，作为政治动物的"人"身居社会治理体系之内，而那些被视为"非人"的人则被排除在社会治理体系之外；同时，那些不称职的、不能证明其为"人"的人也将通过流放的方式而被驱逐出社会治理体系，使其丧失为"人"的资格。近代以来，在从统治型社会治理模式向管理型社会治理模式转型的过程中，虽然社会治理体系的统治职能仍然存在，却在社会治理活动中逐步让位于管理职能了。与此同时，服务于排斥与驱逐的权力行使方式也就逐渐让位于制造隔离的权力行使方式，通过隔离而对治理对象进行"分区管理"，进而谋求对他们的规范化管理。借用福柯的术语，这两种社会治理模式可以被分别称为"麻风病型"社会治理模式与"鼠疫型"社会治理模式。其实，麻风病与鼠疫在流行病学史上的更替只是一种历史的偶然，福柯是用之于去对从统治型社会治理模式到管理型社会治理模式的更替这样一种历史必然进行比喻性的描述。正是由于在18世纪前后出现了管理型社会治理模式对统治型社会治理模式的替代，出现了权力行使方式从排斥与驱逐到分区隔离的转变，人们才表现出了在面对麻风病与鼠疫时能够采取不同的应对措施。

权力行使方式从排斥与驱逐到分区隔离的转变反映了权力控制能力的提高。因为，正是由于权力控制能力的不足，人们在面对麻风病人时，才不得不采取排斥与驱逐的措施，以防止他们将病患传染给其他正常人；随着权力控制能力的提高，人们在面对鼠疫病人时就采取了分区隔离的措施，并通过各种规训手段来对他们进行规范，以使他们重新成为正常人。福柯将这种现象归结为关于鼠疫的政治梦："它是政治权力发挥到极致的美妙时刻。鼠疫，在这个时候，对人口的分区控制建立起来，直至其最末端，任何危险的交流、不清不楚的社团和被禁止的接触都不可能发生。鼠疫的时刻，这就是通过政治权力对人口进行彻底的分区控制的时刻，政治权力的毛细血管不断地作用于个人自身，作用于他们的时间、他们的服饰、他们的位置、他们的身体。"① 与鼠疫相伴的是一种关于"完全的权力""没有障碍的权力""面对对象完全透明的权力""发挥到极致的权力"的政治梦想。从18世纪开始，由于发明了一种权力的积极技术（又称为"治理技术"），鼠疫就替代麻风病而成为政治控制的模式。在这个过程中，"我们从一种驱逐、排斥、放逐、使边缘化和镇压的权力技术，过渡到一种总之是积极的权力，一种进行制造的权力，一种进行观察的权力，一种获取知识的权力和从其自身的效果出发自我增值的权力"②。总之，这是一种规范化的权力，随着这种规范化权力的出现，人们也就在社会治理中实现了最有效的社会控制。

对于规范化权力的行使而言，首先要进行的就是鉴定工作，即对正常的人与不正常的人进行鉴定和甄别。"通过鉴定，人们有了一种关涉不正常的人的活动，它使用某种规范化权力进行干预，并且它通过自己的力量，通过它保证医学和司法之间联系的作用，趋向于一步一步既改变司法权力又改变精神病学知识，把自己建成对不正常进行控制的机构。正是因为它把'医学—司法'建构为对不正常、对不正常的人，而不是对犯罪、对疾病进行控制的机关，所以正是在这方面它既是一个重要的理论问题又是一个重要的政治问题。正是在这上面，它指向这种奇特的权力的整个谱系学。"③ 正是由于对正常的人与不正常的人的这种鉴定，"18世纪发现了一些方法，或者，至少它发现了一个原则，根据这个原则，权力（不再是以一种仪式化的、礼仪化的和不连续的方式运转，这是封建权力的情形，甚至还是绝对君主专制权力的情形）变成连续的。也就是说，它不再通过仪式来运转，而是通过监视和控制的持续不断的机制。增加权力的效果就意味着这些权力机制抛弃了它们在封建制度下和绝对君主专制制度下所具有的有空隙的特点。不再作用于任意确定的一些点、一些面、一些个人和一些团体，18世纪发现了一些权力机制，可以无空隙地运转并从整体上渗透社会实体。增加权力的效果，最终还意味着它能够将它们置于不可避免的原则之上，也就是说使他们脱离君

① ［法］福柯：《不正常的人》，钱翰译，上海人民出版社2003年版，第48页。
② ［法］福柯：《不正常的人》，钱翰译，上海人民出版社2003年版，第49页。
③ ［法］福柯：《不正常的人》，钱翰译，上海人民出版社2003年版，第43页。

主的任意性原则，脱离君主的善心，以使它成为某种绝对不可避免的、必然的法律，原则上以同样的方式加之于一切人。……资产阶级革命不仅仅是一个新的社会阶级推翻了绝对君主专制制度并逐步建构起新的国家机关。它也不仅仅是对整体制度的组织。18世纪和19世纪初的资产阶级革命是新权力技术的发明，纪律是其主要构成部分"[1]。于是，在福柯的解读中，随着"鼠疫的政治梦"的出现，资产阶级革命实际上就变成了一种发明以纪律为基本标志的"新权力技术"的运动。

对于这场运动，福柯评价道："通过'以规范化为目的的纪律'系统，通过'纪律—规范化'系统，18世纪所建立起来的，我觉得是这样一种权力，它实际上不是镇压的而是生产性的——镇压在此只是作为侧面的次要的作用，次要是相对于那些相对这个权力处于中心的机制：进行制造的机制，进行创造的机制，进行生产的机制。"[2] 或者说，18世纪以来所建构的现代社会治理体系实际上是一架生产"正常人"的权力机器，它通过强有力的"纪律—规范化"系统而将所有正常或不正常的人通通制造成符合它的要求的所谓"正常人"，并通过这种制造"正常人"的活动，把整个社会置于权力而不是法律的支配之下。这个结论乍听起来不可理喻，却又不是没有根据的。比如，在法律领域，在近代以来的刑法实践中，精神鉴定这种典型的规范化权力就已经在绝大多数情况下取代了司法审判的判决意义，并可以草率地取缔最基本的人身自由权。表面看来，这是科学高于法律的表现，实际上，则是权力篡取了法律的地位。这种现象至少在法治国家的某些领域已是一项不争的事实。

应当看到，这是在从统治型社会治理模式向管理型社会治理模式转型过程中出现的一个悖论：统治是权力意志的体现，统治过程就是权力支配，就是权治；管理则是从法的精神中合乎逻辑地演化出来的，是在法的精神指引下对社会事务进行的管理。所以，从统治向管理的转型，理应意味着法的精神的彰显与权力意志的消解，意味着法治替代权治。可是，在现实中，这种转型的实际效果却是增强了权力的控制能力，使

① ［法］福柯：《不正常的人》，钱翰译，上海人民出版社2003年版，第93～94页。
② ［法］福柯：《不正常的人》，钱翰译，上海人民出版社2003年版，第53页。

权力得以在由法律所开辟的宽广领地中实行无所不在的控制。如果说在权力行使方式的转变过程中权力的控制能力不是受到了削弱而是得到了增强的话，我们还能在多大程度上将近代国家视为一种法治国家呢？在这里，沿着福柯对流行病学史的考察方向，显然就会对近代以来法治国家的真实性产生深深的怀疑。

二、 权力作用领域的改变

其实，在近代以来的整个社会生活中，人们无处不感受到权力的存在，权力在社会治理过程中的作用是无法否认（甚至是不得不加以重视）的基本事实。我们同时又看到，法律在社会治理过程中也发挥着基础性的作用。这样一来，我们实际上就不能不受到一个悖理的问题所困扰，那就是体现了权力意志的权力和反映了法的精神的法律本来是具有完全不同性质的两种治理力量，它们是矛盾和冲突着的两种治理手段，但是，为什么又能够共处于社会治理体系及其过程之中呢？为什么权力与法律都在社会治理中扮演起了重要的角色却没有影响社会秩序的统一性呢？在哲学上，可以用黑格尔的辩证法来对此作出解释，但社会治理现实却不能满足于哲学解释，而是需要切实搞清它们之间的关系以及在社会治理过程中的作用方式、机制等具体性问题。因为，只有对这些问题都达致明晰的认识，才能去做出合理的治理体系及其过程设计和安排。之所以对立和冲突着的权力与法律能够共处于一体并都在治理过程中发挥作用，是因为它们拥有不同的作用领域，并在各自的作用领域中对社会秩序提供不同的支持。可以看到，通过对流行病学史的考察，福柯虽然向我们描述了权力作用方式的转变，证明了权力在法治国家中的强势存在，却没有解答权力的作用领域问题，所以让人无法进一步地去理解权力与法律的依存关系。不过，在福柯对惩罚方式演变史的考察中，可以找到一些解决这一问题的启发。

在近代以前的权治模式中，惩罚是权力意志的一种自我展示。虽然这些惩罚也会体现为法律的规定，但由于法律本身也是权力意志的产物，所以所有的惩罚在性质上都属于权力惩罚。近代以来，在从权治模式向法治模式转型的过程中，权力惩罚开始向法律惩罚转化。当然，法律惩罚并没有完全取代权力惩罚，而是与权力惩罚共存于法治国家的不同领域之中。在很大程度上，权力惩罚与法律惩罚各自的作用领域就是权力与法律各自的作用领域。

权力惩罚往往崇尚公开展示，它总是通过对犯人肉体的公开侮辱而求得在"观看者"心中刻下权力意志的印记。同时，这种公开展示也能够使权力在整个治理体系中获得无所不在的威慑力。福柯认为，公开处决具有一种"司法—政治"功能，"它是重建一时受到伤害的君权的仪式。……它在众目睽睽之下对使君权受辱的犯罪施展无坚不摧的力量。其宗旨与其说是重建某种平衡，不如说是将胆敢蹂躏法律的臣民与展示其全部威力的全权君主之间的悬殊对比发展到极致。……犯罪者破坏法律，也就触犯了君主本人，而君主，至少是他所授权的那些人，则抓住犯人的肉体，展示它如何被打上印记、被殴打、被摧毁。因此，惩罚的仪式是一种'恐怖'活动。……公开处决并不是重振正义，而是重振权力"[①]。虽然人们也经常采用诸如"治乱世须重典"等理由来为公开惩罚辩护，但"所有这些理由——无论是作为特殊环境的防范措施，还是作为举行仪式的功能因素——都使得公开处决超出了作为一个司法行为的意义。它是一种力量的显示，更确切地说，它是君主的令人望而生畏的物质力量在此所伸张的司法正义"[②]。正是在此意义上，可以说权治模式中不存在实质意义上的法律惩罚，即使是福柯这里所说的"司法正义"，也无非是权力意志的公开展示。如果说在权治模式中也存在着法律的话，那它也只是权力的注脚，是从属于权力和服务于权力的，是支持权力有效行使的因素。

近代以来，惩罚逐渐从一种公开展示转变为一种隐蔽行为，特别是在革命期间，"一个宏大的监狱体系设计出来了，它的各种级别将严格地与中央集权的行政管理的各种级别相吻合。断头台（在那里，受刑的罪犯的肉体听凭通过仪式表现出来的君主的力量摆布），惩罚剧场（在那

---

① ［法］福柯：《规训与惩罚：监狱的诞生》，刘北成、杨远婴译，三联书店1999年版，第53页。
② ［法］福柯：《规训与惩罚：监狱的诞生》，刘北成、杨远婴译，三联书店1999年版，第54页。

里，惩罚的表象能长久地对社会产生作用），被一种庞大的、封闭的、复杂的等级结构所取代，而这种结构则被整合进国家机器之中。一种全然不同的实体，一种全然不同的权力物理学，一种全然不同的干预人体的方式出现了"①。与此同时，惩罚的机理也发生了改变，"它脱离了人们日常感受的领域，进入抽象意识的领域；它的效力被视为源于它的必然性，而不是源于可见的强烈程度；受惩罚的确定性，而不是公开惩罚的可怕场面，应该能够阻止犯罪；惩罚的示范力学改变了惩罚机制。结果之一是，司法不再因与其实践相连的暴力而承担社会责任"②。在这里，对司法责任的豁免实际上是法的精神的彰显，它表明了法律地位的提高。虽然司法实践仍然需要借助于权力，但由于法律赋予了权力以合法性，权力的行使也就无须承担任何责任。

拿法治模式中的惩罚与权治模式中的惩罚相比较，权力惩罚显而易见地是为了展示（君主的）权力的最高性，而法律惩罚虽然是通过权力而施行的，所展示的却是法律的最高性。在法律惩罚方式中，惩罚行为与惩罚对象本身都受到了法律的抽象，惩罚的目的"是对一个拥有各种权利，包括生存权的司法对象行使法律，而不是对一个有疼痛感觉的肉体行使法律"③。无论犯罪还是惩罚，所指向的都是由法律确认的权利而不是由权力支配的肉体，即便它直接作用于肉体，最终也会被法律抽象为生存权等权利。在实际的惩罚活动中，法律惩罚通常只决定是否剥夺罪犯在监狱外正常生活的权利，至于监狱内的肉体以及它是否受到权力的鞭挞，则不在法律以及"观看者"们的视野之内。因此，在整个惩罚过程中，时时处处所突出的都是抽象的法律而不再是具体的权力。在惩罚活动中，权力切实地发挥着作用，却是躲在法律的背后发挥作用的，法律被作为一帧幕布而自始至终地包裹着权力。正是由于这个原因，人们通常也就很少感知到权力惩罚的存在。通过福柯对流行病学史的考察可以看到，权力惩罚在法治国家中不仅没有消失，反而得到了加强，只

① ［法］福柯：《规训与惩罚：监狱的诞生》，刘北成、杨远婴译，三联书店1999年版，第130页。
② ［法］福柯：《规训与惩罚：监狱的诞生》，刘北成、杨远婴译，三联书店1999年版，第9～10页。
③ ［法］福柯：《规训与惩罚：监狱的诞生》，刘北成、杨远婴译，三联书店1999年版，第14页。

是权力惩罚被转移到了一个不可见的地带。这个不可见的地带就是监狱。福柯考察监狱发生史的目的就是为了理清法治国家中权力惩罚的作用方式以及解决权力惩罚在何处发挥作用的问题。

根据福柯的考察，从麻风病到鼠疫，人类的权力作用方式发生了根本性的转变，不再因为惧怕而试图主观地将瘟疫挡在门外，而是关起门来对瘟疫进行对症下药式的管理。其实，鼠疫模式并不是仅仅针对鼠疫的控制模式，鼠疫模式出现之后，在包括麻风病在内的所有瘟疫爆发时，人们所采取的都是同一种控制模式，福柯把这种模式称作"瘟疫中的城市"。福柯看到，在当时人的头脑中，"瘟疫流行的城镇，应完全被一个层级网络、监视、观察和书写所覆盖；一种广延性权力以一种确定无误的方式统治每个人的肉体，使该城镇变得静止不动。这就是一个治理完善的城市的乌托邦"①。其实，瘟疫在这里只是对失序的一种隐喻，正是借助于人们对失序的恐惧，管理型社会治理体系建立起了针对整个社会的无所不在的控制。尽管"瘟疫中的城市"已经可以被视为管理型社会治理模式的一种形式，却还是一种极不彻底的形式，因为它仍然实行着无所不在的权力控制，仍然在整个社会中保留了强烈的权治特征。

随着管理型社会治理模式的进一步发展，人们发明了"纪律"，"它规定了人们如何控制其他人的肉体，通过所选择的技术，按照预定的速度和效果，使后者不仅在'做什么'方面，而且在'怎么做'方面都符合前者的愿望。这样，纪律既增强了人体的力量（从功利的经济角度看），又减弱了这些力量（从服从的政治角度看）。总之，它使体能脱离了肉体。一方面，它把体能变成了一种'才能'和'能力'，并竭力增强它。另一方面，它颠倒了体能的产生过程，把后者变成一种严格的征服关系。如果说经济剥削使劳动力与劳动产品分离，那么我们也可以说，规训强制在肉体中建立了能力增强与支配加剧之间的聚敛联系"②。纪律既增强了人们的能力，又增强了人们对纪律的依赖性，进而通过人们能力的增强去增强纪律的支配力。随着以纪律为代表的规训技术的发展，

---

① ［法］福柯：《规训与惩罚：监狱的诞生》，刘北成、杨远婴译，三联书店1999年版，第223页。
② ［法］福柯：《规训与惩罚：监狱的诞生》，刘北成、杨远婴译，三联书店1999年版，第156页。

到了 19 世纪，人们已经无须对瘟疫中的整个城市实行无所不在的控制，而是把所有需要控制的人赶入一种"全景敞视建筑"（边沁语）之中，全景敞视建筑取代了瘟疫中的城市而成为管理型社会治理模式控制社会的新方式。

全景敞视建筑的基本设计是：四周是一个环形建筑，中心是一座瞭望塔。在中心瞭望塔上，人能观看一切但不会被观看到；在环形边缘，人彻底被观看但不能观看。于是，在全景敞视建筑中，权力成为既可见但又无法确知的存在物。所谓可见，是指囚禁者随时都能目睹窥视着他的中心瞭望塔的高大轮廓；所谓无法确知，是指囚禁者在任何时候又都不知道自己是否被窥视。在今天，随着电子探头的发明，甚至连全景敞视建筑的轮廓也被隐蔽了起来。在"瘟疫中的城市"中，权力既是无所不在又是无处可见的，它是确知的，却不因为确知就可以规避。在全景敞视建筑中，由于建筑物两端视域的不对称，虽然人人都知道权力的存在却又无从知道它存在的状况以及何时相对于自己而存在，所以，就变得无时不存在了，以至于无从规避。电子探头则把这一点发挥到了极致，让你连规避它的念头都无从发生。权力在人类社会治理史上的地位就是这样发生了改变：当权力能够被看到的时候还可以通过农民起义的方式去反对它，当权力变得让你确知它存在而又不可见的时候，任何反对权力的行为都无从知道目标在哪里。当权力是可以看到的时候，人们也可以隐居一隅而逃避权力的支配，随着权力渗透到可以感知却不知在何处的时候，受到权力的支配就是无可逃避的命运了。

由于权力的无处不在，人们不得不遵守纪律，却又不能说是这种权力强制他们遵守纪律，因为他们根本就无法直接地看到权力。就像今天你在驾车时可以用"电子狗"对付探头，但探头所意味着的权力却是你不得不接受的事实，运用电子狗对付探头实际上只是选择遵守纪律的最佳时机。这样一来，权力惩罚就自动化和非个性化了。"权力不再体现在某个人身上，而是体现在对于肉体、表面、光线、目光的某种统一分配上，体现在一种安排上。这种安排的内在机制能够产生制约每个人的关系。君主借以展示其过剩权力的典礼、礼节和标志都变得毫无用处。这里有一种确保不对称、不平衡和差异的机制。因此，由谁来行使权力就无所谓了。随便挑选出的任何人几乎都能操作这个机器，而且总管不在的时候，他的亲属、朋友、客人甚至仆人都能顶替。……一种虚构的关系自动地产生出一种真实的征服。因此，无须使用暴力来强制犯人改邪归正，强制疯子安静下来，强制工人埋头干活，强制学生专心学问，强制病人遵守制度。……权力的效能，它的强制力，在某种意义上，转向另一个方面，即它的应用外表上。隶属于这个可见领域并且意识到这一点的人承担起实施权力压制的责任。他使这种压制自动地施加于自己身上。他在权力关系中同时扮演两个角色，从而把这种权力关系铭刻在自己身上。他成为征服自己的本原。"① 可见，权力惩罚不仅完整地保留在了全景敞视建筑之中，而且随着规训技术的提高，权力惩罚本身似乎也不再表现为强制，甚至从一种"他罚"变成为一种"自罚"。同时，尽管权力仍然可以在全景敞视建筑内被施行到非常强烈的地步，而整个"瘟疫中的城市"却表现出了法治的气象。

福柯认为，"从历史上看，资产阶级在 18 世纪变成政治统治阶级的进程，是以一种明确的、法典化的、形式上平等的法律结构的确立为标志的，是由于组织起一种议会代表制才成为现实的。但是，规训机制的发展和普遍化构成了这些进程的另一黑暗方面。保障原则上平等的权利体系的一般法律形式，是由这些细小的、日常的物理机制来维持的，是由我们称之为纪律的那些实质上不平等和不对称的微观权力系统维持的。而且，虽然在形式上代议制直接或间接地使全体人民组成基本的主权权威的意愿得以实现，但是提供征服各种力量和肉体的保障的是在基础起作用的纪律。真实具体的纪律构成了形式上和法律上自由的基础。契约可以被看作是法律和政治权力的理念基础。全景敞视主义则是具有普遍性的强制技术。它继续在深层影响着社会的法律结构，旨在使高效率的权力机制对抗已获得的形式框架。'启蒙运动'既发现了自由权利，也发明了纪律"②。全景敞视建筑就是"监狱"，它将"瘟疫中的城市"变成

---

① ［法］福柯：《规训与惩罚：监狱的诞生》，刘北成、杨远婴译，三联书店 1999 年版，第 226～227 页。
② ［法］福柯：《规训与惩罚：监狱的诞生》，刘北成、杨远婴译，三联书店 1999 年版，第 248～249 页。

了一座座"监狱之城"。"'监狱之城'的原型不是作为权力之源的国王人身，也不是产生某种既有个人性又有集体性的实体的契约式的意志聚合，而是一种对各种性质与各种层面的因素的战略分配。……监狱占据着中心位置，但它不是茕茕孑立，而是与一系列的'监狱'机制相联系。这些机制都是用于减轻痛苦，治疗创伤和给予慰藉的，因此表面上与监狱迥然有异，但它们同监狱一样，都往往行使着一种致力于规范化的权力。这些机制不是被用于对付对'中心'法律的冒犯，而是被用于生产机构——'商业'和'工业'，用于对付一系列复杂的非法活动。……所有这一切都是为了制造出受规训的个人。"①

随着"监狱之城"的出现，在法治国家的主要的可见领域中，权力惩罚都已退居到法律惩罚的背后，并通过法律惩罚的温和行使而令整个社会表现出了太平的景象。但这并不意味着权力惩罚已经消失，事实上，在"监狱之城"这个不可见的领域中，权力惩罚仍然肆无忌惮地落在了每个人的身上。虽然"监狱之城"在法治国家中几乎是不可见的，其内部的设置又几乎是完全透明的，但这种透明却使得"罪犯"无时无刻不感觉到权力的威慑，它"不仅控制犯罪，而且控制个人，不仅控制他们的行为，而且控制他们现在的、将来的、可能的状况。被法律体系所控制的犯法者的灵魂，这一附加因素在表面上只是解释性和限定性的，而实际上却具有扩张性"②。也就是说，通过这种"监狱之城"的规训，那些拥有"犯法者的灵魂"的潜在罪犯也会自行归顺法律，甚至使得法律惩罚本身也显得越来越没有必要。所以，随着法治国家的建立，人们就越来越感受到了社会的有序化，越来越觉得惩罚只是一种偶然现象，在法的精神的观照之下，似乎社会在没有权力意志的情况下也能形成良好的秩序。其实，这些都只是"监狱之城"给我们造成的幻象，正是由于通常不可见的"监狱之城"的广泛存在以及它对权力意志的严厉施行，法治国家才能在它的其他可见的领域中切实地维护法的精神的普照之光，尽管这道光芒永远都无法穿透"监狱之城"的铜墙铁壁。法的精神在转

---

① ［法］福柯：《规训与惩罚：监狱的诞生》，刘北成、杨远婴译，三联书店 1999 年版，第 353～354 页。

② ［法］福柯：《规训与惩罚：监狱的诞生》，刘北成、杨远婴译，三联书店 1999 年版，第 20 页。

化成法律的时候，产生了建造"监狱之城"围墙的材料，一旦由这种材料筑起了"监狱之城"的围墙，它就把法的精神束缚在这个"监狱之城"中了，把法的精神变成了这个"监狱之城"中的所谓"普照之光"。

如果用来理解政府的话，就会发现，福柯笔下的"监狱之城"其实就是马克斯·韦伯笔下的官僚制组织，即使要指出"监狱之城"与后者之间的不同，那也只能说"监狱之城"主要是一种病态的官僚制组织，是对那些"不正常的人"进行控制的权力机器。在这一点上，福柯与韦伯具有主题上的互补性，前者的病态官僚制组织控制了那些"不正常的人"，后者的理想型官僚制组织则控制了所有的"正常人"。毫无疑问，20世纪以来，韦伯的理想型官僚制组织已经控制了社会生活的所有"正常"领域，而福柯的病态官僚制组织也已经控制了社会生活的所有"不正常"领域。考虑到工业社会本身就是一个分工体系，那么在"监狱之城"与理想官僚制组织之间，是有着分工的，即有着治理上的分工。但是，在鲍曼所说的大屠杀等极端情形下，这些病态的或理想的官僚制组织也会联手控制所有正常与不正常的领域，将所有"正常人"与"不正常的人"都正常地转化成"不正常的人"。总之，社会生活的所有微观领域都已经落入了无处不在的官僚制组织的控制之中，而官僚制组织恰恰是一个权力体系。所以，尽管法治国家在宏观层面上确实表现出了法治的气象，但在其微观层面、在组织生活中，依然被笼罩在权力的阴影之中。

三、　重新审视法治国家

在制度方面建立法制以及在治理方面建立起法治是启蒙运动的理想，应当说18世纪启蒙运动的最大贡献也就在于用法的精神取代了权力意志，确立起法律在社会生活中起着支配性地位的理念。在此过程中，罗马的历史形象在法的精神的普及中起到了极为关键的作用。例如，孟德斯鸠就是在与罗马的历史比照中论述法的精神的。

需要指出的是，近代思想家笔下的"罗马"并不是历史上的罗马，他们所描述的罗马在很大程度上是一种虚构。福柯在他的权力考古中就发现了这一点。"一般说来，在启蒙时代，罗马模式具有两种作用：从它的共和国形象看，它是自由的体现；从它的军事形象看，它是理想的纪律模式。18 世纪和大革命时期的古罗马形象是以元老院为特征的，但也是以罗马军团为特征的。它既是以讲坛为标志的，也是以军营为标志的。"① "思想史的研究者往往认为 18 世纪的哲学家和法学家创造了一个完美社会的理想。但是，当时也有一个军事社会的理想。其基本所指不是自然状态，而是一部机器中精心附设的齿轮，不是原初的社会契约，而是不断的强制，不是基本的权利，而是不断改进的训练方式，不是普遍意志，而是自动的驯顺。"② 事实上，为法治国家打下了基础的"不仅有法学家，而且还有士兵；不仅有议员，而且有小官吏；不仅有法庭人士，还有兵营的人。罗马的典范与这种结构结合，必然具有双重的指涉：公民和军团成员，法律和军事策略。一方面，法学家或哲学家正从契约中寻找建设或重建社会共同体的原始模式；另一方面，士兵和纪律专家则在共同制定对肉体实行个别与集体强制的程序"③。正是基于虚构的罗马形象，近代人才在启蒙运动与资产阶级革命的互动中建立起了法治国家这一硕果。在实现了宏观社会生活法治化的同时，也普及了官僚制组织，保留了微观社会生活的权力支配。

法治国家在微观社会生活中还远不止保留了权力支配，而是对其"发扬光大"了。在福柯的分析中可以看到，由官僚制组织实行的权力支配在支配能力上远远超过了统治型社会治理模式中的权治，它不再主要是直接作用于人的肉体，而是更加突出了通过人的灵魂去控制人的肉体的方面，使人从肉体到灵魂全面向权力屈服。这种趋势在 20 世纪行为主义管理学的发展中得到了延续和增强。在这种管理学的指导下，权力牢牢掌控了人的行为，并通过对所有可能的行为途径的堵塞来防止人的灵魂发生任何形式的偏离。在这种情况下，与法治相伴的自由与民主也越来越像是一个幻影。因为自由与民主必须依赖于现代组织，而在每个人都必须经历的组织生活中，所承受的却是无所不在的控制与压抑。20 世

① ［法］福柯：《规训与惩罚：监狱的诞生》，刘北成、杨远婴译，三联书店 1999 年版，第 166 页。
② ［法］福柯：《规训与惩罚：监狱的诞生》，刘北成、杨远婴译，三联书店 1999 年版，第 190 页。
③ ［法］福柯：《规训与惩罚：监狱的诞生》，刘北成、杨远婴译，三联书店 1999 年版，第 190 页。

纪的"政治科学"之所以能在法学一统天下的局面中突围而出并重新燃起对权力问题的热情，也正是源于这一现实。总之，法治国家在官僚支配的现实下变得越来越畸形。因此，从20世纪中期开始，要求对法治国家进行检视的声音逐渐地多了起来。

在阐述法律的作用时，博登海默说道："法律的主要作用并不是惩罚或压制，而是为人类共处以及满足某些基本需要提供规范安排。使用强制性制裁的需要愈少，法律就愈能更好地实现其巩固社会和平与和谐的目的。……正如药物效用的最适状态乃是人体不再需要它，法律的最大成功则在于将当局对公民的生命、自由、财产所进行的令人讨厌的干涉降到最低限度。"① 所以，法律虽然也经常需要通过惩罚与压制来展示自我，而在根本上则应是反对惩罚与压制的，尤其是反对由权力作出的惩罚与压制。事实上，在近代历史上，法的精神一开始是作为权力意志的替代物出现的，"法律在本质上是对专制权力行使的一种限制"②。这种限制在理论上是很难得到解释的，因为法律并非自在之物，它总是来源于权力意志的某种冲动，要使法的精神得到凸显，就必须首先消解权力意志。这就是洛克与孟德斯鸠的分权学说的追求。然而，在法治国家的官僚制组织之中，权力意志毫发无损地保留了下来，并随着官僚制组织对整个社会生活的控制而蔓延到了社会生活的所有领域，甚至使法治国家本身的理论纯洁性也受到了污染，更不用说现实中的法律经常性地屈从于权力了。所以，博登海默也不得不承认："尽管法律的秩序要素对权力统治的专横形式起着阻碍作用，然而其本身则并不足以保障社会秩序中的正义。"③

对于19世纪晚期以来的社会官僚组织化以及它与法治国家间的关系，哈贝马斯有着独到的看法。哈贝马斯认为："就其本意而言，法治从根本上是要消除统治；这是典型的资产阶级理想，似乎对从政治统治下

---

① ［美］埃德加·博登海默：《法理学——法哲学及其方法》，邓正来、姬敬武译，华夏出版社1987年版，第336页。

② ［美］埃德加·博登海默：《法理学——法哲学及其方法》，邓正来、姬敬武译，华夏出版社1987年版，第224页。

③ ［美］埃德加·博登海默：《法理学——法哲学及其方法》，邓正来、姬敬武译，华夏出版社1987年版，第219页。

解放出来的私人领域的政治保障也不能采取统治形式。资产阶级关于以法为本的国家理想是要求一切国务活动都必须遵守公众舆论认可的规范体系（这种体系应该尽可能地没有漏洞）。其目的已经是要彻底废除作为统治工具的国家。统治行为根本就是值得质疑的。"① 近代法治国家并没有实现自己的法治理想，在整个社会官僚组织化的过程中，"因为国家和社会不再分离，国家通过预备、分配和管理干预社会秩序，所以，规范'普遍性'原则就不再能持续下去了。如今，需要加以规范的事实也是狭义上的社会事实，因而受到具体的约束，也就是说受到一定的集体和具体的情景的约束。在这样的情况下，那些并非以规章法则（和非普遍法规范）表现出来的法律，常常具有细节管理的特征。法律和规章之间的区别因而模糊了。有时，立法认为有具体化的必要，以求干预行政管理的具体权限。更多时候，行政管理权限扩展了，以至于行政管理行为不再是纯粹的实施法律行为"②。这里的"规章"其实就是福柯所谓的"纪律"，它们都是官僚制组织中权力意志的表现方式，法律与规章间的消长其实就是法的精神与权力意志在社会治理活动中的消长。从理论上说，在法治国家的理想之中，权力即使存在也应仅仅存在于法律的执行者那里，随着官僚制组织的普遍出现及其规章性支配的全面建立，权力意志却重新焕发了活力，并通过官僚制组织对社会和国家进行全面渗透，进而重新夺取了在社会治理过程中的主导权。如果说权力支配在 19 世纪还只存留于"监狱"之中的话，那么随着"监狱"对整个社会和国家的殖民，到了 20 世纪，它已经成为整个法治国家挥之不去的阴影。

法治应与民主相辅相成，只有求助于作为人民意志体现的法律的治理，人民才能表明他们对国家的主宰；也只有通过民主和最大限度地确认与保护人民的权利，才能对权力进行有效的制衡，从而维护法治。所以，"一个发达的法律制度经常试图阻碍压制性权力结构的出现，其依赖的一个重要手段便是通过在个人和群体中广泛分配权利以达到权力的分

---

① ［德］哈贝马斯：《公共领域的结构转型》，曹卫东等译，学林出版社 1999 年版，第 91 页。
② ［德］哈贝马斯：《公共领域的结构转型》，曹卫东等译，学林出版社 1999 年版，第 203 页。

散与平衡"①。在此意义上，实现了民主也就实现了法治。然而，近代国家恰恰既没有实现民主也没有实现法治。在反思美国民主的困境时，桑德尔发现，"尽管近几十年个人权利得到扩张，但美国人还是感到受挫，感到自己对统治他们生活的力量的控制正在减弱而不是加强。即使自由主义的自我形象在增强对美国政治与宪法实践的控制，但还是广泛存在如下感觉，即我们陷入了难以理解的、也是难以控制的非人格的权力结构的掌握之中"②。显然，这种"非人格的权力结构"就是官僚制组织的权力结构，官僚制组织造成了民主的失败，也就同时造成了法治的失败。在法治国家中，合法性本来是民主的体现，但随着官僚支配的建立，合法性则变成了"权力的润滑剂"③。启蒙思想家梦寐以求的民主与法治的理想在官僚支配面前变得那样的脆弱，以至于可以宣告其破产。

法治国家中的权力阴影还不仅仅表现为福柯所看到的那种处处皆是的惩罚，其实既包括惩罚也包括奖赏。在统治型社会治理模式中，由于整个社会建立在赤裸裸的等级制度之上，惩罚在日常的权力行使中占据着主导地位，而奖赏则具有一定的偶然性，它在统治阶级内部也许还经常存在，而在统治阶级与被统治阶级的关系中则十分少见。在统治阶级与被统治阶级的关系中，不用说奖赏了，如果统治者能够有限地去展示其"怀柔"的姿态，已属圣明了。在管理型社会治理模式中，由于整个社会的合法化追求，似乎权力也变得合法化和文明化了，不再主要以惩罚的形式表现出来，而是更多地采用了奖赏的形式。在经过行为主义的改造后，惩罚也僭取了奖赏的外形。在大家都得到了奖赏的情况下，没有奖赏本身就意味着受到惩罚。这就是权力控制技术的巨大进步，它在激励的掩护下把权力意志渗入了每个人的内心深处。

福柯之所以集中关注惩罚的问题，是因为他所考察的那一历史时期主要是从统治型社会治理模式向管理型社会治理模式转型的初始阶段，

① ［美］埃德加·博登海默：《法理学——法哲学及其方法》，邓正来、姬敬武译，华夏出版社1987年版，第344页。
② ［美］桑德尔：《民主的不满》，曾纪茂译，江苏人民出版社2008年版，第235～236页。
③ ［美］福克斯、［美］米勒：《后现代公共行政》，楚艳红等译，中国人民大学出版社2002年版，第97页。

那一时期的社会治理仍然保留着浓重的统治特征。在今天，管理型社会治理模式所根植于其中的工业社会已经表现出了对奖赏的崇拜，它总是不知疲倦地去设立一个个的奖项。每设立一个奖项就意味着建立起了对这个奖项的追逐者们的一种权力。所以，与崇尚惩罚的农业社会一样，崇尚奖赏的工业社会也是一个崇拜权力的社会，而萨特拒绝领取诺贝尔奖的另类行为，所表达的正是对一种权力的不妥协。但那只是伟大哲人的行为，而这个社会对权力的崇拜却与日俱增。总的说来，管理型社会治理模式虽然在名义上将法治视为自己的理想，而在骨子里仍然无法抗拒权力支配的诱惑，法治国家仍然通过奖赏去推行权力支配，而且这也是一种更加隐蔽和更加具有技术含量的权力支配，它无时无刻不引诱着人们去追逐权力，并自动地接受权力的支配。如果说农业社会的人们是被迫接受权力的支配，那么今天的人们则是为了自己的利益去接受权力的支配，甚至会在求得权力支配方面进行精心谋划。所以，今天的人们与农业社会那个时期的人们相比较，奴性更加胜过千万倍。

统治型社会治理模式是建立在等级制度的基础上的，等级制度把社会人为地分割成无数个彼此异在的身份共同体，因而无法采用统一的法律来进行治理。因而，统治型的社会治理模式只能选择权力，即依靠权力去熨平一切异质因素。在近代主权国家生成的过程中，等级制度步步消解，各种身份趋于同一，并最终在法治国家中得到定型，即建立起了法律对于整个社会的统一治理。为什么权力没有因为等级身份制度的解体而消失呢？那是因为工业社会与农业社会相比已经变得复杂化了，社会生活中的不确定性因素增长了，法律只能应对那些同一性的和确定性的事务，而复杂性的和不确定性的事务则需要借助于组织去加以应对。官僚制组织是一切组织中最具合理性的组织，所以，权力也就因为在官僚制组织中的支配地位而实现了对整个社会的支配。权力的支配导致了法治国家的异化，而且这种异化已经使社会发展走上了与启蒙思想家的设计背道而驰的道路上去了。

20世纪80年代以来，随着后工业化进程的开启，社会的复杂性与不确定性程度迅速增长，甚至已经显现出突破工业社会法治框架的迹象。这是不是意味着在社会治理的问题上对权力的要求变得更加强烈呢？也就是说，人类会不会出现一场从法治模式向权治模式逆转的运动呢？如果是这样的话，人类的前景将是何等的暗淡！可能会令人不寒而栗。所以，我们考察法治国家中的权治，不是出于对人类历史上工业社会阶段的社会治理提出批评的目的，而是希望揭示其中包含着人类在今后一个阶段走向何方的可能性，至少，是要提出这样的问题。特别是在人类进入 21 世纪后，在工业社会的治理模式由于适应性降低而引发了频繁爆发的危机事件的时候，社会治理模式变革的要求也显得愈加急迫。如果这一变革缺乏对工业社会中法治与权治状况的准确评估的话，是很难走到正确的道路上去的。

第三节　谋求社会治理的合理性与合法性

一、　合理性与合法性问题的提出

合理性与合法性问题是一个现代性课题，在很大程度上，近代以来的整个社会发展进程都反映出了人们努力增强社会生活的合理性和合法性的努力。我们知道，与近代以前的社会不同，近代社会发生了分化，即分化成了私人领域、公共领域与日常生活领域这样三个不同的领域，也将社会生活分化为私人生活、公共生活与日常生活三种不同的形态。虽然日常生活显现出与合理化和合法化无涉的状况，但私人生活与公共生活都存在着合理化和合法化的问题。相对而言，私人生活具有高度的合理化需求，除了行为层面外，对合法化的问题关注较少。公共生活最为关注合理化和合法化问题，它须臾离不开对合理化和合法化的追求，一刻也不能避免人们用合理性和合法性的标准去对它作出评判。实际上，近代以来，整个社会生活的合理化与合法化功能都主要是由公共生活所承担的，即便是私人生活中所存在的对合理性的追求，也表现出了对公共生活合理性和合法性的高度依赖。因此，近代社会的合理化与合法化进程是可以通过对公共生活的考察来加以认识的。

在语词的意义上，"合理性"和"合法性"的概念都是在 20 世纪才得以广泛流行的概念，但作为一个研究和思考政制建构的视角，是适用于对整个近代政治以及公共生活的演进过程的考察的。近代以前，不存在自觉的合理化与合法化追求，在整个农业社会的社会治理活动中，人们所谋求的生活形态都是尽可能地去符合"自然"。或者说，某种先验存在的自然正义统摄着整个社会的存在及其运行。人们的思想和行为如果是合于自然的，就是智慧的。这就是施特劳斯所指出的："对古典派来说，智慧对于自然而言是最高级的，它具有统治的资格。以任何形式的管制来阻碍智慧的自由发抒，都是荒诞不经的；因此，明智者的统治必须是绝对的统治。以不明智者不明智的考虑盘算来阻碍智慧的自由发抒，同样荒诞不经；因而，明智的统治者们不应该向他们那些不明智的臣民负责。如若要使得明智者的统治依赖于不明智者的选举或同意，那就是将本性较高、适于统治的人屈服于本性较低的人，那就是违背了自然。"①

自然是分等级的，动物有等差之别，人的身份等级也被看作是一种自然而然的状态。合于自然，按照这种自然而进行的统治就是最高的智慧。中国的老子之所以是中国哲学和智慧的代表，就在于他提出了一切都要合于自然的要求；儒家思想之所以在社会治理实践中取得了那样的成功，是因为它把整个权力制度以及治理行为都纳入与人的身份等级完全吻合的体系之中了。在西方，虽然古希腊的雅典给我们描绘出了一幅民主的图景，有投票、选举等活动，但能够参加这些活动的也只限于公民，而公民与非公民的原初区分仍然是以明智与否为依据的，而明智与否在根本上又是以自然为依据的。比如，明智的"人"自然是一种政治动物，不明智的"非人"（奴隶、妇女等）则自然不是一种政治动物。因此，古典民主论本质上是一种自然精英论，且由于它宣称符合自然正义，所以也就没有什么合理性与合法性的问题。精英只要有智慧就足矣，有了智慧就不需要经受合理性和合法性的审查了。比如，对于作为古代精英的理想形态的哲学王（柏拉图），如果也要进行合理性和合法性审查的话，显然是荒诞的。

---

① ［美］施特劳斯：《自然权利与历史》，彭刚译，三联书店2003年版，第142页。

　　合理性与合法性的问题是在近代社会被提出来的，而且也只有在近代社会才具备提出合理性和合法性问题的条件。我们知道，古代希腊、罗马的自然正义实际上是把等级秩序作为其基本内容的，或者说是作为农业社会等级化社会形态的原则和理念而被接受的。到了后来，对自然正义的崇拜演化成了宗教信仰，因此，在宗教观念占据着绝对支配地位的整个时期，尤其是中世纪，人们是无法摆脱自然正义观的。只有在宗教改革开启了社会的世俗化进程的时候，也就是当人们从对神秘之物的膜拜中解放出来之后，合理性与合法性的意识才有可能从自然正义中被离析出来。所以，尽管近代早期也曾出现过自然法学派，但他们不是在对自然正义进行再论证，而是通过用"自然权利"的观念替换"自然正义"的观念去开启走向合理性与合法性追求的门径。也就是说，当自然法学派在近代早期成为一场思想运动的时候，实际上宣告了自然正义观的没落与合理性、合法性理念的兴起。

　　在政治史上，如果要追溯源头的话，大致可以认为合理性与合法性问题的提出是与主权国家的形成同步的。有了主权的问题也就有了合法性的问题，因为主权不是产生于自然秩序之中的，而是超出了自然正义的理解框架。在等级制的条件下，统治者是天生的，他的统治权力来自天意，来自神授，而主权就完全不同了，它不能从天意和神授中得到理解，而是一种需要得到社会认同的权力。所以，绝对国家状态下的君主主权就潜在地包含了合法性的问题。比如，一个君王可以到正在形成的市民社会中去谋求合法性，也可以通过教会去寻求教民的支持。君主不可能像教皇那样获取权力，他必须有一定规模的人支持和认同才能获得相应的权力。这可以看作为合法性的问题。

　　同样，合理性的问题也因主权而衍生出来了，因为，只有以一个具有绝对性的主权为后盾，对合理性的追求才可能是有持续性的。显然，有智慧的人可能是理性的，但人的理性与治理社会的行为的合理性不是一回事，更不能被看作是治理体系的合理性，即使一个有智慧的统治者在一时做出的行为选择是合理性的，但他没有能力让每一个行为选择都具有合理性。因此，作为农业社会的统治体系——绝对国家——在其发展的最高形态中包含着对农业社会治理体系的否定，或者说，它本身就是农业社会治理体系的否定形态。在确立君主主权的时候，也就同时包含了合法性和合理性的问题，尽管它对这个问题没有自觉。

吉登斯指出，"博丹在有所保留地主张只能有一个君王时，他并没有简单地认为单个君主拥有无上的权力，他是在描绘和倡导一种谐调的行政统治体系"①。也就是说，布丹并不认为君王的权力意志可以无处不在，行政统治体系除了要贯彻君王的权力意志，还要拥有合理性。韦伯也观察到，"十六世纪时，西方国家曾试图与人文主义者相结合，他们决定在高等学校（gymnasium）受教育者才有出任国家官吏的资格，因此最初创设希腊文教学的高等学校，这是因为他们认为政治斗争大半皆由交换国家公文而来，故只有受过拉丁文、希腊文教育者才能从事斗争。这种幻觉只存在了一个短时期，他们不久就发现，高等学校教导出来的人并无执行政治的能力，于是最后只好求助于法学家"②。在整个近代社会，法律以及法学是理性的象征，对法学家这种专家的求助毫无疑问就是理性化的表现。其实，韦伯所看到的更早时候的人文主义兴起也是一种谋求理性化的尝试，只不过它没有与合法化的问题结合到一起，所以最后被证明是失败的。这也表明，虽然绝对国家的产生主要是出于社会合法化的需要，但其现实运行则更多地服务于社会合理化的目的，并且，正是在合理性与合法性问题上的失衡，导致了绝对国家的殒命，使其让位于一种更加均衡的合理化与合法化方案。

在合理性方面，根据吉登斯的考察，绝对国家主要取得了三个方面的成就：（1）行政力量的集中与扩张；（2）新的法律机构的发展；（3）财政管理模式的交替运用。③ 在某种意义上，这些成就都反映在这一时期法律的变化中了。由法律向法制的迈进，是国家理性化的基本线索。具体而言，这一线索又有如下三个方面的表现：其一，适用于所有社会等级的法规日益增多，领地司法权不断受到冲击甚至被拒绝承认，法权开始向

①［英］吉登斯：《民族—国家与暴力》，胡宗泽等译，三联书店1998年版，第117页。更多的译著将"博丹"译为"布丹"。
②［德］韦伯：《经济与历史 支配的类型》，康乐等译，广西师范大学出版社2004年版，第170页。
③［英］吉登斯：《民族—国家与暴力》，胡宗泽等译，三联书店1998年版，第118页。

国家集中并导致了治权的集中，从而潜在地包含了要求国家运行合理化的内容。其二，法律内容出现了变化，从维护特权的法律转化为营造人们平等机会的法律，从保护少数人的财产的法律（如罗马）转化为保护一切人的私人财产的法律，特别是"私人"的概念被法律认识到了，从而促成了近代理性主义的出现，进而根据理性主义的要求去重建包括政治在内的整个社会。其三，刑法和国家机器所运用的制裁方式发生了变化，国家实施的制裁取代了此前占据支配地位的由各种地方性的机构所实施的制裁。从国家的视角看，制裁的随意性正在降低，"秩序"概念收获了更多的理性内涵。[①] 这样一来，法律从内容到形式都接近于成为一种制度性力量。虽然它还没能将自我贯彻到整个社会而使社会进入一种法治状态，但国家本身则被结构成了一个具有一定逻辑严密性的规则体系。在此后的历史中，伴随合法化需求的高涨，主权的归属地不断地从政治体系的上端向下移动，内容也不断地分化，最终消解了"主权"一词的实际含义。于是，法制获得了严格的规范效力，社会也就进入了法治的状态。

除了法律这一主线外，绝对国家在理性化问题上还有着其他方面的表现。比如，在军事方面，吉登斯甚至不无夸张地指出，拿骚的奥兰治王子莫里斯已经开始将"泰勒主义"方法嵌入到武装力量领域和工业生产之中。如同泰勒对生产流程所做的一样，莫里斯将部队运作的技术方面分割成具体而又有规可循的单一活动序列，为操纵滑膛枪和长矛而制定出了流程作业图，并对行为序列的每一细节都给予明确的说明。新兵们不是被看成能熟练使用武器的"手艺人"，而是被看作一些为了熟练地操纵军事装备而需要接受训练的人。为了使每一个人的行动同作为整体的集团调动协调一致，分队的成员被教育成能在同一时间都对统帅的命令作出相同反应的人。[②] 同时，理性官僚制的建构迹象也出现在了军事领域，这与韦伯的考察也是基本一致的。

此外，"绝对主义时期，税收成为严格意义上的'财政'"[③]。作为

---

① ［英］吉登斯：《民族—国家与暴力》，胡宗泽等译，三联书店 1998 年版，第 122～124 页。
② ［英］吉登斯：《民族—国家与暴力》，胡宗泽等译，三联书店 1998 年版，第 138 页。
③ ［英］吉登斯：《民族—国家与暴力》，胡宗泽等译，三联书店 1998 年版，第 194 页。

一种财政，它不仅是一种为国家支出提供保证的手段，而且也开始同国家的监控措施密切地联系了起来。税收政策开始被用于控制人员的分布和管制人们的活动，"（借由增加单身汉的税赋和减少孩子们的税赋）成为增添人口、减少懒惰以及强迫人们去工作的手段。它是审查人们的某些恶习的工具，是左右消费模式（特别是摆阔性的挥霍浪费）的途径，如此等等。这些税收的教育目标或社会目标大大超过了财政目标"[1]。由于税收成了一种有效的政策工具，国家通过对税收的运用使社会生活更加具有合理性了。不过，必须明确的一点是，尽管绝对国家的名称暗示了它超强的控制能力，而在实际上，它对社会的有效控制是非常有限的，其原因就在于它的控制方式仍然不够理性。虽然绝对国家在几乎所有方面都已经开启了合理化的进程，但在几乎所有方面的合理化程度又都处在很低的层次上，尤其是因为法律还无法取代主权在实际治理活动中的地位，国家也就无法从根本上得到合理化。即便作为一种理性化方案，绝对国家也不是足够成功的，所以其衰败才会如此迅速。用吉登斯的话说，绝对国家的合理性具有一种"过渡性"特征。

在学术界，绝对国家一般被视为第一种近代国家形式，这实际上是在合理性的意义上对它所作的历史定位，而在合法性的意义上，绝对国家是不能被看作近代意义上的国家的。因为，根据合法性的"同意"原则这一对合法性概念的通行理解，绝对国家是最不具有合法性的，尽管它潜在地包含了合法性的问题。我们知道，在中世纪的代理人观念下，教皇是由上帝所"自然"选中的，因而国王与俗权服从于教皇与教权就被视为一件自然之事。俗权因为没有独立地位，也就不存在合法性的问题。绝对国家改造了基督教的代理人概念，使君主成为上帝的代表，原先处于从属性地位的俗权也就跃升为一种绝对性的主权，但绝对主权其实并不具有如其名称所示的那种绝对性，它仍然依赖于君主是上帝的代理人这一理论假定。

---

[1] Rudolf Braun, Taxation, Sociopolitical Structure, and State-building: Great Britan and Brandenburg-Prussia, in C. Tilly（ed.）*The Formation of National States in Europe*, Princeton, Princeton University Press, 1975. p. 246. 引自［英］吉登斯：《民族—国家与暴力》，胡宗泽等译，三联书店1998年版，第195页。

绝对国家中的君主与教皇之间的不同在于：教皇是神化了的人，而君主则是人化了的神。所以，在绝对国家中，当把主权宣布为相对于教权的绝对性的时候，也就同时宣告了主权对于上帝这一终极权力来源的依赖性。尽管如此，绝对国家在主权问题上却包含了谋求合法性的逻辑上的要求。或者说，就绝对国家是以往一切建立在自然正义原则之上的治理体系的否定形式而言，它无法在自然的意义上发现自己的坚实基础，它在名义上所宣布的对上帝这一终极性权力的依赖，其实已经是出于谋求合法性的策略了，是出于同教会争夺教民即把教民转化为臣民的考虑，是要通过这种转化而让那些原先只服从教会的教民也服从君主。这一点到了经受过革命思想洗礼的霍布斯那里就显露得更加清晰了。霍布斯一方面还在重复君主是上帝在人间的代理人这一绝对国家的主张，另一方面则通过契约论割断了主权与君主间的联系，从而为合法性中所包含的"同意"原则的出现埋下了伏笔。也就是说，只要对契约的主体进行追问，一下子就看到了主权的合法性来源了。

二、　合理性与合法性的理论建构

霍布斯为我们展示出来的是这样一对矛盾：如果说君主的权力来源于上帝，那么主权则是来源于契约的。主权是否需要与君主结合到一起，仅仅取决于契约的缔结方式。这样一来，在绝对国家中所存在的"君主主权"本身就只是一种可能而非必然的组合，或者说，是否采取君主主权，完全是一个选择的问题。从逻辑上看，人们也可以选择与当时普遍存在着的绝对国家君主主权完全不同的形式，即选择一种君主与主权相分离的形式。根据霍布斯的理论，由于主权是可以与其自然载体（君主）相分离的，以往一切存在于治理体系及其治理过程中的自然观念也就不再有意义，而主权则成了契约的内容，同时也是缔结契约的结果。所以，对于主权，只能从属于合法性视角的理解。

可见，虽然霍布斯直接捍卫的是绝对国家，表面上也维护君主，而其内在的逻辑却包含着对君主的否定。当霍布斯把主权放置到契约以及缔约行动中去的时候，实际上是剥夺了君主的绝对性统治权。而且，既然契约已经赋予主权以合法性，如果君主抗拒契约或强行地把主权窃为己有的话，就是一种严重的不合法行为。考虑到当时绝对国家的现实，君主在与教会冲突时有可能把臣民看作自己的一方，但当君主要处理他与臣民之间的关系时，绝不可能遵从霍布斯所设想的那种由臣民所订立的契约。所以，君主必然是处于不合法的状态的，既然绝对国家是俗权与教权分离、君主与教皇分庭抗礼的结果，是以君主为核心的国家形态，那么在君主被认为是不合法的情况下，绝对国家也就自然而然地会被认为是不合法的了，君主的绝对性也就不存在了，绝对国家的根基也就发生了动摇。这样一来，合法性问题的提出本身就在理论上实现了对绝对国家的否定。

我们之所以把绝对国家归类到农业社会治理体系的范畴中而不是把它看作为近代国家的形式，是因为它依然是领地扩大了的形式，它的君主无非是更大的领主。虽然此时市民社会已经开始形成，而且绝对国家也已经把市民转化成了君主的臣民，但放在历史发展的过程中来看，市民社会在实质上并不是绝对国家的构成因素，反而是它的异质性存在。绝对国家具有强烈的自我封闭动机，保留了身份等级制，所以不可能表现出对合理性和合法性的自觉追求。正是由于这个原因，斯宾诺莎从合理性的角度对绝对国家作出根本性的否定。

斯宾诺莎认为，国家对社会的合理化负有责任。他说："倘若有理性的人根据国家的指令有时做出明知违反理性的事，他从国家状态的实际存在中取得的好处也足以补偿这种损失而有余，因为，我们必须记住于两恶之中择其小者正是一项理性的法则。由此，我们可以得出结论：一个人如果依据国家法律的要求行事，他决不会违反理性的指令。"① 国家之所以能够得以存在，乃是因为它可以让我们的行为比在自然状态之下更加具有理性。可见，斯宾诺莎是把理性作为判断一种国家形式好坏的标准的。"正如在自然状态中受理性指导的人是最有力量的和最充分掌握自己权利的人一样，以理性为依据并且受理性指导的国家将是最有力量

---

① ［荷兰］斯宾诺莎：《政治论》，冯炳昆译，商务印书馆 1999 年版，第 27 页。

的和最充分掌握自己权利的国家。"① 这种国家是不是绝对国家呢？在斯宾诺莎看来，不是的，"愈是将国家的权利无保留地交付给一个君主，这个君主就愈不享有自己的权利，而其国民的情况就愈是不幸"②。为什么会出现这样的结果呢？斯宾诺莎认为，这是由于"不论出于什么理由选任一位君主，如前所述，这位君主也不能仅凭自己一人就知道什么是对国家有利的"③。也就是说，"贤明君主"是根本不可能出现的，长期以来关于贤明君主将导向合理统治的看法其实只是一种幻想。在斯宾诺莎这里，由于君主自身的合理性受到了否定，君主主权的合理性也就遭遇了釜底抽薪。

在否定了绝对国家的合理性之后，斯宾诺莎立即展开了对新的国家形式的探讨。生活在那个时代，斯宾诺莎当然无法彻底摆脱君主制的影响。同时，耳濡目染于现实政治中已经出现了的某些变化，使他对一种也许很古老的议事会产生了浓厚的兴趣。因此，如果以今天的眼光看去，斯宾诺莎对国家的讨论具有了显著的共和特征。这种国家由人民、议事会与君主所构成，其中，通过议事会并保留君主的绝对性而使君主政体获得了绝对国家所不可能具有的合理性；通过人民概念的终极设定，又使君主政体获得了合法性，甚至可以因此被称作民主政体。

在我们指出斯宾诺莎具有显著的共和倾向时，其实是说他的所谓民主政体是不可以被想象成卢梭式的民主制的。斯宾诺莎的设想是："如果君主的权力完全依赖人民的力量来决定，只靠人民的支持来维护，那么，人民在君主的统治下就能够拥有充分的自由。这是我制订君主政体的诸项基本原则时所遵循的唯一的一条规律。"④ 在他看来，"如果将统治权全部赋予议事会，平民就应该不再担心遭受奴役和压迫的任何危险。因为，一个具有充分规模的议事会的意志必然是出自理性而非一时的冲动"⑤。在这里，我们看到的是斯宾诺莎试图在人民、议事会和君主之间

① ［荷兰］斯宾诺莎：《政治论》，冯炳昆译，商务印书馆1999年版，第27～28页。
② ［荷兰］斯宾诺莎：《政治论》，冯炳昆译，商务印书馆1999年版，第49页。
③ ［荷兰］斯宾诺莎：《政治论》，冯炳昆译，商务印书馆1999年版，第67页。
④ ［荷兰］斯宾诺莎：《政治论》，冯炳昆译，商务印书馆1999年版，第87～88页。
⑤ ［荷兰］斯宾诺莎：《政治论》，冯炳昆译，商务印书馆1999年版，第93页。

的共和中去让国家获得合理性和合法性的，即人民给予国家以合法性，议事会给予国家以合理性，而君主则把合理性与合法性协调起来。在这种国家中，"人民的福利就是最高的法则，亦即君主的最高权利，所以，君主的权利是在议事会所呈交的诸项意见中选取一种，而不是违反整个议事会的意见而擅自决定或另作主张"①。

其实，斯宾诺莎所描绘的这幅图景是有传承的，从马基雅维利到哈灵顿等一大批思想家都提出过相似的主张。在学术史上，人们也把这一主张称作为混合政体的思想。如果仅从理论上看，这种混合政体确实在合理性与合法性之间求得了某种微妙的平衡，反映出了这些思想家对于近代社会的合理性与合法性这两大基本需求的准确体察。但从实践上看，在那个革命的年代，不同政治势力间的平衡是不可能得到维系的，因而在合理性与合法性之间寻求平衡，也是不切实际的。由于绝对国家业已造成了严重不合法的现实，新的国家形式必须首先补上合法化的一课，然后才能考虑平衡的问题。因此，虽然马基雅维利已经描绘出了共和理想，但到了哈灵顿与斯宾诺莎的时代，它仍然只是一种理想。至于更具现实性的绝对国家替代方案，则是由洛克提出来的。

分析洛克的理论可以发现，他所着重于解决的是合法性的问题，这是因为他所处的时代首先需要解决的是发现一种不同于绝对国家的国家形式。总的说来，洛克的国家学说主要是由立法权的主权地位以及立法权与执行权的分离所构成的。由于分权学说在当代法治国家理论中更多地受到了人们的关注，所以洛克的理论贡献往往被误以为是他的立法权与执行权分离的主张了。其实，在《政府论》中，洛克关于分权的问题着墨不是很多，他的主要精力集中在了最高权力的归属问题上。对洛克而言，立法机构及其对立法权的掌握——合法性问题——才是第一位的，任何关于政府形式的技术问题——合理性问题——都必须服从于前者的需要。所以，尽管洛克的分权学说在后世影响很大，而在他本人那里只

---

① ［荷兰］斯宾诺莎：《政治论》，冯炳昆译，商务印书馆 1999 年版，第 67 页。此处所翻译的"权利"一词是值得怀疑的，在斯宾诺莎那里，实际上是指一种合乎古代自然正义原则的君主义务或责任，隐约包含着把君主看作为一种职务活动主体的内涵。虽然这可以视为一种进步，但距离提出权利的概念还有很远的路要走。

是一个附属产品，而且有着逻辑上的不彻底性。

从逻辑上看，仅仅将立法权与执行权分开是不会对立法权的最高性造成损害的，如果继续在执行权中分解出行政权与司法权——如孟德斯鸠所做的那样，立法权的最高性就会遭遇巨大的挑战。孟德斯鸠意义上的三权分立实际上所要造就的是三权之间的平衡，这也说明孟德斯鸠的理论完全超出了洛克的本意。如果考虑到当时的政治背景，认识到三权分立实际上必然导致议会与国王之间没完没了的重复博弈，就会看到革命成果是无法被确立或巩固起来的。所以，现代人在洛克那里所看到的分权学说其实并不是洛克本人意欲作出的理论贡献，对洛克而言，所要解决的其实是合法性的问题。

洛克的理论贡献在于，他通过对霍布斯契约论的改造而从根本上否定了基督教的代理人观念，也取消了君权神授的观念，从而把掌握最高权力的立法机构交由人民的代表。这就是洛克的著名的"议会主权论"。由于议会是由人民的代表所组成，在议会主权中也就包含了主权在民的内容。这样一来，国家及其主权就得到了合法性证明。洛克的思想又是有着局限性的，基于"光荣革命"的现实，他极力反对人民以任何理由将权力从代表那里收回。于是，在洛克那里，主权在民的理念与议会主权的现实之间便无法统一起来，反映到合法性的问题上，由于"议会主权"同"主权在民"无法实现统一，也使"议会主权"和"主权在民"在理论上变得非常可疑了。也正是这个原因，虽然议会主权在英国取得了成功，却没有在更大范围内得到推广。即便在与英国有着割不断的"血缘"关系的美国，在独立建国的时候也没有采纳英国的议会主权制。对此，也许人们会作出其他解释，但英国政制在合法性问题上的不彻底性也是一个应当考虑的原因。

在近代思想史上，孟德斯鸠是以他的"三权分立"理论而闻名于世的。在某种意义上，可以说，通过"分"去谋求治理的合理性并不是一项新的创造，自马基雅维利以来的近代共和主义在对罗马遗风的反复颂扬中所希望传达给人们的其实就是一种"分"的思想。在包括马基雅维利、斯宾诺莎在内的共和主义者那里，所要"分"的对象不是政治权力而是政治体的构成因素，反复琢磨的是君主、贵族和人民这几种不同的成分。虽然在实体上的"分"也会造成政治权力在行使上的差别，但这种差别只是功能上的而不是性质上的，只表现为同一种权力的不同功能而不是几种不同性质的权力。也就是说，在这种共和国中，君主、贵族与人民之间的平衡更多的是一种势力上的平衡，它在很大程度上与同一国王治下的多种政治势力的平衡是没有实质性差别的。而且，由于没有一个凌驾于多种平衡势力之上的国王，即由于没有一个终极性的主持平衡的力量存在，共和主义的平衡其实是不可能转化为现实的，它很容易由于几种成分间的力量变化而失去均势。所以，不论它在机构设置上如何趋向于合理，由于驱动政治体的政治权力本身是随意性的，因而在社会治理上根本就不可能具有合理性。故此，马基雅维利等思想家们的共和理想永远只能是一种理想。

与共和理想不同，孟德斯鸠认识到："要防止滥用权力，就必须以权力约束权力。"① 因此，他改造了洛克的分权学说，把具有从属关系的立法权与执行权的分离改为相互独立的立法、行政与司法的三权分立。在这样一个分权结构中，任何一种权力都无法独大，政治权力也就在根本上避免了随意性。如果在政治的意义上将此称为合理性的境界，已经是可以接受的了。应当看到，作为一种合理化的方案，"三权分立"是有前提的，这个前提就是合法化的问题得以解决。在合法性问题的解决上，正是卢梭作了不朽的贡献，卢梭的人民主权理论为近代政制提供了合法性基础。

传统政体理论将国家分为君主、贵族与人民三个构成部分，近代契约论则由此出发设计了三种合法化方案。其中，霍布斯落脚于君主，洛克落脚于贵族，卢梭则是落脚于人民的。尽管在等级身份制度下作为君主、贵族对立面的人民同身份平等状态下的人民仍然存在着性质上的区别，但无论如何，只要"人民主权"的口号一经提出，合法性问题在理论上也就得到了原则性的解决。这是因为，再也不可想象除了人民还有什么能够成为近代政制的合法性来源了。

由于卢梭解决了合法性的问题，"三权分立"的实施障碍也就被扫清

---

① ［法］孟德斯鸠：《论法的精神》（上册），张雁深译，商务印书馆1961年版，第154页。

了。通过"三权分立"的实践，合理性与合法性问题也就被统一起来了。卢梭和孟德斯鸠之所以能够成为近代政治思想史上人们最乐意于提起的思想家，是由他们的贡献所决定的。卢梭用人民主权的主张解决了近代政制的合法性问题，而孟德斯鸠则通过三权分立解决了政制的合理性问题，至少可以说他们为合法性和合理性追求确立了一个可以看到正确方向的起点。在某种意义上，之所以当代社会治理能够放心大胆地在技术合理性的路线上狂奔，也是因为有了起自卢梭和孟德斯鸠的经典合理性和合法性解决方案所奠定的基础。如果不是从卢梭和孟德斯鸠关于合理性和合法性的理论追求和探索出发，如果不是沿着卢梭和孟德斯鸠所开辟的这一思想路线，我们就无法理解当代社会治理实践中的各种做法，也无法理解当代形形色色的关于社会治理的理论及其实践方案设计。

三、 合理性与合法性的"危机"

民主与法制是近代社会治理模式的最基本特征。大致自 19 世纪中期开始，社会治理体系以及过程的合理化与合法化问题基本走上了通过民主制度的建立去加以解决的道路。由于民主制度的发现和确立，在合理性与合法性的平衡以及对合理化与合法化的满足上都趋近于一种较高的水平了。所以，民主制度成了今天人们极为推崇的政治制度，即使不同意建立这种制度的人也只能偷偷地去做，没有人敢于在今天的话语环境中公然否定民主制度。

从合理性与合法性问题的解决这个角度看，民主制度并不是完美无缺的，由于这种制度所造就的只是一种形式民主，表明了它自身之中还存在着一种内在的不对称性：在它激发出了社会的合理化与合法化动机的情况下，却让社会治理走上了一条片面追求自身合理化的道路。所以，密尔在对形式民主进行理论确认的时候提出了建立文官制度的问题。他认为，"人民政体中的好政府的一个最重要的原则是，任何行政官员都不应根据人民的选举来任命，即既不根据人民的投票也不根据他们的代表的投票来任命。政府的全部工作都是要专门技术的职务；完成这种职务需要具备特殊的专业性的条件，只有多少具备这些条件或者具有这方面的经验的人才能对这种条件作出适当的评价"①。在随后的几十年中，这种认识变成了大多数学者的共识。经过威尔逊与韦伯等人的努力，到20世纪初的时候，"官僚制"便成了社会治理体系中最醒目的现实，官僚制理论则成了最能在社会治理过程中产生影响的理论。

官僚制所追求的只是一种技术理性，同时，它也是近代社会所设计出的合理性制度的重要组成部分。如韦伯所指出的，"同现代的理性生活制度中其他历史的载体相比，官僚体制以其大得多的无可摆脱性而见称"，因此，虽然"官僚体制远不是唯一的、现代的组织形式，犹如工厂远不是唯一的、工业的企业形式一样。但是，二者都是打上了当前时代和不远将来时代的烙印的事物。未来属于官僚体制化"②。其实，自提出之日起，官僚制就在理论与实践两个层次上不断地得到增强。在某种意义上，20世纪的治理体系是按照官僚制理论的设计而加以形塑起来的。结果，人类也进入了集权主义吞噬形式民主的时代。作为集权控制的有效工具，官僚制理所当然地受到了强化，而19世纪在合法性追求驱动下所提出的形式民主的社会治理方案，却被排挤到社会治理体系的边缘地带了。

就20世纪的情况看，如果说社会治理体系的整体可以按照威尔逊的做法分为"政治的"和"行政的"两个部分，那么形式民主则仅仅被保留在了政治生活之中，由行政所担负起来的社会治理活动，则完全沉溺于技术合理性的建构中了。也就是说，合法性的问题被归入到政治领域，交由政治去解决了，运用通过选举去更换政治领导人和通过议会去讨论法案等方式为政治生活营建合法性，而行政则用效率去证明自己的合理性。可是，在实际的社会治理过程中，形式民主只是一种幌子，在形式民主的背后，即使就政治领域而言，也能够明显地看到那种不断被强化了的集权主义。在行政的领域，为了不断增强行政的社会控制职能，不得不求助于官僚制的技术合理性，至于合法性的问题，根本就不可能进

---

① ［英］密尔：《代议制政府》，汪瑄译，商务印书馆1984年版，第195页。
② ［德］马克斯·韦伯：《经济与社会》（下卷），林荣远译，商务印书馆1997年版，第753页。

入话语中心。

官僚制的技术合理性追求也感染了政治领域，其中，20世纪60年代在政治学领域中出现的所谓"政治科学"，就典型地反映了学者们如何在现实中感受到政治领域中的合理性躁动，表达了一种用合理性追求去排挤和取代合法性追求的意见。就社会治理体系是包含着政治与行政在内的完整的整体而言，官僚制的技术合理性追求是建立在政治合法性前提下的。我们知道，韦伯是最早明确提出合法性概念的学者。本来，韦伯的主题是官僚制的问题，也就是说，是合理性的问题，但他为什么会成为最早明确提出合法性概念的学者呢？显然，他在思考官僚制的合理性时，特别是在思考官僚制如何按照技术合理性的原则去不断完善的时候，是需要首先解决这种合理性在整个社会治理体系和过程中的根据问题的。可以想象，韦伯只有在对合法性问题发表了意见之后，才能够放心大胆地去描绘官僚制及其合理性的图式。但当"政治科学"把合理性追求引入到政治领域中来并排挤了这个领域的合法性追求时，实际上是对民主传统的极大冲击，是通过扩大了合理性的范围而动摇了官僚制及其合理性的基础。或者说，当合理性的追求成了唯一追求的时候，也就失去了其应有的合法性基础，从而置合理性于极其可疑的境地了。

合理性与合法性的分离，或者说当人们把合法性追求限定于政治的领域而把合理性追求看作行政领域中的事情时，必然逻辑地导向官僚制理论的产生这样一个结果，官僚制在合理性追求上的强势又导致了整个社会治理体系的官僚化，即反馈到政治领域而造成了政治领域的官僚化。即便在私人领域，官僚化也是一个人人都能感受到的现实。虽然民主的问题在整个20世纪依然是占支配地位的主导性话语，但在社会治理的实际过程中，民主受到了排斥，成了一种官僚化的和受官僚所控制的形式民主政治。而且，韦伯提出了一种法理型合法性的概念，也使合法性追求发生了方向性的改变。

如上所述，主权学说从属于合法性追求，分权学说从属于合理性追求。随着合理性与合法性的领域分离，随着法理型合法性概念的提出，合理性不再是政治意义上的合理性，而是一种技术意义上的合理性；合法性也不再是"同意"意义上的合法性，不再是公民的承认，而是一种是否合乎法理的问题。考虑到法理是由这个社会的精英所确立的，考虑到法律是由这个社会中的少数人所制定的，考虑到技术合理性只有专家才能驾驭，社会治理体系也就成了远离社会公众的存在物，社会活动也就是由专家所承担的支配和管理社会的活动。这也就是学者们所批评的所谓"专家治国"。当然，从合理性与合法性的角度看，说它是"专家治国"其实只是指出它的一个方面的特征，它的另一个方面的特征就是"法治国"。这是因为，法理型的合法性在真实意旨上就是指社会治理体系以及活动与法律（当然法律也是社会治理体系中的一个构成部分）这种客观规范之间的契合程度。这样一来，由于法律本身是最明确的理性存在，以合乎法律为标准的法理型合法性就成了一个兼容了合理性与合法性的复合概念。

在韦伯的理想形态之中，法理型合法性是以合理性与合法性的相互支持为内容的，它们之间是良性互动的，合理性的增益会促进合法性的提高，合法性的提高也会有助于合理性的增益。因此，一个理想的法治社会就是一种最具合理性也最具合法性的社会形态。可是，这种理想的法理型合法性在现实世界中并不存在，即使从逻辑上看，"合乎法律就能够得到人们的同意"这一结论也完全依赖于法律与"公意"的一致性，即依赖于人民主权的充分性。然而，在形式民主制度之下，人民主权只是一个假定，法律与"公意"之间的一致性也仅仅是立法者的一种虚构。"合乎法律"与"合法"虽然只是两字之差，但这两个字却构成了一道无法缝合的裂痕。

这并不是说合理性与合法性之间不能产生互动，事实恰好相反，随着官僚化进程深入到了政治、经济以及整个社会生活之中，合理性与合法性之间也出现了越来越频繁的互动。在某些情况下，这种互动是积极的，并使法理型合法性与建立在这种合法性基础上的公共生活都有着某些优异的表现，但在更多情况下，这种互动则是消极的。一方状况的恶化往往导致了另一方状况的同步恶化，会因为法理型合法性的不足而把整个社会治理体系推到"危机"的边缘。

二战以来，出于反思极权主义的考虑，在学术以及理论重视探讨合法性问题的同时，却在政治实践中极力淡化合法性，而且这又似乎是一个基本趋势。特别是新的科学技术手段被引用到社会治理过程中来之后，这一点表现得尤其突出。然而，二战期间以漫画式的形式表现出来的极权主义应看作一种反证，为什么希特勒可以借助于民意而攫取政权？为什么会在民意的支持下发动第二次世界大战？法理为什么没有在矫正这种极权主义的生成中发挥作用？所有这些，所证明的恰是19世纪所确立起来的形式民主在合法化追求上的不力，所以才会试图以一种变异了的形式来消化那些溢出的合法化需求。在此意义上，极权主义的出现可以被认为是一种失败了的合法化追求的结果，其中，必然会遗留下大量尚未得到处理的合法化需求。在这种背景下，社会治理要想自我完善，就需要去在强化社会治理体系的合法性方面作出努力，然而二战以后的实际进程却证明，它不但没有这样做，反而进一步松弛了原本就不充分的努力，其结果自然是社会治理合法性状况的进一步恶化。战后一段时期内，西方国家的社会治理体系——特别是政治生活——普遍出现了严重的合法性危机，社会也日益弥漫着普遍的躁动不安，20世纪60年代出现了各种各样的社会运动，基本上都可以看作是这种合法性危机的表现。

回顾二战后西方国家的政治发展历程可以看到，由于社会治理体系的合法性不足，是通过强化政府的合理性而去加以弥补的，这推动了"行政国家"的生成。关于"行政国家"的出现，当代学者往往归结为凯恩斯主义得以实行的结果。这是从经济学的角度所看到的一幅图景，即由于市场失灵而把凯恩斯主义推向了理论的前沿，按照凯恩斯主义去进行社会治理体系建构，使得政府的行政权力迅速膨胀，并把整个国家转变成了"行政国家"。其实，从合法性与合理性的角度，所看到的则是另一幅图景，那就是建立在合法性基础上的民主制度由于在操作过程中异化为形式民主，从而为极权主义通过民主的形式去集权提供了合法性空间。二战后，虽然通过战争的方式而结束了法西斯的极权主义，但形式民主在合法性上的不足还是需要通过其他方式来填补的，"行政国家"就成了这一"填补物"。

"行政国家"无非是极权主义的另一种表现形式，它与极权主义一样，都是根源于形式民主的合法性不足，即使被当代学者津津乐道的"福利国家"，也不例外。所以，二战前后的极权主义、"行政国家"、"福利国家"等，可以看作是同宗同源的，它们都是因为形式民主的合法性不足而引发出来的政治后果。一旦出现了这种后果，又必须通过牺牲合理性去解决因合法性不足所带来的社会问题。这样做，表面上看来是合理性得到了增强，而在实际上，却又会导致合理性与合法性的双重危机。不过，20世纪后期的现实是，由于新的科学技术成果被引入社会治理的工具系统中来，大大地刷新了社会治理的合理性，使合法性危机一度得以缓解。可是，如果瞻望未来，这种因技术而获得的合理性是有限度的，一旦技术合理性达到了一个临界点，合法性危机以及由合法性危机而导致的合理性危机，就会把整个社会带入一个极其危险的境地。

总的说来，在韦伯的法理型合法性中，合法性是合理性追求得以实现的前提，反过来，合理性又是合法性的一个重要来源和支柱。但是，在现实的社会治理过程中，形式民主除了通过选举等活动去经营合法性，在其他政治过程中总是拒绝回应合法性问题，以至于合理性追求在实际的社会治理过程中成了合法性的唯一来源。因此，任何程度的合理性缺失，都会表现出对合法性的现状造成严重破坏。哈贝马斯在观察和思考20世纪60年代以来的现实即在分析合法性危机的根源时指出了这一点，认为那是由于合理性的危机而引发了合法性危机，这无疑是非常有见地的。然而，在这一颇有见地的认识前提下，哈贝马斯除了提出一些交往伦理规定外，并没有真正找到解决合法性危机的方案。

与哈贝马斯不同，20世纪80年代开始的新公共管理运动开辟了另一种解决合法性危机的途径，那就是通过引进市场机制、企业家精神和民营化等方式去重建社会治理体系的合法性。就新公共管理运动的这些做法而言，显然是遵循了一条在合理性的提升中去解决合法性危机的思路，也可以将公共部门的机构上的合理性分解而由其成员个人承载，让公众的所有不满指向个人而不是机构。不过，新公共管理这里的合理性与韦伯的技术合理性和法理型合理性都有着根本性的不同。在新公共管理这里，我们看到的毋宁说是一种类似于黑格尔的"凡是现实的都是合理的"这样一种合理性，即首先营造出具有效率、效能和效益特征的政府及其行政，增强政府对社会的回应性，然后将这个政府及其行政的一切设置及其活动确认为是具有合理性的，再以这种合理性去赋予政治以合法性。在这一思路中，行政成了政治的前提，尽管它对 20 世纪的行政国家构成了挑战，实则导向了另一种形式的行政国家。今天，由于新公共管理运动主要是通过绩效管理在公共部门中的扩张来提升政府效率的，所以这种新形式的行政国家又被称为"绩效国家"①。

总之，我们在新公共管理运动这里所看到的依然是近代以来合理性与合法性追求传统的延续，那就是，要么通过合法性去获取合理性；要么通过合理性去营建合法性；要么在合理性与合法性之间寻求平衡。在我们所作的历史考察中可以发现，在近代以前没有所谓合理性与合法性的问题。这就说明，在人类走出了近代所开辟的这个历史阶段之后，也可能不再会在社会治理体系的建构以及社会治理活动的开展上去考虑合理性与合法性的问题了，进而说明合理性与合法性追求仅仅属于近代社会治理过程中的事情。现在，我们正处在告别工业社会和走向后工业社会的历史阶段，也就是说，我们正处在全球化、后工业化进程中。如果近代所开辟的这个社会属于工业社会的话，那么到了后工业社会，在社会治理的问题上将会出现一种完全不同于工业社会的状况。今天，当我们思考后工业社会的治理体系及其治理活动的时候，合作治理的图景正在浮现出来。对于合作治理而言，可能在具体的活动和过程中也会有着合理性与合法性的问题，但就整个社会治理体系而言，合理性与合法性的问题都将得到根本性的超越。根据这一判断，当前一切试图通过强化合理性而去赢得合法性的做法都需要得到超越。

第四节　趋向于公共性的近代政治发展

一、 从封闭到开放的政治

在今天，每一个人都可以谈论和参与政治，至少这一点在理论上被

① DeLysa Burnier, Reimagining Performance in Public Administration Theory and Practice: Creating a Democratic Performativity of Care and Hope, *Administrative Theory & Praxis*, Vol. 40, No. 1, pp. 62 - 78

认为是合理的，而且也是人们广泛认同的。在几乎所有国家，除了那些被剥夺了政治权利的人以及在居住地尚未拥有政治权利的人，都极力地被动员去参与政治活动。这不仅是服务于政治合法性的追求，也应当被看作缔造和谐的社会生活形态的途径。这种情况表明，今天的政治是与每一个人的利益以及生活息息相关的，参与政治生活是每一个人应有的权利。同时也说明政治具有了普遍性，不再是少数特权人物的事，而是关涉每一个人的事业。在一定程度上，政治不再仅仅是社会治理活动，而是人们的一种生活形态。这种每一个人都有权利参与的政治是政治文明化的结果，是从封闭的政治走向开放的政治的历史性变革的结果。封闭的政治是单纯服务于社会治理的，而开放性的政治则是一种社会生活形态，必然包含着公共性的内容。

在近代以前的整个农业社会，政治活动都只是统治者特权行使的过程，是统治者统治和压迫被统治阶级的所谓社会治理活动。或者说，能够参与政治活动的只是那些特权等级中的人，即便也有平民参与到政治活动之中，那些平民也已经通过一定的途径转变成为特权等级构成部分。比如，在中国历史上，通过科举考试，进入了特权等级中的平民是允许参与政治活动的，但他在参与政治活动的时候，其实已不再是平民了。所以，在等级社会中，政治生活仅仅属于特权等级的生活，它是仅对特权等级开放的政治，如果说非特权等级在政治生活中也起到了什么作用的话，那也仅仅是一种工具性的作用。那些因科举考试而获得了参与政治资格的人其实更多的是处于被统治阶级加以利用的地位上的。至于广大平民，仅仅构成了政治的材料，即沦为特权等级政治活动的客体。总之，这种不具有普遍性的政治是与等级制度相适应的，等级制度自身的不平等性赋予了此类政治以合法性。但是，当等级制度逐步瓦解和平等的观念逐渐成为社会正义的基本要求时，这种不具有普遍性的政治就受到了怀疑。所以，近代以来的政治是不断扩大政治活动主体的运动，是朝着政治普遍性日益增强的方向发展的，是朝着政治活动的主体与客体相统一的方向迈进的。因而，政治也从一种共同体的所有物向全社会的共有事物转变。

从共同体政治向全社会政治的转变，标志着政治开放性的获得。在等级社会中，由于政治是仅属于统治者共同体的，所以表现出了浓重的封闭性特征，政治生活处处受到等级身份规定。在从农业社会向工业社会转型的过程中，政治的这种封闭性一点一滴地被打破。从欧洲的情况看，政治的封闭性在中世纪后期开始受到挑战，主要表现在各种形式的等级会议逐渐地活跃了起来，并在政治生活中扮演起举足轻重的角色。表面看来，新出现的等级会议是对等级化的不平等这一现实所作出的肯定，而在实质上，却包含着一定程度的、对非特权等级参与政治生活之合法权利的肯定。因此，尽管西欧政治生活在等级会议出现之后的一二百年并未发生什么根本性的改变，但等级会议在非特权等级力量不断壮大的情况下开始有条件地接纳非特权等级参与政治生活，这种做法已经是模糊等级界限的积极举动了。尤其是在等级会议逐渐演变成为近代意义上的议会时，政治生活向非特权等级的开放也就成为现实了。

作为议会的前身，等级会议在一开始有着严格的下限规定，随着历史的演进，这一下限不断下移。比如，1372年的英国法律明确指出，各郡的下院议员应来自当地"较勇武的骑士或武士"。1445年，在下层等级政治参与热情的推动下，这一规定就变成了"郡议员应是该郡的优秀骑士，或是该郡可以成为骑士的优秀乡绅"。虽然根据1445年的规定"自耕农以下人等不能成为骑士，也不能当选为议员"[1]，但进入等级会议的门槛则比1372年的规定低得多了。随着议员资格条件的松动，议席也有了相应的增加，特别是表现在下院议席的增加上。都铎王朝建立之初，下院议员总人数仅为296名，其后，亨利八世增设了40个选区，爱德华六世又增设了34个城市议席，玛丽一世再增设25个城市议席，伊丽莎白取得王位后，更是大幅度地增设了城市议席，即再度增加62个城市议席。到伊丽莎白末年，下议员总人数达到了462名，比开设议会之初增加了166名下院议员。[2] 表面看来，议席的增加意味着更多的人获得了进入等级会议的机会，但这里的"更多人"还不只是一个量的概念，更是一个质的概念，它同时意味着议员成分的多元化。根据英国历史研

① 刘新成：《英国都铎王朝议会研究》，首都师范大学出版社1995年版，第36页。
② 刘新成：《英国都铎王朝议会研究》，首都师范大学出版社1995年版，第58页。

究会主持编纂的《下院信史》的统计，在亨利八世时期，950名下院议员中，在政府部门中任职的有311人，城市工商业者198人，医生2人，渔民1人，私人教师1人，自耕农2人，另有至少145人属于采用资本主义经营方式的乡绅。[①] 这600人显然不是拥有特权的贵族阶层，在传统的意义上，他们只是平民，而这些平民已经占了下院议席的将近70％。这说明封建法律关于议员资格的限制受到了实质性的破坏，不同等级在等级会议中"共事"的事实有力地增强了下层等级的自信心，为他们争取政治生活的进一步开放奠定了基础。

开放与封闭的斗争是政治生活历史转型的一条主线，在整个近代，二者的交锋是从未间断过的。尤其在革命期间，革命所造成的对立的极端化往往使革命与其所希望达到的消除对立的目标发生偏离，使革命通常表现为一种封闭对另一种封闭的替代，而不是最终消除封闭。因此，政治生活开放性的获得是一个很漫长的过程。在开放性问题上，最具说服力的普选权只是在20世纪以后才得到确立。从总的趋势上看，近代以来政治生活的开放性始终是在不断扩大的，正是这种开放，增大了政治生活的覆盖面，能够吸纳更多的成分、关注更多的领域和丰富自身，从而最终获得普遍性。

二、 开放性中的公开性

在政治的封闭之门被打开之后，政治生活随即开始了谋求普遍化的努力。虽然代表性不强，但等级会议毕竟还是一种"代表会议"，它的存在或多或少地把原来游移于政治领域之外的因素吸纳到了政治领域。在等级会议的发展中，一些涉及经济、社会发展状况的议题也逐渐被摆上了政治生活的台面，使政治不再仅仅表现为实现社会治理和谋求秩序的活动。

早在亨利三世时期，等级会议就在关注各种封建"役务"问题之外审议过关于伦敦市面包、酒类生产的规定。15世纪中叶以后，随着商品

---

① 刘新成：《英国都铎王朝议会研究》，首都师范大学出版社1995年版，第66页。

经济的发展和贸易往来的日趋活跃，下院议员们提交的有关社会经济事务的提案及等级会议对这类提案的审议都显著增加。① 1531 年前后，有人向等级会议建议在全国大规模兴建公共工程，以便吸纳"剩余劳动力"；1542 年，又有人向等级会议提出处理前教产的方案，其中包括建立济贫院以救济流离失所者；在爱德华六世时期的一次会议上，一名农夫上书建议鼓励垦荒、取消谷物出口限制、征收进口商品税以保护国内手工业。② 值得注意的是，这些提议并不是毫无回音的，1534 年会议就颁布了禁止私自生产毛线的法律。③ 同样的情况在大陆也存在，法国御前会议就曾制定过不胜枚举的强迫手工业者使用某些方法生产某些产品的法令，有的判决竟命令人们拔掉在它认为低劣的土壤上种植的葡萄，同时还设立了工业总监察在各省间监督经济法令的执行情况。④ 所有这些都证明政治生活的内容在发生改变，经济上的经营和发展等方面的问题成了议会的议题，并以国家的形式对经济活动加以干预。尽管这种干预在后来的自由主义者看来简直是不可理喻的，却说明政治走上了不断开放的征程。在某种意义上，对于近代以来的政治开放性而言，这是一笔遗产。

出现在中世纪后期的这种对经济生活的干预造成了不同等级间的摩擦和碰撞，也正是这种干预以及随之而来的摩擦、碰撞乃至对抗，加快了不同等级间的交流频度，激发了下层等级的自我意识，促使他们借助于政治途径而采取维护自我相关利益的行动，并最终将干预的推力由政治特权转变为公共权力。今天，各种形式的干预行为更加广泛地渗入社会生活的一切方面，而且，由于"政治—行政"二分原则的确立，政治干预基本上被完全转化为行政干预的形式了。通过行政途径对社会生活加以干预并不是对政治干预方式的否定，而是政治干预方式的改变，即通过行政这一专业化的机构去达成政治目的。这一方式上的改变却带来了另一重结果，那就是要求行政超越于一切政治派别，成为价值中立的

---

① 刘新成：《英国都铎王朝议会研究》，首都师范大学出版社 1995 年版，第 186 页。
② 刘新成：《英国都铎王朝议会研究》，首都师范大学出版社 1995 年版，第 152 页。
③ 刘新成：《英国都铎王朝议会研究》，首都师范大学出版社 1995 年版，第 57 页。
④ ［法］托克维尔：《旧制度与大革命》，冯棠译，商务印书馆 1996 年版，第 82 页。

政治意志执行机构。关于行政的这一定位，20世纪的学者是用"公共性"一词来描述它的，即把这一行政称为公共行政。由此可以看出，公共行政无非是政治发展的逻辑性结果，正是从等级化的封闭政治到拥有平等之普遍性的开放政治的发展，结出了公共行政之果。

从理论上看，公共性是行政的性质，而在政治方面，相对应的性质被称为普遍性。我们可以说有公共行政却很难说存在着公共政治，直到今天，对于政治来说，依然是一个普遍性的问题而不是一个公共性的问题；对于行政来说，则是一个公共性的问题，而不是一个普遍性的问题。政治的普遍性与行政的公共性之间又是联系在一起的，没有政治的普遍性也就不可能出现行政的公共性。以利益为例，政治通过自身的各种各样的设定和运行机制所要达成的是普遍利益而不是某个特定利益集团的特定利益，而行政是无法把握普遍利益的，它不考虑也不准备实现什么普遍利益，它所关注的是如何维护和促进公共利益。

今天，我们在社会结构的意义上可以看到一个公共领域，它与私人领域以及日常生活领域相对应。在公共领域中，主要存在着政治、行政和非政府组织等，政治是这个领域中的基础性构成部分。不过政治是以其普遍性而对行政的公共性提供支持的，至于非政府组织这一公共领域中新近出现的要素，则是通过自身的自治特点而对行政的公共性作出补充。公共领域是一个开放性的领域，公共生活是具有公开性的生活，政治与行政都只是在具有了公开性的时候才能在社会健全中发挥应有的作用。封闭的政治是可以被某个特权阶层或个人操纵的，而开放的政治则不接受任何人、任何利益集团或任何共同体的操纵，至少在理论上可以这样认为。这是因为，开放的政治具有三个方面的特征：其一，政治主体即参与政治活动的要素的多元化，政治必须具有普遍的代表性；其二，关注的问题即政治议题的多样性，社会生活的一切方面都可能进入政治议程，杜绝把政治变成仅仅关注某一特殊问题的活动；其三，政治不是服务于某个特殊阶层或特定利益集团的，而是服务于全体公民甚至全体社会成员的。对这三个方面的理论概括就是：政治具有普遍性。

从理论上说，政治社会中的一切人都有权利参与政治活动，但在实践上，做到这一点又是不可能的。中世纪的等级会议，就已经具有了一定的代表性，近代的议会则被完全规定为代表性机构。作为代表性机构能否真正代表所代表的人、社会阶层、利益集团或共同体？代表机构中的人是否有诚意去真正代表那些把他作为代表推选出来的人？代表性机构以什么样的设置、规则和程序去实现它的代表性？所有这些都不是代表性机构自己说了算的，而是需要得到社会的监督。如何能够使监督得到落实，又需要代表性机构的活动以及议题向全社会的公开为前提。关于代表性机构的这一逻辑分析，也是适应于整个政治领域的。事实上，整个政治生活都需要具有公开性的特性，在政治生活中，任何密谋活动都是对政治肌体健康的侵蚀。或者说，公开性是政治生活健康的保证。

历史也证明了政治的开放性是与公开性联系在一起的，或者说公开性是开放性在逻辑上的必然延伸。从对等级会议的考察入手可以看到，在欧洲各国等级会议出现的早期，都对等级会议的议员有着保密的要求，甚至有些国家制定了严格的保密法，要求议员不得将会议内容随意外泄。英国在都铎王朝时期出现了会议档案，但它也只保留了正式通过的法律而不包括会议讨论的内容，在涉及机密问题时，书记官甚至被要求退席。政治活动的保密规定后来开始有所松动，15 世纪 40 年代出现了上院秘书的工作记录《上院日志》，它记录了议会开闭幕式、上议员的座席与出席情况、在上院宣读的各议案的内容提要、宣读次数和表决结果，但很少记录议员的发言。比较而言，《下院日志》的记录要全面一些，1576 年之后还出现了议员的发言要点。[①] 与此同时，议员活动所受的限制也有所松动，从 1588 年起，保密规定不再被认真执行，议员们逐渐形成了在茶楼酒肆讨论会议内容的风气。[②] 这一现象具有一种重要的象征意义，它标志着对政治的讨论不必局限于政治场所之内，可以在政治场所之外进行。用哈贝马斯的话说，这标志着在国家之外存在着某种公共领域，讨论政治成为一种普遍的社会现象。这样一来，政治由于其公开性而具有了普遍性。

---

① 刘新成：《英国都铎王朝议会研究》，首都师范大学出版社 1995 年版，第 5～6 页。
② 阎照祥：《英国政治制度史》，人民出版社 1999 年版，第 132 页。

三、 获得公开性的艰难历程

马克思取得博士学位后的第一份工作是在《莱茵报》担任主编，在《莱茵报》工作期间，马克思为后人留下了几篇显示他非凡才华的政论文章，这些文章主要是关于立法问题的讨论。从马克思写作这些文章的背景可以看出，当时的立法已经是公开的了，是可以在报纸上加以讨论的。在马克思的这一组文章中有一篇是关于书报检查令问题的，这是一个非常有讽刺意义的问题：在公开立法的机构中去讨论制定一部封堵人们喉舌的法令。其实，这一具有讽刺意味的问题并不仅仅被马克思所遇到，而且在欧洲是普遍存在的。

1538 年，英国正式建立起了皇家特许制度，规定所有印刷出版物均须事先经过王室特许方可出版发行，对违反者，不管出版物性质内容如何，均予以惩处，试图借以管制诽谤、恶意及异教言论。这种限制直到百年后的革命期间才有所放松。1641 年，皇家特许出版公司第一次撤销，法律也修改了与出版相关的内容，规定除出版者与作者或至少印刷者的姓名已登记备案以外，任何书籍不得付印。与之前的规定相比，这实际上鼓励了出版自由。因此，在此后的两年时间内出现了许多专门报道议会消息的刊物，抨击教会、议会、国王的言论也陡然增多。这种情况大大刺激了统治者，于是，1643 年，议会通过《出版管制法》，规定凡书籍、小册子或论文必须经主管机关或至少经主管者一人批准，否则不得印行。查理二世复辟期间甚至重拾议会保密规定，取消了对议会消息的自由报道权。这些举动背离了政治公开化的趋势，因而激起了强烈的反抗。在这次反抗斗争中，密尔顿《论出版自由》的著名演说发挥了纲领性的作用。

密尔顿的演说是直接针对《出版管制法》的，在演说中，他着重强调了出版自由所具有的现实迫切性："位列议会审议厅的先生们可以向共和国的当局诸公直接进言，但身居草野、没有这种机会的人，如果看到有什么可以促进公益的事情，便只能笔之于书了。"[①] 在这里，出版自由

---

① ［英］密尔顿：《论出版自由》，吴之椿译，商务印书馆 1989 年版，第 1 页。

被视为促进公共利益实现的必要条件。这是一个非常重要的认识，表明了公开性对于公共利益实现的意义。同时，由于把保障出版自由提到了促进公共利益的原则性高度，其实也就成了争取出版自由的现实斗争武器。不过，由于这篇演说发表于议会长期主政时期，议会主权的强势存在也制约了密尔顿，使他无法做到去从理论上对出版自由作出进一步阐发，从而使他笔下的出版自由更多地具有了"恩赐"而非"天赋"的特征。在他那里，出现更多的是"让我有自由"，而非"我有自由"。他甚至宣称："如果要知道现在这种写作自由和言论自由从哪里得到，那么除开诸位仁厚宽宏而富于人道精神的政府以外就找不出更确实的来源了。"① 尽管如此，在两次革命期间，这篇演说还是起到了向议会、向政府争取政治公开的号召作用。不过，在"光荣革命"之后，英国政治迅速走向保守，社会对于扩大政治公开性的要求再度受到抑制。

在英国历史上，18世纪被称为贵族世纪，政治在开放性和公开性方面出现了停滞甚至倒退。在开放性方面，1710年的一项法案大幅提高了被选举人的财产资格，规定郡区议员必须拥有保证年收入600磅以上的地产，城市议员必须拥有保证年收入300磅以上的地产。1716年的《七年法案》将每届议会任期由3年延长为7年，使下院也开始带上贵族化的印记，并为潘恩关于英国所谓"宪政"的嘲讽留下了口实。此外，1744年的议会法案把治安法官的财产资格由年收入20磅提高到100磅，陪审员的财产资格由年收入40先令提高到16磅。到1796年，有120名下院议员是贵族或贵族子孙，占下院总人数的21%，还有数百人与贵族有亲戚关系，或者是在贵族的赞助下当选的，二者加在一起超过全院人数的70%。② 在公开性方面，1729年，议会宣布禁止外界报道议会辩论情况。③ 到1738年，议会甚至紧缩了旧法令，把在两届会议之间发表议会辩论记录视为侵犯议会特权。④

虽然陷入了某种停滞乃至倒退，但政治朝向公开性方向发展的势头

---

① ［英］密尔顿：《论出版自由》，吴之椿译，商务印书馆1989年版，第44页。
② 程汉大：《英国政治制度史》，中国社会科学出版社1995年版，第223～224页。
③ 程汉大：《英国政治制度史》，中国社会科学出版社1995年版，第224页。
④ ［德］哈贝马斯：《公共领域的结构转型》，曹卫东等译，学林出版社1999年版，第72页。

并未就此打住。1762 年，议员威尔克斯创办了《北方不列颠报》，刊文揭露乔治三世的专制统治和议会的腐败。不久，国王授意政府逮捕威尔克斯，议会则迎合国王旨意宣布取消威尔克斯的议员资格，也就是取消了其逮捕豁免权。然而，议会与国王对法律的公然践踏触犯了众怒，1768 年，在民众支持下，威尔克斯再度当选议员并最终迫使议会在1771 年承认了其议员资格。至此，如哈贝马斯所评论的，议会的保密特权在事实上而非法律上得到了破除。威尔克斯事件成为一系列斗争的导火索。1775 年，被称为"改革运动之父"的卡特莱特发表小册子《抉择》，系统地阐发了要求实行成年男子普选权、议会每年改选一次、采用秘密投票方法、平均代表权、议员领取薪金（防止腐败）等改革措施。并于 1780 年成立"宪法知识协会"，散发小册子与传单，鼓动改革。① 1792 年，主要由工匠、店员、小商人和工人组成的"伦敦通讯协会"成立，要求实行成年男子普选法，每年召开一届议会，平等划分选区，廉洁政府，简化法律，裁减军队，给予人民以言论、出版、集会、信仰等自由以及降低赋税和物价等。次年，在爱丁堡召开了共有 40 多个通讯协会代表参加的全不列颠激进派代表大会。激进运动的深入发展也刺激了贵族集团，使它进一步走向封闭。1795 年，议会接连通过几个法案，规定凡反对国王政府或要求国王实行改革政策的人，均以国事罪论处，无须司法审查即可判刑。这是立法部门再一次对法律的公然践踏。1798 年，政府下令取缔"伦敦通讯协会"，逮捕其重要领导人。次年，议会通过《结社法》，严禁工人成立任何形式的组织。②

　　英国争取政治开放性和公开性的斗争在 19 世纪取得了积极成效。1832 年，议会进行了一次重要的改革，重新规定了选民财产资格：在城市，凡拥有年值 10 磅以上的住房或其他房屋的房主，凡每年缴纳房租10 磅以上的房客都有选举权；在各郡，除年收入 40 先令的自由持有农之外，年收入 10 磅以上的公簿持有农，年收入 10 磅以上租期 60 年和年收入 50 磅以上租期 20 年的长期租地农，以及每年纳租 50 磅以上的佃

---

① 程汉大：《英国政治制度史》，中国社会科学出版社 1995 年版，第 227 页。
② 程汉大：《英国政治制度史》，中国社会科学出版社 1995 年版，第 229 页。

农，都有选举权。① 虽然这些改革没有从根本上触动被选举权的财产资格限制，却也大大地降低了贵族对议会的控制。此后，贵族议员的比重呈缓慢但稳定下降的趋势。在议会改革的背景下，内阁也推行了几项改革措施，包括在大英帝国内废除奴隶制，颁布《工厂法》，推行"十小时工作日运动"，取消东印度公司垄断东方贸易的特权，等等。1848 年，议会通过《公众卫生法》，1875 年改编为新的《公共卫生法》，从而使政府对公共卫生的责任有了法律依据。1870 年，政府颁布《教育法》，将原先由教会和民间经营的教育事务移交给了地方政府，并取消了牛津和剑桥的宗教宣誓手续，准许非国教信徒和无神论者注册入学，从而扩大了受教育权的范围。同年，又进行了新一轮的文官制度改革，规定除外交部和内政部外，多数重要文官职位的任命均须通过公开竞争考试择优录取。

在这些改革中，政治的开放性和其关注面都不断扩大。1834 年，火灾之后重建的议会大厦增设了记者席。1866 年，议会通过法案，正式承认了记者报道议会消息及批评议会的权利。这样一来，政治的公开性得到了法律的保障。除此之外，时任首相皮尔在 1834 年的竞选时发表的著名演说中表示，他和他的同僚将执行一种谨慎的改革政策，"公正地不偏不倚地照顾到包括农业、工业和商业在内的各种利益"。这表明，随着政治的开放和公开，行政的定位也发生了变化，行政开始意识（虽然是模糊的意识）到以公共性的名义去开展行动了。

四、　政治的普遍性与行政的公共性

人类社会中的很多事物在产生之初都带有某种自发性，在类似"自然状态"的环境中不为人知的缓慢地运动着。突然某一天，这种运动被人们所察觉，便开始去思考它的实际情况与应然状态间的关系了。而且，会把这种思考带入到行动中去。这样一来，事物的发展也就成了我们建构性行动的结果，并成为我们生活中的一部分。政治也是这样。政治的

---

① 程汉大：《英国政治制度史》，中国社会科学出版社 1995 年版，第 232 页。

发展起初带有很强的自发性，发展得极为缓慢。如果我们将中世纪后期等级会议的产生作为政治开放的起点，在从等级会议的产生到近代议会的形成的几百年是一个逐渐走向开放和公开的艰难历程。

从开放性和公开性的角度看，19世纪中期开始步入一个较为顺利的发展阶段，自1832年改革之后，英国议会又接连进行了一系列的改革，下院地位逐渐超过了上院，贵族在政治生活中所起到的作用呈现出衰微之势。同时，责任内阁制的建立也确认了政府与下院的直接责任关系，意味着确立了政府对于选民的责任关系，从而使公共性的问题凸显在了政府面前。然而，开放与封闭的矛盾一直是近代政治发展的主线，虽然政治的开放程度在不断提高，但要求它封闭的动力也依然很强。就在争取普选权的斗争快要达到高潮的时候，自由主义的旗帜性人物密尔还在以"事实平等"为理由去替那种试图维护反映了特权的复票选举制度摇旗呐喊。事实上，这项制度一直延续到了20世纪，妇女的选举权也只是在20世纪才得到确认。即便是在人人平等与普遍选举已成为政治公理的今天，我们仍然强烈地感受到密尔所说的"事实不平等"，仍然发现我们的政治生活正在不断地精英化。虽然经历了漫长的转型，但构成我们生活环境的仍然是那些外在于我们的政治行动，甚至这些政治行动与我们之间的距离也变得越来越远。从中世纪后期到20世纪，是政治普遍性不断增强的发展进程，但政治精英化又致使它的普遍性流失，普遍性的政治与特权政治之间的斗争也从未停歇。

如何保证政治的普遍性？显然，开放性与公开性是政治普遍性的前提。从上述考察中可以看出，政治在何种意义上是开放的和公开的，也就会在同等意义上具有普遍性。开放与公开是否也有极限？答案应当是肯定的。正如一切事物的发展都有极限一样，政治开放性与公开性的发展也是有极限的。就20世纪政治精英化运动而言，可能就是政治朝着开放性和公开性的方向发展的极限所致。不过，从20世纪的政治发展看，在普遍性的获得走向了一个临界点的时候，在还没有一种新的技术路径来开拓进一步获得普遍性的空间的时候，一方面是朝着政治精英化的方向走，而另一方面则是开辟其他路径，即通过确立"政治—行政"二分原则而把政治普遍性的问题转化成行政公共性的问题。这里需要指出的是，"政治—行政"二分原则所反映的是把政府与其他政治部门区分开来的要求，是对行动的要求而不是对其性质的把握，更不是在国家的层面上把行政排除到政治体系之外。实际上，行政天然地就是政治体系的一个构成部分，任何时候，行政都是从属于政治、服务于政治和具有政治的性质。在行动的意义上把政治与行政区分开来不仅不是对政治的否定，反而是出于一种完善政治的要求。也正是这种行动意义上的区分使人们从关于政治的普遍性以及代表性的争执转向了对行政公共性的思考，使人们关注政府在公共服务、维护和促进公共利益方面的表现。实际上，政治与行政二分所反映出来的是政治主题的转变。

在行政作为一个行动意义上的相对独立领域而得到承认的时候，人们必然会对行政公共性的来源进行思考。这就会使人们回过头来关注政治的普遍性问题，从而再度提出增强政治普遍性的要求。根据哈贝马斯回溯式的观察，早在 18 世纪初，当政府已经习惯于拿公共利益来为自己的行为开脱时，英国民众却越来越喜欢在官方选举结果和"民意"之间划清界限，借助于"民意""人民的普遍呼声"以及"公众精神"等口号，反对党不止一次地迫使议会多数做出妥协。[①] 随着历史向前推演，这种现象在政治生活中有增无减，尤其是在政党政治发育健全的今天，彼此针锋相对的政党之间往往都以公共利益这同一个理由为武器来互相攻讦。尽管他们都是从行政的角度来提出问题，却是严格意义上的政治活动。事实上，他们都是通过公共利益这一行政学词语来谋求政治目的的实现，政党在选举中所提出的公共利益、公共服务方面的问题，无非是出于争取民众用选票去支持它掌握和控制政府的要求。在此过程中，表现出了以行政公共性的承诺去赢得（尽管是形式上的）政治普遍性的结果，也说明了行政的公共性成了获得政治普遍性的途径。其中，开放性和公开性又是必要的支持手段。

如上所说，公共领域是由三个部分构成的，它们是政治部门、政府和非政府组织。对于政治而言，是一个如何获得普遍性的问题，而对于行政来说，则是一个如何拥有公共性的问题，至于非政府组织，则是一

---

① ［德］哈贝马斯：《公共领域的结构转型》，曹卫东等译，学林出版社 1999 年版，第 75 页。

个如何具有自治性的问题。它们的合法性状况取决于它们各自的特性得到表现的充分程度。其中，开放性和公开性又是必要的支持因素。在构成的意义上，公共领域的概念是可以用"政治体系"一词来代替的；在运行的意义，公共领域的概念则是可以用公共生活来代替。实际上，公共领域这个概念包含着政治体系及其运行等方面的全部内容。在公共领域运行的过程中，政治部门、政府以及非政府组织之间处于一个互动过程中，它们相互促进、相互影响，并在功能上实现互补。这样一来，开放性和公开性就成了公共领域是否健全的标志。

与中世纪相比，近代以来的政治发展沿着开放性增强的路径已经取得了巨大进步，政治已经彻底从等级身份束缚中解放了出来，从事政治活动和参与政治生活已经不再是一种特权，而是全体社会成员应有的义务。然而，等级与身份的消退并没有从根本上改变人们之间的不平等关系，政治活动尽管触手可及，却不是每个人都能真正触及的，要想加入政治活动中去，仍然需要满足某些明示的或暗示的无理要求。那些在进入政治领域之前试图取消这些要求的人，在进入政治领域之后也往往会不由自主地维护乃至设置更多类似的要求。政治在某些方面越来越开放了，但这种开放总会因为它在另一些方面的不断封闭而受到冲抵。在现象层面上，这就表现为政治话题的反复转移。当某个话题触及了开放或者封闭的底线时，人们的注意力立即就会被引往其他话题上，结果是每个问题都成了悬而未决的谜题，以至于若干年之后人们会突然发现他们正在津津有味地讨论的热点竟然是早已被人反复咀嚼过的。如何解释这种悖理的现象呢？看起来唯一合理的解释就是讨论不够充分。因此，解决办法就是让人们更加充分地进行讨论。这样一来，开放性问题就被转换成了公开性问题。因此，近些年来，学者们才在公开性追求的引领下积极探讨所谓"协商民主"的问题。

政治通过开放而获得普遍性，当开放性转化为公开性的问题时，人们的视线被吸引到了政治行动的方面来了，所以才有"协商民主"的构想，而普遍性的问题却渐渐被人忘却。行政是在开放性中获得公共性的，但在政治的开放性已经取得积极进展的时候，行政却因官僚制的成功而变得更加封闭了。只是到了 20 世纪后期，当官僚制的种种缺陷充分暴露出来之后，人们才再一次提出行政的开放性要求。落实到行动方案的设计上，则主要表现在两个方面：在行动的意义上要求政务公开；在构成的意义上则用表征行动的词语提出"公众参与"。可以认为，行动意义上的要求是合理的，是行政开放、公开并获得更多公共性的可行路径，而在构成意义上的要求则是值得怀疑的，因为政府任何时候也不可能被改变成一个类似政治舞台那样的"议论"场所，公众参与能否不受来自权力的控制和操纵也是一个永远无法解决的问题，即不可能像政治那样在政府中确立起多元代表性机构来保证公众参与不受操纵。

行政的问题（不是技术性问题而是那些根本性的问题）需要通过政府外部的力量来加以解决，应当把它作为政治体系的构成部分来看待，需要把政府放置在与政治部门和非政府组织的互动中去解决行政的问题。所以，行政的开放性在政治体系及其运行中是对政治部门和非政府组织的开放，在公共领域和公共生活的意义上则是对公众的开放。与政治的开放性不同，行政的开放不是把各种因素纳入行政主体之中来，而是让行动以及支持行动的各因素面向行政体系之外的公开。在此意义上，开放性实际上完全是一个公开性的问题了。

政治的开放性不能完全等同于公开性，只有当政治具有较高的开放性的时候，才具有公开性的特征。或者说，政治的开放性是与公开性联系在一起的，但政治的公开性是开放性的标志，即标志着政治的开放性达到了较高的水平。然而，随着政治公开性程度的提高，人们在对政治的公开性表现出更多关注的时候，却在很大程度上忘记了政治的普遍性，或者以为政治的公开性必然能够导致其普遍性的结果。在实践中，到20世纪后期，从西方一些国家的情况来看，政治过程的公开反而更有利于利益集团监控政治家的活动，并由此引发决策行为的重新封闭化，使得政治日益偏离普遍性的方向。[①] 行政与政治的不同在于，行政的开放性也就是它的公开性，而行政的公开性则使人更加关注其公共性。因为，在行政公开性不足的情况下，会较多地受到公共舆论的困扰。有时，公共舆论（在没有完全受到操纵的情况下）是公共利益的反映，包含着关

_____

① 张乾友：《官僚政治的透明迷思：理解西方政治的一个视角》，载《理论探索》2022 年第 3 期。

于行政公共性的要求。更多的时候，公共舆论并不包含公共利益，只属于在合法的政治表达框架下掀起的舆论热点，具有迷惑公众和煽情的作用。这种公共舆论之所以存在并能够达到煽情的效果，恰恰是利用了行政的公开性不足的缺陷。如果行政具有了充分的公开性，那些并不包含公共利益的所谓公共舆论就没了市场。或者说，只有当行政具备了充分的公开性，才能够及时地回应政治部门、非政府组织以及社会公众的要求，才能拥有充分的公共性。这样一来，公共舆论却失去了发生的土壤，大众传播的内容也更多地突出了生活而不是政治。

总的说来，行政的公共性是政治发展的理想，人类政治的历史发展在 20 世纪所推展出来的就是行政的公共性。在我们的考察中，一部政治史是由这样几个关键词书写出来的，那就是开放性、公开性、普遍性和公共性，而在这几个关键词之间，又有着逻辑上的联系。就行政是政治体系的一个重要组成部分而言，它的公共性是政治从开放性到普遍性再到公开性这一历史发展的结果。在政治的开放性和普遍性转化为行政的公共性的同时，政治的公开性也以浓缩的形式融入了行政的公开性之中了。正是因为行政具有了公开性，才获得了公共性，行政的公开性是与公共性同质的概念。行政的公开性赋予了行政自身以公共性的质，同时，公开性又为这一公共性提供了保障。

第四章

共同体演进中的公共生活

从共同体的视角看，人类历史可以分为两个大的阶段，近代以前的历史是属于家元共同体的，当人类走出家元共同体的时候，重建起来的是族阈共同体。与共同体的演变相对应，人类社会的生活形态则经历了从共同生活向公共生活的演变。古希腊城邦共同生活是一种自主生活，不具有公共性。在工业化和城市化过程中出现了市民社会和国家的分离，同时也由于私人生活的出现而造就了公共生活。除了公共生活和私人生活，还存在着一个主要由家庭承载起来的日常生活。近代以来的领域分化是从家庭开始的，家庭功能的分化，现代家庭对传统家庭的取代，为近代社会的出现做好了准备。在此基础上，日常生活、私人生活与公共生活才得以各自生成。由于出现了不同的生活形态，也就出现了公共利益与私人利益的矛盾问题。近代以来的政治发展是通过"代议制"来调和私人利益与公共利益的，而且是在这种利益调和的前提下去建构公共生活的。

第一节　对共同体演进的历史考察

一、　作为一个研究视角的共同体概念

大致从 20 世纪中期开始，在学术作品中，"社会"这个概念逐渐被"共同体"这个概念所置换。这表明，社会形态是考察人类历史的一个视

角，而共同体也可以成为另一个考察人类历史的视角。的确，社会这个概念较为宽泛，从这个概念出发去研究人类社会中的各类问题都需要在反复的再次界定的条件下才能进行，这往往使学术研究存在着诸多烦琐的叙述。而共同体的视角则有着社会视角所不具有的优势，从这个角度来研究社会问题可以使理论阐述简化许多。

其实，从很早的时期开始，人们便将治理活动赖以发生的群体存在形式称作为共同体，但在人类历史上的不同时期，共同体的概念是具有不同内涵的。在今天，我们更是通过在"共同体"一词前面加上定语的做法去指称不同的共同体。不过，当我们直接地使用共同体的概念时，往往是指政治共同体，是用来指代国家以及其他政治实体的学术概念。当我们谈到区域甚至地区间的经济合作共同体的时候，则需要在其前面加上"经济"一词作为定语。一般说来，当我们考察农业社会的时候，它的共同体更多地具有自足性的特征，实际上是一种社会衍生物。这种情况下的共同体具有明显的同质性，作为一种社会模式，在不同的地区都会以同样的形式出现，尽管它们之间鲜有交往。

农业社会的共同体无论是外在表现还是内在关系方面都是以一种较为单一的社会构成方式出现的。到了工业社会，在不同的地区和不同的民族那里，共同体会拥有属于自己的鲜明的个性特征，它们之间会有着很大的差异。比如，这些差异会以制度、文化以及治理方式等各种各样的形式表现出来。所以，在工业社会，共同体之间具有多样化的外在特征，工业社会中存在着多元性的共同体。比如，一个政治共同体内部可能还会存在着不同的民族、宗教组织、文化团体等；同样，一个民族、一种宗教也可以跨越不同的国家。这样一来，就使共同体以复杂的形式出现了，而且也在不同的共同体之间产生了复杂的关系。即使对于某一个具体的共同体来说，也会因为它与其他共同体之间的关系而以多样化的面貌出现。

"社会"与"共同体"是两个密切相关又有所不同的概念。就社会这个概念来说，在历史框架下，是用来指称不同的历史阶段的社会形态，是在历史比较中对某个历史阶段基本特征的把握。而在某个既定的历史阶段中，比如在近代以来的工业社会的历史阶段中，"社会"一词则被用来指称与国家相对应的那一部分社会存在形态。"共同体"与"社会"一词在内涵上的相近性是存在于不同历史阶段的比较中的，我们可以把农业社会的既定区域看作一个共同体，同样也可以把工业社会的民族国家看作另一种共同体，但共同体的概念一般是直接用来把握特定的人群的。在农业社会的历史阶段中，最为显著的是宗教共同体，到了工业社会，则存在着更为多样化的共同体。在这一点上，社会与共同体的概念是不同的。比如，我们可以把某一宗教所凝聚起来的人群称为共同体，却不能称作为社会。

从农业社会到工业社会，是社会形态由简单到复杂的演变过程，也是"家元共同体"不断解体和"族阈共同体"不断生成的过程。家元共同体在原生形态中是由血缘、地缘这样的亲族关系以及与之相随的交往关系所构成的。在农业社会的历史阶段中，其他的共同体形式是完全可以看作"类家元共同体"的存在形态，或者说，是次生的家元共同体。比如，从基督教的称呼中我们就可以看到"父亲""兄弟""姐妹"等词，即使在被现代学者看作政治共同体的朝廷或王室中，"以君比父"也是最为流行的做法。所以，在农业社会这个历史阶段中，无论是以什么样的形式出现的共同体，都具有"家"的特征，或者会被直接地比喻为家。如果在现代社会中也出现了这种形式的共同体的话，那么它肯定是在较为不发达的地区或较不健全的领域中出现的，因为这些地区或领域中还较多地残留着农业社会的痕迹。

人类历史经历过一个从家元共同体向族阈共同体演进的过程。在农业社会，人类共同体在很大程度上属于家元共同体的范畴；到了工业社会，由于社会化大生产的作用，家元共同体被打破，而民族国家的出现则使地域性的社会结成了一个个族阈共同体。我们今天所面对的共同体，一般说来，属于族阈共同体的范畴。族阈共同体主要以民族国家的形式出现，如果我们对民族国家的概念进行分析的话，就会发现这个概念包含了从家元共同体走向族阈共同体的过程：民族这种家元共同体把自己变成了国家这种族阈共同体，成为民族国家。当然，并非所有民族都使自己成为国家，国家只是民族向族阈共同体转化的一种形式。

世界上绝大多数民族都不是采取国家这种方式而使自己成为族阈共

同体的，通过其他形式，在民族国家的框架内，民族仍然可以转化成各种形式的族阈共同体，成为国家的构成部分。可以认为，民族国家是民族转化为族阈共同体的充分形态，而通过其他途径进行转化的民族则具有不那么充分的特征。无论如何，转化过程已经发生，民族已经失去了作为家元共同体的特征。在很多情况下，今天所存在着的民族应被看作是族阈共同体了。或者说，近代以来的国家属于正式的族阈共同体，而民族则可以看作是非正式的族阈共同体。在有些地区，国家与民族是重合的，而在另一些地区，国家与民族是不相重合的。在这种情况下，如何处理正式的族阈共同体与非正式的族阈共同体之间的关系，也是社会治理的一项重要内容。

工业化是我们理解近代社会的前提，与工业化一道出现的是人们走出家庭，突破了家庭的外壳。吉登斯把这个过程看作"脱域化"。这是一种对近代社会生成的形式上的把握，而我们作为马克思主义者，则把这个过程称为社会化的过程。从共同体的视角看，这是一个家元共同体解体的过程，也同时是族阈共同体生成的过程。在工业化的前提下，与社会化进程同步演进的是族群的分化，整个社会被分化为不同的领域，而在不同的领域中，作为人的集合体而出现的就是特定的族群。即使在同一个领域中，也会由于人们所从事的社会活动、利益要求、生存目标、价值关注、兴趣偏好等原因而产生不同的族群。从大的方面看，最为现实的就是民族国家的出现。所有这些都充分证明近代以来的社会是分化为不同族群的社会，在这个社会的每一个角落，都存在着由特定族群所构成的共同体。根据这些共同体所共有的基本特征，我们将其称作族阈共同体，目的是要说明它是一种不同于农业社会家元共同体的新型共同体。大的方面，民族国家属于这种族阈共同体；小的方面，则可以看到一个俱乐部或生活社区也是这种族阈共同体。

从社会形态的角度看，我们生活于其中的世界从属于一个既定的科学范式。虽然"社会"一词是宽泛的、含混的和不确定的，但在社会形态视角中发展起来的概念体系是能够满足理论把握的需求的。所以，这一直是我们赖以开展理论活动的既定范式。不过，检视我们今天所拥有的这个社会科学体系，可以明显地感觉到它的复杂性，尽管科学分工消解了我们驾驭这个科学体系的难度，但追求科学体系上的简化依然是我们的目标。这样一来，就可以看到，在人文社会科学的研究中，从共同体的视角出发可以大大地简化理论解释框架。这是因为，共同体的视角可以直接地把我们引向对不同族群的认识，去直接地把握族阈共同体的具体性。如果再辅之以近代以来的自由、平等等基本理念的话，就可以更为有效地处理族群间的关系和安排族阈共同体的结构，从而找到使族阈共同体在每一个层面上都得到改善的方案。另一方面，在历史框架下，我们能够清晰地看到从家元共同体向族阈共同体的演进过程，而全球化正在成为迅猛激荡的浪潮，在社会形态这个视角中，我们可以断定它是从工业社会向后工业社会的转型，但关于后工业社会的构图应当是怎样的，如果能够从共同体的视角去看，特别是自觉地去把握共同体演进的方向，可能会更有益于我们去规划后工业社会的建构方案。

二、 从家元共同体向族阈共同体的演化

在家元共同体衰落的过程中，继之而起的是族阈共同体。在家元共同体与族阈共同体交替的过程中，族阈共同体虽然已经可以看作是我们今天所说的"社会"一词所指称的内容，却还不是工业社会发展到其典型形态的时候所出现的族阈共同体。即使这样，与家元共同体比较起来，中世纪后期所出现的族阈共同体已经复杂得多了。不过，这个时候，家元共同体的观念仍然留存在人们的头脑之中，人们会怀念家元共同体条件下的共同生活而把族阈共同体条件下的公共生活看作一种与人相异化的或者与己无关的生活，只是一种在民主和法制条件下不得不参与的生活。或者说，在这种条件下，如果不能积极地参与其中的话，他的利益保障就会陷入一种心理预期不能实现的危机之中。所以，族阈共同体与家元共同体在生活形态上是有着不同性质的。

家元共同体具有多种形式。在对欧洲历史的考察中发现，家元共同体最初是以城邦的形式出现的，它也被现代学者看作一种理想的共同体形式。事实上，它也确实是西方历史上较为典型的家元共同体，它的成分是比较单一的，因而它的生活形态也就只能以共同生活的形式出现。

不过，属于城邦的历史并不长久，它很快就被人们所建造的另一种共同体——帝国所取代。随着帝国与基督教的结合以及帝国的突然覆灭，西欧出现了另一种影响深远的共同体——神权国家。在神权国家中，教会取代了家元共同体的自然形态，成了典型的人为创设的家元共同体。这时，即使作为家元共同体构成要素的家庭还存在，但那已被看成世俗生活的形态，宗教生活高于世俗生活，以家为基础的共同体以及治理活动都因宗教生活的神圣性而受到冲击或排斥。这一点在中国是完全不同的，中国古代社会一直把原生性的家元共同体保留了下来，即使出现了宗教，也没有对这一原生性的家元共同体构成实质性的冲击，更没有建构起可以替代原生性共同体的那种人为建构的家元共同体。中国家元共同体受到的第一次冲击来自五四运动，然而五四运动对它所进行的政治上的、文化上的冲击并没有催垮它的稳定结构，只是到了改革开放之后，随着社会主义市场经济的建立，才对中国家元共同体造成破坏性的冲击。也正是到了这个时候，我们才可以说族阈共同体正在一步步地取代家元共同体，并成为一种新的生活载体或形态。

就欧洲而言，在神权国家这一共同体中，重要的不是世俗的治理，信仰才是有序生活的基础。人们只要坚守信仰就能得救，得救就可升入天国——天国是完美的，因而是不需要什么治理的。当神权国家走向衰落的时候，一种新的共同体形式——族阈共同体开始生成。虽然教会直到今天依然存在，但它已经成为存在于族阈共同体框架下的家元共同体了。在族阈共同体的意义上，兴起的是一种公共生活。在当今教会的意义上，虽然在一个相当长的时期内还保留着共同生活的内容，但在形式上，还是越来越远离共同生活了，我们已经很难在教会中看到共同生活的内容了。如果说教会还是一个家元共同体的话，那也主要是表现在精神生活的方面，而在物质生活方面，它已经很难说是一个共同体了。所以，现在的教会完全是一个精神意义上的"家元共同体"，对于与人相关的其他方面，则很少发挥影响作用。

中国有着漫长的农业社会历史阶段，所以中国的家元共同体发育得最为典型。而在欧洲历史上，则存在着大量不支持家元共同体的社会因素。当学者以欧洲历史作为人文社会科学的考察坐标时，使用"社会"

这个概念可能更显得准确些，或者说，更能准确地反映欧洲历史的事实状况。其实，欧洲历史所证明的是家元共同体的多样性。比如，在商业比较繁荣的罗马就出现过早期的"行会"这一社会性的组织实体。我们认为行会是一种家元共同体，可以得到证明的是，在行会的框架下，所存在的是"师傅"和"学徒"这样两个基本的构成要素，行会在实质上是一个以师傅为中心展开的统治结构，能够集结起行会的每一个单元都是以家庭的形式出现的，学徒是存在于作为"家"的生产单元之中的，师傅是他当然的长辈。中国一句古话"师徒如父子"就准确地反映了这种关系是可以比喻为家庭关系的。

行会具有两重性：一方面，它具有家元共同体的特征；另一方面，它又是家元共同体的送葬者。也就是说，行会在构成方式上属于家元共同体的范畴，但就它作为经济活动的承担者而言，则孕育着走向市场经济的动力。从11世纪开始，商业的繁荣以及城市的兴起缓慢而又稳定地改变着共同体的结构，商业带来流动性的增强，并进而增加了共同体的复杂程度，从而使静如止水的稳定时代自此一去不返。所以，家元共同体是以并不激烈的方式开始了它的解体过程。从中世纪后期向近代社会的过渡，既是家元共同体解体的过程也是族阈共同体生成的历史。在家元共同体的解体过程中生成了族阈共同体。这个时候，虽然家庭还存在，但由家庭以及"类家庭"的因素构成的共同体已经不存在了。即使在一个社会的边缘还会再度生成家元共同体，那也已经不可能成为这个社会中处于主导地位的共同体了。

在欧洲历史上，族阈共同体大致发轫于12世纪。如上所述，在商业获得一定发展之后，行会成为城市中最引人注目的现象。一般认为，行会特指工商业行会，其实不然，当时所有的个人集合体都可以称为行会，当时的行会概念几乎等同于今天的"组织"这样一个概念。① 族阈共同体的最基本特征就是，这个共同体是按照一定格式组织起来的。因此，对族阈共同体生成史的研究也就可以到广义的行会史中去寻找答案了。

① 刘北成：《以职业安全保障学术自由——美国终身教职的由来及争论》，载《天涯》2004 年第 6 期，第 181 页。文章指出："'大学'一词实际上源自中古拉丁语的'行会'（universitas）"，"universitas，中世纪用于指称任一合作集团的名称"。

在所有行会中，大学是最为特殊也最具代表性的一个，它在家元共同体的解体和族阈共同体的生成这两个方面都发挥了无法替代的功能。

在家元共同体的解体过程中，中世纪后期与近代早期（包括阿奎那与马西利乌斯等人在内）的那些伟大的先行者，基本上都出身于大学，对于推动家元共同体的解体而言，他们在理论与实践两个层面做出了直接的贡献。在族阈共同体的生成中，大学同教会与国家有着最为直接的联系，它在教会与国家的夹缝中求生的状况是当时所有行会生存现状的典型代表，它的发展史就是社会组织成长史的一个缩影。在一定程度上，欧洲率先走向了族阈共同体生成的进程也是与大学的作用分不开的。这一优势是中国历史上所没有的。中国的私塾和书院一直没有转化成大学，所以也就没有在家元共同体的解体和族阈共同体的生成中发挥作用。正是由于这个原因，我们对族阈共同体生成历史的考察需要选取大学这个切入点。

在家元共同体解体的前夕，也就是在 12 世纪初的西方，世俗学校只在意大利存在，在其他各地区，学校则完全掌握在教会手中。由于 11 世纪末兴起的教会改革运动的几乎所有发起者都反对以自由艺术为基础的文化，反对阅读古典作品，教会还陆续关闭了大量学校。[①] 这些举动表明，教会已经意识到学校预示着某种即将来临的危险。事实上，正是学校这一族阈共同体的萌芽形态包含着与家元共同体所具有的完全不同性质。就当时的社会状况而言，教会虽然是我们上述所说的家元共同体的次生形态，但在欧洲，却是占统治地位的家元共同体。如果说家元共同体在中国主要是以王朝的形式出现的话，那么在欧洲，家元共同体在整体上则被统一到了教会之中。尽管在中世纪后期出现了教权与王权之争，其实只是王室所代表的世俗的家元共同体与教会所代表的神圣的家元共同体之间的争执。

学校的出现，意味着在王室与教会所代表的家元共同体之外又有了一个新型的共同体开始萌芽。对于这一新型共同体产生的迹象，显然教会要比王室更具敏感性。原因是王室所代表的世俗家元共同体还是一种

---

① ［法］韦尔热：《中世纪大学》，王晓辉译，上海人民出版社 2007 年版，第 7～8 页。

原生性的共同体，它不具有敏感的排斥其他类型共同体的能力，教会则是一种人为建构的、次生的家元共同体，它有着自己的建构逻辑，或者说它在模仿原生性家元共同体的过程中掌握了家元共同体的结构，所以表现出了排斥大学这一新型共同体的敏感性。教会一开始表现出对学校的抵制，而学校所预示的新型共同体却有着强大的生命力，它的发展没有因为教会的反对而裹足不前。在 12 世纪晚期至 13 世纪初的二三十年间，学校反而迅速地涌现出来。到了这时，教会才不得不从反对学校而转向控制学校，即尽可能把新出现的学校都控制在自己的手中。对于这段历史，学者们往往是难以理解的，特别是对教会的行为表现及其转变，总是无法解释，而从家元共同体的解体和族阈共同体的兴起这一角度看就非常清楚了。这就是我们所指出的，教会具有共同体建构的自觉性。尽管如此，教会所代表的是正在衰落的家元共同体，而大学则预示着族阈共同体的出现。

在欧洲教育史上，最早的两所大学位于巴黎和博洛尼亚，与其他行会一样，它们由师生们自主结合而成。但在大学开始出现的时候，教会对学校的控制史也同步展开了，所以大学往往与教会之间的关系较为亲近，甚至在很大程度上依赖于教会。这个时候，大学更多地表现出了与世俗的家元共同体之间的冲突，即反映为学生与城市自由民之间的某种经常性的紧张关系。这也反过来证明了大学受到了教会的控制和利用。史实告诉我们，自 1200 年起，巴黎的师生多次被教会授予司法特许权，学生被定为教士，任何动手打学生的人都将被予以开除教籍的处罚。[①] 教会延续了自己对整个家元共同体内部事务的控制，并希望借助于大学去对抗社会上的分化势力。针对各地涌现出的异端，教皇也同样希望让大学成为使整个宗教界可以直接联系教皇的大型宗教研究中心，以便加强罗马教廷的中央集权。这在很大程度上刺激了地方当局，与各地刚刚生成的独立意识产生了矛盾。于是，王室也开始创建大学，比如腓特烈二世就于 1224 年建立了那不勒斯大学。教会与世俗当局的"博弈"客观上促进了大学的发展，除了数量的增加外，大学的地位也在不

---

① ［法］韦尔热：《中世纪大学》，王晓辉译，上海人民出版社 2007 年版，第 23 页。

断提高。至 1250 年，巴黎大学几乎获得了当时行会所能有的全部特许权①。

由于教会与王室所代表的两种家元共同体都希望控制和利用大学这一并不属于它们的新型共同体，结果是使大学获得了一定的周旋余地，让大学在同教会与王室互相牵制的关系链条中逐步赢取了某种主动性，甚至能够经常采取罢课乃至离散的方式来表达自己的存在。这种表达有成功的时候，尤其离散行为更使新的大学在其他地方得以建立。这表明，一股新的力量正成长于教会与国家之外，从而形成了教会所代表的"神圣家元共同体"、王室所代表的"世俗家元共同体"与大学所预示的"族阈共同体"三足鼎立的格局。不过，大学自始就内蕴的一种自由精神是与教会相冲突的。虽然大学在教会与王室的冲突以及双方对它的争夺中获得了成长空间，一旦教会发现它是一种异己力量，也就不可能不对它进行打压。

1277 年，由于神学教师的鼓动与教皇若望二十一世的支持，巴黎主教艾蒂安·坦普埃尔提出了 219 条惩处异端邪说的教规，其重点是打击宣传亚里士多德哲学的阿威罗伊主义。那些坚持阿威罗伊主义的教师被逐出大学，其代表人物西格尔在罗马被宗教裁判所的法庭传讯，其著作随之在文献资料中消失。② 正统与异端较量的战火燃烧到了大学，刚刚活跃起来的自由空气被无情地冷冻。13 世纪后半期，除了那几所已经受到教会与国王有力庇护的大学，其余的大学均变得有些萧条。至 13 世纪末，通过"授课通行证"的颁发，教会掌控了大学的一切教学活动。

与此同时，包括教皇本人在内的几乎所有高级神职人员都在巴黎大学或博洛尼亚大学学习，英诺森四世与若望二十一世还曾担任教授教职③。这种情况又使得大学的职能被认为（并且在很大程度上）就是"在对宗教真理作符合于最现代的知识倾向与方法的表述同时，要使教会能够驳倒异端分子对其教条及组织的批评，重振教规，完善管理"④。教

---

① ［法］韦尔热：《中世纪大学》，王晓辉译，上海人民出版社 2007 年版，第 26 页。
② ［法］韦尔热：《中世纪大学》，王晓辉译，上海人民出版社 2007 年版，第 77 页。
③ ［法］韦尔热：《中世纪大学》，王晓辉译，上海人民出版社 2007 年版，第 64 页。
④ ［法］韦尔热：《中世纪大学》，王晓辉译，上海人民出版社 2007 年版，第 65 页。

职人员参与大学的学习，一方面表现出了对大学的尊重，另一方面也意味着对大学控制的增强。因为教职人员在此学习本身就意味着大学在知识传授上必须对他们进行迎合。尽管知识自由得到提倡，但所谓的知识自由只有在不使大学背离教皇所确定的目的时才是可以接受的。由此可见，虽然大学预示着一种不同于家元共同体的族阈共同体的出现，但在最初的历史中，大学仍然是受到罗马教廷控制的和为它服务的机构。

　　大学毕竟具有许多不同于家元共同体的特征。比如，它的组成在当时具有最为显著的多样性，在一定程度上，既打破了传统的等级界限，也突破了工商业行会的职业界限。同时，这种多元共存的生活方式对于学生以及教师都产生了潜移默化的影响，在他们投身社会后，他们的行为就会自觉或不自觉地跨越等级界限，以致最终改变等级交往的性质。就教学内容来看，虽然阿奎那之后的神学教学因回归到了奥古斯丁传统而停滞不前，但世俗学科的发展却因为神学的自我禁锢而获得了必要的空间。尤其是法学教育，其热情在 12 世纪的"罗马法"注释热之后便一直高涨。"在法国，自圣路易和菲利普四世起，皇家行政和司法职位便基本由接受大学罗马法教育的'法学家'担任"。① 同样，教会中接受过大学教育的教士比例也一直在增加，且绝大多数是出自法学专业的。我们现在从文献中能够找到的可以表明当时社会权利需求的证据，大部分都是由他们的文本构成的。这些现象说明，大学绝不仅仅作为一种组织在推动社会变革，它已经融入历史的血脉，在中世纪后期以来的任何一次历史性脉动中，都可以听到由它发出的声音。

　　在教权与王权的冲突中，大学也会沦为牺牲者。在 14 世纪，绝对国家崛起的同时也表现出一种迫不及待地想要限制乃至废除一切教会特权的愿望，大学作为罗马教廷的宠儿也自然而然地首当其冲了。此时，国家利用大学与城市自由民之间的冲突剥夺了大学某些具有超越性质的特权，而大学作为预示着族阈共同体的新生因素，也表现出了初生者的脆弱性一面，即向绝对国家作出了妥协，甚至转向寻求国家的保护这一面来了。把国家作为自己的新的保护者，或者说，开始更多地站在王权的

---

① ［法］韦尔热：《中世纪大学》，王晓辉译，上海人民出版社 2007 年版，第 51 页。

一边。随之，国家也以新的特许权作为补偿与回报。比如，1438 年，查理七世及其法国教会自主论幕僚就在布尔日国事诏书中将有利于大学学者的相当高的特许权融入其中。①

与国家结盟为大学的复苏创造了条件，1300 年欧洲只有 15 所大学，至 1500 年时，则发展到 70 所。② 当然，大学还远未迎来自己的繁荣期，随着家元共同体解体过程的完结，族阈共同体的生成过程进入了凯歌行进的时期。毕竟，在家元共同体的解体中也出现了一些近似社会无序的状态，国家需要借助于一种强有力的方式去中止家元共同体继续解体的趋势以保证自己不致走向分裂。因此，不仅大学，而且所有行会，都受到了来自国家的强大压力，被国家所控制。不过，正是在国家实现了对大学以及其他行会等社会力量的控制的时候，国家自身也开始逐渐蜕去其作为世俗家元共同体的性质，转而开始转变为族阈共同体的代表。

三、 族阈共同体的基本构图与走向

在某种意义上，族阈共同体是一种组织化的共同体，它在各个方面都是被组织起来的，具有理性的特征。当然，家元共同体也包含着一定的组织形式，但家元共同体在组织的意义上更多地具有感性的特征。从家元共同体向族阈共同体的过渡，也是理性化的组织替代感性组织的过程。

在从家元共同体向族阈共同体的转变过程中，绝对国家是一个典型的过渡形式。如上所说，一方面，绝对国家依然是兴起于农业社会的历史背景下的，属于家元共同体的范畴，就王室作为绝对国家的核心和代表而言，本身也证明了这一国家形式是家元共同体。另一方面，绝对国家兴起之后就陷入了与教会的争斗之中，而教会也属于家元共同体的范畴。比较绝对国家和教会这两种家元共同体，可以发现，绝对国家更具有家元共同体的原生性特征，而教会则是家元共同体的次生形态。不过，

---

① ［法］韦尔热：《中世纪大学》，王晓辉译，上海人民出版社 2007 年版，第 95 页。
② ［法］韦尔热：《中世纪大学》，王晓辉译，上海人民出版社 2007 年版，第 83 页。

教会把家元共同体感性的一面发展到了极致，特别是把家元共同体的神秘追求发挥到淋漓尽致的地步。当绝对国家兴起并成为与教会相对立的对手时，自然而然地会针对教会感性的一面寻求出击，也寻求能够制胜教会感性一面的武器。这样一来，就使绝对国家逐渐走向了对理性的衷情。当绝对国家这样做的时候，实际上也是对自我的否定。在与教会的斗争中，它需要理性的支持，而就其作为家元共同体的事实，又包含着对理性的恐惧，尤其是不允许理性的思考对它的集权产生任何怀疑。所以，绝对国家表现出两面性的特征。

在当时，与教会"争权夺利"是绝对国家的主要任务，为了取得对教会的控制权，绝对国家需要增强自身的组织化程度，特别是通过对组织的理性化改造去赢得反对宗教信仰以及反对这种信仰背后的教会神权的胜利。虽然绝对国家还不是理性化的组织，但当它面对社会而寻求一种不同于教会的治理方式时，必须以世俗理性去组织社会生活，必须承认社会中迅速涌现出来的各种各样具有一定理性特征的组织形式，并努力利用这些组织去治理社会以及与教会争权。不过，令绝对国家始料未及的是，社会中迅速涌现出来的各种各样的组织产生了"自我意识"，并提出了独立性的要求。其实，自发地产生于社会中的组织本身就是"自我意识"萌发的结果。

从逻辑上推断，首先是社会中的组织提出了组织间平等的要求；其次，这种要求被投射到组织内部则要求组织成员间的平等；再后，组织尝试性地向王室提出独立性要求，至少也要从王室那里获取一些"特许权"，即承认它们的存在和相对独立性。所有这些，都构成了针对绝对国家的挑战，继续发展下去，走向了平等人权要求的提出。这就是欧洲为什么会走向确立近代族阈共同体的原因，也是实际历史过程。与此比较，中国的情况是很不同的。在中国社会，家元共同体一直是一个统一的整体，它的内部没有明显的分裂，没有相互抗衡的两种对立力量。所以，中国社会的家元共同体有着自足性，无法受到内部力量的冲击而解体，更不用说顺利地实现向族阈共同体的过渡了。正是因为中国社会的家元共同体成长得非常典型，有着强大的生命力，以至于在我们追求现代化的道路上形成了很大的阻力。直到今天，在我们的社会治理过程中，"人情关系"以及各种各样的来自家元共同体的并被我们称作为"潜规则"的因素，都一直对社会治理的理性结构和行为形成冲击，是极欲去之而不能的"梦魇"。

"脱域化"使人口的迁徙和流动变得频繁，原先把人们联结起来的地域界限变得越来越模糊，天然的地理整合力量呈现出弱化的趋势，以至于人们的利益关系越来越多地成为联结人们的纽带。在人们的利益关系的基础上，或者说，根据人们之间的利益相关性，也就形成了多种多样的组织。这些组织就是族阈共同体的单元或构成要素，当这些组织在国家或民族的框架下被整合成一个整体的时候，就是严格意义上的族阈共同体了。族阈共同体虽然是在家元共同体的解体过程中产生的，是在否定家元共同体的过程中生成的共同体，但家元共同体的许多因素在族阈共同体中依然发挥着作用，有的时候，甚至发挥着主导性的作用。比如，随着族阈共同体的出现，家元共同体的文化内核会被保留下来，甚至会成为某些族阈共同体的重要整合因素。显然，国家是族阈共同体的典型形式，但若族阈共同体是以民族的形式出现的话，那么原先家元共同体所在的区域性地理因素也就会成为族阈共同体存在的重要基础。

家元共同体在形式上是单一性的，虽然在欧洲存在着教会与王室所代表的两种家元共同体，而且两者之间一直处于对立和冲突之中，但就它们的存在形式而言，却是相同的。与家元共同体相比，族阈共同体有着更为复杂的形式，既有以国家形式出现的族阈共同体，也有以民族形式出现的族阈共同体，还有其他各种各样的规模较小的族阈共同体（今天我们往往称其为"族群"）。虽然前文指出家元共同体是感性的、族阈共同体是理性的，实际上这是在总的历史框架下进行比较而得出的结论，如果放在特定的环境下来看，又会有着不同的表现。比如，现代民族国家是一种族阈共同体，而在民族国家内部则会出现诸如"球迷俱乐部"或"影星粉丝团"等"烟花式"共同体，它们的感性特征也是非常典型的。不过，无论在何种意义上，它们都不属于家元共同体，而是标准的族阈共同体。

在民族国家间，则会由于某种共同目标而结成共同体，近些年来，在诸如环境保护、人权、世界和平等许多领域中都出现了跨国家的组织，它们也是一种族阈共同体。在历史上，即在家元共同体存在的历史时期中，这种族阈共同体是不可能出现的，而在今天的全球化条件下，跨国家的组织却成了最具生命活力的族阈共同体。我们甚至可以作出某种判断，正是这种跨越民族国家的国际性组织，将会像中世纪后期作为家元共同体而出现的绝对国家那样扮演一种过渡性的角色。一方面，它们是族阈共同体；另一方面，又包含着孕育合作共同体的全部可能性，即促进族阈共同体的解体和合作共同体的生成。

族阈共同体及其生活的一切方面都是被组织起来的，而且主要是按照官僚制或参照官僚制组织的形式而组织起来的，即使一种组织与官僚制组织在形式上甚至结构上有着很大差别，也无法避免按照官僚制组织的基本原则去行事。当然，家元共同体也具有明显的组织特征。但与家元共同体相比，族阈共同体在组织化方面达到了一个相当高的程度。而且组织自身实现了充分的分化，出现了各种各样的组织，一个组织内部也是通过"分工—协作"的方式而组织起来的。整个共同体是建立在不同功能组织间的"分工—协作"基础上的，而一个组织如果能够在共同体中存在下去并有着追求扮演重要角色的愿望，也必须在其内部不断地优化"分工—协作"结构和机制。

如果进行具体分析，组织化在族阈共同体的不同表现形式上也是不同的。以民族国家的形式出现的族阈共同体无疑在组织化方面是最高的，而以民族、文化群体等其他形式出现的族阈共同体在组织化程度上就显得要弱得多了。不过，在族阈共同体与家元共同体的比较中，任何一种形式的族阈共同体在组织化方面都明显地高于家元共同体，最为重要的是，族阈共同体成员具有很强的组织意识，他们在准备开展一切活动的时候，都会首先想到借助于组织这一形式。虽然中世纪后期的绝对国家已经在组织化方面达到了很高水平，可是它在组织意识方面显然是很弱的，它使用并利用了组织却少有组织意识。在族阈共同体这里，组织意识却时时处处都存在着。所以，我们把组织化看作族阈共同体的一个基本特征。

总的说来，族阈共同体与家元共同体不同，它们分别代表了人类历史上两个不同历史阶段中人们的群体性（社会）生活方式。从欧洲的情况看，如果把绝对国家的解体视为家元共同体的终结，那么家元"共同体一旦'解体',它就不能像凤凰涅槃一样被再次放在一起并被整合为一体……如果它确实获得新生,它也不会以保存在记忆中的那种形式出现"①。在家元共同体解体中生成族阈共同体,这应当看作是一个共同体再造的过程。不仅在形式上,而且在实质上,族阈共同体与家元共同体都有着根本性的不同。比如,就人们之间的关系看,家元共同体中人们之间的关系是在依附结构的主线上展开的;在族阈共同体中,人们之间的关系则表现为一种相互依存的结构。形象地说,前者是一个自下而上的单线依附结构;而后者则主要是在一个平面上展开的。

对两种共同体的性质进行比较,我们倾向于说家元共同体是一种在一个区域或一个社会中的人们的共同生活体,而族阈共同体却不是一个有着实质意义共同生活内容的共同体。在族阈共同体中,阶级对立、民族冲突、利益争夺都是时时要把共同体割裂成碎片的因素,但族阈共同体借助于法律、制度、组织等因素而把人们集结到了一起,构成了一个在实质上对立而在形式上同一的共同体。所以,家元共同体是有着内在黏合力的共同体,而族阈共同体却必须借助于人为制定的外在性规范体系才能得以维持下去,即需要用外在的强制性力量去抑制住其内部不断生成的离异因素。正是在此意义上,人们也倾向于把族阈共同体看作"伪共同体",即同人的共同生活本性相异化的共同体。

族阈共同体与家元共同体之间的另一个不同的方面是:家元共同体总是具体性的,是一种不可抽象的共同体,而族阈共同体则是包含着双重特性的共同体。在具体性的意义上,族阈共同体的一切构成要素都处于相互矛盾、对立和冲突之中;在抽象的意义上,族阈共同体中又存在着支持共同体的依据和力量,那就是当代学者热衷于谈论的所谓公共利益、公共生活等。如果说家元共同体中的共同生活是一种自然发生的感性生活,那么族阈共同体中的公共生活则是需要加以自觉建构和自觉维护的理性生活。在某种意义上,近代以来的政府就是专门用来自觉建构和维护公共生活的机构,尽管它在很长的时间里还是占统治地位的阶级用来实现阶级利益的工具。然而,随着政治的发展以及在政府的合法性压

---

① [英] 鲍曼:《共同体》,欧阳景根译,江苏人民出版社2003年版,第12页。

力越来越大的情况下，政府也就更多地被要求去承担起维护公共利益和建构公共生活的责任，这是在族阈共同体自我完善中所提出的基本要求。

　　谈到公共生活，人们首先就会联想到家元共同体中的共同生活。事实上，在学术界，学者们往往并不在家元共同体的共同生活和族阈共同体的公共生活之间作出区分，所以，一旦谈论公共生活方面的理论问题时，学者们总会回溯到古希腊的城邦生活，认为那是公共生活的原型。其实，家元共同体中的共同生活是不同于族阈共同体中的公共生活的。就历史而言，民族国家是公共生活得以发生的框架，在民族国家产生之前，不存在公共生活的问题，而民族之所以会成为国家，也是出于追求公共生活的目的。这也就意味着，如果公共生活对所有民族都是充分开放的，如果民族转化为族阈共同体的其他途径是完全畅通的，在公共生活这一目的能够得到实现的前提下，民族国家这一手段也就可以得到扬弃了。当然，在近代早期，民族国家是通向公共生活的基本途径，而西欧民族国家又首先是在绝对国家中生成的，或者说是由绝对国家转化而来的。所以，学者们在论述政府维护共同生活的功能时所提出的一些意见对于理解族阈共同体中的政府还是有启发意义的。奥克肖特就指出，在有关绝对国家的理论中就已经出现了具有近代意味的政府观念："所谓政府，并非指一个调停个人行为之间可能引发的冲突的仲裁者，而是一种选定的人类生存状态的构想者和推行者，因为这一选定的人类生存状态被认为优于其他任何一种选择。"① 也就是说，在绝对国家中起主导角色的政府所应承担起的基本职能是选定一种理想的共同生活方式。

　　在绝对国家所代表的家元共同体中，政府在行为表现上主要是扮演着控制者的角色，而在理论上，它却被要求扮演领导者的角色："在政权确立的那些目标和立法中反映出来的是这样一种理念：统治并非是控制那些想自作主张的臣民，而是管理或引导臣民的生活，使他们遵循一种'正义'的行为模式。"② 进一步地说，"政府之职责就是充当这种'共同

---

① ［英］迈克尔·奥克肖特：《哈佛演讲录：近代欧洲的道德与政治》，顾玫译，上海文艺出版社2003年版，第94页。

② ［英］迈克尔·奥克肖特：《哈佛演讲录：近代欧洲的道德与政治》，顾玫译，上海文艺出版社2003年版，第96页。

利益'的创建者和监护人"①。也许奥克肖特对中世纪后期政府的这些判断是站在现代化的成果基础上的，但另一方面也足以说明，随着启蒙运动对近代政治框架作出了基本设计之后，政府也按照理性的原则重建起来了，它维护公共利益和建构公共生活的使命也就成了不可推卸的责任。

族阈共同体中的公共利益总是一种抽象的利益，公共生活也同样是抽象的生活，尽管它的政府依照启蒙时期所确立起来的法的精神而作出各种各样的尝试，然而，私人利益与公共利益、私人生活与公共生活的冲突则是永远无法弥合的，政府至多只能在这两种利益和两种生活之间维持一种平衡。所以，政府从来也没有真正承担起建构并健全公共生活的责任，并经常性地陷入了各种各样的治理危机之中。在很大程度上，公共生活演化成了"政治秀"，政客们通过不断地转移人们的视线而为自己赢取较高的得分，以便全身而退，许多问题往往被留给了继任者，或者说被积累了下来。从 20 世纪后期开始，不断地有学者惊呼：公共生活陷入了某种困境。当政府在形式上作出了公平正义的供给时，却在实质上造成了人群的分裂和对立，使得公共生活在形式化的道路上越走越远，在困境中越陷越深。在对公共生活的这一分析中可以看出，族阈共同体并不是人类社会发展中的一个终极性的共同体，它依然是不完善的，它自身也需要得到扬弃，需要为人类走向一种更高级的共同体腾出空间。易言之，公共生活健全的要求是需要在人类共同体的再一次重建中去实现的。这就是人类从族阈共同体中走出来并进入合作共同体的内在动因。

第二节　从共同生活到公共生活

一、 古代社会的共同生活

"公"与"私"的分离是近代以来的事情。在前近代社会，无所谓

---

① ［英］迈克尔·奥克肖特：《哈佛演讲录：近代欧洲的道德与政治》，顾玫译，上海文艺出版社 2003 年版，第 98 页。

私，也便无所谓公。但在学术界，长期以来存在着一种误解，那就是认为，在古代社会很早的历史阶段中就已经出现了公私之别。学者们往往以为，在古希腊的雅典，家庭与城邦代表着两种性质完全不同的领域：家庭代表私，城邦代表公；不为家庭，即为城邦。也就是说，家庭生活是私人生活，城邦生活是公共生活。其实，家庭与城邦的分化在这里还只是一种实体性分化，而不属于形态分化的范畴，家庭与城邦的分离是客观存在的却不与城邦相对立，没有造成独立于城邦的完整领域。在雅典人的观念中，部分是以整体来定义的。如同手是通过人来定义的一样，家庭须通过城邦来定义。没有城邦，也就没有家庭。家庭非但不能以私的形态独立存在，反而必须依附于城邦，通过促进城邦目的的实现来达成自身使命——依靠奴隶和女人的生产，家庭代表着城邦的自足。因此，在古希腊时期，社会生活是不能以公、私进行标记的，更不能为其赋予"公共"二字。实际上，考察城邦一词的原意（共同体）就会发现，古希腊时期的社会生活实质上是一种共同生活。对于这种生活形态，如果冠以"公共"的定语，比如，如果有人说这个时期的社会治理形态是"公共行政""公共管理"，那只能说他是"无脑人"，如果他假冒学者的身份，显然会引来鄙视。

雅典共同生活的本质特点反映在亚里士多德的经典命题中："人天生是一种政治动物。"亚氏所指之"人"毫无疑问只是公民，这句话也就等价于：只有公民才是一种政治动物。这样一来，城邦也就只是公民的共同体了，城邦生活在事实上只对公民开放。"单纯意义上的公民，就是参与法庭审判和行政统治的人。"[①] 比如陪审员与公民大会的成员，他们身居"无定期的官职"（亚里士多德认为陪审员和公民大会成员掌握了裁决权，因而可视为官职），参与了城邦的行政统治，故"一个人只要参与了某一政体，他就是一位公民了"[②]。能够参与政体的人当然不可能是奴隶，也不包括女人，奴隶与女人都只是家庭的附属物，男子在成为公民（即年满 20 岁，成为新家庭的一家之长）之前同样只是从属于家庭的事

---

① ［古希腊］亚里士多德：《政治学》，颜一、秦典华译，中国人民大学出版社 2003 年版，第 72 页。
② ［古希腊］亚里士多德：《政治学》，颜一、秦典华译，中国人民大学出版社 2003 年版，第 74 页。

物，只有在获得公民资格后，他才成为人并从此进入城邦，将家庭留给奴隶和女人。进入城邦之后，公民将自己完全融入其中，他们"从不梦想彼此谈论各自的家庭事务，只有在情况确实变得非常糟糕时才有必要在集会中作出旨在确保他们一家之主的控制地位之决定"①。

这一共同生活形态的形成是与雅典人引以为傲的民主"政制"分不开的。雅典民主直接得益于梭伦公元前594年所进行的社会改革。改革之前，占多数的平民须把自己土地出产的六分之一交给居统治地位的少数，一旦无法支付这种"六一税"，就将沦为奴隶。梭伦废除了这一税赋，平民无须再为别人耕作，耕作的角色交由真正的奴隶（主要是外邦人）来承担。改革确立了平民与奴隶的真正对立。奴隶不可成为平民，更为重要的是，平民不会再沦为奴隶，从而"显著而又实在地提高了公民的精英意识，以前公民自己或他们的祖先所从事的工作，现在是由这些东西来做了（这是雅典人对奴隶的看法）"②。这对于严格意义上公民阶层的形成至关重要。此前，尽管平民也被称作公民，但他对于城邦的意义仅在于他是军事上的城邦捍卫者。改革之后，公民真正意识到自己的精英地位，他不仅捍卫城邦，更是城邦的信心所在。同时，奴隶阶层的固定化也解除了公民对家庭的后顾之忧，在家庭的繁杂事务有了得到处理的保证之后，他们终于能够将自己全身心地投入共同生活之中了。

梭伦改革的第二个举措是引入"四百人议事会"（后来被克里斯提尼发展为"五百人议事会"，这可能是由于雅典人口增长而采取的适应性改革）。尽管公民大会是城邦生活的最主要的载体，但议事会同样不可忽视，"它是人们第一次具体的尝试，尝试在知识分子少数和大众之间建立所谓的'第三种势力'：这个势力圈中，首要关注的是城邦的利益"③。接着，梭伦又建立了人民陪审法庭。倘若行政官员有不公正的决定，人民有权向这个法庭上诉，并可参与到法庭审判的每一过程。至此，城邦生活的主要承载体——公民大会、议事会和人民陪审法庭都已成形，雅典人的共同生活也就此得以全面展开。

---

① 许纪霖主编：《共和、社群与公民》，江苏人民出版社2003年版，第34页。
② ［英］约翰·邓恩编：《民主的历程》，林猛等译，吉林人民出版社1999年版，第4～5页。
③ ［英］约翰·邓恩编：《民主的历程》，林猛等译，吉林人民出版社1999年版，第6～7页。

作为最典型的城邦生活形式，公民大会一年召开 40 次，讨论的话题极其广泛，涵盖城邦生活的所有事务。公民们可以决定内政事项，如投票表决法律；审查执政官的财务、法案及管理；宣召执政官出席集会并对其进行批评、谴责或豁免等。不仅如此，公民还对城邦的外交负责，如协商战争与和平问题、与外邦政府缔结联盟等。公民大会作出的决定由议事会予以付诸实施。议事会长年存在，代表则由各部落选派组成。它是雅典民主制度运行的核心，但在社会生活的意义上，其重要性则稍次一等。其一，因为它只是执行机关，没有裁决权；其二，它对代表有诸多限制，如年龄须在 30 岁以上，且年收入不少于 200 斗等，这使它的普遍性打了不少折扣，故而只能被恰当地称作"第三种势力"。

城邦生活的另一种形式是人民陪审法庭。法庭由各阶层的公民组成，除了公民大会开会及节庆的日子外，每天都开庭。公元前四世纪以后，整个体制发生了变化，法庭的重要性变得甚至超过了公民大会。公民大会与执政官、议事会之间权力关系的此消彼长始终存在，且没有一个定态，"不论什么时候，人民法庭总是有很重要的作用可以审查或者废除立法"[1]。同时，执政官的政治生命也最有可能是在法庭而非公民大会上因叛国罪等重罪的控告而结束。人们习惯于由大批同胞审判、决定刑罚的做法。正是在这里体现了雅典人根深蒂固的观念："人数众多的陪审法官，出错的机会总比少数几个执政官来得少。"[2]

今天看来，雅典城邦具有强烈的乌托邦色彩，也正是这一色彩迷幻了无数当代学者，让他们把雅典城邦生活想象得无比完美。虽然直接参与的"公民理想"让后世学者们诗意化了雅典所拥有的民主图景，但这并不能掩盖城邦生活缺乏公共性的事实。人们可以争辩说，雅典没有其他地方所存在的那么严重的贵族与平民的尖锐对立，但毫无疑问的事实是，雅典仍然存在着公民与非公民之不平等甚至对立。城邦作为一个共同体只属于公民，奴隶和女人被封闭在家庭中，是被排除在共同体之外的。从理论上讲，当然可以推断出奴隶和女人这个阶层也存在着共同的

---

① ［英］约翰·邓恩编：《民主的历程》，林猛等译，吉林人民出版社 1999 年版，第 17 页。
② ［英］约翰·索利：《雅典的民主》，王琼淑译，上海译文出版社 2001 年版，第 37 页。

利益，但当他们被"囚入"一个个单独存在的"家庭之笼"的时候，是无法生成共同意识的。即使按照现代理论的逻辑而作出退一步的假定，也只能说奴隶有着自己的共同体，女人又有着自己的共同体，这两个共同体是不被包容在城邦共同体之中的，它存在于城邦却又被排斥在城邦之外。这样一来，在雅典城邦中的各个共同体之间其实没有一种可以被抽象出来的统一性的东西。然而，这个统一性的东西恰恰是现代社会中不同阶层共有的一种生活形态——公共生活。

所以，古代希腊的城邦生活只是公民的共同生活，城邦的目的也仅限于公民阶层的共同善业。当然，雅典确是人类历史上的一朵奇葩，今天看来，在亚历山大宣告帝国时代来临之前能够发育出城邦政治的确是不可思议的。毕竟，帝国时代的重锤将所谓"公民理想"撞得粉碎，所有人都变成了君主的臣民；紧随而来的中世纪又给臣民们安上另一重身份——上帝的子民。基督教的世界观把政治活动的理论基础从城邦学说转移给了神学。人在生活中则用与上帝沟通的要求取代了城邦生活。这一时期，在形式上具有共同生活特点的情形是教会活动，但教会活动却让人们追求"自我赎罪"而非"共同之善"。就此而言，又是共同生活的衰落。

直到走出中世纪后，先是出现了国家与社会的分离，造就了市民社会；接着又进入了公共领域与私人领域的分化过程，让政府去代表公共生活，而把私人生活交由市民社会。此时，如果说传统还存在的话，则被保留在家庭之中，家庭所意味着的是一个与公共生活、私人生活相并列的日常生活。所以，公共生活是现代化的产物，如果看不到这一事实而在人类历史上的每一阶段都滥用"公共生活"的概念的话，也就不能够真正理解现代社会与以往及以后的根本性区别，就会要求把一些已经成为历史陈迹的因素搬到现代来，也会不顾历史的发展已经把我们带入一个新的时代，而要求把展现未来的因素强行纳入当下的社会框架中来。

二、 现代社会的公共生活

工业化、城市化的成果是什么？毫无疑问，应首推"市民社会"。无论是在近代社会的早期还是在今天，市民社会都是私人生活的载体和空间。市民社会的出现标志着私人生活的开始，而公共生活正是在私人生活的基础上诞生的，是私人生活的一种抽象形态。当然，公共生活也需要借助于实体化的方式表现自己，但我们谈论公共生活的时候，所指的则是它的抽象性内容，而不是指承载了它的实体性存在。所谓公共生活，只能被加以抽象地把握才是真实的。如果把公共生活等同于其承载体的话，关于它的建构就会出现偏差，至少在逻辑上会重新把社会纳入等级化的构成之中去。如果将这种等级化的构成方式与人结合起来的话，就会要求某（些）人代表公共生活，而把其他人都看成是追随者，是等而下之的构成因子，至多也只能是参与者。这样一来，公共生活的公共性也就不可能再真实地存在于其中了。试想，失去了公共性的公共生活是一种什么样的形态呢？它还是公共生活吗？显然不是。

尽管人们也试图到雅典城邦中去寻找市民社会，但在雅典是没有近代以来的这种作为与国家相对应的、具有一定独立性的社会力量存在的，市民社会是在近代社会出现的，是在国家与社会的分离中产生的。也正是由于市民社会的出现，引起了社会生活方式的重大改变，使近代以来的社会生活与古希腊雅典的生活不同。只有在近代以来的社会这一特定历史阶段，我们才能看到"市民社会一词逐渐淡化其政治共同体的含义，而偏向于表示：人以私人的身份追求特别是经济利益之满足，而以此身份与此目的彼此相交涉与结合所形成的人际关系网络的空间"①。

市民社会是私人生活的承载体和空间，当私人生活出现的时候，公共生活也就开始了。私人生活和公共生活是近代以来的这个社会全部生活的两个"共在"的基本方面。如上所述，在古希腊时期的整体观念中，公民及其共同生活是城邦自主性的标志——这一点正是城邦吸引人之处，它使人们总能把"公民"与"自主"想象在一起。然而，正是在这里，作为"自足生活"标志的家庭（奴隶与女人）则被人们忽略了，被默认为一种工具性的存在物，它不是共同生活的构成要素，而只是公民在共同生活中去实现自主的必要手段。当共同生活并不涵盖这个社会的全部

---

① 许纪霖主编：《共和、社群与公民》，江苏人民出版社 2003 年版，第 177 页。

而只是局部的时候，它在何种程度上会出现公共性的问题呢？所以，我们说雅典的社会生活只是一种共同生活而不是公共生活，是因为它没有一种"共在"的各要素"均有"的因素。近代则不同，虽然近代以来的社会被分解成不同的方面、不同的领域，但在这个社会的一切方面、一切领域的背后，都包含着某种"均有"的因素，在我们看来，那就是公共性。有了这种公共性，才能理解社会生活的整体中是存在着公共生活部分的。

市民社会在某种意义上将自足与自主两重属性统一了起来，统一于每一个个人身上。这首先是一场身份革命，"公民"一词作为某一（如雅典城邦中的）特定等级的含义消失了，个人获得了独立自主的存在物的地位。市民社会中的个人代表着某种"自足"，而国家中的个人则代表了"自主"。即便自足只是自主的手段，但自足与自主却可以在个人身上得到统一。在这种统一成为事实的时候，手段与目的也就统一了起来，因而个人的活动兼具自足与自主两重属性。无论自足还是自主，在理论上，对每个个人都有着同等的意义。因此，自足与自主的活动也就都符合公共之善了而不是只属于某一部分人的"共同之善"，共同生活才为公共生活所替代。

公共生活在国家与市民社会中的表现是不同的。在市民社会中，所带来的是市民个体意义上的身份革命，身份转化为角色，从而使个人的角色呈现出多重化的景况：一是国家层次上的公民角色的确立；二是市民社会层次上的市民角色的形成；三是家庭层次上的传统自然人的保留。市民社会所带来的人的角色的多重化也是社会分解的过程，社会被分解为多个领域，而人则在社会的多个领域中进出，过着多重化的生活。特别是在工业化进行得比较彻底的地区，它的各个领域的分化也较为突出；在工业化不甚彻底的地区，人们的公共生活、私人生活和日常生活之间的交叉也就较为明显。而且，在这些工业化不甚彻底的地方，我们总是可以看到公共生活对日常生活以及私人生活的干扰，公共权力也会随时介入私人生活以及日常生活中去。

应当看到，在我们现有的社会中，纯粹的公共生活、私人生活和日常生活是没有的。而在理论上，我们是可以想象和描绘公共生活、私人生活和日常生活的基本内容的。那就是，公共生活是公共利益的实现过程，私人生活则表现为在个人利益的原点上开展活动，而日常生活则是传统和习俗发挥基础性规范作用的过程。如果在哲学层面上来认识的话，又会看到，公共生活不仅是政治学所看到的那种经由某些实体性的存在物来承载并实现的过程，私人生活不只是经济学所解释的个人利益最大化的追逐过程，日常生活也不完全是社会学所理解的社会结构化的基础，而是在私人生活和日常生活中都包含着公共生活，或者说，在私人生活和日常生活中包含着公共生活的内容。一般说来，人们正是在私人生活以及日常生活之中提出了公共生活的要求，即要求公共生活为私人生活、日常生活提供保障和补充。

公共生活具有多种形式，在国家层次上，公共生活首先是以一种政治生活的形式出现的。当然，古希腊的共同生活也是一种政治生活，甚至是许多人心目中直接参与政治活动的理想形态。正如我们已经指出的，它是不具有公共性的，因为，它基于一个充满歧视意味的公民概念，或者说公民概念的排他性决定了公民只是这个社会中一部分人的标记。近代国家意义上的政治生活则不同，由于公民概念的内涵扩大到了社会绝大多数成员，特别是得到了启蒙思想家们平等思想的定义，使政治生活中包含了较高的公共性。当然，现代政治的发展，尤其是"代议制"与"政党分肥制"的结合，也使政治生活的公共性打了不少折扣，代议制在宣称最大限度地代表人民利益的同时也最大限度地将人民排除在了政治生活之外。尽管所有公民仍然生活在同一政治共同体即代议制国家之中，但国家已然不是普通公民的责任所在，它也并不要求每个公民都参与它的目的的实现过程中来，因而国家政治比城邦政治有了更浓厚的精英味。虽然政治生活在公民有意愿和资格的前提下仍然可以成为公共生活的重心，但对于哈贝马斯所指出的"无动于衷"或"无力改变"的大多数"当事人"而言，政治生活在个人目的的达成上并非不可或缺。公共生活被割裂了，它有条件地包含政治生活（对"参与者"而言），更多情况下，它被分散在市民社会之中。因而，市民社会里的社团活动也就成了更为常见的公共生活形式。

在近代以来的思想家中，最早和最广为人知地描述了市民社会中公共生活的人是黑格尔。在黑格尔的叙述中，正如我们已经指出的，用来指称公共生活空间的术语是"同业公会"。黑格尔认为，同业公会不等同于行会，后者是小作坊手工生产的产物，前者则是由资本主义工商业所造就的，不像行会那样是封闭的，它唯一的限制是技能，对所有满足技能条件的人开放。对其成员而言，同业公会的意义是具体而有限的，在近代早期，由于市民角色还比较单一，这种"有限性"反而表现出某种完整性的特征，它成为个人"伦理完整性"的必要条件。"如果个人不是一个合法同业公会的成员，他就没有等级尊严，并由于他的孤立而被归结为营利自私，他的生活和享受也变得不稳定了……只有在同业公会中，正直才获得真实的承认与光荣。"[①] 市民社会的构成因子在依据他的特殊技能而成为同业公会的一员后，是可以在其中追求这个群体的共同尊严的，而这种共同尊严也就是同业公会的公共性内容了。抽象地看，同业公会作为能够实现公共性的一种生活形态，是因为包含了可以抽象的公共生活内容。

根据哈贝马斯的考察，诸如同业公会这类公共生活空间的发展是市民公共生活的一条主线，它的范围随个人角色的多样化而不断扩展。同时，另一类不同的公共空间也开始出现，它的构成不是基于人的物质的或空间的属性（如行业、地域等）而是基于学识、爱好等文化属性，它在很大程度上是由贵族集会的沙龙发展而来的，人们在其中就某一问题交换意见以致形成公共意见。对它，哈贝马斯称之为公共领域。与同业公会不同，公共领域进行的是一种文化生活，它的内容在初期主要是文学，通过文学进行私人性与公共性的交流。"一方面，满腔热情的读者重温文学作品中所表现出来的私人关系；他们根据实际经验来充实虚构的私人空间，并且用虚构的私人空间来检验实际经验。另一方面，最初靠文学传达的私人空间，亦即具有文学表现能力的主体性事实上已经变成了拥有广泛读者的文学；同时，组成公众的私人就所读内容一同展开讨论，把它带进共同推动向前的启蒙进程当中。"[②] 在一定程度上，文学的

---

① ［德］黑格尔：《法哲学原理》，范扬、张企泰译，商务印书馆 1961 年版，第 250 页。
② ［德］哈贝马斯：《公共领域的结构转型》，曹卫东等译，学林出版社 1999 年版，第 54 页。

虚构性打破了时间与空间的限制，大大拓宽了公共生活的范围。同时，它也创造出了许多实实在在的承载场所，如剧院、读书会、博物馆以及市民阶层的沙龙等。这些场所培养了市民的阅读习惯，使"文学公共领域"这种公共生活方式进一步扩散开来。

从共同生活到公共生活的演变无疑是一种历史进步，但这一演变过程也带来了诸多令持有社会进化主张的人尴尬的后果。共同生活尽管缺乏公共性，但对其参与者而言，它蕴含的自主性是很完整的。公共生活使每个人都可获得自主性，而自主性的程度却不如共同生活。反过来，这又势必影响公共生活的公共性。或许可以说，公共性自出现以来便不断受到剥损，这在一定程度上符合了奥克肖特所说的现代国家政治退化的性格，公共性逐渐褪色，表现为"一群人透过个别的抉择与彼此的商议、协调，而形成大家一致认可的行动目标"[①]。人们与自主的终极目的之间呈现出日益疏离的倾向。这种倾向在人类社会从现代向后现代的转向中进一步加剧，使人们对公共生活产生了一些怀疑。就此看来，现代社会所拥有的公共生活不应是人类社会进步的终点，在人类走向未来的维度中，建构理想公共生活的冲动依然会激励着无数愿意投身于其中的开拓者。

三、　公共生活的衰落

起于工业化、城市化的现代化是一个连续的社会分化过程，这种分化无疑是公共生活赖以产生的前提和基础。由于社会分化的加剧，在使公共生活的形式和范围不断扩展的同时，也在内容和实质上不断淡化公共生活，使公共生活的自主性内涵不断褪色。在这样的社会里，人们总感到"漂泊不定"或"无家可归"："我们组合人格中总有一些部分要'越界'，无法为某一个团体所吸纳，而这些部分又与其他的组合部件相互联系、相互影响。因此，任何自我归属的行为都受到矛盾（既向心又离

---

① 许纪霖主编：《共和、社群与公民》，江苏人民出版社 2003 年版，第 192 页。

心）的压力。"[1] 后现代转向虽然对近代以来的社会分化表达了不满，却未能完全摆脱其影响。后现代转向的一个主题是主体和社会的非中心化，不论自我还是政治，都不再存在着中心，[2] 自我非中心化了，政治也随之而非中心化。

自我非中心化表现为个人身份的再次裂变，他仿佛成了碎片，被放逐于流动性之中，成为盖尔纳所称的"组合人"。他是一种具有变动性、一次性和可替代性等品质的生物，没有本质，其生活只是一套有待完成的工作。也就是说，当人获得了自由的时候，却失去了追逐的目标。"组合化"的代价是"一种碎片化，它使所有的活动都无法受到其他活动的支持，这些活动完全基于其自身明确表述之目的并经过冷静之计算，而不是成为温暖、完整、'总体性'文化之一部分。"[3] 它造成"组合化"居民的归属难题：没有任何一个团体可以保证他们去完全归属于它。"组合人"被碎片化为这些团体中的组合部件，他被分散于碎片式的市民社会中，隔绝于国家。他"能组成有效的社团和制度，毋需借助这些林林总总的仪式的保障，亦毋需通过内在的关联而形成一个整体来使其具有稳定性，毋需将所有成员彼此束缚使之无法动弹。他可以加入具有特殊目的的、特定的、有限的社团而毋需以某种歃血为盟的仪式来约束自己。当他不同意社团的政策时，他就可以离开，不会被指责为背叛"[4]。他自身已经被非中心化了，感受不到自我的存在，更罔顾公共生活。总之，与近代以来蓬勃兴旺的社团生活相比，在高度现代化的后现代转向中，社团由于自身的过度发展而使自身虚幻化了：为了扩展自身规模，它不得不降低准入门槛和扩大开放性。这又必然导致不同社团角色在个人身上的重叠，使其应接不暇，最终选择对公共生活不闻不问。

---

① ［英］鲍曼：《寻找政治》，洪涛、周顺、郭台辉译，上海人民出版社 2006 年版，第 150 页。

② ［美］塞德曼编：《后现代转向：社会理论的新视角》，吴世雄等译，辽宁教育出版社 2001 年版，第 7 页。

③ Ernest Gellner, *Conditions of Liberty: Civil Society and its Rivals* (London: Penguin Books, 1996), p. 104. 引自 ［英］鲍曼：《寻找政治》，洪涛、周顺、郭台辉译，上海人民出版社 2006 年版，第 150 页。

④ Ernest Gellner, *Conditions of Liberty: Civil Society and its Rivals* (London: Penguin Books, 1996), pp. 98–100. 引自 ［英］鲍曼：《寻找政治》，洪涛、周顺、郭台辉译，上海人民出版社 2006 年版，第 148～149 页。

政治的非中心化是表现在公共领域的变迁之中的。对于公共领域，哈贝马斯认为，市民社会的发展促使文学公共领域发生了功能转换，参与讨论的公众占有了受到政治上层控制的公共领域，并将它建成一个公共权力的批判领域。"相对于古代公共领域而言，现代公共领域的主题由本来的市民的共同政治使命转变成了进行公开讨论的社会的市民使命。"① 它以与国家不同的方式调节市民社会，并敢于反抗现有的政治权威。政治公共领域的产生使市民的公共生活有了重返政治舞台的希望。然而，对于代议制条件下的现代国家而言，这却不是什么好事，因为参与期望的高涨将导致合法性供给的不足，威胁到现存秩序。故而，政治公共领域从一产生起就面临着权力的渗透。这种渗透造成了政治公共领域的"机制化"，官僚机制被植入公共领域，以至于国家与市民社会的利益也走向了渐趋吻合的方向。

由于公共权力介入私人交往的过程中，发挥了把私人领域中间接产生出来的各种冲突调和起来的效果，也把冲突从私人领域引向了政治的层面，因而出现了一个相向转移的运动："国家干预社会领域，公共权限也向私人组织转移"②，从而使私人领域和公共领域之间的界限又一次消失，公共领域被"再封建化"。这样一来，不仅公众开始失去参与政治生活的热情，而且能释放其政治热情的场所也越来越少了。这就是哈贝马斯所描绘的政治公共领域的结构转型。通过这一转型，松散的选民组织日益让位给了真正意义上的政党，它们为了争取选票，用新的方法来整合公民。所以说，现代宣传展示了自身启蒙和控制、信息和广告、教育和操纵的多重面孔，将公众参与的行动严格控制在政治动员的范围之内。另外，作为主权象征的议会也逐渐失去了其论战功能，它只需对关起门来作出的决议案予以通过，人们无须争论，只能认同。由此可见，在政治生活表现出自己被操纵的特征的时候也就开始失去了它的公共性。

与哈贝马斯关于公共领域"再封建化"的看法相比，鲍曼作出了更加直接的描述。鲍曼认为，事实是私人正在"公共空间"里开辟领地，

---

① ［德］哈贝马斯：《公共领域的结构转型》，曹卫东等译，学林出版社1999年版，第55页。
② ［德］哈贝马斯：《公共领域的结构转型》，曹卫东等译，学林出版社1999年版，第171页。

生活政治和真正的、名副其实的政治相遇，私人问题被转化成公共问题的语言。市民社会所推动的在政治与日常生活之间的令人满意的彼此隔绝造成了两个不受欢迎的结果：一是国民不再对政治国家或国家政治感兴趣，也就没有理由去仔细考量公共之善的意义；二是促使国家认为，只要自由不受干涉，就不再有其他的公共之善，国家对其国民就无所亏欠。"公民对政治的无兴趣与冷漠，国家撤回了推动公共之善的义务，都是市民社会的令人不快而又正当的产物。"① 现代化过程中持续不断的"个体化"行动，则使个体成为公民最可怕的敌人，它给公民角色和以公民角色为基础的政治带来了麻烦。"'公共空间'被'私人'占领着；'公共关注'被贬低为对公众人物私生活的好奇心。"②

公共空间被不断私人化，公共话题则不可避免地被降格，以至于缺乏真正意义上的公共话题。公共空间成了一个公开承认个人秘密和个人隐私的地方，它无法继续发挥过去那种作为私人困难和公共问题碰撞与对话的"辩论场所"的功能。尽管不时仍有重建共同体的尝试和复生公共生活的努力，但是，"被再度嵌入到公民身份的共和国躯体中的个体化了的行动者，他们的前景是暗淡的。推动他们冒险进入公共舞台的，与其说是对公共事业的追求，是对普遍善和普遍生活原则的含义达成共识之途径的追求，不如说是对'网络化'的绝对的需要"③。重建共同体的目的仅仅是分享秘密，其结果是将产生出一个脆弱的、短命的共同体，错误地从一个目标转移到另一个目标，在寻求一个安全避难所的永远没有结果的歧途上随意漂流。

可以认为，哈贝马斯所揭示的公共领域"再封建化"还只是政治非中心化的初期表现，它排斥了人们的参与，在一定程度上属于公共权力主动的非中心化，是出于控制的目的而让政治逃离人们公共生活的中心。鲍曼所描述的公共空间私人化则是政治非中心化的第二阶段，在一定程度上，可以作出这样的理解："生活政治"对"真实政治"的替代，实质上是一种变相参与——它反映了政治参与的失败，以致人们不得不去寻

---

① ［英］鲍曼：《寻找政治》，洪涛、周顺、郭台辉译，上海人民出版社2006年版，第146页。
② ［英］鲍曼：《流动的现代性》，欧阳景根译，上海三联书店2002年版，第56页。
③ ［英］鲍曼：《流动的现代性》，欧阳景根译，上海三联书店2002年版，第56页。

求另外的参与方式。但是，我们在鲍曼的描述中所看到的问题是，尽管公共生活已经发生了事实上的改变，人们却仍然追求近代早期的那种"真实的政治"，当人们发现这种政治排斥了他们的时候，又选择了逃避"真实的政治"。在这同时，重建共同体等复兴公共生活的努力也失去了意义。

20世纪后期，在后现代转向中兴起了一股参与热潮，其中所包含的意图是通过扩大政治参与去提高人们的自主性程度。正是围绕这一主题，出现了"社群主义""协商民主""参与治理"等各种各样的建言。然而，我们在现实中看到的参与的结果却只能形成公共意见而不是公共决策。从意见到决策显然还有很长一段路要走，它的距离相当于从城邦走到代议制国家。最为重要的是，这条路是不可逆行的，因而，重建公共生活的努力也变得前路迷茫。尽管生活政治可以被解读为"事事皆政治"，但政治意义上的公共生活已经无法恢复到近代社会早期的那种状况中去了。这就是公共生活的衰落。如何从这种衰落中再度发现共同体生活的新形态，就是一个需要加以探索的问题了。

第三节　公共生活发生的路径

一、　家庭：领域分化前的社会单元

在政治表象的层面，我们所看到的现代社会首先是国家与社会的分离，即出现了市民社会以及与之相分立的国家。事实上，在国家与社会相分离的背后，是一个领域分化的过程，是公共领域、私人领域和日常生活领域的分化。我们已经指出，公共领域可以与广义上的国家相对应，私人领域则与市民社会相对应，而日常生活领域由于过多地保留了传统的因素而受到了近代思想家们的忽视。或者说，对于18世纪以来的思想和理论逻辑而言，对日常生活领域的关注往往为人们对古代社会的历史兴趣所取代，直到20世纪中后期，关于日常生活领域的研究才开始成为一个相对独立的哲学话题。

近代以前，国家与社会是混沌一体的，只有地域之别，没有领域之分。比如，在古希腊，城邦既是国家也是社会，是国家与社会的一体性。在城邦中，社会生活也就是政治生活。所以，严格意义上的国家与社会都只是作为近代以来领域分化的结果出现的。近代社会由于工业化和城市化所造成的人口流动打破了地域界限，社会大分工和专业化又在地域界限被打破的同时促进了领域分离，国家与社会就是在这一分离过程中出现的。尽管人们在理解国家与社会的源头时会追溯到遥远的过去，实际上，那都是在近代以来国家与社会分化的现实中获得的观察视角，是用现代观念去认识远古历史的结果。就国家与社会成为相对而"在"的存在物来说，仅仅是在近代工业化、城市化的过程中出现的。

在农业社会，家庭是社会的基本单元，农业社会的混沌一体性首先是表现在家庭这一存在形式上的，家庭是生产和生活的一体性载体。对于国家与社会混沌一体性的存在状态而言，家庭也是最为基本的构成要素。在从农业社会向工业社会转变的过程中，公共领域、私人领域以及日常生活领域的分化，国家与社会的分离，在家庭这里又有着什么样的表现呢？在纵向的比较中可以发现，农业社会的家庭是以大家族的形式出现的，而在现代社会中，家庭在规模上已经成了极小的"核心家庭"。在现代化进程中，我们能够很明显地感受到大家族普遍解体，晚婚以及核心家庭则成为现代社会的一大特色。

如果从家庭出发去理解近代以来的社会的话，其实可以看到家庭规模、结构与功能的历史演变有着同社会发展相同的轨迹。从农业社会向工业社会的转变也伴随着家庭的变迁，公共领域、私人领域以及日常生活领域的分化和国家与社会的分离在家庭这里都有着相同的表现。甚至可以说，家庭规模、结构和功能的变化也是近代社会生成的原因之一。家庭规模的缩小为公共领域和私人领域的生成和发展做好了准备；家庭结构的简单化为社会交往的开展提供了条件；家庭生产功能的被剥离则促进了生产的社会化，进而造就了在市场基础上结成的作为整体的现代社会。因此，要把握国家与社会分离的事实，必须首先弄清家庭及其所扮演的角色在现代化过程中发生的变化。

在西方，古希腊所代表的农业社会启蒙运动由于野蛮民族的入侵而湮灭了，所以，它的农业文明发育得不是很健全，反映在家庭上，欧洲一直没有像东方社会那样普遍流行过几代同堂的大家庭。特别是到了17世纪以后，这种家庭更是极为少见。到了18世纪，现代意义上的家庭已经成了一种主导性的家庭范式。因而，里夏德·范迪尔门在考察前近代欧洲生活时把当时的家庭称为"住户"，以区别于现代家庭。住户是一个整体，既是其成员生活的共同体，也是一个法律单位。它既是劳动单元，又是生活单元，同时还是社会组织的基本单元。凭借户主的法律、政治地位，住户内的成员也拥有一定的法律和政治身份。"在前近代社会中，单个的人没有被看做是一个个体，是从他生活在其中的住户共同体的角度为其定义的……只有住户才能使人成为社会的成员，在住户之外生活的人都是无家可归的，在法律上和政治上也是如此。"①

住户与家庭的不同在于它不是单纯以血缘关系为纽带而联结起来的，"属于这个住户共同体的有嫡亲的子女、非嫡亲的子女、非婚生的子女、亲戚、雇工、在内居住的人，以及养老的人，还有仆役——奴隶和使女"②。其中，由父母与嫡亲子女所构成的核心是每个住户都共有的，其他部分则各有不同。据范迪尔门考察，17世纪四五十年代，奥地利某两个乡镇中家庭人口数的中间数值为6—10人，其中一半左右为雇工。150年后，即18世纪最后几年，巴伐利亚一个农村地区的家庭成员平均人数不超过7个，手工业者家庭略高，为7.7个。③也就是说，由于住户结构的复杂性，在工业革命之前的100多年里，住户规模的变化并不明显。工业革命前后，社会的转型必然会在各个方面表现出来，家庭也最为集中地反映了这种变化。

早在13世纪，手工行会已在欧洲出现，它表明手工业在欧洲得到了普及。不过，行会是封闭性的，是等级制在生产中的延续。师傅与学徒间的巨大差异制约了手工业的发展，使手工生产本身也带上了封闭的特

---

① ［德］里夏德·范迪尔门：《欧洲近代生活：家与人》，王亚平译，东方出版社2003年版，第8页。

② ［德］里夏德·范迪尔门：《欧洲近代生活：家与人》，王亚平译，东方出版社2003年版，第7页。

③ ［德］里夏德·范迪尔门：《欧洲近代生活：家与人》，王亚平译，东方出版社2003年版，第21～22页。

征。在这种封闭的家庭（住户）作坊中，生产在师傅家中进行。手工业者的家庭（住户）也兼具生产与生活的功能。近代早期，生产的扩大使之出现了与生活相分离并将生产从家庭中剥离出来的趋势。这一趋势有许多细微的表现，如在房屋建筑上，家畜的圈棚开始与真正的住宅分离，厨房与作坊也被有意隔开。真正具有革命意义的是手工工场的出现，工场手工业将生产从家庭移到了工场，从而使生产与生活分离，住户也因此开始进入了分解过程。首先，原来依附于住户的学徒流入工场，变成雇工；随后，寄居于住户的亲戚及其子女也可以到住户之外寻找养活自己的机会；最后，户主及其子女苦苦支撑的手工作坊终于抵挡不住手工工场的强大冲击而消失，工场手工业彻底征服家庭手工业，进而迫使户主也进入了工场，以至于住户名存实亡。随着现代国家的建立，国家承担起原本由住户承担的社会职责，老人、仆役等也逐渐流失，不再由住户养活或专职为住户服务。结果是现代家庭终于取代了住户。

二、 从家庭走向公共生活

现代家庭的出现标志着一个独立的日常生活领域的诞生。这一点在早期职员家庭中表现得尤为明显，"职业生活和家庭生活因为男人的工作场所被转移出去而被分开。这一方面意味着，妇女不仅在形式上——尽管有的职业场所仍然还是安置在家中——离开了男人的工作世界，而且对他的工作也完全不了解了；另一方面，从狭义的角度来看，妇女完全被圈在了家里，就必然要在这里创造一个世界"①。家庭成为一个纯粹的生活领域，以家庭为圆心与以职员职业交往为半径的社交圈也各自展开并互相交叉，从而使日常生活领域的内容和影响扩展到更广大的社会范围。反过来，那些具有日常生活特征的社会交往内容又影响了家庭，使家庭在与社会的连接和交往中扮演着多元化的角色。

随着住户的消解和现代日常生活的出现，家庭的内容发生了巨大变

---

① ［德］里夏德·范迪尔门：《欧洲近代生活：家与人》，王亚平译，东方出版社 2003 年版，第48 页。

化，其中一个颇耐人寻味的现象就是婚姻突然受到了重视。在中世纪，婚姻只被认为是上帝借以延续人类的工具，指示天堂之路的教会是不愿意普遍提倡它的。从现实来看，当时的住户固然是以婚姻为其重要的纽带，却非唯一。住户不仅是生活单元，更重要的是一个生产单元。它在很大程度上是出于生存的需要而结合起来的，婚姻在一定程度上也是从属于这种生存需要的。随着家庭取代住户，对于当时典型的职员家庭而言，生存已不再是首要问题——尽管程度不一，生存对于其他家庭类型的重要性也在降低，生存需要对于家庭的结合不再发挥决定性的作用。从社会的角度看，这时需要一个稳固的机制保证家庭这一组织形式的存在，以确保人口与财富的繁衍与增殖。这种机制就是婚姻。所以，作为近代社会启端之标志的宗教改革，也从宗教角度对婚姻与家庭给出了证明。宗教改革要求取消独身制，马丁·路德就用他自己的婚姻来证明婚姻不仅是上帝所愿，而且也是基督徒依据福音能过的唯一生活。[1] 尽管其中包含着新教反对教会等级特权的内容，但在根本上，还是出于生产与生活分化之后社会生产延续与扩大的需要。同时也标志着人们开始以纯粹的生活来定义家庭了。

　　家庭的生活化解放出一个以生产、交换为特征的私人领域，这就是将生产从家庭移植出去以及逐渐形成将所有经济活动纳入其中的市场。最初，在市场中发挥主导作用的仍然是行会，它是等级制度在生产领域的表现，从事商业和手工业活动往往是与特许权和家庭联系在一起的。对行会的成员而言，"一方面，作为独立的户主群体，他们是市民；另一方面，他们的商业和手工业是城市的基础，是垄断的集团"[2]。但是，等级性与其说是行会的本质特征，倒不如说是它还无法抹去的历史印记。在等级制度彻底瓦解之前，当时社会生活的所有方面都不可避免地被打上了等级烙印。"事实上，近代早期城市社会生活的特点恰恰就在于，没有人可以作为一个有个体权利的个人生活，每个人都被归纳在各个群体

① ［德］里夏德·范迪尔门：《欧洲近代生活：家与人》，王亚平译，东方出版社 2003 年版，第174 页。
② ［德］里夏德·范迪尔门：《欧洲近代生活：村庄与城市》，王亚平译，东方出版社 2004 年版，第86 页。

之中，群体的权利和特许权都非常不同。"① 在此意义上，行会的出现反而可以看作一个积极的信号，它是社会构成由"等级化"转向"群体化"的一种过渡性表现方式，体现了社会分工基础上的社会分群趋势。在行会发展的特定阶段上，它体现了从身份向技能转变的可能性。正是看到了这一点，黑格尔才将行会说成是理想市民社会的标志，并将其看作市民社会通向国家的途径。

除了生产和私人生活的功能，行会还具有一定的政治和宗教方面的功能。"在比较小的城市里，通常是由同业公会决定了城市当局；而在比较大的城市里，他们只能与商人和城市贵族平分城市的管理职位……同业公会一般都是特有的教会团体，自己组织宗教节日。"② 因而，行会在某种意义上可以视为一种不同于家庭的"生活共同体"。从以上的叙述中也可以看到，在住户解体的过程中，虽然人们的生活范围扩大了，却失去了原先在"住户共同体"中的那些生活意味。行会的出现最初无疑是一个及时的补充，它作为公共领域、私人领域和日常生活领域已经分化又未完全分化条件下的一种过渡形态，有效地扮演了实现农业社会与工业社会历史衔接的角色。当然，随着工业化进程凯歌行进的历史变迁进程的展开，领域的分化以及生活类型的分化逐渐明晰了起来，以行会为载体的已经分化尚且混沌的生活逐渐显得不能适应工业社会的要求了。工业社会的分工所导致的社会分群化开始赋予个人以诸多不同的社会属性，使个人具有了多重社会生命。或者说，社会分工及其职业化确证了职业群体，使某部分人具有了相同的社会属性，共享某种社会生命；而另一些人则属于另一个群体，具有另一些内容或另一种属性的社会生命。

从农业社会向工业社会转型过程中出现的行会兼具了家庭与社会两个方面的特征。一方面，它从住户中产生并作为住户的替代形式出现，是以婚姻为基本内容的家庭借以与社会发生联系的桥梁；另一方面，它在孕育现代生产和市场的同时也把现代公共生活和私人生活的内容统合

---

① ［德］里夏德·范迪尔门：《欧洲近代生活：村庄与城市》，王亚平译，东方出版社 2004 年版，第 85 页。

② ［德］里夏德·范迪尔门：《欧洲近代生活：村庄与城市》，王亚平译，东方出版社 2004 年版，第 106 页。关于"行会"与"同业公会"的翻译问题可以参见前文相关注释。

在了一起，从而证明它自己既是社会分化的产物又包含着社会分化的要求。所以，对于现代社会已经得到充分分化了的公共生活、私人生活和日常生活而言，行会拥有了全部这些生活类型的雏形，虽然它在这三种生活类型方面所拥有的都是较为粗糙和较为低级的形式，但现代公共生活、私人生活和日常生活又都是从中发育出来的。在很大程度上，行会正是现代社会的母体。行会本身预示了社会潜在的开放性需求，包含着为社会成员追求社会生命拓展空间的内容和性质。在这一重意义上，行会又是理解现代国家生成的前提。或者说，如果没有对行会的认真研究，也就无从把握现代国家生成的原因和动力。当然，就结果而言，现代国家又是作为行会的否定形态出现的。

工业化造就了全新的社会需求，农业社会的"天下"观念和王朝治理实践都不能与这种社会需求相适应，继之而起的现代国家是根源于工业化所提出的新的社会需求，是对这种新的社会需求的反映。"早期现代国家是在社会和经济问题、道德和权利问题的压力下产生的，为了满足各个社会群体而实行垄断权的要求以及保证公共秩序，它就不可能再任凭等级的和臣民的社会生活、家庭生活、经济生活和宗教生活自由地发展，必须集中驾驭它们，将其置于国家利益之下、共同福利之下。"① 尽管现代国家的产生表现为迎合了各个群体自我保护的封闭性动机，但是，作为结果，现代国家却成功地在各群体间实现了抽象，在群体利益中提炼出了模糊的"公共利益"。随着市场的进一步发展，这一抽象的概念通过交往的扩大而逐渐具体和丰富起来。特别是当人们发现了公共利益并对其作出理论上的思考时，就产生了如何维护和促进公共利益实现的要求。再根据这种要求去对社会加以改造时，就产生了一种不同于日常生活和私人生活的公共生活。在社会分工以及职业化的历史条件下，虽然公共生活不是在每一个人的具体生活中得到实践的，却关系到每一个人的利益，是蕴于每一个人的利益之中的公共利益。国家代表公共利益，又通过它的政府及其治理活动去维护和促进公共利益，这就是公共生活

---

① ［德］里夏德·范迪尔门：《欧洲近代生活：村庄与城市》，王亚平译，东方出版社2004年版，第254页。

的基本内容。

　　从上述考察中可以看到，从农业社会的家庭出发，中经行会，再到领域分化和公共生活的产生，是一个渐进的历史进程。在此进程中，家庭的演变也是一条理解现代化的线索。事实上，家庭是现代社会的源头，现代化的进程恰恰是在对传统家庭的否定中展开的，从传统家庭到现代家庭的发展，包含着公共领域、私人领域和日常生活领域分化的奥秘。今天，在公共领域、私人领域和日常生活领域已经实现了较为充分的分化时，可以清晰地看到，日常生活领域的典型代表是家庭，私人领域与公共领域则分别表现为市场与国家。如果家庭、市场与国家间的界限是比较清楚的，也就使人们能够对日常生活、私人生活和公共生活进行专门化的理论思考和实践安排，从而使这三种生活形态都能够更加充分地展现和实现自身的特性。当然，从近些年来所显示出来的新迹象看，可能家庭有着消失的趋势。这样一来，人类社会领域分化的历史又将会开辟出一个新的方向。也许领域分化会因为家庭的消失而发生逆转，即呈现出领域融合的趋势。可以想见的结果将是整个社会的公共领域化，公共生活将会取代一切生活形态而成为一种普遍性的生活。

三、　乌托邦：对现实的否定陈述

　　领域分化即公共领域、私人领域以及日常生活领域的生成，使人的生活和活动的内容多样化了，"公共善"不再总是人们的共同追求，城邦式的共同生活为多样化的生活所取代。对此，难免有人产生怀旧之情，从而将历史想象得过于美好。其实，基于对历史的想象来裁剪现实只能导向一种既不符合历史、又不符合现实、从来没有存在过、也永远不会成为现实的理想，这就是乌托邦。近代早期剧烈的社会转型无情地冲击着人们的头脑，适应它而转变观念的人开始预测历史的必然性，从而成为后世景仰的"先知"与"启蒙者"。然而，排斥社会转型而固守旧观念的人则迷失在历史的浩瀚之中，他们用一些零星的片段拼凑起了虚幻的国度。由于历史总会存在着一些"轮回"的表象，这也让他们的见解时而闪耀出光辉，从而使他们被人们称作思想家。

　　总的说来，他们属于空想的思想家。这些空想家对近代以来发端于家庭的领域分化大抵是持否定态度的。在他们的著作中，充满了对家庭这种组织形式及其制度构成的怀疑，甚至希望废除家庭以抹去公与私的界限而达到"大公无私"。也许人类的婚姻制度会经历这样一个过程：从"一妻多夫制"到"一夫多妻制"，再到"一夫一妻制"，直至"无夫无妻制"。但这是就人类社会总的历史进程而言的，在一个相当长的历史阶段中，家庭的形式可能会经历剧烈的震荡和改变，甚至会在未来某个时点上走向消失，但废除家庭的主观努力却是不切实际的空想。或者说，家庭的演变是在历史的运动中自然进行的，废除家庭的想法以及实践都不可能取得积极的成果。

　　废除家庭的想法最早可以追溯到柏拉图。我们知道，文艺复兴在哲学上的一大收获就是重新发现了柏拉图，打破了亚里士多德主义的垄断地位。在这场对柏拉图的讨论热潮中，乌托邦思想家们也不可避免地受到了影响。从其作品来看，他们的很多思想可以说是直接源于柏拉图的。遗憾的是，他们的一些错误也源自后者。在柏拉图的理想国度里，"女人应该属于男人的公共产品，所有的男人都不能和所有的女人组成'一夫一妻'制的小家庭。同样的，儿童也都公有，父母不知道谁是自己的子女，子女也不知道谁是自己的父母"①。国家有一个最高的立法人，由他选择具有相同品质的男女，让他们同吃同住，朝夕相处，但没有任何私有财产，只是彼此共同生活。婚姻不是必需的，生育则可以受到奖励。对在战争中证明自己是英勇卫国、功勋卓著的年轻人，应使他们有更多与妇女结合的机会。既然不存在家庭的概念，所以后代应被放在"托儿所"由保姆共同抚养。对于父母而言，所有在他们结合后第十个月里出生的婴儿都是他们的子女；对于子女而言，所有自己出生期间出生的婴儿都是自己的兄弟姐妹，他们的父母也都是自己的父母。这样，"他们对待自己身边的每一个人，都像自己的兄弟姐妹，或是父母子女一样"②。于是，"整个国家上上下下全体公民都自觉形成甘苦与共，同悲同

---

① ［古希腊］柏拉图：《理想国》，张子菁译，光明日报出版社 2006 年版，第 37 页。
② ［古希腊］柏拉图：《理想国》，张子菁译，光明日报出版社 2006 年版，第 48 页。

喜"① 的局面。所有人共同系起一条团结的纽带，不再有"我的""非我的"、"他的""非他的"之分，一个国家的民众便团结得像一个人。

可以推断，由于城邦仅是共同生活的空间，尚未出现领域分化，人们在这里所看到的只是家庭与城邦的区别。因此，将城邦想象为"公"之代表的同时就自然会将家庭视作为"私"之根源。柏拉图的"共妻"设想便源自他对"公"的这种认识，意图由废除家庭来消灭"私"，以达到对"公"的追求。然而，他不可能理解的是，现实城邦没能成为"公"之象征的原因不是因为家庭的存在，而是由于家庭尚未从城邦中释放出来，领域尚未分化，"公"与"私"的对立并未真正形成。故而，柏拉图对城邦的解构并不构成超越，公民与城邦的关系，妇女、奴隶与公民的关系都没有改变，个体对整体的从属关系反而更加直接。理想中的城邦仍然只是一个混沌的共同体。尽管如此，柏拉图仍然是伟大的，他关于"公"与"私"的认识上的局限其实是他的时代的局限。

"乌托邦"一词的创造者莫尔在他的名著中所表达的表面看来是对家庭的维护，而在实际上则是对家庭的否定。《乌托邦》一书初版于1516年，早于宗教改革一年。这个时候，社会的基本组成单元还是住户，相对于现代家庭，住户当然更接近于"公"而非"私"。莫尔的乌托邦思想是对住户分解的现实的否定性表述。可以认为，莫尔的思想中包含着这样的逻辑："私"的出现是与住户的不断分解相伴随的。因而，他在书中并没有主张废除家庭，反而仿佛在精心维护家庭。但是，这绝不可看作是他对家庭的支持，实际上，他精心维护的是一种住户结构，其实质是对家庭的拒绝。在《乌托邦》中我们看到的是很多古代城邦的影子，或者说，由于对领域分化的现实反应不及，莫尔是在有意重新营造一个城邦，是对城邦的向往。所以，他的表述是"全乌托邦岛是一个家庭"②。这里包含的逻辑是他通过对传统家庭的维护而对现代家庭的拒绝。实际上，当他把整个社会作为一个家庭的时候已经是在提出废除家庭的主张了。他与柏拉图的区别只在于，一个主张把家庭归于城邦，而另一个则

---

① ［古希腊］柏拉图：《理想国》，张子菁译，光明日报出版社2006年版，第45页。
② ［英］托马斯·莫尔：《乌托邦》，戴镏龄译，商务印书馆1982年版，第66页。

要求把城邦归于家庭，在实质上，它们是一样的。

当然，《乌托邦》一书最为精彩的描述是关于家庭部分的。前述可见，领域分化的主要动力是生产的扩大，为了消除这一动因，莫尔便求助于奴隶与女人的义务劳动，即要求一个自足的乌托邦不去扩大生产。但领域分化的最初表现又是住户的分解，所以，莫尔又主张去稳定住户的规模。他规定，每户成年人不得少于 10 名，不得多于 16 名，儿童不限。若有某户人数超出或者不足，可与其他各户互相补足。由于生存需要在乌托邦家庭的维系中不起作用，莫尔比路德更早求助于婚姻。他规定婚前男女必须以裸体的方式互相检查，如被证明犯了私通罪者将受到严重处罚，而且以后男不得娶，女不得嫁。这是要以婚姻的纯洁性来维系家庭的稳定性。为了避免"私"之观念的出现，乌托邦里的人须每隔10 年用抽签方式调换房屋。人们被组织起来集体从事生产活动，享受集体生活。乌托邦还实行"共餐"，每 30 户在一起集中用餐。虽然也允许"私餐"，但人们是不会选择后者的，因为邦里所有日常劳作都由妇女与奴隶负责，"私餐"也只是将食堂中的食物带出，不会有额外的乐趣，反而会失落某种"家"的温暖。

总的说来，"乌托邦"是聪明头脑中产出的愚蠢的产品。应当说，莫尔对于当时社会变化的征兆与表现有着非常清楚的认识，因而他总是希望在各方面遏制领域分化。如柏拉图以及所有的其他空想者一样，他坚信"我们之所以要获取并增加私人财产，乃是由于每个人自己有他自己的家庭、妻子和儿女"[1]。因此，他实际上是对家庭持否定态度的。不过，他的否定比较隐晦，不像柏拉图表现得那样直白。他是通过对一种乌托邦社会应有的社会组织单元的理想"家庭"的构造来间接否定现代家庭的。从这一点看，莫尔比他的大多数同代人都更早地成为现代人，他已经看到了现代社会的很多特征，但他在"公"与"私"的认识上仍然是不清楚的。其实，"公"与"私"并非水火不容，相反，"私"正是"公"产生的一个条件。尽管近代以来的"公"还只是形式上的，并因之而使"公"与"私"一直处于一种对立的状态，但这是历史发展进程中

---

[1] ［美］乔·奥·赫茨勒：《乌托邦思想史》，张兆麟等译，商务印书馆 1990 年版，第 155 页。

的必然性，不足以成为完全否定"私"的理由。不然，"公"也就失去了生成、发展、再经由形式化而最终获得实质内涵的机会了。这种对"公"与"私"的误解，在《乌托邦》中集中地表现在对生产扩大必然性的否定，从而使其对所谓"公"的幻想不仅不是一种进步的思想，反而成了历史倒退的祈愿。同样的问题在近代早期的乌托邦思想家们身上都有不同程度的体现。因而，尽管乌托邦思想充满激情，却难以对社会建构的实际产生多大的影响。

莫尔之后，空想家们并没有停止思考。由于18世纪前的社会演进还是相对平稳的，乌托邦思想家对现实的反抗也就难以给予人们更多新的启示，其反思大多没能超出莫尔的深度。18世纪中期以后，启蒙运动与工业革命齐头并进，现代社会进入剧变期，现代化进程明显加快。社会的剧变也为空想家们建造了一块思考的乐园，出现了三大空想社会主义者。其中，最有特点的当数傅立叶。鉴于牛顿发现了自然界的"万有引力"，傅立叶宣称自己发现了人类社会的"情欲引力"。"情欲"是人自然具有的所有情感和欲望，或者说，"情欲"是人类社会天然具有的结合动因。他认为，历史上依据情欲结合的方式是组建家庭，但在按家庭组织起来的社会中，"公众的福利同个人的情欲互相对立"[1]。根据他的逻辑，家庭是一种有限的生产形式，不可能满足所有"情欲"，否则，家庭必然破产。要使"情欲"同公众福利一致，就必须废除家庭这种组织形式，实行社会化的生产。因此，他规定了彻底的共偶制度，舍弃家庭，选择一种他称之为"谢利叶"的组织形式。依据"情欲"的种类，人们结成不同的"谢利叶"小组，一定数量的"谢利叶"小组再依据"协作制度"组成"法郎吉"协作社。在他宣称的"情欲引力"的作用下，"法郎吉"式的生产不用考虑工业生产的"效率"需求就必然能够满足所有"情欲"。

傅立叶的思想有着深刻的社会根源。在领域分化的进程中，工业革命的贡献是在实体的意义上确立了家庭、工厂、国家这样一种从小到大的结构。傅立叶对作为私有制度象征的家庭与工厂的解构实际上拆除了

---

[1] ［法］傅立叶：《傅立叶选集》（1卷），赵俊欣等译，商务印书馆1982年版，第44页。

国家的组织根基。"谢利叶"不是家庭，"法郎吉"也不是工厂，它们虽然因社会生产的需要而结成，却不是一个生产单元，而是一种"共同体"式的组织形式。近代早期家庭功能的分化是领域分化的前提，但在工业社会的组织原则逐渐确立之后，领域间的职能分工开始形式化，社会生活的各个方面都从属于工业生产自我延续的需要，并因之丧失了自身的内涵。马克思将这一现象称为"异化"，傅立叶虽然没有如此深刻地指出这种本质，却也意识到了这一问题。也就是说，傅立叶看到了工业生产形式上的开放性与社会化生产之间的矛盾，以及它们带来的"公共利益"与"私人利益"的矛盾。因此，他从家庭入手，通过"协作制度"对"文明制度"的替代来解构工业国家，以求社会生活远离工业生产方式的侵蚀。然而，"协作"本身恰是工业文明的内在特征，他的所谓"协作制度"的设想尽管是要否定工业国家，却不是对工业国家之外的公共生活形态的正确设想。所以，他最终只能求助于上帝，将"情欲引力"归于上帝的创造，以证明其设想的合理性与可能性。

几乎所有空想家们关于乌托邦的构想都是来源于一种对社会变化的极其敏锐的嗅觉，他们的几乎所有描述都是对社会现实的一种否定式陈述。因此，他们的思想也为我们打开了观察当时社会现实的另一扇窗口。在空想家们的思想中，都不同程度地包含着试图通过重构家庭来整合生产与生活关系的内容，这说明他们更早地认识到了领域分化后"公"与"私"之间的矛盾。不过，他们要求回归共同生活的想法，实际上只是在回避而不是在解决矛盾。领域分化本身就是对矛盾的释放，如果选择了回避而不是在对矛盾的克服中去推动历史前进，不论其设想多么精密，注定都只是空想。公共生活的出现，在很大程度上就是为了解决这些矛盾。所以，只有正视公共生活，才能主动地对其进行符合历史发展趋势的建构。

四、　生成时期的公共生活

公共生活是领域分化的产物，却不是这一分化的即时结果，领域分化是一个动态过程，不可能在一开始就生成完整的公共生活。住户的分解与社会诸领域的形成都具有渐进性，公共生活只是在社会演进为其提供了充足的条件时才应运而生。历史地看，古代共同生活衰落之后，类似的生活形式便在很长时期内淡出了历史舞台。共同生活首先需要一定的组织形式。在城邦时代，由于城邦较小，整个城邦共同体就是共同生活的组织单元。城邦瓦解之后，帝国的权力结构破坏了共同生活赖以发生的组织基础，以至于直到近代之前的漫长时期中新的共同生活都没能再次出现。如果说这个阶段也存在着共同体生活的话，这类生活也是在等级秩序的严格框架内进行的。若将村庄视为一个共同体，城堡也视为一个共同体，就可以看到，两种共同体中的共同生活是有着很大不同的。只是到了近代，在领域分化的过程中，以等级制为形式的权力结构开始解体，社会各领域逐渐具有了开放性，不同共同体间的生活才重新有了共同性。不过，这种共同性不同于古代共同生活中的具体共同性，而是一种生成过程中的公共性。正如梅因所说的，近代社会领域的分化过程同时也是一个"从身份到契约"的演变过程，其中，等级序列被打破，公民的身份特权被消除，人们虽然生活于不同的共同体，其不同的生活形式中却可以提炼出共同的东西。这一切都源于现代社会具有而古代社会不具有的开放性。正是这一开放性，使得现代社会的共同体生活成为公共生活，而不再是共同生活。这种演进是从超越了等级界限的新的共同体的出现开始的。

近代早期最典型的此类共同体是行会。尽管行会的产生本身带有等级标记，是行业封闭性的一种表现，但它在不断的演变中促进了生产的扩大，并在扩大了的生产中一步步蜕去了自己的等级外衣。行会让人们意识到，除了家庭生活，还存在着其他的共同体生活形式。随着行会开放性的渐强，等级交往扩大为社会交往，对于个人而言，世界的含义突然重大起来，他的视界被拓展到了刚刚形成的市民社会。在此基础上，人们对于彼此间原本狭隘的共同利益的认识也得到升华，共同利益开始超越等级界限，超越各行会的界限，从而把人们引向从社会的角度来把握"公共利益"的方向。所以说，虽然近代早期还不存在"公共生活"，"城市的非市民都被排斥在政治生活之外，甚至市民也只能按照等级制度参与城市的政治"①。然而，正是在市民社会中出现了行会等生活共同体的运动，使人们头脑中逐渐产生了模糊的"公共"意识。在此意义上，将行会生活视为公共生活的雏形未尝不可。随着社会开放性需求日益迫切，等级制的瓦解也似摧枯拉朽，市民社会中迅速地涌现出被我们今天称之为"社团"的各种共同体，并取代了行会，成为时代的新符号。各种不同共同体的利益碰撞，进一步加深了公共利益需求，同时，利益的复杂性与多元化也加大了形成公共利益的难度。于是，如何区分共同利益与公共利益、由谁来代表公共利益等问题，就成了时代性的课题。通过"公意"与"众意"的区分，卢梭以他的方式回答了这些难题。

在卢梭的"社会契约论"中，对国家与个人的关系作了非常有力的证明。卢梭认为，社会契约论的目的是要"找到一种结合形式，这种形式既能以结合者力量的总和维护和保障每一个结合者的人身和财富的安全，又能使每一个结合起来的成员只服从自己，依然像以往一样的自由"②。这种结合形式就是契约论下的现代国家。社会契约是主权者与国家之间的约定，不过，由于主权者与国家所指的是同一个对象——人民，因而，它实际上也就是人民的互相约定。"作为个人，可以看作是自己在与自己缔约。"③既然国家是个人间缔约的产物，也就不存在个人对国家的隶属关系，反而，个人如果在契约论层面上独立于国家的话，那就是自由的。

在拥有个人自由的国家与个人关系中，个人利益与共同利益都交由他们自己负责，国家只关注公共利益。国家作为主权者是一个抽象的概念，无法实施行动，因而需要作为其表现形式的政府来具体体现公共利益。政府不是主权者，只是行动者。因而，"创制政府的行为绝不是一项契约，而只是一项法律"④。在卢梭这里，这意味着政府在国家与人民之间所具有的是一种中介地位。在后人的解读中，既然政府不是缔约的一

---

① ［德］里夏德·范迪尔门：《欧洲近代生活：村庄与城市》，王亚平译，东方出版社2004年版，第118页。
② 州长治主编：《西方四大政治名著》，天津人民出版社1998年版，第335页。
③ 州长治主编：《西方四大政治名著》，天津人民出版社1998年版，第336页。
④ 州长治主编：《西方四大政治名著》，天津人民出版社1998年版，第389页。

方，也就不具有与公民讨价还价的权利，这一点也就成了政府无权干涉个人自由的理论依据。卢梭实际上也确有这样的主张，他说："一位公正的君主可以占有敌国国土上的全部公共财产，但对私人的人身和其财产必须尊重。"①

由于卢梭把"公意"绝对化了，以至于他对"个人自由"与"个人利益"的肯定又与"公意"之间产生了逻辑矛盾。比如，他主张政府应当被代表，理由是政府不是代表"公意"，而是执行"公意"。不能代表"公意"的执行者是无法理解"公意"的，所以执行本身应当交由代表者。从现实看，一切代表所代表的都是共同利益而不是公共利益，共同利益与个人利益是相对应的，而且，共同利益与个人利益之间的关系也是完全不同于公共利益与私人利益之间的关系的。因为，共同利益是包含着个人利益的，而个人利益却不能包含共同利益。公共利益与私人利益的关系却反了过来：不是公共利益包含私人利益，反而恰恰是私人利益包含着公共利益。或者说，公共利益是存在于私人利益之中的，是对私人利益的抽象。尽管近代政制的设计一直在代表性的问题上去展开思考，但代表绝不是公共利益的代表，而是共同利益的代表，每一个代表都意味着代表了他身后的某个利益共同体。所以，仅仅在代表性的思路中去寻求保证"公意"得到执行的逻辑通路，最终还是在共同利益的层面上去发现落脚点，因而是不可能走到公共利益的终点上的。

对此，卢梭的后继者或批评者们的想法就简单得多了，他们直接用"代议"的形式解决了卢梭论证上的困难，即先肯定个人利益与共同利益，再让它们在代议制度中去自行抵消，不论结果如何，最后得出的是公共利益。这是一种不去考虑"公意"的直接执行而是赋予代表以"代议"职能的做法，即先通过代议而获得公共利益，然后再由专门的执行机构去加以执行。只是到了这时，在莫尔那里存在着的而且在卢梭这里也存在着的关于"公"与"私"的所有矛盾才得以化解。公共利益是通过代议制度而得出的，是表现为国家利益的那种利益。公共生活作为围绕公共利益而开展的活动，在现实中表现为公共领域——具体来讲是政

① 州长治主编：《西方四大政治名著》，天津人民出版社1998年版，第333页。

府——内的活动。政府活动是一种职业活动，公共生活也就不再如共同生活一样是每一个人都必须去过的那种生活。不过，二者之间有一个共同点：都属于政治生活。不同的是，共同生活中的政治是所有成员共同拥有的社会生命，公共生活则是政治——或者公共领域——从业者的职业生命。原则上讲，每个公民都可以选择公共生活，或者说，都可以拥有去献身公共生活的资格，但当他选择了公共生活的时候，却意味着要放弃选择另一种职业生命的机会。

作为一种职业活动，公共生活须受到许多规则的限制，不能如共同生活那样自由地言说与行动。很多时候，选择以及开展公共生活都不是出于某种政治使命感或社会使命感，而是源于简单的职业责任。随着整个现代社会的不断"形式化"，公共生活的自主性特征也渐趋消损，所以，公共生活一产生就出现了"异化"的迹象。就此而言，从共同生活到公共生活的演变难免让人产生一些今不如昔的怀旧之感。历史总是进步的，尽管这种进步不可能在所有方面都以同样的积极形象表现出来。公共生活确实失去了许多共同生活的魅力，但它却具有共同生活无法企望的公共性——尽管这种公共性暂时也还只是形式上的，却促使人类始终朝着更为平等与开放的方向前进。有理由相信，一旦社会拥有了足够的开放性，公共生活也将获得实质上的公共性。

公共生活的出现是领域分化的必然结果。它与私人生活、日常生活的分离从表面上看是对生活完整性的分割，实际上却是对生活完整性的促进。不同生活类型的分离使生活获得了新的内涵，并使它的各种形态都有了充足的领地去自我发掘，然后，才有可能在此基础上重塑生活的完整形态。只有经过这么一个"分化"乃至"异化"的过程，才能最终实现生活以及人的"总体化"，并最终获得"总体性"。所有这一切的关键，就在于公共生活自我健全的运动。只有通过公共生活，才能从人类社会的角度定义人的总体性价值，才能使个人对自我价值的追求符合人类社会的终极价值。在某种意义上，领域分化是历史的选择，其目的就是要突出公共生活的地位。在人类社会的"总体化"进程中，只有先经历"分化"，使人们看到非总体性的现实并给出实现"总体化"的路径，才能让人们自觉地去建构公共生活，从而修筑起一条通往"总体性"社会的道路。这一进程可能是漫长的,因为人们对历史趋势需要有一个认识的过程。其中,公共生活的生成只是第一步,随着它在现代社会中的发展和行进,我们将看到人类总体化进程的更为详细的面貌。

第五章

理解公共生活

公共生活的实质是公共利益的问题。在农业社会的政治体系中只存在共同利益而不存在公共利益，公共利益是在王朝治理模式向国家治理模式转型的过程中随着身份共同体的瓦解而生成的。对公共利益问题的解决，是完善法治国家的突破口。然而，在法治国家的框架下，关于公共利益的理想与现实的冲突是永远无法解决的。法治国家只能最大限度地在形式上追求公共利益的增长，而实质意义上的公共利益却是无法实现的。为了理解现代公共生活，阿伦特考察了古希腊的城邦生活，从中离析出了"言说"与"行动"两大要素，认为雅典的城邦生活是言说与行动相统一的一种状态。在这一理解的基础上来反观现代公共生活时，她认为，现代公共生活的困境根源于言说与行动的分离。这一思想实际上成了 20 世纪后期社会变革的主导性理论，并经历了"商谈伦理"和社群主义而走向了参与治理方案的提出，不过，却无助于公共生活走出困境。公共生活以及公共利益问题的根本性解决，应当包含在把公共生活与共同生活区分开来的理论努力中。然而，在学术界，古希腊的城邦生活却被视作公共生活的理想形态，这是对城邦生活的严重误读。其实，城邦生活只是一种共同生活的形态，而不是现代意义上的公共生活。

第一节　公共利益发生的历史

一、 统治型社会治理体系中的共同利益

在人类社会发展史上，公共利益的问题并不是与人类社会一道产生的，而是在人类社会发展到一定阶段后才出现的。历史地看，在农业社会，人类共同体中所存在着的是共同利益。在以"身份"为标识的农业社会中，人的个别存在被糅合进了共同体的存在之中，人是以某种身份出现的，或者说是某种身份的载体。因此，某种身份所对应的利益既是这个身份共同体的利益，也是其中每一个成员的利益。同一身份中的不同成员之间并不具有利益上的异质性；不同身份的人们之间也不具有利益上的同一性。也许人们会说，一个地区以及一个共同体中会存在着诸如秩序之类的"普遍性"需要，但这些关涉到一个族群的共同命运的所谓利益，其实也只能被看作某种共同利益。

从社会治理的角度看，近代以前所拥有的是一种统治型的社会治理方式。王朝以及王朝的派出机构和人员构成了治理体系中的治理主体，整个社会治理服务于统治者的利益。就统治者作为一个阶层或阶级而言，在这个阶层或阶级中存在着需要通过社会治理去加以实现的共同体利益。也就是说，统治型的社会治理体系是通过身份标识而把整个社会组织起来的，身份即是共同利益赖以存在的前提，也是确定共同利益边界的手段。由于以身份为载体的共同利益在不同身份群体之间划定了鸿沟，并通过社会治理过程而对被统治者的利益加以排除，因而导致了王朝的不稳定性，以至于出现经常性的王朝变更。如果说在某一王朝的统治区域内也有着共同利益的话，那也是服务于统治阶层的共同利益需要的。

统治型社会治理体系是一个封闭性的体系，在中世纪后期，它因市民社会的出现而受到了冲击。在一开始，市民也是以一种特有的身份出现的，但是很快，随着市民社会的成长，市民的身份色彩开始迅速褪去，市民社会把人塑造成了平等的个人。市民在总体上也可以被认为是一种

身份，但市民之间却无身份之别。市民社会是一个开放性的社会，它在本质上意味着一切身份的消解。当身份标识开始淡化的时候，王朝的根基也就动摇了。从理论上讲，以市民社会为基础的公民国家也就获取了诞生的契机。不过，欧洲的实践所选择的是另一条路径，那就是在反对神权国家的过程中生成了绝对国家。这是因为，欧洲中世纪的统治型社会治理体系是以神权国家的形式出现的，世俗的王朝为了在神权统治中获取一定的独立性，为了确立以自己为主宰的统治型社会治理体系，是把新生的市民社会作为一支可以结盟的力量而加以利用的，目的是要通过联盟壮大自己反对神权国家的势力。但是，在与市民社会的结盟中，王朝自身也国家化和绝对化了，即生成了一种绝对国家。虽然绝对国家是由王朝演进而来，却又是王朝自身的否定形态。尽管绝对国家还是建立在身份标识的基础上的，但身份标识在社会治理中的意义已经开始弱化。在社会治理过程中，绝对国家往往更多地谋求市民社会的配合。在很大程度上，欧洲中世纪后期的绝对国家只不过是向现代国家前进的一种过渡形态。

从共同利益的角度看，绝对国家与此前的王朝所承担的社会治理有着很大的不同，不仅是因为绝对国家创造出了君主，而是因为它一开始就为了国家的整体性而对领主加以控制。我们知道，由于强大的领主势力的存在，中世纪诸王朝并不能对其王国进行有效的控制，国王对领主不具有强制性的权力，绝对国家出现后的第一步就是削弱领主势力，强化中央集权。比如，在黎塞留任首席大臣期间，通过与英国的战争，波旁王朝掌握了强大的军事力量。在此基础上，他果断出击，废除领主特权，并设立了总督这样一个常设的"钦差大臣"，使王室获得了对地方的直接控制。即便是在集权化较早发生的英国，也在其绝对化时期改革了治安法官制度，通过将治安法官由地方司法的监察者转变为地方司法的主要执行者的方式而进一步强化了集权。这样一来，绝对国家就获得了形成一种在更大地域范围之内的共同利益的可能性。然而，这一以国家形式出现的共同利益与此前的地域性共同利益在性质上已经有了很大的不同。在一定程度上，已经开始显现出转化为公共利益的迹象了。

绝对国家的出现也使贵族不得不对国王作出让步。中世纪的国王在很大程度上只是贵族中的一员——虽然是最重要的一员，这就决定了国王在制度上不具有超越于贵族共同体之上的个别利益，更不用说去代表整个社会的利益了，这一点在中世纪各国"国王自理生计"的财政原则中得到了显著的体现。在绝对国家生成的过程中，由于与教会角力的需要，王朝需要一个能与教皇相匹敌的强硬形象，这就迫使贵族共同体利益不断让位于国王利益。因为政治结构的差异，这在各国也有着不同的表现。比如，在英国，由于集权制度是由征服者建立起来的，贵族没有获得免税特权，国王与贵族的利益争夺主要发生于税收体制内部，形成了议会征税的制度。英国的议会征税制度在理论上使贵族获得了约束国王的权力，强化了"国王自理生计"的原则，但在现实中，它更多地起到了合法化国王利益、帮助国王突破财政限制的作用，从而突破了"自理生计"的原则。在大陆，由于国王通常只是领主之一，"国王自理生计"主要表现为贵族享有免税特权，超脱于税收体制之外。因此，国王往往很难利用等级议会与贵族直接争利，而是不得不诉诸其他途径。比如，法国国王就令卖官鬻爵合法化，变相地实现对贵族利益的剥夺。这样，国王实际上获得了某种超越贵族共同体之上的性质，贵族们的共同利益也就逐渐让位于国王利益，使得国王利益能够逐渐过渡到国家利益。

对国王来说，要令自己成为君主，除了使自己的利益得到制度性承认外，最重要的是要获得能够保障这种利益的独断权力。因此，绝对国家生成的最重要一步就是对贵族政治特权的剥夺。这种剥夺是对贵族共同体的最沉重打击，它必然会激起最强烈的反扑。比如在法国，就导致了连绵数年之久的"投石党运动"。随着投石党运动的最终失败，贵族的政治特权彻底丧失，当路易十四宣布废除首席大臣而实行亲政时，就从国王摇身一变而成为君主，并发出了"朕即国家"的时代宣言。绝对君主的产生是绝对化的最终结果，即便在绝对化并不彻底的英国，亨利八世也在事实上享有与大陆君主不相上下的巨大权力。[①]

绝对化造就了君主。君主不再仅仅是贵族共同体的最高成员，反而

---

① ［英］安德森：《绝对主义国家的系谱》，刘北成、龚晓庄译，上海人民出版社 2000 年版，第121 页。

成了超越贵族共同体之上的主宰者，他作为所有贵族身份唯一合法来源的地位，得到了明确宣示。这一点，从绝对化以来各国卖官鬻爵现象的兴起中得到了明证。从此，君主利益高于贵族们的共同利益，也高于任何其他共同利益，它就是所有共同利益的最终利益，即绝对国家的国家利益。以君主为标志和象征的绝对国家的出现意味着相应国家观念的产生，同时，还应看到，对贵族的贬抑并不仅仅是国王向君主转变的要求，从根本上看，它是根源于市民们的要求的。所以，在君主生成的同时，也伴随着绝对国家对市民的确认，即把市民纳入臣民的构成部分中来，把他们看作王国天然的臣民。其结果就是，人们间的身份差异开始抹平，即被"臣民"这个概念所抹平。在绝对国家之内，只有两种身份：君主与臣民。君主之下，人人平等。

绝对国家在突出了君主利益的同时也创造了绝对国家框架下的共同利益。就这种共同利益的全员性质而言，它是具有普遍性的，也是一种普遍利益。在一定程度上，已经包含着公共利益的胚芽了。就此而言，这样的评论是可以接受的："在16世纪许多政治家、思想家的著作中，开始明确提出了'公共福利'（Common Weal）的概念，并把公共福利提高到关系国家兴衰存亡的首要地位，大量经济、社会问题成为议会讨论、著作、演说、布道最关心的问题。尽管此时远谈不到一般民众对国家有什么明确权利，'公共福利'主要指的是国家政权的稳定和乡绅与工商业者的利益不受威胁，但国家机构一旦担负起处理全国性经济社会问题的职能，就要与每个国民日常的切身利益打交道，就要产生出国家政权利益与国民利益相互间是协调一致还是冲突对抗的问题。这就摆下了国家与公民间权利义务问题的新对局，为近现代广大民众参与国家生活的公民国家初步开创了条件。"①

如果就此断定"公共利益"已经出现还为时尚早，即便在最抽象的意义上讲，此时的所谓"公共福利"也是与君主利益相对而言的，它本质上只是一种臣民利益。绝对国家虽然对身份体系进行了最大限度的简

---

① 郭方：《英国近代国家的形成》，商务印书馆2007年版，第10页。考虑到欧洲当时的情况，Common Weal一词如果翻译成"共享福利"可能更为妥帖一些。

化，但毕竟还残留了君主与臣民两种彼此对立的身份。因此，尽管臣民利益已经是一种具有一定普遍性的共同利益了，但它仍然不是一种具有充分普遍性的公共利益。并且，由于君主与臣民之间是一种不对等的关系，君主凌驾于所有臣民之上，臣民利益相对于君主利益也就处于一种臣属地位了，君主可以随时宣布、篡改乃至毁灭任何臣民利益。因而，臣民们对自己的利益是根本无法自主地把握的，臣民利益即便存在，也只是一种名义上的存在，能否实现完全取决于君主利益的需要。所以，就作为"公共福利"的臣民利益与作为国家利益的君主利益之间存在着对立和冲突而言，是不可能存在着严格意义上的公共利益的。

事物都具有两面性，对"朕即国家"这句话我们也可以进行另一种解读，它意味着，在国家被等同于君主的同时，君主实际上也被等同于国家了。因此，君主在"朕即国家"的理念下也会自觉或不自觉地做出某些确实有利于"公共福利"的行为。正是这些行为能够源源不断地为臣民送去力量，使它走向与君主的和解。在其后的历史发展进程中，随着作为主权者的人民对君主的替代以及随着法律至高无上性的确立，绝对君权原则就演化为法律之下人人平等的宪政原则，从而将不同身份的对立最终从近代社会中驱逐了出去。所以，虽然绝对国家所代表的依然是统治型的社会治理，但它一开始就展现出与此前治理能力较弱的王朝治理的不同，是以一种强势的国家治理姿态出现的，或者说，是一种在治理能力上已经大大地加强了的王朝治理。这一点在英国有着最为突出的表现。我们知道，诺曼征服之后，在异族统治的现实下，英国很早就发生了集权化，这使得英国中世纪从未出现过独立的地方诸侯，市镇从一开始就是王室领地的一部分。①

由于统治集团内部的王室与贵族之间存在着对立，以致中央集权并不是一种典型形态，没有造成国王的一意孤行，相反，"其结果是，在整个中世纪政体内，王权与贵族代表权的同时集中化"②。其政治后果是在

---

① ［英］安德森：《绝对主义国家的系谱》，刘北成、龚晓庄译，上海人民出版社 2000 年版，第 114 页。

② ［英］安德森：《绝对主义国家的系谱》，刘北成、龚晓庄译，上海人民出版社 2000 年版，第 114 页。

英国形成了一个强大的议会传统，在绝对国家内部形成了议会与国王的二元并立。具体表现就是形成了"国王在议会"的立法体制与"国王在枢密院"的行政体制。于是，尽管君主是整个国家的首脑，但因立法权与执行权的分离而使主权受到了削弱，其君主成色显得严重不足。国家利益虽然也是通过君主利益表现出来的，却更多地受到臣民利益的左右。这也是英国革命能够较早发生的原因之一。因为其臣民的共同意识得到了最大限度的觉醒，所以，在绝对化程度更高的斯图亚特王朝时期，君主对自身利益的追求严重破坏了其与臣民利益间原有的平衡关系，于是导致了革命。虽然王朝自我否定的情况在大陆没有那么强烈，但各种形式的等级会议和一整套的日益理性化的国家机构体系也已经开始出现，这也表明国家治理取代王朝治理的进程发生了。在这样一个历史进程中，所蕴含的是超越共同利益的可能性，意味着公共利益的发生已经站在起跑线上了。

二、　国家治理条件下公共利益的发生

公共利益的出现是近代早期身份共同体解体的结果。如梅因所说，近代历史是一段"由身份到契约"的历史，契约用它的平等性消除了不同身份之间的隔膜，并以社会契约的方式将所有身份抽象为一个"公民"的概念。与此同时，所有身份共同体都被"国家"所统合。尽管国家最初同样是由身份共同体组成，但这些共同体的身份属性在国家的现代化进程中不断褪色。当现代化完成之时，在国家的意义上，身份共同体被整合进了公民共同体之中，共同体中的公共利益开始出现。所以，公共利益是与民族国家相伴而生的，是在近代社会中才出现的。也就是说，在农业社会的统治型社会治理模式中，统治结构决定了公共利益无法产生，只是在工业化进程中，随着统治结构被管理结构所置换，随着农业社会的混沌一体化社会分化为公共领域和私人领域，之后才使公共利益获得了生长的土壤。

历史发展的事实是，欧洲中世纪统治型社会治理方式的世俗形态经历过一个从王朝治理向国家治理的转变过程，绝对国家是作为一个特殊

的过渡形态出现的，它虽然创造出了国家的概念，却在很大程度上依然属于一种王朝治理，并且是一种绝对化的王朝治理，即君主而非贵族成为王朝的代名词。因而，尽管它创造出了具有一定普遍性的臣民利益，最终还是使之臣服于君主利益。不过，从中我们也可以发现这样的逻辑：臣民利益的出现是贵族与平民身份同一化或均质化的结果。然而，要形成公共利益，还要求进一步消除君主与臣民的对立，从而将所有人纳入一种统一的身份中去。实际上，这就是近代资产阶级革命逐渐推翻绝对主义国家并建立起资本主义国家的历史进程。

近代早期第一场具有深远影响的革命是在英国发生的。我们知道，与神权国家相比，绝对国家已经是一种主权国家了，其君主与臣民的对立也可以称为主权者与臣民的对立。然而，由于绝对化的不彻底性，英国君主并不能与主权者完全画上等号。事实上，"国王在议会"与"国王在枢密院"体制的确立已经使主权的所有者和行使者发生了分离。由于不能完全左右议会与枢密院的决策，君主在很多时候并不出席其常规活动。这样一来，实际权力就在无形中转移到了议会与枢密院那里去了。这种体制延续的结果是，令立法权与执行权逐步发生了分离，进而造成主权概念的弱化。虽然在名义上国家的主权最终可以统一到君主，但君主在这两种权力行使上并不发挥决定性的作用。所以，当时英国的所谓君主主权是比较弱的，而且当时就已经出现了君主主权与议会主权的争执。

即便是在霍布斯那里，关于君主主权的论证也是从君主主权具有更大优越性的角度出发的。实际上，这个结论默认的前提是，"统治权不操在一人手中便操在多人组成的会议手中"[①]。也就是说，英国的君主主权其实很早就与议会主权并行。在其后的发展中，随着君主权力受到更多的限制，英国的君主主权特征逐渐地褪色并最终为议会主权所替代。在这一替代过程中，议会对立法权的合法掌握得到确认，与国王对执行权的掌握形成了对峙。虽然随着内阁制的建立而使议会在立法权和执行权两个方面都处于主导地位，但两种权力本身的差别依然得到了肯定。特

---

① ［英］霍布斯：《利维坦》，黎思复、黎廷弼译，商务印书馆1985年版，第142页。

别是权力制衡的理念出现之后，在英国已经不再具有实质意义上的所谓主权概念了。这个时候，如果人们还谈论所谓主权（即议会主权）的问题，也主要是指议会所掌握的立法权高于其他权力。主权本身则从一种"主宰权力"变成了一种"主要权力"。这一点对后来几乎所有的主权学说都产生了重要影响。

学术界一般把英国看作为议会主权的典型形态，认为它是一种议会主权主导下的国家治理模式，虽然它保留了君主，但君主本身只是议会的一部分。也就是说，在英国，君主失去了与国家主权间的实质性联系，因而不再是绝对国家形态下的君主了，自然地，绝对国家形态下君主与臣民的对立也就消失了。不过，应当看到英国的贵族势力是比较顽固的，它在相当长的时期内保留了对立法权的控制。虽然英国议会早在中世纪后期就产生了选举制度，但选举只是针对下院，实际掌握权力的上院则仍然由世袭贵族组成。在英国绝对国家化的过程中，有着历史渊源的贵族受到了重创，但这一过程中同时又造就了一大批新贵族，即把那些新生的市民精英变成了贵族。即使是新贵族，而且是来自市民的新贵族，也具有与旧贵族一样的本性，那就是在自己与平民之间划上一道鸿沟。这样一来，议会主权实际上也维护了一种主权者与臣民之间的对立。这就说明，当议会主权从根本上冲击了绝对国家的君主主权时，君主与臣民的对立并没有消失，只不过是转化成了主权者与臣民的对立。但是，在这种转化中包含着一个逻辑上的可能性，那就是君主主权并不是恒定不易的，它可以为议会主权所取代，君主可以成为主权者，议会也同样可以成为主权者，事实上，议会已经取代君主而成为主权者。进而，在逻辑上，臣民成为主权者也就不是不可能的了。如果臣民成了主权者的话，那么主权者与臣民的对立也就最终消失了，即实现了主权者与臣民（人民）的统一。

在思想史上，针对臣民与主权者的统一问题，思想家们提出了两种解决方案：一种是由孟德斯鸠提出的三权分立的解决方案；另一种是由卢梭提出的人民主权的解决方案。孟德斯鸠发现，臣民与主权者的对立本身就是主权存在的证明，只要主权消失了，主权者与臣民的区别也就不存在了。因此，他的解决方案是从消除主权入手的。孟德斯鸠对英国革命建立起的不彻底的分权体制作了进一步的改造，形成了立法权、行政权与司法权的三权分立。这样，任何一种具体权力的权威性都消失了，主权权威为法律权威所取代，法治（rule of law）而非依法而治（rule by law）也就成为可能。当主权者概念失去了依托，根据法律之下人人平等的原则，每个人都获得了一种平等的身份——公民。事实上，当公民成为一种普适性"身份"的时候，它已经不再具有标记身份的功能，而只表示了个人的一种角色。于是，臣民与主权者的统一与"由身份向角色的转型"同时完成了。

与孟德斯鸠不同，卢梭并不试图消除主权，而是在对人民主权的论证中找到了臣民与主权者统一的另一种可能性。在他这里，主权者与臣民并不是自然存在的，相反，自然状态是一种人人平等的状态，这些彼此平等的人拥有一个共同的角色——人民。这就实现了从臣民向人民的转化。通过社会契约，人民使自己摆脱了自然状态，组成了一个共同体。就这个共同体而言，当它是被动的时候被称为国家；当它是主动的时候就被称为主权者。进而，人民又获得了自己的另外两种角色：作为国家法律的服从者就是臣民；作为主权权威的参与者就是公民。这样一来，通过人民的中介，臣民与公民成了一个统一体，而公民与主权者又是一个统一体。结果是臣民与主权者在理论上得到了统一。正是由于这种统一，从根本上消除了臣民的身份，从而以人民的面目出现。由此可见，尽管路径不同，但在对臣民与主权者的统一问题上，卢梭与孟德斯鸠可谓做到了殊途同归。

这两种解决方案孰优孰劣？它们又是怎样作用于现实中臣民与主权者的统一的？要回答这个问题，就必须对两种方案进行进一步的分析。从近代以来的治理变革中可以看到，分权是一个基本趋势，人们对集权形态的一切诟病都是为了指向分权的目标，直到今天，人们在改革的逻辑中依然去努力追求进一步分权的可能性。可是，分权的结果却使人们忘记了主权，至少不再去对主权者是谁的问题加以追问。所以，分权的社会治理变革运动实际上消解了抽象主权，而这种消解恰恰是人人平等的秘密所在，主权者与臣民的对立因此而消解也就不难理解了。

从近代政制确立的情况看，"三权分立"的思想虽然没有得到所有国家的采纳，但在统一臣民与主权者问题上的贡献，则得到了人们的普遍肯定，分权制衡已经成为现代政治的基本组织原则。事实上，即便在卢梭这里，所谓主权，也经常被暗示为立法权①，而行政权则"很自然地是与立法权相分离的"②。在卢梭看来，这种分离并不能证明主权受到了分割，因为它只是由"主权权威所派生的东西"，而不是"主权权威的构成部分"③。卢梭认为，只要立法权是由人民共同行使而非某些部分分别行使的，主权就是完整的。所以，尽管他讽刺孟德斯鸠对主权的性质认识不清，而实际上，他自己却偷偷地接受了权力分化的现实。

承认分权是卢梭理论逻辑的一个必然归宿，对于仍然处于绝对国家治下的卢梭而言，其所有论证在本质上都是为了寻找一种绝对国家的替代方案。尽管对于英国议会主权的方案非常不满，但他却不能抹杀议会主权在消解绝对主权上的巨大功绩，并不可避免地受到了其影响。同时，他之所以不满于议会主权，乃是因为议会在立法过程中用众意替代了公意。因此，为了保证公意的形成，他规定主权行为必须具有普遍性，其结果也就只能是法律了。否则，如果主权行为不具有普遍性，主权者被各种个别意志所干扰，公意就无法形成。那样的话，不是由法律的行政行为所引起的结果便不成其为主权行为。正是这样，行政权力就与主权区别了开来。另一方面，为了确保公意的地位，卢梭规定主权者不能被代表，立法权只能由人民而非代表来行使，只是在执行的意义上，为了保证公意不受扭曲，才会要求代表去执行公意。因为，在卢梭看来，如果主权者被代表了就是对法律而不是对公意的服从，就会将人民自己从主权者变成奴隶。就此而言，也可以说后来的密尔在设计代议制的时候是把卢梭作为一个对手看待的。

当卢梭论及主权的绝对性时，实际上更多的是就人民绝对的主权者

---

① 在卢梭的行文中，类似"主权者除了立法权力之外便没有任何别的力量"（［法］卢梭：《社会契约论》，何兆武译，商务印书馆 2003 年版，第 114 页）的表述随处可见，这些表述与主权绝对性的规定之间存在着经常性的矛盾。虽然可以把它看成是由于所谓"语言的贫乏"而造成的，但如果将卢梭放置到整个思想史谱系中来考察的话，就会发现，在洛克与孟德斯鸠已经对权力的可分性做出了充分论证的前提下，卢梭所表现出来的叙述上的矛盾只是出于妥协的需要。

② ［法］卢梭：《社会契约论》，何兆武译，商务印书馆 2003 年版，第 124 页。

③ ［法］卢梭：《社会契约论》，何兆武译，商务印书馆 2003 年版，第 34 页。

地位而言的。他在得出人民主权结论的同时，也在无形中确认了主权与具体的权力形态的分离，并使人民主权的含义停留在了人民直接掌握立法权的激进但又有限的意义上。然而，正如卢梭自己感叹的，"真正的民主制从来就不曾有过，而且永远也不会有"①，人民主权——即便人民掌握的只是立法权——终究是无法实现的。从后世的政治发展来看，特别是从政治学的理论叙述来看，卢梭的方案是有着巨大影响的，它与"三权分立"一样，对臣民与主权者的统一，做了巨大贡献。但是，人民主权从来都没有在直接的意义上成为现实，只是经过了代议制的改造，才以一种间接主权的形式而成为法治国家的构成要素之一，并在法治国家中被作为一项宪法原则而被确立了起来。无论后世的学者们怎样表达了对卢梭的敬仰，而从事制度安排工作的人们，往往更看重的是孟德斯鸠的方案。

近代第一个法治国家是在美国建立起来的，它采纳了孟德斯鸠的"三权分立"方案，彻底消除了最高权力；同时，又吸收了卢梭的"人民主权"思想，并通过建立代议制度以使"人民"成为间接的主权者，从而否定了任何直接主权者的存在。在这里，法律（而不是主权）在社会治理中处于决定性的地位，从而使主权者与臣民尚未出现之时就完成了统一。美国革命后，英国议会主权也发生了转型，在市民社会的进一步发展以及卢梭人民主权学说的影响下，英国政制结构发生了变化，下院逐渐超过上院而掌握了对议会的控制权。由于下院是由选举产生的，议会这个"主权者"就变成了代表者，人民则获得了间接的主权地位。按照一些学者的看法，自此开始，英国便形成了一种层级主权，议会与人民都成了某种意义上的主权者。因而，主权者与臣民的对立就以这种方式得到了统一。实现了这种转型之后，英国已经不能再被称作一个严格意义上的议会主权国家了。尤其是随着它的政党政治不断成熟，议会的相对性也得以增强，而法律则凭其独具的确定性而在社会治理中获得了更高的权威。因此，英国虽然在形式上还具有议会主权的形象，而在实际上，则表现出很多法治国家的特征。当然，由于英国缺乏独立的违宪

①［法］卢梭：《社会契约论》，何兆武译，商务印书馆 2003 年版，第 84 页。

审查权，学术界往往并不将其称作为法治国家，但从总体趋势来看，它是不断地朝向法治国家迈进的。

总的说来，近代社会治理变革的总趋势是朝着法治国家的方向迈进的，不管所走过的路径有多大差别，各国都通过自己独特的方式而对自身进行了改革和调整，都努力去消除政治结构上的人群差别和对立，都试图去确立法律的最终权威，倡导一种"法律面前人人平等"的理念。当法律在一个国家中的最终权威确立起来之后，这个国家的主权实际上已经被消解了。尽管绝大多数国家都在自己的宪法中规定了人民主权原则，但在现实的政治运行中，它是被作为一条虚置的原则而加以接受的。正是这一点，成了公共利益得以产生的秘密所在。

也就是说，当国家主权还是现实政治运行的原则时，就必然会存在着主权者与"臣民"的差别甚至对立，也就不会有普遍性的公共利益存在于他们之间。然而，当法律取代了主权者而成为最高权威的时候，主权者与臣民也就被统一到公民的概念中去了，在法律面前的角色一致性，也就决定了他们身份上的差异不受法律的承认，法律所承认并努力确立起来的则是存在于他们中间的普遍性因素，而这些因素恰恰是以公共利益为基础的。所以，公共利益是存在于法治国家中的，离开法治国家去谈论公共利益就失去了政治坐标。当然，以公共利益的追求为切入点，也是建立法治国家的正确路径，一切关于公共利益的讨论如果不是指向法治国家的建立的话，就是庸俗的。

三、 审视法治国家中的公共利益

我们一再指出，农业社会不存在抽象的社会构成要素，它的每一个构成部分都需要在实体性的意义上来加以把握。只是由于国家的出现，社会分化才得以在普遍性与特殊性的意义上展开，才出现抽象的领域以及社会构成要素。抽象形态的公共利益是在国家出现之后才出现的，是在社会的各个特殊性领域以及特殊性构成要素彰显出来之后才作出的抽象和提出的要求。当然，公共利益的发生史可以追溯到绝对国家，但作为一种人们明确意识到的利益形态则是在现代国家出现之后才出现的。

特别是法治国家的出现，使公共利益及其实现成了政治以及行政活动的基本内容。

在农业社会，人的身份具有实体性意义上的完整性，他要么是贵族、要么是国王、要么是臣民。现代国家则把人的身份打碎了，使人分化为不同的角色。比如，一个人既是市民又是公民，市民和公民是同一个人的两种角色。作为市民，他所追求和拥有的是特殊利益，即私人利益；但作为公民，他又必须追求并努力维护公共利益。所以，公共利益无非是公民的利益，是人作为公民能够追求和获得的利益。由此看来，公共利益与私人利益无非是由公民与市民两种角色决定的，而人的公民与市民角色又是在公共领域与私人领域的分化中生成的，是公共领域与私人领域的分离在个人身上的表现。

公共领域与私人领域虽然是由完整的社会分化而成的两个领域，却不是截然对立的，它们分立而又相互融合，或者说，它们相互以对方的存在为自己存在的前提。根据黑格尔哲学的原理，公共领域其实是一个普遍性的领域，而私人领域则是一个特殊性的领域，就普遍性寓于特殊性而言，公共领域应当包含在私人领域之中。然而，在我们的社会设置中，公共领域已经成为一个事实上的相对独立存在的领域，而且是与私人领域分立而"在"的。把黑格尔的哲学原理用来把握这一现象，就只能被改写成：公共领域是根源于私人领域的要求而出现的，是出于维护私人领域的健全的需要而出现的。根据历史唯物主义的原理，这也就是经济基础决定上层建筑。事实的确如此，离开了私人领域，公共领域也就无法得到理解。但公共领域是如何去维护私人领域的健全的呢？在直接的意义上是通过法律、政策以及政府的外向行政行为，在法律、政策以及行政行为背后而作为其实质性内容存在的，则是公共利益，是通过对公共利益的维护而达致私人领域健全的目标。所以，公共利益虽然是一个抽象的社会构成要素，却是在公共领域反作用于私人领域的过程中所欲直接实现的目标，也是公共领域中一切活动的终极准则。

在此，我们看到的是这样一幅构图：在历史演进中，社会分化为公共领域和私人领域；在哲学追问的逻辑中，公共领域根源于私人领域，是由私人领域所决定的；在现实的社会功用之中，公共领域是服务于私人领域的，需要满足私人领域中所提出的各种普遍性要求，需要维护私人领域的健全；在公共领域维护私人领域健全的路径选择中，公共利益的实现是最为基本的路径；在公共领域所使用的手段和方式之中，法律、政策以及政府的外向行政行为则是一些基本工具；在法律、政策以及行政行为所构成的工具体系中，法律具有最高性，政策其实是法律的临时性形态，而行政行为也需要依法展开，也就是说，整个工具体系所应贯穿的是"法的精神"。当我们把这幅构图铺展开来，视线自然而然地被聚焦到了法律以及"法的精神"之上了。对于公共领域以及它作用于私人领域的活动来说，法律只不过是工具。可是，为什么它会成为整幅构图中最炫目的聚焦处呢？那是因为法律天然地就具有普遍性的特征，天然地包含着公共利益的内容和适用于维护公共利益。特别是就"法的精神"能够照亮一切社会领域以及一切社会构成要素而言，它本身就意味着公共利益。正是由于这个原因，在一切法治国家中，人们都恒久地去表达对公共利益的关注。也许正是由于人们对公共利益的追求，呼唤出了法治国家这样一种社会治理形式。

一切实体性的存在物在内容上都是确定的，而一切抽象性的存在物在内容（内涵）上都具有不确定性。公共利益是一种抽象性的存在物，或者说，公共利益只是一种抽象的利益形态，所以，它的内容（内涵）是不确定的，而且这种不确定性在现实的政治活动以及政府的行政活动中是一个绕不开和走不出的困境。从上述关于公共领域与私人领域的分析中可以看到，公共利益无非是存在于私人领域中的那些具有普遍性的要求，是由公共领域以法律的形式来加以确认的利益。如果把私人领域这个概念还原为与国家相对应的"社会"这个概念，就会看到这样一幅图景："臣民们赞赏公共的安宁，公民们赞赏个人的自由；一方宁愿财产有保障，而另一方则宁愿人身有保障；一方要求最好的政府应该是最严厉的政府，而另一方则主张它是最温和的政府；前者要求惩罚犯罪，而后者则要求预防犯罪；一方认为最好是被四邻所畏惧，而另一方则更愿意被四邻所忽视；一方所满意的是金钱的流转，而另一方则要求人民有面包。"① 在现代社会，私人领域或者说市民社会中各种各样的利益要求是相互冲突的，甚至在很大程度上是不可调和的。如何在这种殊异不同的社会需求之中去发现公共利益，显然是近代以来社会治理模式构建中的最大难题，几乎所有伟大的政治思想家们都把这一问题的解决作为自己的思考重心。

如上所述，卢梭确认公共利益的方案是建立在"公意"概念的发明上的。虽然在卢梭的时代还不可能直接涉及公共利益这个概念，但就公共利益问题作为一个问题来说，已经成了他那个时代的人们思考的重心了，卢梭的"公意"概念在一定程度上是可以与公共利益的概念通约的。但卢梭的思想属于人民主权学说，通过上述的考察已经看到，任何一种主权学说都不支持公共利益的理论。所以，虽然卢梭发明了公意的概念，而且对公意的形成进行了一系列主观性的规定，即假定个别意志可以相互抵消，在这种相互抵消的过程中所生成的主权者意志就是公意。如果考虑到与主权者相对应的"另一方"的话，卢梭的公意就不能再被视为公共利益的代称了，因为那个"另一方"如果有意志的话，肯定是与公意不一致的；如果有利益要求和利益主张的话，那也肯定不是公共利益。所以，就其思想本质来看，卢梭的学说还不能算作对公共利益的探讨。不过，他毕竟发明了"公意"这个概念，对于启示公共利益是有助益的。

如上所述，公共利益只有在法治国家的框架下才能成为具有现实意义的利益形态，这是因为法治国家已经消除了主权者的概念，是通过代议制去将立法权与行政权一同交给了代表。这对公共利益的确定就可以不借由主权者而形成公意，而是由代表们制定法律，以法律的形式来确认公共利益。然而，从现实情况看，代表所表达的利益诉求是有差异的，而且也存在着表达者、表达方式和表达渠道等因素的差异问题。在这种情况下，公共利益能否保持与社会需求的一致性呢？或者说，法律所包含的公共利益是否真实地反映了社会需求呢？如果答案是否定的，那么遵守法律还能被认为是符合公共利益的吗？边沁的工作可以看作对这一问题的回答，即揭示公共利益自身的矛盾性。

---

① ［法］卢梭：《社会契约论》，何兆武译，商务印书馆 2003 年版，第 106 页。

　　边沁指出，社会契约的承诺造成了两个结果：一是要依照法律进行统治；二是要依照人民的幸福进行统治。由于前者更为精确，因而法律文字便构成了统治规则的要旨，与法律相抵触的东西就被认为是与人民幸福相抵触的。然而，法律与幸福之间的这种一致性实际上只是虚构的："首先，因为最有害的、而在某些政体之下又是最行之有效的、与人民的幸福相抵触的统治方法正是通过制定与他们的幸福相抵触的法律本身。其次，有一种可以想象得到的情况：一位君主可以极大地损害人民的幸福却没有违反任何一条法律的条文。再次，可能在此时或彼时出现例外情况，在这种情况下，违反法律的行为比遵从法律的行为，在当时也许更能促进人民的幸福。最后，并不是任何一次单独的违法行为都可以被恰当地看作是国王不履行他在契约中的职责，因而可以认为人民已经不再具有履行他们承诺的义务。"① 进而言之，并不是任何一次单独的违法行为以及顺从这种违法行为而造成的损害都会超过由于抗拒这种违法行为可能造成的损害。也就是说，根据人民幸福的要求，顺从违法行为反而更符合人民的幸福。这准确地指出了在法治国家之下公共利益自身存在的深刻矛盾，法律代表了公共利益，但它只是形式上的公共利益，形式上的公共利益与实质上的公共利益可能是矛盾的。所以，为了实质上的公共利益，违法行为反而会更符合公共利益。反过来，依靠法律来确认以及促进公共利益则可能会损害公共利益。

　　密尔也看到了公共利益自身所存在的这种矛盾，但他通过谋求一致性来化解这一矛盾。密尔认为，在作用于公共利益的诸因素中，社会需求的异同是决定性的，如果社会需求本来是一致的，那么就算代表间存在着差异也可以忽略不计。密尔在公共利益中提炼出"秩序"和"进步"两项内容去展开他的证明，他认为，几个世纪以来，社会对政府的所有要求都可以归结为"秩序"和"进步"两个方面。在最宽泛的意义上，"秩序"是指保持已经存在的一切种类和数量的好处，"进步"则是要增进这些好处，实现这两种要求的条件不是对立的而是同一的。在他看来，倾向于保持已有的社会优点的力量就是有助于增进这种优点的同一力量，

----

① ［英］边沁：《政府片论》，沈叔平等译，商务印书馆1995年版，第153～154页。

凡是已经得到的有价值的东西也只有继续用取得它的同样的精力才能加以保持。因此，"秩序"和"进步"这两种类型的社会需求其实是具有内在一致性的，任何政治上的设计或社会事务的安排只要有助于其中一个，就必然同时有助于二者。进而，"秩序"与"进步"这两种需求就可以视作一种需求的两种表现。这种需求就是"社会利益的总和"，其中，"秩序"代表的是其较小的程度，"进步"则代表其较大的程度。因而，"秩序"不应是同"进步"调和一致的另外的目的，而是"进步"本身的一部分和手段。或者说，"秩序"被包含在了"进步"之中，实现了"进步"也就必然实现了"秩序"。那么，"在好政府的定义中略去'秩序'一语而说好政府就是最有助于'进步'的政府，从哲学上说就更正确些"①。在增进社会利益的总和的意义上，社会需求之间也就根本不存在什么矛盾了，公共利益在形式和实质上的矛盾自然也就迎刃而解了。

密尔的证明在逻辑上是没有问题的，但问题是，把"秩序"和"进步"作为近代以来的社会基本需求是不是合理？我们知道，"秩序"和"进步"（特别是"秩序"）是有了人类就已经有了的基本需求，而且在整个农业社会对"秩序"的追求一直是第一位的，是作为一个社会中的共同利益而存在的。可以认为，秩序任何时候都属于共同利益的范畴而不能被看作公共利益，就公共利益与私人利益相对而"在"来看，秩序是没有这个对应性的存在形态的。对秩序的反叛绝不是另一种利益的实现，而是对秩序这一共同利益所造成的压抑的排斥，在结果上也无非是要造就另一个新的秩序。所以，密尔的证明是存在着一个前提性错误的，如果说在农业社会的历史阶段秩序是基本的社会需求，当人类步入近代社会的时候，秩序作为共同利益的基本内容依然存在，但对它的追求已经退居到公共利益背后去了。就此而言，密尔的证明无助于解决形式公共利益与实质公共利益的矛盾，所以，边沁所提出的难题依然是悬而未决的。

形式公共利益与实质公共利益的矛盾是由法治国家自身的治理逻辑造成的。在法治国家的同一性追求中，总是要求确立同一的标准以简化

---

① ［英］密尔：《代议制政府》，汪瑄译，商务印书馆1984年版，第23页。

治理问题，而不愿去发现会增加治理困难的复杂的公共利益。法治国家一直是把一切复杂的问题诉诸投票以实现简化，在法治国家中，所有涉及基本公共利益的问题几乎没有一项不是通过投票来处理的。投票是抵消差异的过程，在普及投票权的情况下，它可以最大限度地降低社会需求的复杂性，但它不可能消除差异。这就需要有一种补充性的方案，而法治国家的这种补充性方案仍然是投票，即反映在对政党的选择上。显然，政党间的对立所反映的是社会需求的差异。虽然在社会需求极其复杂的情况下政党间也会出现某种联合，但这种联合往往只发生在举行选举的特定时期，选举一结束，它就立马重新"洗牌"，以迎合其在根本上所代表的那部分需求。尽管每一次政党更替都能够表现出更符合公共利益的特征，而在实际上，公共利益的实现状况并不能有什么改变。也正因为没有发生改变，才使政党更替得以持续下去。于是，法治国家便始终只能面对自我矛盾的公共利益，其历史功用也就被认为是最大限度地实现了形式上的公共利益。

　　总的说来，在人类社会的发展进程中，法治国家造就了公共利益，这是一种历史性进步。但在法治国家造就了公共利益的同时，也陷入了形式公共利益与实质公共利益的矛盾之中。正是由于法治国家无法解决形式公共利益与实质公共利益的矛盾，决定了它仅仅是人类社会治理模式演进中的一个过渡性的阶段。当人类提出实现实质公共利益的要求时，也就开启了对法治国家加以扬弃的历史进程。事实上，20世纪后期以来，随着法治国家定型化历史的结束，人们开始提出了形式公共利益与实质公共利益相统一的要求，并从公共利益概念的诸内涵入手进行了有意义的探索——比如，罗尔斯就论证了作为效率与公平统一体的公正概念。这种探索在目前还处于起步阶段，但它已经成了变革法治国家的动力所在，它所表达的是推动法治国家转型的要求。如果这种探索最终能够成功的话，法治国家的转型也就会实现对自我的超越，可以相信的是，将会形成一个具有形式与实质相统一的公共利益的概念。

第二节 从言说与行动看公共生活

一、 作为人的规定的言说与行动

人类社会的每个历史阶段都具有双面的特性，近代社会尤其如此。一方面，在现代化的过程中人类的社会生活不断地分化成公共生活、私人生活和日常生活；另一方面，近代以来的社会却把人塑造成原子化的存在物，从而使人的每一种类型的生活及其每一方面都与其应然状态相去甚远。特别是人的公共生活，经常性地陷入困境，人们总会经常性地对公共生活抱持一种冷漠的态度。对于这一现象，如何从理论上加以说明，阿伦特从"言说"与"行动"入手给我们提供了一个在理论上看似合理的答案。

我们在前文中已经指出，阿伦特在对古代城邦生活的解剖中发现了"言说"与"行动"两大构成要素，然后在历史的考察中指出它们分离的倾向。在阿伦特看来，到了近代社会，言说与行动的分离被制度化了，因而出现了言说与行动的异化状态。言说与行动的异化也导致了公共生活的异化，以致人们逃避公共生活。阿伦特的这一见解为我们理解公共生活的现状提供了一个可取的门径。因为，言行是否一致绝不仅仅是在政治家那里所存在的道德问题，而且对于整个公共生活来说，也都一直存在着这样一个问题。无论是作为整体的政府，还是作为个人的政府官员以及以政治家和公众人物形象出现的人们，在他们那里，言说与行动上的不统一都是无时不在的问题，甚至法的文本表述与执法行为之间的不一致也是司空见惯的现象。所以，认为言说与行动的分离造成了公共生活的困境是一个很独特的解释视角。

亚里士多德在试图对人作出界定时所引入的是"bios politikos"（政治生活）的概念，在他看来，人是一种政治动物，人只有在城邦的政治生活中才能证明他是人。的确，在古希腊的雅典，如果人是指公民的话，他就只能在城邦的政治生活中去证明这一点。显然，阿伦特接受了亚里士多德关于人是政治动物的命题，所以她把人的政治活动看作"人的条件"，以致她把自己专门探讨公共生活的著作命名为"人的条件"。当然，阿伦特所要讨论的是 20 世纪的公共生活，这种生活与古希腊城邦的共同生活有着根本性区别。可是，她在理解公共生活以及公共生活中的人的时候，所遵循的逻辑依然是亚里士多德所提供的。

阿伦特在她的《人的条件》一书中考察了人的三种最基本的活动：劳动、工作和行动，并用"vita activa"一词予以统称。在对这三种活动的比较中，只有"行动是唯一不需要借助任何中介所进行的人的活动，是指人们而不是人类居世的群体条件"①。为了进一步对行动作出描述，她区分了"人类"和"人们"两个概念。在她看来，"人类"是一个强调人与人的同质性的概念，而"人们"则是一个强调人与人之间差异的概念。行动是差异性基础上的活动，因为行动本身是一种改变，若所有人都完全一致，人与人的交往就变成了照镜子似的单向行为。因为没了参照对象，所以要求改变的观念是无法生成的。基于这一推理，阿伦特认为，"行动完全依赖于他人的在场"②，人类生活在一起的事实也决定了行动也是一种"离开人类社会就无法想象的行动"③。

阿伦特对"vita activa"和"bios politikos"加以比较，并从中引出另一个她赖以解读公共生活的概念——言说。在阿伦特看来，亚里士多德在定义人时，除了认为人是天生的政治动物外，还认为"人是能说会道的动物"，作为人的本质活动的"bios politikos"包括行动与言说两层含义。"在人类共同体所需以及产生过的所有行为中，只有两种被视为具有政治性，并构成了亚里士多德所谓的 bios politikos，也就是行动和语言。"④ 行动和语言对城邦生活至关重要，并在一定程度上形成了城邦的真正内涵。"确切地说，城邦不是地理意义上的城邦国家，它是随言行一起出现的人的组织形式，其真正的空间存在于以共同生活为目的的人们

---

① ［美］阿伦特：《人的条件》，竺乾威等译，上海人民出版社 1999 年版，第 1 页。
② ［美］阿伦特：《人的条件》，竺乾威等译，上海人民出版社 1999 年版，第 8 页。
③ ［美］阿伦特：《人的条件》，竺乾威等译，上海人民出版社 1999 年版，第 18 页。
④ ［美］阿伦特：《人的条件》，竺乾威等译，上海人民出版社 1999 年版，第 20 页。

之间。"① 从学术界对亚里士多德的解读中可以看到，人们一般都把精力放在了他的关于人是政治动物的命题上了，而阿伦特则独到地发现，亚里士多德不仅把人看作是政治动物，而且也把人看作是能说会道的动物。这无疑是一个新的发现。

阿伦特的发现对于理解古代雅典城邦生活是具有积极意义的。因为，回顾希腊城邦时代，言说与行动的确是城邦共同生活的两大构成要素。当然，在城邦的具体"治理"过程中，言说可能具有更为重要的意义，而行动则可能是一种辅助手段。这是因为，在已经有了一个比较成熟的行政体系的雅典，行动甚至可以转嫁给那些不被看作是"人"的奴隶去做，而公民所从事的集体决策过程实际上也就是一个辩论的过程。当然，由于城邦的一体性，保卫城邦的军事行动也是城邦生活的重要内容。在此意义上，行动与言说才构成了城邦共同生活的两大基本要素。

不过，对于城邦的共同生活来说，对言说和行动进行量的比较是没有意义的。严格说来，言说与行动是不可分离的，或者说，言说也是一种行动，而且在城邦的共同生活中，也只有能够言说的行动者所进行的活动才是真正的行动。如果说行动与劳动、工作的区别让雅典人识别出了人与物，那么言说的意义则在于它定义了行动是"谁"之行动。与言说相统一的行动是个人能力完整性的体现，也就是行动者自主性的体现。"没有言语的行动不再是行动，因为这里不再有行动者；而行动者（行动的实践者）只有当他同时也是说话者时，他才能成为行动者。"② 就此而言，城邦中的奴隶、妇女和外邦人所具有的只是劳动和工作，除了劳动和工作是没有言说的，因而也就不能被看成行动者了。只有在公民这里，言说与行动才是一致的；也只有公民，才是城邦共同生活的主体。这样一来，合乎逻辑的结论就是：言说与行动构成了共同生活，至于劳动和工作，只是外在于共同生活并为共同生活提供支持的活动，而不是共同生活的构成部分。

古希腊是一个英雄主义的时代，虽然英雄主义在雅典和斯巴达的表

---

① ［美］阿伦特：《人的条件》，竺乾威等译，上海人民出版社1999年版，第198页。
② ［美］阿伦特：《人的条件》，竺乾威等译，上海人民出版社1999年版，第181页。

现形式不同，但在实质上是一致的。在雅典，英雄主义精神体现在城邦生活中，城邦政治的理想是"共同治理"，而实现共同治理的途径则是由人们积极投身公众事务来开拓的，是人们在共同（有）空间里开展友好辩论来实现的。在城邦生活中，人们通过行动和言说去抒发英雄主义理想，让行动去证明个人是人民中的一员，而言说则让个人在人民的群像中看到了自己。英雄主义的理想和信念支撑和驱使着雅典人的行动和言说，有了行动和言说，也就获得了趋近英雄的感受。

对于雅典公民来说，"作为人的人，即每一表现出自己特性的个体在行动和言语中展现和证实自己；这些活动（不管其题材的无用）具备自身的一种持久品质，因为它们创造了值得记忆的东西"[①]。被铭记意味着自我价值得到了社会认同，言说与行动之于共同生活的意义就在于，它们使生活于其中的每个人都有能力成为英雄，给予了每个人被载入史册的机会。言说者如苏格拉底，行动者如梭伦，只要创造了值得记忆的东西，他们就能成为历史中的英雄。历史就如希罗多德在《历史》开篇中写道的："是为了保存人类的功业，使之不致由于年深日久而被人们遗忘，为了使希腊人和异邦人的那些值得赞叹的丰功伟绩不致失去它们的光彩。"[②] 正是这样，需要从言说和行动出发去理解古希腊的共同生活。而且这个出发点是正确的，它让我们对古希腊的共同生活有了整体性的把握。就此而言，要归功于阿伦特对言说的发现，即在现代学者所充分关注的亚里士多德对人的行动的规定背后发现了言说。

二、　不同生活类型中的言说与行动

进一步的思考将把我们引向这样一个问题：阿伦特为什么要用"言说"和"行动"这两个概念去解读古希腊的城邦生活呢？考虑到阿伦特并不是以一个学者的形象出现的，而是作为一个努力描绘公共领域及其生活的思想家，她对古希腊城邦生活的解读也就必然会包含着试图把握

① ［美］阿伦特：《人的条件》，竺乾威等译，上海人民出版社1999年版，第207页。
② ［古希腊］希罗多德：《历史》，王嘉隽译，商务印书馆1959年版，第1页。

现代公共生活的意图。沿着这个逻辑走下去，我们却发现她在这方面存在着许多值得怀疑的论证。

阿伦特把行动看作不需要任何中介的活动，是与奴隶、妇女、外邦人所从事的劳动和工作不同的。其实，这个行动只有在古希腊的"bios politicos"中才存在，而作为现代生活形态的"vita activa"却包含着劳动和工作的内涵。特别是政治活动、行政管理活动以及发生在公共领域中的各种各样的职业化活动，都具有不同于古代社会的特征，不再是那种不需要任何中介的纯粹的行动了。比如，行政执行可能是一种最少包含言说的行动。执行者是职业化的官僚（公务员），他的执行行动本身只不过是他从事这一职业所应有的行动，而他的职业却是以雇佣合同为中介的。同样，对于议会中的议员而言，只要言说就行了，至于行动的问题他可以不关注，即使他表现出关注，也是用言说来表达他的关注的。现代社会中的一切活动背后都包含着某些支持这一活动的物质因素，是以职业活动的形式出现的。这与古希腊的那种公民把行动作为自己生活的构成部分甚至全部相比，有着根本性的不同。这种不同也就是现代公共生活与古希腊的共同生活之间的差异。阿伦特却没有看到这种差异，而是要求用古希腊城邦生活中的行动来理解现代公共生活。

在历史叙述的背后显然包含着关于行动与言说关系的两种判断：一种是将言说归为行动的一项；另一种是将言说与行动并立。前一种主要是存在于史学家（尤其古代史家）那里，他们将英雄人物视作为历史的主线，把行动看作是英雄人物的行动，把言说也看作是英雄人物的言说，行动与言说因英雄人物而统一；后一种主要是政治思想家的看法，他们重视政治活动的构成要素，因而将行动与言说作为意义不同的两种政治行为而进行分析。前一种观点较接近于真实，它反映出城邦中的言说不具有"对话"特征，只是英雄人物留下的历史遗迹；后一种观点影响更大，它引致这样一种倾向，即通过"对话"式言说的建构来取代行动。阿伦特的观点比较具有折中色彩，她既将言与行视作同时代的、互相等同的、属于同一层次和同一类型的两种活动，又认为言与行具有内在的可统一性，言说也可以成为行动，行动本身也就是言说，其前提是在行动中排除了劳动和工作。因而，在阿伦特这里，行动"不仅意味着绝大多数的政治行动（就其在暴力范围之外而言）都由言语来传达，而且更重要的是发现了恰当时机的恰当言辞（除了它们传递的信息和进行的沟通）本身就是一种行动"①。

阿伦特实际上所要说明的是：在古希腊，言说与行动是统一的，而在现代社会，言说与行动相分离了。正是这种分离使公共生活陷入了困境。如果阿伦特的假定是成立的话，那么让公共生活走出困境的方法显然就是把言说与行动统一起来。但是，如果解决问题的方案是这样的话，我们又要首先解决一个问题，那就是言说与行动是因何而分离的？又怎样才能使它们重归于统一？其实，阿伦特与所有的学者一样，不是历史地看现代公共生活，而是把现代公共生活与古希腊的共同生活相等同了，在现代公共生活与古代共同生活的假定同质性的意义上，去寻找关于现代公共生活陷入困境的原因，并在此基础上去谋求解决的途径。

在阿伦特对古希腊政治生活中的行动的考察中，要求把行动理解成依赖他人在场的活动而不是独自可以进行的劳动或工作。这样一种关于行动的界定，其实是基于"城邦生活是一个相互依赖的人的共同体"的认识。这种认识是正确的，但只是在抽象的意义上才是正确的。因为，社会作为"相互依赖的人的共同体"是一个泛历史的抽象认识，在此意义上，是看不到古希腊城邦共同生活与现代公共生活之间的差异的。阿伦特恰恰是基于这一认识来证明她对公共生活的看法的，即人成为人的条件是投身公共生活。因此，她把言与行看作为一个统一体，认为只有言说与行动的结合才能代表公共生活。当她根据这种"前见"来反观20世纪公共生活的现状时，立即就注意到了言说与行动相分离的事实。

现实确如阿伦特所看到的那样，是言说与行动相分离的状态。如果说启蒙初期的言论自由是对神权话语的一种反动，到了20世纪，言论自由及其代言人的政治对话已经成了资本主义生活方式的必备形式。毫不夸张地说，今天所谓的政治自由在一定程度上可以归结为言论自由，结社、集会乃至游行等"行动"的最终目的也只是表达，而表达的本质仍然只是言论和意见。在这一社会条件下，所谓自由也只限于言说，无法

① ［美］阿伦特：《人的条件》，竺乾威等译，上海人民出版社1999年版，第20页。

付诸真正改变现实的行动，而现实的改变与否，恰恰取决于行动。在现代社会，行动者的含义与古希腊完全不同了，他不再是治者与被治者的统一，而是特指治者。治者与被治者却发生了分离，行动者与言说者也发生了分离。在这一条件下，如果将言与行的统一视为人之为人的条件，那么失去行动者地位的人如何能再称之为人呢？比如，那些只卖"嘴皮子"的人还是不是人，在逻辑上就会得出与我们的感性认识不同的答案。所以，资本主义的生活方式刚一成形就被马克思发现了其"异化"的性质。阿伦特对这一问题的强调更是表明，公共生活的"异化"已经到了一个极其严重的地步。

其实，言说与行动的分离并非始于现代，这一过程早在古希腊便已开始。古希腊人政治实践中所存在的那种民主政体与僭主政体的频繁交替就证明了言说作为民主政体中的构成部分经常被僭主政体所摧毁，无界限的行动往往演化为暴力，而言说在无法解决问题的时候又往往被行动所替代，因而从根本上对城邦共同生活造成了破坏。就古希腊而言，斯巴达和雅典实际上代表了行动与言说的两个极端，斯巴达把一切问题的解决都付诸行动，而雅典则试图把一切问题的解决都付诸言说。在雅典，"想要从事政治，想要生活在城邦中，就意味着所有的事情都要通过言辞和劝说而不是通过强制与暴力来决定"①。行动，或者说暴力，保留于城邦之外，作保卫之用。言说与行动的这种分离在作为英雄主义象征的亚历山大那里最终为以暴力形式出现的行动所完全取代，从而使对行动的恐惧从雅典蔓延至整个后世。此后，剥去英雄色彩的个人主义在西方开始发育，并随着资本时代的来临而成形，即成为以消极自由为内核的个人主义（自由主义）。

总的说来，雅典之后，由于城邦理想的失落，对暴力的恐惧成为人们心中一道难以熨平的伤痕，并在人们头脑中留下了行动即是暴力的印象。于是，言说与行动被有意隔离了开来。如果说在资本主义治理体系的建构过程中需要行动的话，这种行动也是通过代议制的确立而被纳入体制化的设置中了。密尔在论述代议制的好处时说，全体人民"完全握

---

① ［美］阿伦特：《人的条件》，竺乾威等译，上海人民出版社1999年版，第21页。

有这个最后的权力。无论什么时候只要他们高兴，他们就是支配政府一切行动的主人"①。实际上，代议制不可避免地造成了治者与被治者的分离，治者通过确定权利的方式对被治者的自由予以限定。于是，被治者仅仅成了言说者，他永远不能真正握有最后的控制权，他至多也只能以言论的表达来进行选择，至于他本应拥有的对国家与自己的控制权，则交由特定的代表去掌握了。

　　代议制得以确立之后，行政领域逐渐地从政治领域中分离了出来，由于行政的相对独立性的确立，在政治方面，以政党政治为途径的形式民主也逐步完善。随之，古希腊城邦共同生活中的那种实质民主内涵也完全消失了。如果说在卢梭那里民主还意味着"公意"决定一切，到了哈贝马斯这里，基于20世纪政治发展的现实，实质民主只能限于"公民参与政治意志形成过程"②。这种政治建构的结果是，"自由挪了个窝儿，它不再位于公共领域，而是位于公民的私人生活之中，故必须被保护以抵御公共领域和公共权力的侵犯。自由和权力分道扬镳，从此，权力等同于暴力"③。结果是，行动失去了它的创制特征，仅以"行为"的形式继续存在，并被严格限定在法制框架之内。同时，言说也发生了退化，不再具有"说"的特征，而仅仅成为一种言论。如果说言说还可以被认为是一种自由行动的话，那么言论则不是的，因为言论是由媒介而非个人表达的。当代自由民主的建构已经使言论表达陷入一种魔幻的境地，那就是，不经媒介便不可得以表达。虽然言说在形式上可以以"对话"的面目出现，但哈贝马斯所说的"编辑"的出现，已使我们难以断定出现在人们面前的言论究竟是谁之言论。虽然互联网兴起初期曾表现出言论的去中心化特征，但随着互联网的迅速平台化，无论平台自身还是政府通过平台对言论的"编辑"都已成为惯例。如果将言说视为城邦的民意表达而将言论视为现代国家的民意表达的话，那么言说向言论的演变本身就可以说明人民已经完全演变为大众，民意自然也就从卢梭的"公意"（general will）退化为"众意"（will of all）。此时，哈贝马斯仍将其

---

① ［英］密尔：《代议制政府》，汪瑄译，商务印书馆1982年版，第68页。
② ［德］哈贝马斯：《合法化危机》，刘北成、曹卫东译，上海人民出版社2000年版，第50页。
③ ［美］阿伦特：《论革命》，陈周旺译，译林出版社2007年版，第121页。

称为"公共意见"（public opinion），多少有些自欺欺人之嫌。

必须看到，无论是对暴力的恐惧还是对行动的迟疑都只是一种表象。历史地看，迄今为止，维持与巩固权力和权威的中心地位才是政治建构的终极目的。对于权威而言，它希望得到普遍的服从而不能有丝毫冒犯；对于权力而言，它希望其行使能够按部就班而不愿节外生枝。因此，这就意味着任何改变的行动对它们来说都是一种直接或间接的威胁。事实上，对于任何已有的秩序而言，行动都是巨大的威胁。在雅典，民主政体由梭伦、克里斯提尼及其追随者的行动建立，这同时也是对以君主政体、贵族政体的形式出现的统治秩序的废弃。尔后，亚历山大以他缔造帝国的行动宣告了城邦理想的破灭，也同时宣告了民主政体的终结。如果说在雅典的民主政体中权力还握在公民大会之手，那么亚历山大之后，权力已彻底与人民无缘了。

人民与权力的分离让启蒙思想家们向往一种权力与人民相结合的状态，所以卢梭提出了"人民主权"的原则。众多启蒙思想家对这一原则不厌其烦的论证也只是表明：经由中世纪，人民与权力的分离已经到了社会再无出路的地步了。在神权政治下，不仅行动，人们连言说的自由也是没有的。故而，当资本主义这种新的社会秩序与生活方式开始展现生机的时候，言说与行动也自然地重新得到了重视。然而，资本主义本身是一种不平衡的治理结构，它自身充满了矛盾与冲突，具有内在的不稳定性。如果在这一非稳定态的治理结构中倡导行动，可以想象，资本主义将面临不停的反抗和革命。这一点在马克思主义诞生后的社会主义运动兴盛中已经得到了证明。因此，近代以来的西方思想家对于行动大都持有谨慎的乃至抵触的态度。卢梭虽然是一个例外，但他的激情也已被后人利用他思想中"公意"与"代表"间的矛盾而巧妙地化解了。所以，主流思想对资本主义政治体系的建构大多是从言说的立场出发的。即便是这一立场，也是不彻底的，因为言说同样蕴含了太多行动的意味。于是便有了言论，也有了以表达为名的伪行动、真言论。通过言论自由与话语权的设定，人民（如果还可称之为人民的话）的行动（以行动为名的"行为"）便被纳入了法制框架，被牢牢地禁锢于资本主义的治理体系之中了。

就此而言，言说与行动的分离不仅是现代公共生活中的问题，而且也是一个社会问题，是整个社会在资本主义历史阶段所具有的一个基本特征。阿伦特用这种分离来解剖公共生活显得视界有些狭隘，而且也无法从根本上找到让公共生活走出困境的方法。如果不是这样的话，而是在整个社会的层面上去探讨言说与行动的分离问题，显然其价值就会得到提升，甚至可以成为马克思主义理论的补充。当然，阿伦特不是马克思主义者，这决定了她的理论必然具有我们所指出的那些局限性。

三、 走不出公共生活困境的言说与行动

当现代化的历程走到了 20 世纪的时候，资本主义治理体系的矛盾开始比较集中地显现了出来。由于长期排斥行动，资本主义国家出现了普遍的政治冷漠，公共生活对于公众的意义急剧下降，精英集团在社会治理中的中心地位则稳固了下来。于是，以熊彼特为代表的精英论者开始探讨一种精英民主的治理模式，而马克思主义者则批判资本主义，认为它已经进入了帝国主义阶段。在这两种理论的论争之外，却出人意料地产生了法西斯主义。法西斯主义的表现是：一方面吸纳了社会主义运动的诸多口号，以迎合人们对资本主义社会的不满；另一方面又从精英论者那儿借用了最好的"合法化"工具——政治动员。所以，法西斯主义所代表的不是一种治理体系，它呈现给人们的只是不断的动员与运动。由于其与行动的相似性，当这些运动被定义为暴力与暴动以及被认作极权主义的表征之时，公共领域中的行动就更加让人产生怀疑。

二战结束后，当人们对法西斯主义加以反思的时候，多是从权威的角度出发，因而孤立地将法西斯主义看作是对现存秩序的一种反抗，而没有去思考为什么会出现这样的反抗。加上当时已经进入了"冷战"时期，西方世界也不敢真正去思考出现反抗的原因，即便有所思考，也是语焉不详的。因此，反思的结果实际上是强化了控制。这一点自二战前凯恩斯主义的流行已经开始，战后则一直延续并得到了加强。这种国家对社会的挤压造成了生活世界的衰落，并使公共生活发生了严重的"异化"。如果说马克思所在时代中的异化是一种技术性的劳动异化，人沦为

生产的工具，此时，由于公共生活发生了政治性的异化，人也沦为政治合法化的工具了。没有公共生活，人便不成其为人。因此，阿伦特写作《人的条件》，实际上是要借古喻今，她从对城邦生活的考察中所得出的结论是出于对现实中资本主义治理体系的病患予以诊治的需要。当然，她并没有开出处方，因为她所处的时代与她生活的语境不可能给予她这样的条件。尤其是她作为犹太人在二战中所经受的悲惨遭遇，使她即使看到了行动与言说分离、治者与被治者分离的现实，也无法克服内心的恐惧，更不用说把希望寄托于二者的重新统一上了。这一矛盾对其后的思想家，尤其是受其影响颇深的哈贝马斯造成了极大的影响，致使他们开出的"处方"均矛盾重重，始终无法找到让公共生活走出困境的方法。

与阿伦特相比，哈贝马斯更加审慎地考察了公共领域，因为，如果不对公共领域作出清晰界定，对公共生活的讨论也就难免含糊不清。由于阿伦特从古代城邦中寻找答案的做法已告失败，哈贝马斯选择了直接从资本主义治理体系自身入手，从治理活动的主要载体——公共领域入手。然而，他的考察从一开始就走上了歧路。阿伦特发现了言说的意义，哈贝马斯则将言说进行了夸大，并以之定义公共领域。由于不相信公共领域能够成为一个统一了言说与行动的整体，他也就不能看到公共领域的生成性特质。故而，同阿伦特一样，他只能采取回溯的办法，到城邦的辩论场中，到近代早期的咖啡馆中，去寻找公共领域的历史原型。这种先入为主的判断给他的理论束上了牢固的枷锁，使之不自觉地担负起了为自由主义传统辩护的使命，因而失去了积极的建设性意义。

受困于对公共领域的界定，哈贝马斯也只能看到近代以来言说的盛行，于是，他认为"人民，所有政府权威的源泉，并不构成具有意志和意识的主体。它只能以复数形式出现，而作为单个的人，他既无决策，也无作为整体行动的能力。在复杂的社会中，即使政府自组织中的最热切努力，也会被源于市场和行政权力的固有体制逻辑的各种反抗性因素所摧毁。"[①] 在他看来，行动是无效的，近代以来的整个政治建构也都是

---

① ［美］博曼、［美］雷吉：《协商民主：论理性与政治》，陈家刚等译，中央编译出版社 2006 年版，第 32 页。

沿着反行动的路向进行的。虽然这一结论作为一种历史分析的结果是精辟的，却没有什么实际意义，因为它无非是对现象的描述，而不是对现实有所超越。认识上的这一局限性将哈贝马斯导向了不切实际的"商谈伦理学"建构。在他的逻辑中，现代国家的合法性危机源于人民的参与不足，而造成这一参与不足的原因则是由于公共领域发生了结构转型，受到了市场与政府的控制，失去了人民与政府间的"商谈机制"而致使人民无法参与政治意志的形成过程。基于这一认识，他的解决办法就是恢复公共领域的独立性，使之成为公民之间、人民与政府之间良性互动的场所。

对于当代资产阶级政府来说，仅仅吸纳一些言论当然是可以接受的。于是，在各方的造势下，打着哈贝马斯旗帜的话语崇拜被推上了顶峰。且不论其理论建构中一些细节上的矛盾，"商谈伦理"及其衍生出的"话语民主"事实上造成了这样的后果：只要存在着公民参与，政府行为就得到了合法性。这样一来，"话语民主"恰恰证明了自由民主的非民主性质。但是，"话语民主"的所有建构又都是在自由民主语境中进行的，商谈及其在商谈基础上的参与，只能说是一种本质上与政治动员一样而形式上却显得高明的合法化手段。所以，尽管西方世界在20世纪60年代爆发了轰轰烈烈的民主化运动，公共生活却在冷漠的困境中越陷越深。

大约与哈贝马斯同时，社群主义在西方理论界开始出现。同哈贝马斯替自由民主模式辩护的"商谈"路线不同，社群主义者对自由民主本身展开了反思。当然，生活在自由民主的语境下，他们无法跳出整个资本主义治理体系的既有架构，至多也只能从塑造早期资本主义意识形态的两支力量中的一支——共和主义中汲取营养，用以对抗20世纪以后已经贯穿于整个社会生活的自由主义。脱胎于共和主义，"社群主义者提倡能实现公正的强势民主。人民应该参与影响他们生活的决策，不仅是为了正义，而且也是为了实现他们作为人的潜能的发挥"[1]。他们在一定程度上主张行动，并在对古代共同体治理模式的追溯中发现了"社群"的

---

[1] ［美］福克斯、［美］米勒：《后现代公共行政》，楚艳红等译，中国人民大学出版社2002年版，第32页。

原型，欲以行动实现社群的"自治"。在这一点上，他们比哈贝马斯显得前卫得多，对资本主义治理体系的反思也比哈贝马斯更为彻底。然而，社群主义者所主张的"社群"，在实质上只是一个弱化了的"共同体"概念，他们更强调用多元主义消解统一的政治共同体。因而，在实践中，"社群"往往被实体化为地域性的"社区"，社群主义的主张也就被很多人理解为以社区为单元的多元共治。这无非是把自由民主模式下的地区治理推展到了更微观的层面。比如，把联邦模式贯穿到一个个微小的社区，以为把一个政治共同体分解为一个个小的社区就能够使言说与行动相统一了。

不过，值得分析的是"参与"这个概念，就其词意而言，可以是行动的参与，也可以以言说的形式出现。与代议制不同，把政治社群设计为一种参与主体，让不同的社群参与到社会治理中来，从理论上看，确实是一个可以把行动与言说统一起来的途径。正是这个原因，对"参与"的强调成了西方思想攀缘的顶点，无论哈贝马斯、社群主义者，还是新公共行政运动、新公共服务理论等形形色色的思想流派，不论其对于参与的理解为何，他们将公共生活走出困境的方法都指向了参与治理。然而，这在实际上是一个不可能实现的理论设计，因为它的前提是需要提高人们的参与热情，而这恰恰是在异化了的公共生活中不能解决的问题。

从根源上说，政治冷漠是资本主义治理体系"中心—边缘"结构所造成的必然结果。在此结构中，治者居于"中心"，被治者位于"边缘"。无论被治者在多大程度上被允许参与，治理行动最终仍然由治者决定，参与决策并不是真正的决策行动，用言说来参与也只是一种表达而不是真正的参与。所以，能否参与以及参与的状况，都是以"中心—边缘"结构的容纳程度而定的。也就是说，参与的结果并不由参与者做主，参与作为行动在绝大多数情况下是无结果的行动，参与作为言说也只是无意义的表达。在本质上，行动只是自由民主体制下的一种行为模式，言说只是治理过程中的一种意见，无法成为公共生活的内容，因而对公共生活也就不具有实际意义。

应当承认，阿伦特为了理解现代公共生活而在古希腊的共同生活中离析出言说和行动是有理论价值的，这对于理解雅典城邦共同生活尤其具有学术价值。但是，用言说和行动去解读现代公共生活的时候，这两个概念却不能够原样搬用。因为，现代社会是一个职业化的社会，纯粹的言说和行动已经不再存在了，也不可能发生了。在职业化的政治家和官僚等的控制下，即使在人民中出现了言说和行动，也无法发挥作用，因为言说和行动只有与职业联系在一起才能显现其价值。所以，才会出现人们对政治以及公共事务普遍冷漠的状况，而这种冷漠又把公共生活拖入了困境。

反过来，公共生活的困境进一步加剧了言说与行动发生的不可能性。在这里，言说与行动的消解与公共生活的困境是密切联系在一起的，而且是互为前提的。如果仅仅把言说和行动看作公共生活的决定因素而沿着改善言说和行动的逻辑去提出"参与治理"的方案，其实是不可能真正落实到现实中来的，即使退一步而把"行为"和"意见"理解成参与活动，也是没有意义的，反而是对"参与理想"的亵渎。所以说，关于社会建构的实质性进步必须建立在对言说与行动的超越之上，只有清除了妨碍言说与行动发生的障碍时，言说与行动才能得以发生，并以统一的整体形式出现。这恰恰是治理结构的根本性变革，即首先需要打破社会治理的"中心—边缘"结构，确立起社会运行的合作体制，让言说和行动在人们的合作关系的基础上发生，在人们的合作过程中展开。只有这样，我们才能获得一种健全的公共生活。所以，当前的任务是要实现对"参与治理"的超越，并建构起全面的合作治理体系。

第三节　城邦生活不是公共生活

一、　被理想化了的城邦生活

既然阿伦特对现代生活的剖析是从古希腊城邦的共同生活入手的，我们就有必要回过头来审视古希腊的城邦生活。在近现代学者的心目中，作为一种独特的社会生活形态，城邦生活有着近乎完美的历史形象。尽管它可能只是当时、当地社会发展的一种自然结果，却被后人贴上了许多可能是那时的人们所无法理解的华丽标签。每当谈及自由、平等、民主等政治理念时，现代人总是情不自禁地流露出对城邦居民的艳羡之情，对城邦生活中所包含的而我们不具有的完整性与自主性感叹不已。其实，这只不过是一种虚幻的镜像。诚然，作为一种政治生活形态，城邦生活所体现的"广泛参与"和"直接民主"对于"代议制"下渴望积极自由的现代人而言，充满诱惑。但我们也应认识到，举凡城邦生活为人所称道之处，都只是有条件地成立的，而这些条件正是城邦时代最终为历史所弃的原因所在。所以，对于古希腊的城邦生活需要有着正确的认识，任何试图把城邦生活理想化并设想以其为样板而改进当代公共生活的做法，都是不可取的。

一般说来，我们所称颂的城邦生活是以一种"公民理想"的形象出现的。它基于如下图景：所有公民都有平等的公民权，能自由参加城邦的任何集会，对所有城邦活动都具有发言权，决定城邦官员的组成并可直接决定城邦的重大事务。以雅典为例，任何一个过着正常成人生活的雅典公民都可能或早或晚地担任一天城邦行政机构的首领，作为城邦的代表去接待并会见外国使节，或为议事会、公民大会的正式会议准备议程；每一个公民都平等地享有参与权、投票权以及在公民大会上说话的权利；公民大会以简单多数票决定的方式去决定城邦所有重大的事情；每个年满 30 岁的公民都有资格担任一份公职，并且可以坐在法庭上依据个人的辩论对犯罪结果进行裁决，或者通过提起政治诉讼去确认或推翻已由公民大会通过的新的立法条款等。在这里，公民之于城邦与城邦之于公民具有相同的意义：城邦的目的必须通过公民的活动才能达成，公民的目的也只有在城邦中方可实现。对于公民而言，城邦代表着无限的潜能，它是公民参与集体生活的全部动因所在。公民在城邦中不会感到什么束缚，他看到的城邦总是在鼓励公民参与其中，在城邦的共同生活中去实现他们一致的"共同目的"。

城邦生活中的公民彼此间是平等的。这并不是说公民间没有差别，公民的平等体现为他们都既是统治者又是被统治者，每一个人都既是普通公民又可以担任官职。作为城邦权力的象征，公民大会对所有年满 20 岁的公民开放，会址位于卫城西 500 公尺处，约 6000 名公民将会场填得满满当当，常有部分公民徒步走上整整两天路程赶来开会。在议题讨论中，任何成员都可以登上讲台，就该项议题发表意见。主持公民大会的是作为其执行机构的500人议事会。出于行政能力与意愿的考虑，议事会成员必须年满30岁，且有一定的财产限制（年收入至少200斗）。由于议事会只是执行单位，真正的决策权掌握在公民大会手中，而公民大会的召集也非常频繁（约9天召开一次），以至于城邦事务实际上由公民大会或者说普通公民所控制，而不像近现代的"代议制机构"那样，公共权力往往由执行机构所掌握。议事会代表任期一年，为保证符合条件的公民都能担任这一职务，同一个人不能连续两年担任议事会代表，而且一生最多只能出任两次。议事会之外，公民对城邦生活的参与还可在人民法庭中进行。城邦每年选出6000名年满30岁的公民，登记为身兼陪审和法官两职的陪审法官。案件审理、审理当天的时间表以及所需陪审法官人数均事先公布，有意出席的陪审法官均可到场参审。

在城邦生活中，公民大会和人民法庭均可看作主权行为的昭示场所。尽管雅典人的头脑里不可能有任何"主权"观念，但由全体公民直接决定城邦事务的做法很容易在近代思想家那里唤起共鸣的。所以近代以来的人们往往视其为"人民主权"的滥觞。从结果来看，城邦生活确有许多人民主权的意味，重大事情均须交由公民大会直接决定，并得留下完整的文字记录以备查考；法律也由全体公民讨论制定，并在人民法庭中付诸实施。公民对城邦的控制没有停留在政治层面，反而把它上升到了一种共同生活的高度。"直接参与，这不仅是政府的原则，也是一种生活方式的原则。"[①] 此外，选举等民主形式也在城邦那里得到了充分体现。雅典人最古老的决定方式是抽签，并不掌握实权的议事会代表的产生和陶片放逐决定的作出都是通过抽签的方式进行的。同时，执政官和将军等要职必须由公民大会投票选出，另一些须具有一定程度知识和专业技能的官员也由选举产生。选举是在下半年公民大会的特别会议中举行的。如此，在当选的官员就职之前，当局就有了充分的时间对他们进行真正的考验。此外，任期结束后，包括执政官及议事会代表在内的所有担任

---

① ［英］赫尔德：《民主的模式》，燕继荣等译，中央编译出版社1998年版，第21页。

公职的人都必须接受详细的考核，考核由 10 人一组的督查委员会进行，结果被呈交给由 501 名成员组成的特别法庭裁决。任何公民都可向法庭指控官员失职（即使督查委员会没有指出任何缺失）。

另外，与近代争取人民主权的轰轰烈烈的法国大革命不同，在城邦的"主权"行为中很少见到腥风血雨。"作为一个理想，公民共同体是一个言论代替血腥、决策行动代替复仇行动的地方。"① 这充分地体现了亚里士多德关于人的著名定义：人除了是一种政治动物外，还是一种能说会道的动物。② 因而，城邦生活几乎总是以对话的形式展现在我们面前的（从古希腊多有对话体著作留传于世就可以看到这一点），人们在交往中通过对话而达致对幸福与善的共识，并以之作为共同生活的朝向。在商谈伦理盛行、公共领域之概念引用成风的今天，这种用"话语"代替"暴力"的生活方式受到了格外的推崇。值得肯定的是，在这一点上，城邦生活并没有让它的崇拜者失望。据记载，公民大会召开之时，首先是宣读由议事会作出的针对各项议题的草案，接着公民大会司仪便问道："有谁要发言？"欲发言者便可登上讲台发表意见。③ 同样的事情也发生在法庭之内，被告被允许携带家眷上演"哭戏"为自己辩护。关于这一方面，不用援引太多例证，因为我们都已熟知苏格拉底留下的感人的演说辞。

如果要找出城邦生活最吸引人的地方，那无疑是它共同生活的自主性魅力了。在备受个体化困扰的现代社会，学者们异口同声地称赞城邦生活的地方也正在于此。人们痴迷于雅典人生活的一致性，"公民一起作出决策，在那里每个决策者都尊重其他人的权威，所有参加者都服从他们已作出的决策"④。但是，如果认真地去观察，就可以发现，这里体现出的不是自由，因现代自由的结果是个人与国家不再分享命运，而这（分享命运）正是城邦所具有的基本特征之一。"城邦生活是一种经自由选择的特定的政治组织形式，而绝不仅仅是一种为了把人维持在一个有

---

① ［美］阿伦特：《人的条件》，竺乾威等译，上海人民出版社 1999 年版，第 21 页。
② 许纪霖主编：《共和、社群与公民》，江苏人民出版社 2003 年版，第 32 页。
③ ［英］约翰·索利：《雅典的民主》，王琼淑译，上海译文出版社 2001 年版，第 34 页。
④ 许纪霖主编：《共和、社群与公民》，江苏人民出版社 2003 年版，第 32～33 页。

序范式内而必需的行动方式。"①

与同时期其他文化体内的生活方式相比，城邦生活作为一种政治的生存方式能够达到单纯劳动或工作无法达到的自主；与公民们各自为政的现代生活相比，城邦生活更能体现出对自我价值与共同目的的主宰。在这样的共同体中，每个公民都应该而且能够参加创新和维护共同生活；每个公民都能发现自己对于共同体的特殊才能，并用它服务于公众；每个公民都关心共同的事务，并能在任何一个方面积极参与。人们拥有无限的潜能，"作为智力性的、目的性的存在，人们欲想指挥可指挥的一切来达到某些目的"②。所以，身处城邦中的公民是在共同生活之中去实现对命运的主宰，所有公民共同分享城邦的命运。

二、　城邦生活是一种共同生活

近代以来，把古希腊城邦生活理想化一直是存在于学者们思想之中的诗意憧憬，特别是在 20 世纪，当晚期资本主义理论提出来之后，"公共性"的问题成为一个学术关键词。在这种情况下，越来越多的学者们用公共性这把标尺来丈量希腊的城邦生活。其实，城邦之形成与行动之目的都是为了共同价值的实现，城邦中所存在着的是"共同生活"而不是"公共生活"，在城邦的不同阶层或不同部分之间是没有公共性的问题的。我们知道，共同（common）的并不一定是公共（public）的，这一点本来是很简单的，但学者们却恰恰在这个简单的问题上没有分辨清楚，误以为城邦的"共同生活"是一种"公共生活"了。

如果"公民"这个概念涵盖了一个社会中所有的人，人们也许会认为关涉到所有公民的共同事务可以冠以"公共"之名。然而，正如我们所熟知的，雅典人只将公民看作"人"，奴隶、外邦人乃至女人都只是某种事物，是公民可资利用的某种工具。如果我们接受了雅典人关于"人"的观念，或者说仅仅看到它的作为公民的"人"的一面，就不仅可以在

---

① ［美］阿伦特：《人的条件》，竺乾威等译，上海人民出版社 1999 年版，第 6 页。
② 许纪霖主编：《共和、社群与公民》，江苏人民出版社 2003 年版，第 32 页。

城邦问题上使用"公共"一词，还可以把城邦生活视作最理想的"公共生活"。事实上，认识一个社会是不能仅仅看它的一个部分的，雅典作为一个社会，在整体上看，是一个不平等的社会，它的政体是一种不平等的体制，它在观念上正是把不平等当作某种"善"的。

城邦生活的"美好图景"自始至终都是建立在对奴隶、外邦人、女人等非公民的排斥之上的。对城邦而言，这些非公民的存在是城邦得以存续的必要，正是他们的劳动打下了家庭生活的经济基础，从而为公民心无旁骛地投身城邦生活提供了保证。在这里，公民无须顾忌家庭事务的种种烦琐，他可以把自己完全定位于城邦，只与其他公民谈论公民之间应该谈论的事情，而那些为城邦生产作出巨大贡献的"东西"则无法得到哪怕最卑微的回报。他们没有公民权，不能参与城邦生活，甚至不能决定自己的生命和生存方式。正是由于这个原因，当人们还对雅典的民主政制津津乐道的时候，托克维尔却在《论美国的民主》中似乎漫不经心地将雅典当作典型的"贵族制"来谈论了。这绝不是托克维尔的无知，相反，他恰恰是准确地把握了雅典政制的特征。与托克维尔不同的是，当代学者的所谓城邦生活的"公共性"，实际上只是在证明一个根本不存在的"事实"。

从一些历史资料看，公元前5世纪时，雅典居民总数约在25万至30万之间。其中，男性公民的人数在3万至5万之间，而奴隶人数则超过8万，最多时可能超过了10万。也就是说，成年的男性公民肯定不超过所有成年人的30％，而奴隶人数约占到所有成年人的一半。[1] 因此，当我们谈及雅典人的"公共生活"时，我们决不能忽视它有超过一半的成年人（还要加上外邦人和女人）没有公民权这一惊人的事实。这样一种没有全体社会成员参加的生活在何种意义上能够称作"公共生活"呢？显然是不可思议的。然而，雅典人却将此视为理所应当的。柏拉图在其名著《理想国》中直截了当地假设他理想的国度内存在奴隶，亚里士多德更对奴隶存在的必要性进行了不厌其烦的论证，尽管后人把这一点斥

---

[1] ［英］约翰·索利：《雅典的民主》，王琼淑译，上海译文出版社2001年版，第95页。

之为"笨拙的意识形态的再自然化"①。虽然我们不能以现代的眼光苛求古人，也无法指责先哲们在奴隶问题上的冷漠，但奴隶制的存在这一事实足以证明雅典生活是与公共生活相去甚远的。

除了奴隶，雅典居民还包括大约 25000 名外邦人，他们的地位虽然不像奴隶那样低下，却也饱受不公平的待遇。他们没有任何政治权利，反而每年必须上缴一定的外籍居民税和承担服兵役的役务；他们能够居住在雅典还需要有雅典居民为其做保证人。即使他们能够居住在雅典，也不被允许购置房产或和雅典居民通婚。雅典曾给过某些外邦人公民权，但手续之烦琐足以令人望而生畏。在雅典，一个外邦人如果想成为雅典公民的话，他是可以提出申请的，但首先要由公民大会予以通过；9 天以后，须在第二次集会获得至少 6000 人投同意票（如前指出，雅典公民大会参加人数一般也才 6000 人，这条规定意味着公民大会必须全票通过）；即便通过之后，任何雅典人都可以告到法庭要求将他除名。② 也应看到，尽管雅典人对外邦人几乎是采取一种随意处置的态度，外邦人在城邦中却并非无足轻重。在经济地位上，他们整体上比雅典人更加富裕，他们从事的是当时最繁荣的制造业和贸易行业，其捐税是雅典城邦的一笔相当可观的收入。在某种意义上，可能正是他们优越的经济地位决定了他们政治地位的低下，否则，雅典就会变成外邦人的雅典了。虽然外邦人的处境比奴隶要好，对于城邦来说，则同样是工具性的，这进一步佐证了城邦生活的非公共性。

雅典另一个缺乏公共性的事例牵涉到女性问题。尽管柏拉图主张在他的理想国度里女性将享有和男性同样的地位，剧作家阿里斯托芬也曾在戏剧中虚构出妇女接管公民大会的图景。然而不争的事实是：在雅典的所谓民主体制下，妇女没有任何政治权利，法律上的权利也微乎其微。在雅典人的观念里，女性始终被视为接受家族中男性成员保护的物品，

---

① 应奇、刘训练编：《公民共和主义》，东方出版社 2006 年版，第 21 页。
② ［法］库朗热：《古代城邦：古希腊罗马祭祀、权利和政治研究》，谭立铸等译，华东师范大学出版社 2005 年版，第 181 页。

法律明确规定女子一律没有继承权。[①] 女性在城邦中的真实地位在于她们是传续香火的工具。女性在当时具有的唯一权利大概就是结婚的"权利"（当然，并不等于结婚的自由），因为法律责令城邦中的最高长官注意不可使某家某户断子绝孙。但是，如若没有生育能力，妇女将被迫离婚；若无子的原因归于丈夫则须由丈夫的亲族代替，由此而生的儿子被归于丈夫。可见，所谓结婚的权利其实也只是"役务"的一种诡辩。妇女同奴隶、外邦人一样，对城邦而言完全是工具性的，是作为生殖的工具而存在的。事实上，直到20世纪初，在整个西方世界，妇女的政治地位都一直没有得到承认，正是由于这个原因，才会出现生活上的那些虚伪的"lady first"，以求用此来作出一些补偿。

奴隶、外邦人、女人是城邦自主的先决条件，他们是城邦必需的东西，却不是城邦的构成部分，他们被"另眼相看"却不能享有作为城邦之部分的公民待遇。但是，他们的活动构成了城邦生活的另一个侧面，事实上，完整的城邦生活是包括他们的活动的。阿伦特没有回避城邦生活的这一现实，但她努力给出一种解释："自由仅存于政治领域；必需品主要是一种前政治的现象，是私有的家庭组织的特征；强制和暴力在这个领域里是正当的，因为这是获得必需品（比如通过压迫奴隶）和自由的唯一手段，由于所有人都受困于必需品，所以他们有权对他人实施暴力；暴力是一种使自己摆脱生活必需品的困扰从而进入自由世界的前政治的行为。"[②] 在阿伦特的这一解释中，显然是按照近代以来的社会模式而把城邦生活进行了重新装扮，并得出政治自由与经济强制是可以兼容的结论。由于奴隶、外邦人和女人都被排除在政治生活之外，强制和暴力频繁地作用于他/她们也就被认为是合理的了。

总之，城邦展示给我们的真实图景是：奴隶、外邦人和女人是与政治生活无缘的，他们的生活与城邦公民们的幸福生活形成强烈反差，他们忍受着被人遗忘的悲惨和不幸，而且要时时处处承受来自公民的暴力

---

① ［法］库朗热：《古代城邦：古希腊罗马祭祀、权利和政治研究》，谭立铸等译，华东师范大学出版社2005年版，第63页。

② ［美］阿伦特：《人的条件》，竺乾威等译，上海人民出版社1999年版，第24页。

打压。面对如此景象，正如波考克所提出的疑问："这些先决条件是偶然的，还是在某些方面对于公民理想本身至关重要？"① 如果我们承认它并非偶然（根据历史唯物主义的观点，它绝非偶然），对于现代学者在雅典那里发现完美之公民理想的做法，我们也就不能不打上一个问号，城邦生活的公共性也就更值得怀疑了。

在我们对城邦生活的公共性提出怀疑的时候，人们也许可以争辩说：具备公共性与否不应当从集体生活是否能够使所有人都参与其中来作出判断。的确，在现代社会也仍然有许多人不能参加集体生活，可是，我们为什么要把雅典城邦生活说成是"共同生活"而把现代社会中的集体生活说成是"公共生活"呢？关于这一问题，我们可以在雅典与现代之间的比较中来回答，或者说，雅典的社会结构与现代的社会结构有着根本性的不同。在雅典，如上所说，也存在着社会分化，整个社会被分解为公民、奴隶、外邦人、女人等不同的等级，但是，这些等级在社会结构框架中的排列是一层层地叠加起来的，每一层可能都有自己的共同生活，而在整体上却没有共同之处，也没有可以抽象地加以把握的共同之处。所以，在这个社会中，是没有公共性的问题的，也没有一种渗透于整个社会的公共生活。

在雅典，不同等级的存在所意味着的是这个社会的实体性分化，不同的实体之间是没有同一性的因素的。这个社会中的奴隶、外邦人、女人就像一堆砖石，而公民则是站在这堆砖石上的人。现代社会虽然也存在着事实上的不平等，在社会生活的每一个领域都存在着事实上的等级差别。但是，近代以来的政制设计是在启蒙思想家平等理念的基础上进行的，是把全体社会成员之间的关系铺展在一个平面上的。或者说，这个社会虽然存在着阶梯结构，但这个阶梯结构是被纳入平面展开的框架之中的。在现代社会，不同领域、不同实体之间的联系表现为一种相互支持的系统，无论它们之间的差异有多大、矛盾有多深、利益冲突有多激烈，都包含着普遍性的因素，不同的人以及不同的群体之间有着共同的、普遍性的共同利益，因而有着公共性的问题，有着公共生活的内容。

---

① 许纪霖主编：《共和、社群与公民》，江苏人民出版社 2003 年版，第 33 页。

理解古希腊与现代的区别，黑格尔为我们提供的普遍性和特殊性两个概念是至关重要的，雅典的共同利益是具体的，是可以明确地指出存在于哪个方面和以什么样的形式出现的。在现代，普遍利益则是寓于特殊性的利益存在形态背后的，普遍利益已经不再是所谓"共同利益"了，而是需要求助于"公共性"一词来加以认识的。这就是现代与雅典的根本区别。正是这种区别，决定了雅典城邦生活绝不是现代生活的理想，反而是一种历史记忆。

三、 城邦生活的自主性

在现代学者心目中，雅典城邦生活的自主性是它的另一重魅力所在。应当看到，仅仅是一群人在一起共同生活是不足以说明城邦生活为何能在近代以来吸引如此众多的崇拜者的，其中肯定存在着能够令人在现代社会生活建构中获得启发的因素。由于一切重大事情都由公民大会直接决定，这至少从表面上看来公民能够掌握与自己有关的一切，因而把握了自己的命运。这就是城邦生活吸引人之处，它使人感受到一种生活的自主。

我们也看到，这种自主或多或少是相对的。因为集体行动本身就存在着一定的盲从性，同时，对参与的强制也必定会影响参与者作出决定的意愿。不论怎么说，自主总比不自主要好，相对的自主比绝对的不自主要好。特别是在个人自由泛滥而自主性日益消退的今天，城邦生活中自我主宰的意象在我们头脑中久久萦绕。我们渴望一种超越，就像中国古老传说中的"鲤鱼跃龙门"一样，一旦跨过那条界限就仿佛进入了一层更高的境界，由受河川摆布的小鲤鱼摇身一变而成为掌控所有河川的龙王。城邦生活虽然不能使人掌控一切和掌控他人，但通过对公民意识的反复描述，它至少为我们勾勒出了掌控自我的美好图景。雅典人在接受了城邦的全方位教育之后走出了他的家庭，投入广阔的城邦生活并迈进了自主的世界。

对于城邦居民而言，城邦是这样一个共同体："在这个共同体中，公民的意志——即政治共同体的普遍意志——可以选择并决定任何目标，这些目标是作为一个整体的共同体所追求的。"① 这自然赋予了共同目标至高无上的地位，个人的目标是不得与之相冲突的；甚至个人是不被允许拥有其他目标的。比如，在斯巴达，凡不参加共餐的人，即便不是他个人的过错，也将立即从公民中除名；在雅典，必须参加佳节的公民，若未履行义务将受到审判和惩罚。② 可见，公民为了过一种自主的生活，是以牺牲自由为代价的。个人在共同生活中以自己的发言和投票去决定一切，这是他的自主性的体现，但他是不自由的。

在《古代城邦》里，库朗热通过翔实的史料分析得出的结论是，在城邦中，个人自由是不存在的，作为城邦的一个部分，"公民在一切事上都须服从城邦，公民完全地属于城邦"③。债权人必须在城邦需要钱时让出他们的债权；雅典人和斯巴达人都有终身服兵役的役务；斯巴达和罗马的法律规定不准生下残疾者，或要将生下的残疾儿杀死；禁止自由教育，禁止自由信仰；不婚或者晚婚都要受到惩罚；甚至对居民的服饰和发型都有严格的规定。"古人既不知道什么个人生活自由，什么教育自由，也不知道什么信仰自由……它（城邦）可以制裁任何人，即使他是无罪的，只要它觉得他有损于自身的利益。"④ 因而，城邦生活就像其批评者指出的那样是没有个人自由的生活。尽管有学者认为亚里士多德在《政治学》中已经提出了"按自己的想法"去生活的个人自由观，但亚里士多德本人却是"集体自由"的积极捍卫者，部分与整体的关系、部分通过整体来定义的命题就是由他作出完整论证的，他所谓"按自己的想法"去生活的命题实际上所默认的是一种假设，即"自己的想法"应当是共同生活，而且仅仅是共同生活。

虽然我们在今天把城邦中的某一类人用现代术语表述为"自由人"，但从以上的事实中可以推断，在古希腊是无所谓自由的，希腊人可能根

---

① 应奇、刘训练编：《第三种自由》，东方出版社 2006 年版，第 120 页。
② ［法］库朗热：《古代城邦：古希腊罗马祭祀、权利和政治研究》，谭立铸等译，华东师范大学出版社 2005 年版，第 180 页。
③ ［法］库朗热：《古代城邦：古希腊罗马祭祀、权利和政治研究》，谭立铸等译，华东师范大学出版社 2005 年版，第 211 页。
④ ［法］库朗热：《古代城邦：古希腊罗马祭祀、权利和政治研究》，谭立铸等译，华东师范大学出版社 2005 年版，第 213～214 页。

本就未能生成"自由"的观念。如果他们没有自由的观念却又不懈地追求自主，这种自主又怎能不以一种极其粗糙的行为表现出来呢？为了这种自主的实现而生成的民主形式在何种程度上又能够是一种理想的民主呢？在近代社会，自主是与自由联系在一起的，没有自由，所谓自主也就不可理解。在近代以来的社会中观察自主与自由的关系，它们之间的不可分离是思想的起点。从这里出发去回溯式地解释历史就不得不求助于新的概念的提出。伯林是这样做的，他不愿意承认古希腊自主与自由相分离的事实，因为这种分离无法从现代的事实以及思维中去理解，所以他提出"两种自由"的观点，即"积极自由"和"消极自由"。在伯林看来，古希腊城邦生活中的自主也需要从它的自由中去加以理解，也就是说，在古希腊城邦生活中存在着一种积极自由，这种积极自由为其自主提供了支持。

其实，在古希腊，自主与自由的分离是由于古希腊人只追求自主而不追求自由所造成的。由于放弃了自由而去追求自主，古希腊人所追求到的自主还只是极其感性的，是停留在经验层面的，是缺乏理性支持和论证的。因而，它的民主也是极其低级的一种"由群体共同决定事务"的行为。就此而言，在现代民主制度的建构中，古希腊的民主形式是很难被确认为有什么参考和借鉴意义的。我们甚至需要有一种完全相反的思路，那就是在现代民主中，如果说存在着一些根本性的缺陷的话，那就是自主与自由的联系和统一未得实现，古希腊人自主而不自由，而我们则处于自由而不自主的状态。我们关于民主建构的所有改进方案恰恰需要致力于自主与自由的统一，而不是恢复到古希腊自主与自由相分离的状态中去。

近些年来，西方兴起了一股名为"公民共和主义"的思潮。在伯林的两种自由概念的基础上，出于对积极自由不足的不满，公民共和主义提出了"第三种自由"的概念，即在工具性的积极自由中引入消极自由，并发展出新的以积极自由为特色的消极自由。应当看到，在现代化走到其巅峰的时候，与现代化相伴的个体化又对我们的公共生活造成了难以估量的消极影响，个人自由的泛滥使人们失去了参与公共生活的热情，一种不自主的感觉也越来越强烈地困扰着人们。公民共和主义就是在这个背景下出现的。公民共和主义依然是把他们所主张的第三种自由称为一种新的消极自由，但与较早时期的自由主义者相比，他们肯定了积极自由对公共生活的意义，并意欲将其导入主流的自由主义观念中来。从理论上看，这也许是一种积极的追求，但是，如果用其解释历史的话，我们认为是不合适的。因为它依然是用积极自由这个概念去误读了古希腊自主与自由相分离的历史事实。人类社会在近代所生成的公共生活是与古希腊的共同生活有着根本性区别的，在相信人类社会进步的历史观中，也不能接受对历史上的某一个阶段中所存在的特定生活模式进行复制。即便我们的公共生活需要得到更多的积极自由的支持，也不意味着古希腊城邦中的共同生活及其自主就是当代公共生活改进的方向。

第六章

自由与民主的追求

对自由的追求是人类思想史上的一个永不陨落的主题，而自由又是与现代民主联系在一起的。在农业社会，无论作为个人，还是作为整体的人类，对自我命运都是无法主宰的，人的命运是由某种必然性预先决定了的。进入工业社会，在自由与民主的旗帜引导下，人类把自己从必然世界中解放了出来，迈入追求自由世界的轨道。同样，近代以来，民主是作为人的权利保障的政治设置而存在的，而民主自身，却经历了一个多次转型的过程。回顾民主理论的发展史，可以看到一条明晰的历史轨迹，那就是从人民主权到协商民主的历史进程。启蒙思想家们的民主理想是包含在人民主权之中的，随着资产阶级思想的成熟，人民主权的模糊性很快地被成熟形态的表达民主所替代。但是，表达民主由于包含着对社会秩序形成冲击的可能性，又被精英民主所替代。随着官僚制理论的确立以及整个社会的官僚组织化，精英们被推向了社会治理的前台，出现了精英民主理论。20 世纪 70 年代，挑战精英民主的协商民主理论逐渐成形，并征服了拥有民主信仰的人们。在瞻望历史向未来伸展的前景时，从过去我们走过的道路中也许可以发现一个方向性的线索。

第一节　人类追求自由的思想轨迹

一、　受困于必然世界的历史

当前，在人类走向后工业社会的历史转型中，关于民主的呼声再度高涨，这似乎是工业社会所创造出的基本政治价值的延伸。应当承认，民主的追求是在人类挣脱必然世界捆缚的斗争中产生的，如果把民主还原到作为其基础的自由之上的话，则可以看到，人类对自由的追求有着更为古老的历史。在整个农业社会，人们实际上生活在一个必然世界之中，作为人，无论对于自我命运还是共同命运都没有主宰的权利，命运事先为某种必然性所决定。在农业社会也存在着对自由的追求，但其声音是比较微弱的。到了工业社会，生产力水平的跃升使人们提出了破除必然世界的要求，自由与民主也就成了这一斗争的武器。经过数代人不懈的努力，在自由与民主旗帜的引导下，人们似乎走出了必然世界。在整个工业社会，人们也一直在受到另一种力量的压迫。当人们在工业社会早期取得了摆脱自然必然性的胜利时，却感受到了社会必然性的压迫。在工业社会后期，在社会必然性的压迫尚未得到缓解的时候，自然必然性再一次向人类反扑过来。所以，破除必然世界与建设自由世界的历史使命再一次凸显出来。

马克思、恩格斯在描绘人类历史的发展轨迹时，指出了从必然世界走向自由世界的总的历史趋势，并作出人类把这一必然的历史趋势转化为自觉行动的路径设计。也许走向自由世界的路径有多条，但马克思、恩格斯所揭示的这一历史趋势则是值得重视的。如果说人类经历过一个农业社会的历史阶段而进入了工业社会，那么同农业社会人对人的直接压迫相比，工业社会中人通过物的中介而实现的对人的压迫已经让人在某些方面能够感受到一定的自由，或者说可以让人去理性地畅想和描绘自由了。如果人类在未来把物的压迫也搬除了，那么人类的自由理想也许就会逐渐地逼近了。

用阶级分析的观点看，在农业社会，不同的阶级在自由的获得方面是不同的，统治阶级可能会在社会统治活动中展现其所拥有的自由，而被统治阶级则是没有自由可言的。总的说来，在农业社会低下的生产力发展水平下，人类的实践活动在很大程度上受制于自然环境，人类作为一个整体对自身的命运是难以主宰的。因此，在人们心中，相对于社会，自然是具有某种必然性的东西。这种必然性经过人的想象与思维的加工就变成了神的观念。神的意志被认定为某种"绝对命令"，是人所无法抗拒的。神创造了一切，也预定了一切，人类的一切活动在其终局上都是由神预先安排好了的，这种安排也就是宿命。即使人们的活动在进程上可能与神的规定存在某些细微的出入，但在结果上却是一致的。人生来就被注定了受到某种命运的驱使，除非神改变了想法，否则就只能接受这一命运。

也许必然性的观念来自自然，是指人无法改变而不得不接受支配的自然力量，但这种观念被推广到对人的社会关系的理解方面来了，并与社会的等级结构结合了起来，或者说，被凝结到了等级结构之中和被等级结构所强化。结果，位于等级序列顶端的"王"被赋予"人间的神"的内涵，成为等级社会这个必然王国的绝对主宰。王是神所选定的，是神在世间的监护人，监管神为每个人划定的命运轨迹，惩处任何越轨的行为。因而，农业社会是一个必然世界，王的绝对权威就是其必然性的象征。

从早期哲学中可以看到，必然性的观念在当时得到了高度的社会认同。比如，它在古希腊哲学家德谟克利特的原子论学说中就得到了反映。德谟克利特将原子和虚空视为唯一真实的原则，原子及其在虚空中的运动就构成了整个世界。其中，原子运动的轨道是既定的，它们各自平行地直线下落而不会发生偏斜。没有什么是偶然的，一切都将走向其必然的归宿。这种对命运的痴迷在古希腊悲剧中随处可见，古希腊人之所以能够创造出那么多伟大的悲剧作品，就是因为他们发现自己生活在一种无法突破的宿命之中，悲剧就是对命运无可奈何的哀叹。实际上，这也是当时政治现实的一种反映。今人在谈及古希腊时，总是习惯性地将其和民主联系在一起，其实古希腊政治最突出的特征是其发达的等级制度。在这种森严的等级制度中，每个人在社会中的位置都被严格限定，任何越界的行为都不被允许。处在这个社会最底层的奴隶甚至不被当作人看，他生来就只是城邦的工具，至死也只不过是一件物件，仅仅发挥自己的"效用"。所以，民主制度所赖以建立的普遍自由即使是在观念上也没有存在于古代希腊。因为，要在一个必然性观念占据统治地位的时代去发现民主社会的踪迹，在理论上是无法成立的。

当然，对必然世界的叛离从来没有中止过。在德谟克利特之后，伊壁鸠鲁就以其原子的"偏斜运动"而向德谟克利特的宿命论发起了挑战。他认为原子的运动绝不是并行的，直线下落只是原子运动的一种方式，除此之外，原子还会脱离直线、发生偏斜。必然性是不存在的，有些事物是偶然的，有些则以我们的"任意"为转移。"在必然性中生活，是不幸的事，但是在必然性中生活，并不是一种必然性。通向自由的道路到处都敞开着，这种道路很多，它们是便捷易行的。因此，我们感谢上帝，因为在生活中谁也不会被束缚住。控制住必然性本身倒是许可的。"① 这样，如卢克莱修所说，偏离运动就是在原子胸怀中的某种东西，这东西是可以对外力作斗争并和它对抗的，它将打破"命运的束缚"②。对此，马克思也赞扬道，偏斜运动"表述了原子的真实的灵魂即抽象个别性的概念"③。

农业社会毕竟是产生不了"抽象个别性"的，因此，伊壁鸠鲁在历史上扮演的只是一个异端的角色，现实的发展与他的预言是背道而驰的。城邦世界的终结并没有让人们走出必然世界，而是进入了一个新的必然世界，这就是神权国家。神权国家具有双重必然性。在希腊人心中，众神是居住在城邦之外的，它们虽然安排了人类的命运却不与城邦生活发生联系，城邦在一定程度上是人兑现自己命运的地方。即使神干预了现实生活，也只是在《荷马史诗》中所看到的那种对外战争中才出场。因此，关于必然性的意识实际上是比较弱的，人们只是无意识地遵循着必然性，由于占希腊人口少数的"公民"还具有行动的自由，这在客观上反而有利于偶然性的发生。到了神权国家那里，基督教通过原罪、此岸、彼岸等概念将俗世变成了精神王国的从属品，从而扼杀了偶然性。犯有原罪的人们被驱逐到了此岸世界，只有通过对神虔敬的信仰才可能重返彼岸天堂。这样，命运的兑现是分阶段的，此岸只是一个准备，只有到了彼岸才能发现并进而兑现自己的命运。如果在此岸出现了任何偶然性，将永远连自己的命运都无从发现。因此，每个人都在俗世这个必然世界

---

① Seneca, L. A., *Ad Lucilium epistolae*, In Seneca, *Opera*. T. 2 Amstelodami 1672. Vol. 12. p. 42. 引自《马克思恩格斯全集》，第 1 卷，人民出版社 1995 年版，第 26 页。

② 《马克思恩格斯全集》，第 1 卷，人民出版社 1995 年版，第 33 页。

③ 《马克思恩格斯全集》，第 1 卷，人民出版社 1995 年版，第 35 页。

中不断赎罪，以换取进入天堂那个必然世界的机会。换句话说，人们身处必然世界又努力将自己纳入必然世界。

中世纪的人们留恋必然世界是有历史原因的。在农业社会低下的生产力水平下，物质生产异常艰苦，再加上等级压迫，让广大的受压迫者深深地感受到"生活"之艰难。基督教对彼岸世界的宣扬抓住了广大受压迫者的心理需求：既然现世的幸福是不可欲的，便只能寄望于来世。因此，人们才会对必然世界依依不舍，不然的话，人们就觅寻不到使自己获得另一种命运的途径。伴随生产的进步，社会生活日益丰富多彩，等级堡垒也在社会分化中日渐消损，到了近代早期，现世的幸福已经触手可及，压抑已久的欲望在人们心中爆发，从而要求冲破必然世界的束缚，去建立起一个能够主宰自我命运的自由世界。但必然世界绝不是这么容易就能破除的，在近代早期的人们用"绝对国家"替代了"神权国家"之后，也未能使自己挣脱必然世界的捆缚，反而使自己坠入了又一个必然世界之中。而且，这个必然世界是以自由的脸孔出现的。

霍布斯从自由入手展开了对必然性的推导，他认为，自由是一种没有阻碍的状态，因而自然状态是最自由的状态，每个人都拥有绝对的自由。但由于没有一个共同权力使大家慑服，人们处于某种战争状态之中，处于暴力和死亡的恐惧和危险中，人的生活因孤独、贫困、卑污、残忍而短寿。自由并没给人带来安全与幸福，反而使人堕入恐惧与不幸。换句话说，自由令"一切人反对一切人"。因此，自由状态是一种最坏的状态，我们需要摆脱自由状态，回归必然世界。

霍布斯关于"所有的人都同样的是生而自由的"这句话的推论应当是，"任何人所担负的义务都是由他自己的行为中产生的"，因此，"在我们的服从这一行为中，同时包含着我们的义务和我们的自由"①。服从不仅是我们的义务，更是我们需要加以捍卫的自由，这就是霍布斯"服从即为自由"的著名论断。在这里，自由被认为是与必然性相容的，尽管行为确实出自人们的意志，但人的每一种出于意志的行为、欲望和意向都是出自某种原因，而这种原因又是出自一连串原因之链的另一原因，

---

① ［英］霍布斯：《利维坦》，黎思复、黎廷弼译，商务印书馆1985年版，第168页。

最终就是出自一切原因的第一因——上帝。所以，它归根结底还是必然的。根据这一推论，回归必然世界是完全可行的，其途径就是订立社会契约。人们通过契约将全体统一于唯一人格之中，把自己的意志服从于他的意志，自己的判断服从于他的判断，将自己的自由转授予他。当这一切都完成之后，主权者这一"活的上帝"就诞生了，"我们在永生不朽的上帝之下所获得的和平和安全保障就是从它那里得来的"[①]。通过主权者对上帝的替换，霍布斯也就将人们引入了一个世俗的必然世界之中了。

应当看到，在霍布斯这里，自由与必然的冲突已经得到了认识，并要求在社会行动中得到承认：在契约生效之后，主权者有了生杀予夺的无限权力，但同时，个人自我保存的权力则没有转让。所以，主权者既可以任意杀死臣民而不为不义，但臣民因本人的保存反抗主权者的行为也不为不义。霍布斯对此所作的规定是："当我们拒绝服从就会使建立主权的目的无法达到时，我们便没有自由拒绝，否则就有自由拒绝。"[②] 言下之意，他所构造的必然王国已经不是一个绝对的必然王国，自由与必然的冲突在他看来是完全正当的，自由并没有为必然性所湮没。社会中人的自由虽然是有限的，但在自我保存这一点上却有着无限的意蕴，从而使"必然性"也成为一个相对概念，自由有条件地外在于必然。这显然是为脱离必然世界而迈出的坚定的一步。后来，随着脱离必然世界的呼声日渐高涨，促使人们去找出其他办法来实现这一愿望。

二、 走出必然世界的努力

就必然世界是人的世界而言，它在总体上是一个宿命的世界，不仅个人，作为整体的人类对自我命运也无力主宰。因此，对必然世界的抗争就不仅是对自我命运的反叛，更是人类对共同命运的塑造。反过来说，自由世界应当是由完全自由的人及他们集合而成的自由群体所构成的世界。可见，要挣脱必然世界的捆绑，依靠个人的力量是远远不够的，个

---

① ［英］霍布斯：《利维坦》，黎思复、黎廷弼译，商务印书馆1985年版，第132页。
② ［英］霍布斯：《利维坦》，黎思复、黎廷弼译，商务印书馆1985年版，第169页。

人追求自由的努力只有被置于共同体追求自由的行动中才是现实的。在霍布斯那里，绝对国家是出于个人自由的目的而建立起来的，个人的自我保存被视为不可侵犯的天赋自由。但霍布斯对自由的规定也仅限于个人，人们不得因他人的自我保存而联合起来。这样，对绝对国家的合法反抗就只能是个体性的。绝对国家仍然是一个必然世界，要走出这个必然世界，人们就需要背离霍布斯的要求而联合起来去追求那种对共同命运的主宰。在近代历史上，这种追求是以民主的形式表现出来的。

霍布斯为什么会从自由出发而回归必然性呢？一旦对这一问题进行追问就会看到，霍布斯是否认民主的，由于否认民主，进而也就否认了自由。霍布斯之后，斯宾诺莎在契约论中引入了民主的维度，吹响了对必然性发起总攻的号角。但斯宾诺莎对民主的这一引入是在对自由概念的解析中实现的，他的逻辑是：自由在现实中表现为权利，当我感到自由时实际上是因为我享受到了权利，如果享受不到权利也就没有任何自由可言了。因此，他用天赋权利来指代天赋自由，又由于现实中权利是以权力为前提的，天赋权利要得到承认就必须首先确定政治权力的归属，这也就引出了民主与否的问题。

斯宾诺莎采取的是与霍布斯截然相反的论证路径，他是从必然性出发去推导权利。他认为自然之力即上帝之力，上帝有治万物之权，上帝之力有治万物之能，因而，自然之力是无限广大的。由于自然之力不过是自然中个别成分之力的集合，所以每个个体都有最高之权为其所用。"换言之，个体之权达于他的所规定的力量的最大限度。那么，每个个体应竭力以保存其自身，不顾一切，只有自己，这是自然的最高的律法与权利。"① 为了保证天赋权利的平等性，他又规定，天赋权利不是为理智所决定的，而是为欲望和力量所决定的。人人是生而愚昧的，天赋权利在理智之人、愚人、疯人以及正常人之间就没有什么分别。即使在有些人表现出理智之后，天赋之权对每个人仍然是最高的，因为明智的人有极大的权利以行理智之所命，无知之人则有极大之权利以行其欲望之所命。根据这样的论证，认为君主比臣民更明智以及君主应享有更大之权

① ［荷兰］斯宾诺莎：《神学政治论》，温锡增译，商务印书馆1982年版，第212页。

利的理由便不攻自破了。因为，君主在他这里也被看成是与其他人有着相同权利的人。

在斯宾诺莎这里，天赋权利是有限制的，这个限制便是力量。对于个体而言，欲望是无尽的，力量则是有尽的；作为一种"天赋"，权利是无限的，但人们实际享受到的权利则以各自的力量为限。每个人对力量的行使都会遇到一些阻力，这种阻力就是必然性，如果我们各自行使力量，就无法挣脱必然性。因此，"如果人要大致竭力享受天然属于个人的权利，人就不得不同意尽可能安善相处，生活不应再为个人的力量与欲望所规定，而是要取决于全体的力量与意志"①。易言之，人们就需要在理性的指导下订立契约，结成社会。斯宾诺莎认为，"一个社会就是这样形成而不违反天赋之权，契约能永远严格地遵守，就是说，若是每个个人把他的权力全部交付给国家，国家就有统御一切事物的天然之权；就是说，国家就有唯一绝对统治之权，每个人必须服从，否则就要受最严厉的处罚。这样的一个政体就是一个民主政体。"②

在民主政体中，"一个社会的大多数"握有最高的统治权，因而，不合理的决定是不可能获得肯定的。在这种情况下，服从统治权的决定就是服从理智的指引，也就是自由的。这样，斯宾诺莎与霍布斯一样得出了"服从即为自由"的结论。虽然结论相同，而含义则是迥异的。因为斯宾诺莎所看到的是，在一个民主政体中，"最高的原则是全民的利益，不是统治者的利益，则服从最高统治之权并不使人变为奴隶于其无益，而是使他成为一个公民"③。政府的最终目的不是用恐怖来统治或约束公民，而是要加强公民的生存与工作的天赋之权。公民服从统治权的命令，但这一命令是从属于公民利益的。因此，服从才是自由的，由于服从的结果是实现了每位公民的利益，人们就在事实上实现了对自我命运的主宰。这样一来，民主政体就将人们从必然世界中解放出来了。

斯宾诺莎对民主的论述是不充分的，他只是指出了民主政体最表象的特征——多数人掌权，但对多数人掌权的后果，如它是否会压迫少数

---

① ［荷兰］斯宾诺莎：《神学政治论》，温锡增译，商务印书馆1982年版，第214页。
② ［荷兰］斯宾诺莎：《神学政治论》，温锡增译，商务印书馆1982年版，第216页。
③ ［荷兰］斯宾诺莎：《神学政治论》，温锡增译，商务印书馆1982年版，第218页。

人从而与自由产生矛盾等，则没有进行分析。因此，沿着"服从即为自由"进行推论，他又得出了与霍布斯类似的"统治者有随意行事之权""不法行为不发生在统治者身上"这样的论断。也就是说，统治者即便作为一个集体，仍然有着超越其他公民之上的特权，那么，他们是否必然会对其他公民的命运造成某种不必要的影响呢？这种影响是否坠入必然性的怪圈呢？在斯宾诺莎的理论体系中是没有得到解决的。显然，这是一大缺憾，洛克的工作却弥补了这一缺憾。

洛克认为："政治权力就是为了规定和保护财产而制定法律的权利，判处死刑和一切较轻处分的权利，以及使用共同体的力量来执行这些法律和保卫国家不受外来侵害的权利；而这一切都只是为了公众福利。"① 斯宾诺莎提出订约的目的是保障权利，洛克则将权利具体化为财产权。财产权是由劳动确立的，而劳动先于契约，财产权也因而可以被理解成先于契约。所以，人们自然地享有一种权利以保有其所有物。然而，这种"私人判决"的力度是有限的，它并不能使个人在任何时候都能保有其所有物。进而，也就需要一个超越"私人判决"之上的共同裁判权。为了确立这一共同裁判权，每一成员都放弃了自己的自然权利，即授权给社会的立法机关，让立法机关去根据社会公共福利的要求制定法律。在这个裁判者设置起来之后，人们便脱离了自然状态，进入有国家的状态。国家"用明确不变的法规来公正地和同等地对待一切当事人；通过那些由社会授权来执行这些法规的人来判断该社会成员之间可能发生的关于任何权利问题的一切争执，并以法律规定的刑罚来处罚任何成员对社会的犯罪"②。这样，有了契约，每个社会成员的财产权也就都能得到最有力的保护。

在国家中，"大多数人享有替其余的人作出行动和决定的权利"③，这个大多数人是一个明确的对象，它就是议会代表的多数意见。因此，洛克不像斯宾诺莎那样泛泛地使用民主政体的概念，而是提出了具体的议会主权的实施方案。议会是人民的代表者，主权最终仍然是归属于人

① ［英］洛克：《政府论》（下篇），叶启芳、瞿菊农译，商务印书馆1995年版，第4页。
② ［英］洛克：《政府论》（下篇），叶启芳、瞿菊农译，商务印书馆1995年版，第53页。
③ ［英］洛克：《政府论》（下篇），叶启芳、瞿菊农译，商务印书馆1995年版，第60页。

民的。不仅裁决需要得到大多数人的同意，而且每个人都获得了成为这个大多数人的直接或间接的可能性。这样一来，在斯宾诺莎那里还残留着的统治者的独断性也最终消失了，每个人的命运不用再受到他人武断的裁决。结果，人们便走出了必然世界。

尽管近代以来的现实并不是人们走出必然世界的真正样板，但就启蒙思想家的构想来说，理论上却是圆满的。至于资本主义后来发展中所出现的必然性问题，也就是马克思所揭示的剥削和压迫问题，则是启蒙思想家所未涉及的。也许就像马克思在《论犹太人问题》中所判断的那样，对于早期的启蒙思想家来说，是围绕着"政治解放"的主题而进行著述的，至于"人的解放"的主题，他们根本没有涉及。在"政治解放"的主题下，人类走出了必然世界，而在"人的解放"的主题下去重新审视世界的时候，人依然处于必然世界之中。如果说 19 世纪与 18 世纪在人类追求自由的问题上有什么区别的话，那就是"政治解放"与"人的解放"这样两个主题的不同。就此而言，20 世纪中对自由的追求，很大程度上都是对马克思关于"人的解放"的主题的进一步演绎。

三、　自由世界的两个样板

霍布斯虽然提出了自由的问题，而这个问题的破解却最终导向了服从。在引入了民主之后，斯宾诺莎与洛克才或近或远地让我们走出了必然世界。不过，可以看到，即便是洛克，在对民主的态度上也是有所保留的，他实际上只是在捍卫"光荣革命"后所确立的议会主权。因此，从理论上说，人民虽然获得了对自我命运的某种主宰，却只是间接的主宰。随着革命的深入，走出必然世界的呼声愈益高涨。在这种背景下，卢梭论证了一种直接的自我主宰方式。这种直接的自我主宰是通过对民主的进一步强调实现的。

卢梭对民主与自由的关系有着清醒的认识，因此，在《社会契约论》一开篇他就提出了这一困扰人们良久的问题："人是生而自由的，但却无往不在枷锁之中。"① 其原因是什么呢？在卢梭看来，是因为自由缺乏民主的支持，或者说，是因为人民没有掌握主权。在主权外在于每个人的情况下，人民没有转让出去的那些自由迟早也会被主权者所剥夺。这样的主权者，对于每个人来说就不可能是自由的保护者，而只能是自由的枷锁。霍布斯将绝对主权者治下的人称为臣民，但在卢梭看来，这种称谓太大题小作了，只要有枷锁，就不会有公民、臣民或者其他，有的只是奴隶。"强力造出了最初的奴隶"②，因此，要打破枷锁就要摧毁强力，或者说，就要找出一种不会形成强力的结合方式。

卢梭所推导出的这种结合方式也同样是从人人生而自由的自然状态出发的，并且，通过对人民主权这一绝对民主形式的证明，他认为他找到了获得真正自由的途径。在霍布斯那里，每个人都将自己的自由交给一位君王，使君王握有了强力，自己则变为奴隶。即便在斯宾诺莎与洛克设计的那种"民主政体"中，"握有主权的人"与"不握有主权的人"之间的差别仍然是存在的，这就同样蕴含了产生强力的危险。卢梭认为，契约的结果只能是使所有人都成为主权者——强者。当所有人都成为强者时，强者的概念也就消失了。于是，社会公约的含义就是："我们每个人都以其自身及其全部的力量共同置于公意的最高指导之下，并且我们在共同体中接纳每一个成员作为全体之不可分割的一部分。"③ 社会公约生效之后，每个订约者的个人都拥有了一个"公共人格"，侵犯其中的任何一个成员就不能不是在攻击整个共同体，而侵犯共同体就更不能不使得它的成员同仇敌忾。每个人都是主权者中的一个成员，那么，每个人就都不可能受到主权者的侵害。强者与弱者的对立消除了，强力这一枷锁根本无法铸成；我们成为自己的立法者，我们服从的是为自己所制定的法律。可见，通过对人民主权的论证，卢梭断绝了重返必然世界的道路，第一次勾勒出了自由世界的轮廓。

然而，自由与民主本身是有矛盾的。对自我命运的主宰与对共同命运的主宰只有在面临枷锁需要打破时才是一致的。在枷锁已被打破时，

---

① ［法］卢梭：《社会契约论》，何兆武译，商务印书馆 2005 年版，第 4 页。
② ［法］卢梭：《社会契约论》，何兆武译，商务印书馆 2005 年版，第 8 页。
③ ［法］卢梭：《社会契约论》，何兆武译，商务印书馆 2005 年版，第 20 页。

在人们冲出必然世界后，二者则会发生冲突。我们看到，民主是自由的条件这句话的含义是，对必然世界的挣脱只能是一种共同行动，个别人的行为是无济于事的。不过，在共同行动冲垮了必然世界之后，共同行动也可能变成个别人的负担。在这种情况下，如果仍然坚持民主为自由的条件，自由就有可能受到损害。这一点，在卢梭身上得到了充分体现。

为了消除强者与弱者的差别，卢梭将人们在其他方面的差别也一并消除了。他虽然承认每个个人作为人来说具有个别意志，但个别意志间的差异总是可以相互抵消并最后形成"公意"。因此，如果任何人拒不服从"公意"的话，我们就要迫使他服从，或者说，我们就要"迫使他自由"。然而，拒绝本身就表明了个别意志的存在，而公意只能是个别意志相互"抵净"的结果。在个别意志尚存的条件下，公意又是如何形成的呢？也就是说，在卢梭这里，差异与一致之间的矛盾实际上是没能解决的，为了保证公意的存在，他只能否认差异而假设一致。既然一致是假设的，差异怎么处理呢？他的办法就是强迫它服从，强迫它一致。因而，在他这里，我们又看到了一个熟悉的论断：服从即为自由。如果公意是确实存在的，那么服从公意就是自由。但是，既然公意是假定的，那么服从公意还必然是自由的吗？这是卢梭留给后人的一个具有深远意义的难题，通过它，人们知道自由与民主并非毫无二致，民主在某些时候完全可能通向不自由的结局。如何化解自由与民主间的这一矛盾？如何使自由与民主能够在最大程度上得到兼顾？通过对群己界限的划分，密尔回答了这个问题。

密尔是从与卢梭相反的立场出发开展对群己界限的证明的，他直指卢梭公意学说所存在着的矛盾，将所谓意志自由斥为对哲学必然性的又一次重复。密尔批驳说，在崇尚意志自由的人看来，统治者应当与人民合一起来，统治者的利害和意志应当就是国族的利害和意志。因此，国族就无须对自己的意志有所防御，不必害怕它会肆虐于其自身，而能够将自己可以支配的权力托付于它。然而，这一切不过是假想而已，真实状况是："运用权力的'人民'与权力所加的人民并不永是同一的；而所说的'自治政府'亦非每人管治自己的政府，而是每人都被其余的人管治的政府。至于所谓人民意志，实际上只是最多的或者最活跃的一部分人民的意志，亦即多数或者那些能使自己被承认为多数的人们的意志。于是结果是，人民会要压迫其自己数目中的一部分；而此种妄用权力之需加防止正不亚于任何他种。"① 密尔将这种妄用权力称为"多数的暴虐"。他认为，在一般俗见中，多数的暴虐主要在于它会通过公共权威的措施而起作用，但深思的人们已经看出，当社会本身是暴君，当社会作为集体而凌驾于构成它的个人时，它就是在实行一种社会暴虐，并不仅限于政治压迫。也就是说，社会借共同命运之名而对自我命运施行了不正当的干涉。这种干涉虽不像政治压迫那样以极端性的刑罚为后盾，但由于它渗入了生活的细节，人们却更少有逃避的办法。它不仅是对身体的奴役，更奴役到灵魂本身。因此，集体意见对个人独立的合法干预必须要有一个限度。

对必然世界的抗争史告诉我们，对共同命运的追求是实现自我命运的先决条件。然而，在走出必然世界之后，这一结论在多大程度上还是有效的呢？共同命运仍然能够要求人们无条件地自我牺牲吗？密尔认为，这个问题的答案是否定的。虽然社会仍然可以用强制和控制的方法对付个人之事，但它必须把这样一条原则作为绝对的准绳："人类之所以有理有权可以个别地或者集体地对其中任何分子的行动自由进行干涉，唯一的目的只是自我防卫。"② 也就是说，共同命运干涉自我命运的唯一原因只能是防止对他人的危害。任何以对那人自己有好处的说辞都是靠不住的，因为对个人而言，自我命运的实现就是最大的好处。要使强迫成为正当，必须是所要加以吓阻的那一行为将会对他人产生祸害。只有在涉及他人的时候，个人的行为才须对社会负责，因为这已经触及他人的"自我命运"。否则，"在仅只涉及本人的那部分，他的独立性在权利上则是绝对的。对于本人自己，对于他自己的身和心，个人乃是最高主权者"③。

如是，密尔就在个人与社会，或者说自由与民主、自我命运与共同命运之间确立起了一条为后世所公认的界线。在一个超脱了必然性的世界中，自由与民主被分割为两个独立的领域。以今天的眼光看去，这两

---

① ［英］密尔：《论自由》，许宝骙译，商务印书馆 2005 年版，第 4 页。
② ［英］密尔：《论自由》，许宝骙译，商务印书馆 2005 年版，第 10 页。
③ ［英］密尔：《论自由》，许宝骙译，商务印书馆 2005 年版，第 11 页。

个领域就是私人领域与公共领域。私人领域成为自由的领域，人们的私人生活是不用对他人有所交代的，他可以任由自己"经济人"的本性而去追逐自我利益的最大化。公共领域则成为民主的领域，公共领域中的一切活动必然都是关涉他人的。因此，公共生活必须对他人及社会负责，遵循民主的原则。这样一来，随着自由与民主的相互割裂，二者直接发生冲突的情况也就消失了。在两个不同的领域中，自由与民主获得了各自充分实现的机会，自我命运与共同命运就能够或应当能够并行不悖地同步前进了。由此看来，密尔设计的自由世界似乎就是人们所孜孜追求的那个世界了。

四、 追求自由的未尽之路

密尔对自由与民主间矛盾的洞察是深刻的，19 世纪末、20 世纪初欧洲大陆极权主义的风行似乎也印证了他的顾虑：不把自由与民主分开，自由迟早会遭到民主的吞没。直到二战后，当西方世界对极权主义进行反思的时候，密尔的界分法再一次引发了人们的浓厚兴趣。比如，以"两种自由概念"闻名于世的伯林的贡献就在于，他在复兴极权主义的风潮中提醒人们不要忘记"自由—民主"的两分法。

在极权主义硝烟未尽的年代，伯林替所有受害者发出了这样的疑问："为什么某一个体应该服从其他个体？为什么每一位个体都要服从其他个体或个体构成的群体和整体？"① 或者说，"为什么任何人都要服从其他人？"② 在他看来，这种服从是毫无道理的，它是与人之自由本性相违背的。因此，他提出两种自由概念的目的就是要表明，即便确实存在所谓积极自由，而消极自由也是不可磨灭的，它决不能为积极自由所吞没。他认为，消极自由是"免于……"的自由，它"在这个意义上，无论如

---

① ［英］伯林：《自由及其背叛：人类自由的六个敌人》，赵国新译，译林出版社 2005 年版，第 1 页。
② ［英］伯林：《自由及其背叛：人类自由的六个敌人》，赵国新译，译林出版社 2005 年版，第 1 页。

何，并不与民主或自治逻辑地相关联"①。显然，这就是在修复由密尔确立的自由与民主间的界限，即保护自由的独立性。对于遭受了极权主义创伤的人们，伯林的批评不仅是一针安慰剂，更是一服救世良药。由于民主之名已被极权主义所玷污，在自由与民主这一对近代国家中的基本矛盾上，人们往往谈民主而色变。在这种条件下，伯林对消极自由的重振很快就收到了积极回应。正是这样，自由主义再次揭开了自由追求历史的新篇章，在战后西方的反思运动中毫不费力地取得了主导地位。

然而，密尔的设计是切实可行的吗？将自由与民主分置于两个不同的领域就能化解它们的矛盾并使自由与民主各自实现吗？20世纪的历史发展对这个问题给出的是否定的答案。实际上，战后西方世界对极权主义的反思是沿着两条基本路径展开的：一条是以伯林为代表的自由主义路径；另一条则是以阿伦特为代表的共和主义路径。与伯林的观点相异，阿伦特看到，极权主义之所以能获得成功，其原因并不在于民主受到了过分强调，而在于自由政府不能满足民主需求，因为极权主义无非是民主的一种异化形式，它在一定意义上正是社会民主需求得不到满足的反映。也就是说，即便在一个非必然性的世界里，如果民主得不到满足，自由同样也要受到损害。因为人们会通过非正常的方式去实现自己的民主诉求，而这必将使民主与自由的矛盾显性化，造成极权主义。因而，阿伦特对公共领域的讨论包含这样一个逻辑：要保障自由，就要首先供给民主。民主是防范极权主义的唯一途径，只有从根源上遏制极权主义的发生，人们才能够谈及自由的问题。这样，民主与自由又被拉到了一起。

显然，阿伦特的分析更为深刻，自由与民主的复杂矛盾决定了它们不能够被人为地分离。随着战后重建工作的结束，伯林对密尔传统的坚守就逐渐显露出它对复杂政治环境的不适应性，而阿伦特对自由与民主关系的重估则收获了越来越多的共鸣。比如，哈贝马斯就看到，由于自由与民主的脱节，公共领域失去了监督，逐渐"再封建化"，这既有损民主也有损自由。因此，他试图以一种"商谈民主"的方式将自由与民主、

---

① ［英］伯林：《自由论》，胡传胜译，译林出版社2003年版，第198页。

私人领域与公共领域重新衔接起来，使二者能够摆脱互不相干的局面，从而进入一种互相促进的理想状态。巴伯也认为，"在面对着我们这个时代的各种危机时，我们遭受苦难不是由于民主过多的缘故，而是由于民主过少的缘故"①。他不无遗憾地承认，无节制的自由主义已经破坏了民主制度，西方国家所拥有的为数不多的民主因素在自由主义的重重包围之下不得不一再妥协退让。"为了保护自由与民主，自由主义理论所作的各项设计——代议制、私有制、个人主义和各种权利，总而言之，都是代议制的——结果是既没有保卫民主也没有捍卫自由。"② 因此，他也寄希望于建立一种"强势民主"，以求把自由与民主重新包容起来。

如果说在从密尔到伯林的理论中，所做的是通过使自由与民主分离而回避二者的矛盾的工作，那么哈贝马斯与巴伯在一定程度上都希望直面这一矛盾。他们果真提出了可以解决这一矛盾的方案了吗？未必。哈贝马斯指出了公共领域"再封建化"的问题，认为这是失去监督之后的公共领域对私人领域的入侵。对此，他提出了"商谈民主"的解决方案。在哈贝马斯看来，商谈是一把界尺，由于没有行动，它是不会造成实质性的损害的，因而可以在一定程度上维护私人领域的独立性。然而，自由与民主仍然是相互独立的，商谈只是具有了作为中介的可能性，而这种中介是以自由的完整性为前提的。如此一来，民主就只是一种形式上的补充，用哈贝马斯的话说，就是一种合法化工具。对民主的供给并不是出于满足实际民主需求的目的，而是变相地在为自由的城池堆砌砖瓦，它无法化解与自由间的矛盾，反而使自由与民主的矛盾隐藏得更深。至于巴伯的所谓"强势民主"，当其矛头对准自由主义在民主问题上的弱势时，自然也无法避免那些批评者针对其在自由问题上的弱势所提出的诘难了。所以，这两种方案都没能解决自由与民主的矛盾。

自由与民主的矛盾其实是根本无法解决的，它们在人类挣脱必然世界的过程中是作为两种斗争武器而创设的。剑有两刃，既能伤人也能伤

---

① ［美］巴伯：《强势民主》，彭斌译，吉林人民出版社 2006 年版，（1984 年版序言）第 1 页。
② ［美］巴伯：《强势民主》，彭斌译，吉林人民出版社 2006 年版，（1984 年版序言）第 4 页。

己。作为斗争武器的自由与民主本身就是矛盾的，是一种内生的矛盾，是由时代所赋予它们的那种"毁灭使命"所决定的。它们只能协助我们驶离必然世界的航道，却不能将我们导入自由世界的正轨。如果我们以这两个概念为坐标去勾画自由世界的蓝图，必定包含着设计上的缺陷，依照这份蓝图，我们将永远无法建造出真正的自由世界。所以，在近代以来的那些设计方案中，当坚持以私人生活的自由为旨归时，总会发现由于公共生活中民主的缺位而使一切关于自由的追求无法实现；当奉公共生活的民主为圭臬时，又总是受到它与自由之间的经常性冲突状态所困惑；当试图对二者进行某种调和时，往往得出的是一个无助于从根本上解决问题的"四不像"的方案。这就是说，虽然人类已经走出了必然世界，却仍然处于通向自由世界的艰难摸索的道路上。对于人类而言，追求自由世界仍然是一条未尽之路。而且，由于陷于自由与民主矛盾的泥潭中不能自拔，人类在这条路上已经举步维艰了。尽管学者们在此问题上进行了不懈的求索，而对于现实的制度安排而言，徒然费神劳力。

20世纪后期，人类开始进入了一个全新的历史阶段，这是一场从工业社会向后工业社会转变的历史进程。关于民主与自由的争论却停留在工业社会的思维模式之中，人们对它的热衷反而使它成了一个虚假的时代主题。应当承认，对自由的追求是一个永恒的主题，但这一主题如果失去了时代特征就不会取得积极进展。审视走向后工业社会的进程，施予人的那种外在必然性是以偶然性的形式出现的，哲学上关于必然性与偶然性的界分，已经遇到了全新的情况，在这里，偶然性就是必然性。我们这个时代的复杂性和不确定性展现出来的是层出不穷的危机事件，每一个危机事件都是以偶然性的形式出现的，都具有偶然性的性质，但我们受到危机事件的困扰又是必然的，危机事件就是我们这个时代的命运。面对这种情况，以民主的方式去赢得自由是否可行？就是一个需要加以认真研究的问题。无论答案是怎样的，有一点是人们可以理解的共识，那就是，我们需要以创造性的思维去重新规划追求自由的路径，需要在一种全新的社会治理模式的构建中去赢得自由。

第二节 权利观念发生的历史踪迹

一、 罗马是否存在权利观念

关于民主制度的构想是出于保障人的权利的需要，其中，自由和平等是人的最为基本的权利。人们往往以为，自由和平等是人类亘古就有的追求，甚至有些学者断言，一部人类社会的发展史就是人们争取自由和平等的斗争史。然而，自由和平等被作为一种系统的思想和观念的代表而提出，则是在近代。也许在感性的意义上人类一直都向往自由和平等，但它们作为人的权利而被提出的历史并不古老。尽管当代自由主义者极力证明人的权利观念源自古代的希腊或罗马，而历史事实却并不对此提供支持，反而恰恰证明了自由主义者在古代历史中所发现的那些权利要素是与权利观念相对立的存在形态。

"权利"是一个历史范畴。如果说在人类历史的早期由于身份制的原因而让自由主义者无法发现平等的理想，但若他们去寻找自由的观念的话，却不困难。可是，他们如果找到了自由观念的话，那也完全是与对特权的追求联系在一起的，是向往和追求作为特权的自由。只是到了近代，而且主要是在自由主义的兴起过程中以及在自由主义的推动下，"权利"才成了自由理想的代名词。因此，要把握工业社会的政治以及社会治理过程的特点，即认识它与农业社会的根本性区别，就需要从权利观念的生成出发。如果不是这样，而是努力到农业社会的历史中去寻找权利观念，就看不到人类社会的发展在近代所取得的文明成就，也就不能理解近代以来的社会在上层建筑方面的一切设置的历史性。

从文献梳理中可以看到，在人文社会科学的各个门类中，"罗马法"都是近代以来的学者们最喜欢提及的。显然，如果不是有了"罗马法"，古罗马除了在历史教科书中是辉煌的一页外，可能其他的人文社会科学都不会提及它。当然，毕竟有了这一被后人称道的"罗马法"，所以各门学科都会经常提到罗马。"罗马法"是否与权利的概念联系在一起？或者说，在古代罗马是否已经生成了权利的观念？则是一个值得怀疑的问题。尽管近代学者在寻找权利概念产生的源头时往往把这个发明权归于罗马，认为"罗马法"把人类亘古就有的权利观念转化成了法律，实际情况却不是这样的。权利概念是在启蒙时期被发明出来的，是因为工业化造就了"原子化"的个人，而人们之间的交往又需要在尊重他人的前提下进行。只是到了这个时候，才产生了确认人的权利的要求，进而产生了权利的概念。权利概念的出现是启蒙时期的最伟大贡献之一，正是因为这一发明，近代以来的法律制度以及全部社会设置才能得到理解。或者说，近代以来的全部社会设置都是在人的权利的基础上建构起来的，是人的权利的物化形态。

正如我们一再指出的，如果把过往的人类历史分成农业社会和工业社会的话，就可以发现，罗马属于农业社会，或者说是一个正在生成中的农业社会。在农业社会这个历史阶段中，社会还处于一种混沌一体的状态，没有独立的个体，因而也就不存在对个体加以抽象的问题。农业社会中的共同体形式，从家庭、家族、部落到所谓的国家，都是依身份而建立起来的。身份的差异造成了实质性的群体分立、对立和冲突，甚至哪怕是身份名称上的细微差异也会在不同的共同体之间产生相互排斥的力量和相互敌对的关系，如果想在它们之间抽象出一种具有普遍性的因素，是不可能的。考察农业社会的构成要素，就会发现它的一切都是具体的而不是普遍的，在不同的身份群体之间是很难找到具有普遍性的共同因素的，即使是被罗马人宣称为"万民法"的法律，其理念上的普适性也是由近代学者填充进去的。

在罗马，法律不具有普遍的适应性。伯尔曼就曾指出过这一点："从很早的时代起，罗马法就充满了诸如所有权、占有权、不法行为、诈欺、盗窃以及其他许许多多这类概念。这正是它的一个伟大的优点。但是，这些概念并没有被作为渗透到规则之中并决定着它们的可适用性的观念来对待，它们并没有被从哲学的角度去加以考虑。罗马法上的概念，如同它的数量众多的法律规则一样，是与具体类型的实际情况相联系的。罗马法由一种复杂的法律规则网络组成，但它们并不表现为一种智识的体系，而宁可说是由解决具体法律问题的实际方案组成的一份精致的拼嵌物。因此我们可以说，尽管罗马法中存在着概念，却不存在有关某个概念的概念。"[①] 比如，"查士丁尼的罗马法甚至缺少一个关于契约的一般概念；它虽然规定了某些具体的契约类型，但这些类型并不从属于一个关于拘束性承诺的一般概念，因此法律所列举的契约类型之外的协议在事实上便不是一项契约"[②]。由此看来，罗马法尽管具有许多近代法律形式的特征，却不具有后者事实上的抽象规范效力，也就不成其为一套抽象的规范体系。既然法律本身尚不是抽象规范，法律所规范的内容也就不可能成为具有抽象适用性的权利了。

近代学者之所以会误以为罗马时期已经存在着权利观念，一个重要原因就是在罗马法中出现了关于"占有""所有"以及"财产"等表达人们之间关系的复杂规定。在近代人看来，"占有""所有"与"财产"等概念的出现无异于宣布了"占有权""所有权"与"财产权"的确立，从而宣告了权利的诞生。在罗马，这一逻辑是不能成立的，因为罗马的财产不是平等主体间的排他性占有物，而是由法律来确认的排他性占有方式，是一种特权而不是权利。也就是说，近代以来所谈论的财产占有权或所有权所指的都是一种权利，而在罗马则是一种特权。

权利与特权的区别在于：权利体现的是一般占有的共享性，而特权体现的则是特殊占有的排他性。也就是说，承认某一个人的权利就是承认所有人在相同情况下的相同权利，而承认某一个人的特权则是承认在任何时候都只有某一部分人（乃至某一个人）才享有这种特权。梅因看到了罗马法中有这样一条原则，"敌人的各种财产就交战的对方而论是无主物，而虏获者使地产成为自己所有的'先占'则是'自然法'的一种制度"[③]。也就是说，敌人一旦战败，他的财产也就不再被视为财产，敌人沦落为奴隶，他的财产也受到剥夺，剥夺他的财产并加以占有本身就是一种特权。不仅剥夺敌人的财产是一种特权，事实上，罗马社会是一

---

① ［美］伯尔曼：《法律与革命——西方法律传统的形成》，贺卫方、高鸿钧、张志铭、夏勇译，中国大百科全书出版社 1993 年版，第 181 页。
② ［美］伯尔曼：《法律与革命——西方法律传统的形成》，贺卫方、高鸿钧、张志铭、夏勇译，中国大百科全书出版社 1993 年版，第 180～181 页。
③ ［英］梅因：《古代法》，沈景一译，商务印书馆 1984 年版，第 140～141 页。

种等级身份的社会，在这种条件下，较高身份等级的人是可以占有和剥夺较低身份等级的人的财产的，较低身份等级的人在财产上是无法获得相对于较高等级的人的排他性占有的。所以，财产在这里仅仅体现为等级身份的特权。对于罗马人而言，拥有财产本身就是特权，既是特权得以行使的结果，也是特权的体现。正是在此意义上，梅因认为，在罗马，"自主财产"是"所有人最足以骄傲的特权"①。

在罗马所处的历史阶段中，人还是以"自然性的个体的人"的形式出现的，社会还未分化和淬化出"社会性的个体的人"。根据梅因的观察，古代法律"所关心的不是'个人'而是'家族'，不是单独的人而是集团。即使到了'国家'的法律成功地透过了他原来无法穿过的亲族的小圈子时，它对于'个人'的看法还是和法律学成熟阶段的看法显著地不同的。每一个公民的生命并不认为以出生到死亡为限；个人生命只是其祖先生存的一种延续，并在其后裔的生存中又延续下去"②。个人在这里并不是能够独立存在的个体，每个人都必须到其家族以及所属的身份共同体中去寻找证明，而在这种共同体之内，财产与权力是无法截然分开的。"甚至在比较近的大宪官和解时代，表示'家庭'和'财产'的两个名词在日常用语中是混淆不清的。如果把一个人的'家庭'认为是他的财产，我们就不妨把这个用语解释为指'家父权'的范围，但是，由于这两个名词是可以相互交换的，我们必须承认，这样的说法把我们带回到了原始时代，当时财产是由家族所有，而家族则为公民所管理，因此社会的成员并不有其财产和其家族，而是通过其家族而有其财产的。"③ 也就是说，当时的财产是属于家庭或家族的，家庭或家族成员名义上也是财产的拥有者，而事实上却无权支配财产，拥有财产支配权的是"家父"，而家父的这个支配权只能被理解成特权。

在早期"罗马法"中，法律主体被严格限定为"自权人"，也就是不在家父权之下的人，而这个"不在家父权之下的人"自然就是家父本人。同时，必须注意的是，"罗马法"中的家父与现实中的家父并不完全重

① ［英］梅因：《古代法》，沈景一译，商务印书馆1984年版，第171页。
② ［英］梅因：《古代法》，沈景一译，商务印书馆1984年版，第146页。
③ ［英］梅因：《古代法》，沈景一译，商务印书馆1984年版，第119页。

合。在罗马，民众和平民是两个概念，前者特指贵族及其被保护人，后者则是指除了民众之外的其他成员。在《十二铜表法》颁布之前，平民家庭不能举行宗教式婚礼。然而，根据当时习俗，夫权及父权仅仅源自婚礼的举办，因为经过了这一仪式，妇人就可以加入夫家的祭祀活动。在平民不允许举办婚礼的情况下，妇人就无法加入夫家的祭祀活动，因而夫权及父权也就得不到支持。这意味着不行婚礼者便没有夫权和父权，平民仅有婚姻，却不因婚姻而产生夫权和父权。《十二铜表法》颁布之后，平民可以通过"假卖"与"买婚"的方式获得对财产与妻子的支配权。[①] 从这时开始，所有事实上的家父才都成了法律上的家父，拥有由法律所确认的对于妻子及子女的特权。在历史的演进中，"罗马法"自身也得到了多次修正，通过"人格降等"等方式，原始家父权的支配力不断受到削弱，越来越多的人开始逐渐地使自己从家父支配转移到了法律支配上来。但在原则上，家父权仍然是罗马占主导地位的特权类型。

在具体的制度中，最能说明罗马家父权的特权性质的莫过于继承制度了。罗马继承制度中有一个耐人寻味的术语——"必然继承人"。如其名称所示，继承对他们是一种不得拒绝的必然命运。这就意味着"罗马法"中的继承权本身根本就不是一种权利。梅因指出，罗马的继承是一种"概括继承"，即"继承权是对于一个死亡者全部法律地位的一种继承"[②]。直白地说，这里的"全部法律地位"其实就是家父地位。罗马法中的继承行为在本质上就是家父权的自然转移。当然，在继承中也可以看到财产的转移，从《十二铜表法》开始，这种财产的转移甚至是以均分的面目出现的，但罗马的继承行为从来都没有成为纯粹的财产继承。"在盖尤斯的著作中，我们看到概括继承所借以创设的授受公式。我们看到古代的名称，通过了这个名称，一个后来被称为'继承人'的人被预先给指定了。在《十二铜表法》中我们并且还有明白承认'遗命'权的著名条款，而规定'无遗嘱继承'的条款也被保存着。所有这一切古代的名言中，都有一个显著的特点。它们一致表示，从'遗嘱人'转移给

---

① ［法］库朗热：《古代城邦：古希腊罗马祭祀、权利和政制研究》，谭立铸等译，华东师范大学出版社 2005 年版，第 290～291 页。

② ［英］梅因：《古代法》，沈景一译，商务印书馆 1984 年版，第 104 页。

'继承人'的是家族，也就是包括在'家父权'中和由'家父权'而产生的各种权利和义务的集合体。在所有的三个例子中都完全没有提到物质财产；在其余两个例子中，物质财产被明白地称为'家族'的附属物或附属品。因此，原始的'遗嘱'或'遗命'是一个手段，或者（因为在开始时可能不是成文的）是一种程序，而家族的转移就是根据了这个规定而进行的。这是宣告谁有权来继承'遗嘱人'为族长的一种方式。"① 在这段话中，梅因不厌其烦地给与继承相关的词语加上引号，原因就在于他看到了只要财产是作为家父权的附属品而被一起转移的，与继承相关的一切也都不可能具有任意性，而是被预先指定的。所以，这不是"天赋"于人的一项权利，而是一项特权，是必须接受和不可选择的特权。

放在历史演进的总体进程中，也可以看到罗马的过渡性质。"罗马法"的很多规定在后来都有很大的改变，尤其在罗马后期，原有的各种框架都有所松动。以家父权为例，最初家父权是由一个词（早期为manus，后来为 Potestas）统指的，后来又分化出"对人的权力"（manus）和"对物的权力"（mancipium）这样两个不同的名词。② 这就意味着，家父权已经分化为两个方面了，即"对人的权力"和"对物的权力"，财产作为一项"对物的权力"而成了家父权的一个方面。后来，到了查士丁尼法，更"甩开了早期罗马法所遗留下来的以家父为核心的'罗马家庭'这一社会政治化组织为基础的继承制度，确立了遗产继承制度的根据是自然家庭的观念"③，继承权也被允许有条件地放弃。这些都表明家父权开始经受着日趋强烈的分化，如果这一趋势得以保持下去，也许在不久之后我们就能够看到包括财产权在内的一系列的"权利"不再属于家父权的内容了，即在家父权之外产生一种现代意义上的权利。但历史并没有给罗马这样的机会，随着蛮族的入侵，西欧很快就进入了中世纪。在中世纪，历史的脚步在很多方面都出现了停滞乃至倒退，权利观念生成的历史步伐也开始放缓了。

---

① ［英］梅因：《古代法》，沈景一译，商务印书馆 1984 年版，第 109 页。
② ［意］彼得罗·彭梵得：《罗马法教科书》，黄风译，中国政法大学出版社 1992 年版，第 116 页。
③ 费安玲：《罗马继承法研究》，中国政法大学出版社 2000 年版，第 172 页。

二、 中世纪的特权与权利

在现代学术作品中，与家父权这个概念相对应的另一个概念是"长子权"。在等级身份制的条件下，长子权的确立是有着重要意义的，正是有了长子权，才在家子之间划分出了明确的等级。在很大程度上，长子权也是家父权存在的最好佐证。也许正是因为有了"长子权"与"家父权"之间的这种相互对应的关系，现代学者才会根据《十二铜表法》关于在家子之间实行财产平分的规定而做出家父权已经在罗马后期销声匿迹的判断。然而，库朗热却不这么认为。通过对罗马社会而非罗马法律的全面考察，库朗热指出，虽然我们已经无法从"罗马法"中觅出长子制度的痕迹，但这并不能说明长子制度在罗马就不存在了。他认为，在罗马人的时代，长子就像是家庭统一的标志那样，也是家业统一的标志。如果没有长子制度所维系的若干世代的家庭统一并因此使人口增加，一个再大的家族也不可能形成数千名自由人，或者数百名贵族战士，也就没有如此强大的罗马。"在古代的罗马法内，至少在其风俗内，长子权曾被严格地执行，它是罗马氏族的根源所在。"[1] 根据库朗热的推测，即便在财产平分原则确立之后，在分家的过程中，"次子家的家火大约取自长子家，这与殖民地的圣火取自宗主国一样"[2]。也就是说，尽管从法律条文上看，长子权已经被取缔了，但在事实上，长子与次子仍然存在着明显的地位差别。

库朗热的考察实际上是在提醒我们注意这样一个问题：罗马无疑是一个法律文明高度发达的社会，却不是一个法制社会，更不是一个法治社会。作为一个特权治理的社会，其特权是建立在习俗的基础上的。事实上，在罗马的社会生活中，各种各样的习俗起着也许远比法律重要得多的规范作用。尽管法律条文的种种变化一再向我们表达着家父权随着

---

[1] ［法］库朗热：《古代城邦：古希腊罗马祭祀、权利和政制研究》，谭立铸等译，华东师范大学出版社2005年版，第74页。

[2] ［法］库朗热：《古代城邦：古希腊罗马祭祀、权利和政制研究》，谭立铸等译，华东师范大学出版社2005年版，第245页。

罗马历史的伸展而式微的状况，但微则微矣，即使到了罗马所代表的历史时期走向终结的时候，家父权也没有达到绝迹的地步。比如，《十二铜表法》之后，家父可以通过三次出卖家子而将其解放，放弃对他的家父权。被解放的家子成为"自权人"，割断了与原家族的一切关系。在这里，显然存在着这样一种情况，那就是长子权可以转化为家父权，即长子通过婚育而获得了家父权；而其他家子通过婚育也许能够获得他的小家的家父权，但对于一个多代以及多个家子共有的家来说，他则无法获得家父权。为了成为家父，他只有在被家父出卖三次而成为自权人后，才能再通过婚育而把自己的"自权"转化为家父权。

如此一来，长子之外的其他家子所获得的家父权其实是自然传递过程的中断。这样一种通过非继承的途径而获得家父权的做法是应特权主体扩大化的要求而出现的，却又包含着向家父权挑战的（虽然是潜在的）可能性。因为，它包含着这样一个逻辑：如果家父权不用通过继承来获得，就可以通过其他途径来获得，其中显然不排除通过财产的转让去获得，即用某种物品或财产去交换家父权。如果家父权可以买卖的话，最终就会使家父权失去特权地位，从而走向衰落。可能就是因为其中包含着这样一种逻辑，在这一规定实行不久之后，罗马人又通过裁判官法的补充规定使被解放之子可以通过遗产占有而加入对原家父的继承序列之中。表面上看，这是对被解放之子继承权的维护，而在深层的逻辑中，则是为那些被解放之子身上"凭空"冒出来的家父权寻找合法来源，目的是要证明被解放之子的家父权的合法性。既然这样做能够证明被解放之子家父权的合法性，也就同时削弱了被解放家子的行为，让家父们不愿意轻易地去解放他的长子之外的其他家子。事实上，长子之外的其他家子筹措赎买自己的钱财也是不容易的。这一点对历史演进的意义在于，把罗马重新拉回到家父权的结构和框架中去了，封堵了家父权走向衰落的道路。所以，总体看来，家父权是罗马法律文明的基本标志和基本内容。

一般认为，法律是权力的天敌，其实并非如此，只有当法律以权利为内容并服务于对权利提供保障的时候，才能够成为限制权力的社会设置。在罗马，情况不是这样的，罗马的法律恰恰是以特权为内容和服务于保障特权之需要的，所以罗马的法律文明与近代的法律文明有着完全不同的性质。从欧洲的情况看，罗马的影响是巨大的，即使是在中世纪神权统治下，罗马的法律文明也依然发挥作用。如上所说，在罗马的法律中，已经出现了财产权与家父权分化和分离的迹象，但罗马的法律文明并没有完成让它们分离的任务，所以罗马的法律所体现的是维护特权的法律文明。后来，日耳曼人的法律显然秉承了"罗马法"关于遗产分割的规定，却又包含了一定的进步内容。比如，在日耳曼人的法律中，我们可以看到这样的规定，"在家父死亡后，已成年的兄弟通常并不分割家产，而由年长的兄弟承继管理家产的权利，同时担负起祭祀祖先的义务，继续维持共同生活，但家产则属于全体家族"①。从这段文字看，可以说完全继承了"罗马法"的精神，所不同的是把"长子"一词转换成了"年长的兄弟"。"长子"一词从法律术语中短暂地消失了，而在现实生活中则继续存活着，随着封建化高潮的到来，"长子"一词很快又被应用于法律典籍之中了。

公元 8 世纪开始，以个人效忠为内容的"封臣制"与以土地授予为内容的"特恩制"（后来演化为以王家授予官职和司法权为内容的"授爵制"）逐渐地结合到了一起，并造就了一批拥有领地司法权和骑士役务的地区领主。9 世纪，特恩地普遍获得了可继承性，随后，采邑（feudum）一词正式得到了应用②，从而标志着封建制度的初步确立。封建制度是一种以地产的不可分割性为前提的政治制度，封臣的"全部法律地位"都是在确认采邑的仪式中一次性获得的，它也就必然要求一种不可分割的继承方式——长子继承制与之相伴。所以，封建制度的确立往往伴随着长子继承制度的确立。比如，在大陆，法国的长子继承制度是在卡佩王朝建立之初（10 世纪）得到确立的。在封建化不足的英国，长子继承制出现得则较晚，是在 13 世纪末以后才有了比较快的发展。不

---

① 李秀清：《日耳曼法研究》，商务印书馆 2005 年版，第 452 页。这段文字中出现了"权利"一词，这显然是现代学者的误植。就当时的情况看，那是一种责任与义务混沌统一的状态，可以用"道义"一词来指称。
② ［英］安德森：《从古代到封建主义的过渡》，郭方、刘健译，上海人民出版社 2000 年版，第 140～143 页。

过，英国的长子继承制度持续时间较长，直到 20 世纪初才被废除。

伴随长子继承制度的再度合法化，家父权也重新显耀起来。此时的"家父权"与罗马时期的家父权已大不相同。此时的家父在很大程度上是领主，或者说是服务于领主继位的需要而确立的，其他的所谓家父也都是在这一基础上产生的，是它的映像。所以，此时的家父权在很大程度上也就是领主权了。当然，在整个封建体系中，此一层级的领主同时也是彼一层级的封臣，领主权在某种意义上又可以视同为封臣权。这样，中世纪的家父权便具有了某种普适性的要求，而且在这种普适性的要求中会有着趋近于平等的内容。如布洛克所说："在一个有那么多的个人都同时是受庇护人和主人的社会里，如果说其中一人作为封臣为自己弄到了某种利益，而作为领主却可以拒绝那些按照某种类似的依附形式受他个人约束的人获得利益，那是不会有人愿意承认的。"① 可见，封建制度在维护特权的同时也在不断地将特权拉平，使之越来越具有平等性。所以，"实际占有"的概念才会在 11 世纪时出现，它规定，对于一个处于"实际占有"状态的人，任何人都不能强行剥夺，不只是指不动产，而且他的动产也不能违背他的意愿加以没收，甚至他的领主也不能加以没收。

大约自 11 世纪开始，领主与封臣之间的"役务"关系出现了对等化的迹象，如果领主违背忠诚（忠诚地提供庇护）的"役务"，那么封臣就得以免除服务的"役务"。② 需要指出的是，表面看来，在这里似乎出现了现代意义上的权利与义务关系问题，其实不是。因为，这里所表现出来的"役务"对等化的迹象完全是等级关系的一种处理方式，而不是在平等的意义上展开的。人与人之间如果没有平等关系的话，也就根本无所谓权利和义务的问题了。所以，我们并不把领主与封臣之间的那种庇护与服务的关系看作是一种义务，而是用"役务"一词来指称这种状态。

---

① Marc Bloch, *Feudal Society*, trans. L. A. Manyon (London, 1961), p. 195. 引自 [美] 伯尔曼：《法律与革命——西方法律传统的形成》，贺卫方、高鸿钧、张志铭、夏勇译，中国大百科全书出版社 1993 年版，第 372 页。
② [美] 伯尔曼：《法律与革命——西方法律传统的形成》，贺卫方、高鸿钧、张志铭、夏勇译，中国大百科全书出版社 1993 年版，第 372～374 页。

　　总的说来，领主权仍然是一种特权，即使在最积极的意义上来认识，也只能说是一种打了折扣的特权。如果我们在有关这一时期的文献中发现了（被现代学者翻译出来的）"权利"字样（亦如在罗马乃至希腊的今译文献中看到的那样），那么它的真实含义仍旧是特权。为什么伯尔曼的一个判断能够得到现代学者的广泛认同呢？可能需要从当时的商法体系中关于交易行为的原则规定入手来加以理解。也就是说，现代学者之所以认为在中世纪已经存在了权利的问题，所依据的资料主要是当时商法中的一些规定。伯尔曼认为，"无论是权利互惠性的程序方面还是实体方面，都蕴含在自11世纪晚期和12世纪以来西方人所理解的'权利'这个术语之中"[①]。

　　资料显示，在11、12世纪西方商业复兴中发展起来的商法体系中，确实出现了对交易"互惠性"的规定，这些规定可以说潜在地包含了交易双方在交易过程中享有"平等"之权利的内涵。但是，有一点是现代学者不能否认的，那就是商业活动中的互惠绝不是人们政治生活以及广泛的社会生活上的平等之权利，尽管这种互惠包含着逻辑地导向这种平等权利的潜在价值。所以，从关于交易活动中的互惠规定推演出"权利"概念显然是较为牵强的。不过，这个时期与罗马比较而言的进步性还是应当被看到的，即由于商业活动而纠集起来的一个新的社会阶层开始初露端倪。"商人们构成了一种自治的社会共同体，这种共同体被划分为宗教性兄弟会、行会和其他社团。新商法体系的所有特征，包括客观性、普遍性、权利互惠性、参与裁判制、整体性和发展性，都来自这一历史事实。"[②] 在这个共同体中，一种自发性的、类似于天然的、未被定义的权利可能是存在的，而一旦超出这个共同体，剩下的就是特权了。

　　现代学者关于权利的历史证明也在托马斯·阿奎那那里找到了证据，特别是阿奎那关于"私有权"的论述往往被现代学者认为是关于权利的最好证明。事实恰恰相反。阿奎那的私有权在很大程度上还是指领主的

[①] ［美］伯尔曼：《法律与革命——西方法律传统的形成》，贺卫方、高鸿钧、张志铭、夏勇译，中国大百科全书出版社1993年版，第419页。

[②] ［美］伯尔曼：《法律与革命——西方法律传统的形成》，贺卫方、高鸿钧、张志铭、夏勇译，中国大百科全书出版社1993年版，第421页。

特权，而不是近代以来的那种关于所有人的权利，更不包含近代以来人们在没有财产的情况下可以"平等而自由"地出卖劳动力的权利。我们知道，阿奎那在理解"私人占有"现象时提出了三点理由："第一，因为每一个人对于获得仅与自身有关的东西的关心，胜过对于所有的人或许多别人的共同事务的关心。各人在避免额外劳动时，总把共同的工作留给第二个人；像我们在官吏过多的情况下所看到的那样。第二，因为当各人有他自己的业务需要照料时，人世间的事务就处理得更有条理。如果每一个人无论什么事情都想插一手，就会弄得一团糟。第三，因为这可以使人类处于一种比较和平的境地，如果各人都对自己的处境感到满意的话。所以我们看到，只有在那些联合地和共同地占有某种东西的人中间，才往往最容易发生纠纷。"① 因此，在阿奎那看来，"'所有的人得共同占有一切物品并享有同等的自由权'这句话，可以说是属于自然法的。这是因为，无论私有权或地役权都不是自然所规定的；它们是人类的理性为了人类的生活而采用的办法。在这些情况下，自然法不是有所改变，而是有所增益"②。换句话说，"共同占有"是自然（法）的，而"私有权"则是社会的和服务于人类生活的办法，既然私有权是作为一种办法而由理性作出选择，就不可能是近代以来所确认的那种属于人的、作为人的与生俱来的权利了。

虽然人们可以说近代社会的全部社会设置都是建立在人的自私本性这一假设基础上的，而这一点恰恰是由基督教哲学所揭示出来的，阿奎那的上述观点也在普遍的意义上揭示了人的自私本性与私人占有的关系。不过，如果用此来证明阿奎那已经有了所谓权利的思想，那是不能成立的。权利观念以及权利这个概念本身可以用来论证人的自私的合理性，即每个人都"平等"地拥有自私的"自由"之权利，但把这个逻辑反推过来，把权利观念的出现放置到关于"人普遍具有自私本性"的发现中去，就是不能接受的了。

不过，到了中世纪后期，逐渐显露出一些权利观念产生的迹象。虽

---

① ［意］托马斯·阿奎那：《阿奎那政治著作选》，马清槐译，商务印书馆 1982 年版，第 142 页。
② ［意］托马斯·阿奎那：《阿奎那政治著作选》，马清槐译，商务印书馆 1982 年版，第 115 页。

然在罗马法"复兴"运动中所出现的所有"权利宣言"在实质上都还属于对特权的重申，但由于领主与封臣身份的重叠以及市民社会的悄然兴起，使特权渐渐地发生了变化，从而越来越接近于近代意义的权利了。就此而言，中世纪在权利观念的产生这一点上，有着明显的过渡性特征，如果用图来表示，是可以看到它在许多方面都显现出一条趋近于近代权利观念的"曲线"。还以阿奎那为例。我们已经指出，阿奎那的"私有权"与近代的权利概念不同，是一种特权。在另一方面，我们也可以看到，阿奎那的思想中包含着某种走向权利观念生成的因素。我们知道，阿奎那划分了"永恒法""自然法""人法"与"神法"，其中，永恒法是神的理性的体现；自然法是自然理性的体现；人法是人类理性的体现；神法则可以认为是教会理性的体现。在其他三种法都来源于外在于人的力量的情况下，人法的提出在神权王国里无疑是一项重大突破，并在事实上成了近代早期思想家们提出自由等权利主张的重要理论渊源。

作为一个世俗化的过程，欧洲走出中世纪的历史所呈现给我们的是双面特征：一方面，在文艺复兴时期表现出用人权否定神权；另一方面，这个社会每前进一步又都谋求由基督世界的绝对权威来确认现实世界所发生的微妙变化。在很大程度上，后一方面起到了更大的作用，使个人的出现得到了神的支持，从而使个人权利的出现有了历史的可理解性。即使在"天赋人权"这样一个假设中，我们看到的也恰恰是人权的神性一面，天赋人权中的"天"就标志着向神权妥协的做法。

三、　从特权中蜕变出权利

right 一词的最初含义是"自然正义"，只是到了近代，才可以被直接理解成"权利"。在学术文献中，人们所看到的是自然正义与自然法之间不可分割的联系，人们甚至把自然法看作自然正义的化身。因此，人们在寻找权利的每一个萌芽形态的时候，都追溯到相应的自然法学说，罗马有——比如西塞罗；中世纪也有——比如阿奎那。但如上所述，由于他们身处等级制度主导的时代，平等是不被认为符合自然正义的，相反，不平等才被认为是自然正义的体现。① 这样一种不以平等为内容的所谓权利只是一种经过乔装打扮的特权。到了近代早期，随着等级制度的逐步瓦解，自然正义的内涵也发生了颠覆性变化，平等成了自然正义的新主题，一种全新的自然法学说也随之兴起。如果说权利观念与自然法学说是联系在一起的，所指的也是这种新兴的自然法学说。应当说，权利观念与自然法学说之间有一个相互推动的历史演进过程，权利观念促成了自然法学说，反过来，自然法学说又确认和强化了权利观念。

封建制度的确立造成了一系列深远的影响：首先，封建政治统治表现出了对土地的严重依赖，特别是在取得了农业文明的显著进步时，中世纪的政治权力关注点也投向了农村，而曾经是政治生活中心的城市，则变成了权力的"空场"，从而为城市"中兴"埋下了伏笔；其次，由于长子继承制被落实到了土地继承上来，次子以下的其他家子可能会因无所继承而背井离乡和自谋生计，当他们流浪到城市并从事也许为人所不齿的手工行业时，却成了推动城市中兴的主力军；再次，城市与农村在意识形态上的对立也可能由于长子与其他家子在利益上的对立而得到强化，并最终使市民成为反对领主的主力军；最后，当市民通过斗争去不断地向领主索取"特许权"并取得越来越多的胜利时，这种"特许权"也由于其门槛的不断降低而趋近于"权利"了。这一时期自然法学派的兴起实际上可以看作是这种渐趋于权利的特许权引发的理论思考，或者说是这种思考的结果。

"权利"这个概念是与自然法联系在一起的。一般认为，格劳秀斯是自然法学派的开创者。其实，自然法的概念在他之前早已出现了，上述已经指出，阿奎那就把自然法作为法的一类来看待。由于阿奎那分出了"永恒法""自然法""人法"和"神法"四类，它们之间的冲突也就是必然存在的了。如果说在阿奎那这里已经有了权利的思想萌芽，也是包含在其"人法"之中的，而自然法与人法的冲突则决定了自然法是不承认

---

① 尽管原初的基督教义蕴含着自然平等的理念，但教会统治则一直试图通过"代理人"概念和"牧人"与"羔羊"的隐喻而向其中灌输相反的内容。或者说，基督教的自然正义是以平等为内容的，而神权统治的自然正义则是以不平等为内容的。在某种意义上，阿奎那本人就是这种篡改行为的主要代表。

权利的。即使是对"私有权"这样一项特权，也需要在部分否定自然法的意义上才能得到确认。不过，格劳秀斯改变了这一点，他调整了"自然法"与"人法"的关系，或者说，他把人法归并到自然法之中了。也正是这一点，决定了他在自然法学派上的拓荒者地位。

格劳秀斯认为，由于人的本性，自然法的基本原则是：他人之物，不得妄取；误取他人之物者，应该以原物和原物所生之收益归还物主；有约必践，有害必偿，即各有其所有，各偿其所负。[①] 这样一来，私有权就不再仅仅是人法的内容，而是成了自然法的规定，也同时获得了更高的合法性。进而，使"私有权"的性质发生改变，即转化为"私人所有权"。如果说在阿奎那那里以及在整个中世纪私有权都基本上属于领主或家父的所有权，那么正是格劳秀斯的自然法学说为普遍的、一切作为人的私人拥有的所有权铺平了道路。也正是在这里，我们看到了权利观念的诞生。

在谈到近代自然法学派的时候，另一个与其具有同源关系的学说也不得不被提及——这就是天赋人权假说。在很大程度上，"自然平等"与"天赋人权"这两个词语是可以等价互换的，天赋的权利必然是自然平等的，而自然平等的东西也只能是上天赋予的权利。不过，由于论证路径的不同，自然平等的理念一般被视为自然法学派的贡献，而天赋人权的假设则通常被归于契约论者名下。当然，非要算清这笔学术账的做法是没有什么实际意义的，因为它们之间并不存在明显的冲突，反而正说明它们共同承担起了那个时代的课题——呼唤权利。同时，在自然法学派的开创者格劳秀斯与契约论的先驱霍布斯这里，我们还看到了惊人相似的方面，这就是，他们都将自己的学说建立在了人性恶的假定之上。

基督教也是一种性恶论，但基督徒的恶是一种"原罪"，是对上帝而非其他人所犯下的罪。在这种关系中，人是上帝的罪犯，上帝则成为人的裁判官，并因此拥有对人的绝对裁判权。经过教会理论家的改造，这种关系渗透进了中世纪所有的政治关系之中，并使"原罪说"成为特权统治的重要理论基础。将原罪说推而广之，上帝的不论宗教的还是世俗

---

① 李龙主编：《西方法学名著提要》，江西人民出版社 2002 年版，第 93 页。

的各级代理人也都对其他人拥有了大小不等的裁判权。因此，中世纪的几乎所有权力都是以裁判权的面目出现的——教会统治的最高权力是宗教裁判权，政治统治权也往往被称为司法权（比如领主司法权）。

被物化为制度的思想和理论对学术语汇的影响是持久的，直到洛克论述社会契约生效的标志时，其依据仍然是立法机关这种最高的"裁判者"。而在"裁判官"这里，被裁判者是没有什么权利可言的。当然，近代政治理论中的"性恶论"抛弃了基督教的原罪学说，原初状态不再是人对上帝的犯罪，而是一切人对一切人的犯罪。因此，一切人就成了一切人的裁判官，这样一来，也就不再存在任何终极性的最高裁判官了，因而逻辑地走向了法律至上性理念的确立，裁判权只能让位于法律。也许法律自人类社会之初便已经出现，但直到此时才获得了某种"神圣的"规范效力。一切裁判都是发生在相向反对者之间的，当一切人可以反对一切人的时候，反对便成了一项天赋的权利，裁判也就不再是什么特权了，即使裁判者存在，受裁判者也可以对其提出反对。在理论上，权利出现的障碍就这样被扫清了。不仅如此，当格劳秀斯宣布人人都有自卫权时，士兵到了非杀人不可的时候而杀人就不被视为犯罪。同时，格劳秀斯也宣布，人们可以出于防卫自身及其财产的目的进行战争，或者根据受到损害的一切恢复原状或赔偿的要求而进行战争，这种战争应被看作正义的战争。[①] 对格劳秀斯这些观点的解读所看到的，显然是已经把权利当作一种比神还要神圣的东西了，任何一点对它的亵渎和不敬，都要承担后果。

权利的出现是一个漫长的过程，不论格劳秀斯还是霍布斯，在这个问题上都只做出了初步的贡献，对权利的进一步论证实际上是由他们之后的自然法学者与契约论学者做出的。正是由于这些沿着历史前进方向展开的不断深入的理论证明，特别是由这些论证所反映出的等级制度的不断衰败，为权利观念以及根据权利而做出的一切社会设置涂上了一层又一层油彩。对于近代以来的整个社会，权利具有终极性的理论价值，如果不是从权利出发的话，那么任何一种社会现象和任何一种理论都无

---

① 李龙主编：《西方法学名著提要》，江西人民出版社 2002 年版，第 97 页。

法得到合理的解释和准确的定位。

首先，权利造就了真正的"私人"。随着始自罗马后期的财产权与家父权的分离进程的最终完成，所有的自然权力都被转化成了社会权利。"社会契约"的发明，又把尚显空洞的社会权利改造成拥有平等内容的权利。最为重要的是，由于这个虚构的社会契约的发明，让政治权力成了社会权利的孳生物，从属于权利，也使权利可以自成一个独立的领域。结果是，人可以被作为个人对待，可以有属于自己的"私"的性质和内容。

其次，权利造就了一个公共领域。权利造就了私人，但权利却无法保护私人，因为私人具有恶的本性而驱动一切私人去侵害一切私人。为了使这种情况不至于发生，就需要有一个凌驾于一切私人之上的设置来为一切私人提供保障。权利是一个共享的概念，也已经成了近代一切人都平等拥有的普遍性社会法则，至少在理念上是这样的。事实上，这一理念也被落实到了社会行动中去了，在私人性的交往中则被要求依据契约而行。这种交往可能是顺利的。因而，私人间的契约就能够保证双方权利的实现。交往也可能是不顺利的。因而，私人便只能诉诸更高一层的契约（法律）。这个更高一层的契约无非是那个总的、无形的社会契约的物化形态。这样一来，我们看到的是由多层次静态的以及动态的契约所构成的体系。这个体系就是公共领域，是一切私人的公共生活的框架和舞台。

第三，权利重塑了人们的日常生活。与权利同时出现的是社会分化运动，在社会结构的层面上就是领域分离，即从完整混沌的农业社会中分化出公共领域、私人领域和日常生活领域。就私人领域和公共领域的内容和性质而言，都是直接地由权利以及权利的要求来加以定义的。日常生活领域有所不同，这个领域在内容和性质上都表现出近代以前的传统得以保留的特征，特别是那些凝固为风俗、习惯的因素在这个领域中有着突出的表现。尽管如此，日常生活领域与以往的社会在性质上是根本不同的，它是作为近代以来的这个社会的构成部分出现的，它与公共领域、私人领域相对而存在，并处于一个互动的过程中。虽然日常生活领域不是在权利的基础上加以建构的，但在这个领域中，表现出了对权利的理解和尊重，并努力去选择那些不与权利观念直接冲突的传统因素而加以继承。所以，在这里，权利是一个参照系，也是衡量传统甚至开启未来的标准。

如果把近代以来的整个社会比作一幢伟大的建筑，那么权利就是这一伟大建筑物的基石，抽掉这块基石，这幢伟大的建筑物就会轰然倒塌。我们常常说近代以来的社会被笼罩在法的精神之中，而法的精神之实质恰恰就是权利。可是，通过历史考察却发现，权利并不是亘古就有的东西。在人类历史上的相当长的历史阶段中，人们不知道何谓权利，只是在人类走向近代社会的时候，权利才由历史孕育而出。对此，近代以来的几乎所有学者都不愿意承认，所以，在当代法学文献中，往往为权利的出现描绘一幅与人类的历史一样久远的图画。究其原因，就是因为权利之于近代社会的建构太过重要了，如果不是把它看作一种永恒的存在，而是指出它的历史性的话，就会直接导出一个令人不寒而栗的结论。然而，唯物辩证法给我们的是一个永恒的发展观，没有了权利也许还会找到另一块社会建构的基石。这样的话，可能少了所谓"人权问题"上的纷争，却得到了更多的和谐。

第三节　现代民主理论的兴起及其演进

一、从人民主权到表达民主

有了权利，民主政治的建构才有了充分的理据。在近代以来的民主演进中，呈现了多种形式的民主，但它们的前提都无疑是权利。关于民主，人们也曾经倾注过无限的热情和进行过无数的思考，这些思考为我们留下了宝贵的思想财富。然而，关于民主的宝贵思想却没有为我们带来真正民主的治理和生活模式。今天，当我们站在后工业化的历史关口去思考后工业社会的治理模式时，民主再一次成为一个不容回避的话题。应当看到，民主理想古已有之，但作为一种社会治理方式，则是工业社会的专属。如果说从农业社会向工业社会的转型在治理方式上表现为从不民主转向民主的话，那么从工业社会向后工业社会的转型是否意味着社会治理也将从民主转向另一种方式呢？这是一个必须予以回答的问题。

在工业社会，民主理论经历了一个不断蜕变的过程。在18世纪的契约论者那里，民主意味着人民拥有主权并实行某种程度上的主权自治。这一浪漫主义构想很快就被另一种民主构想所取代，那就是通过设立代议制而由代表提出社会治理的意见和方案，人民则通过向代表进行意见表达来参与治理，这是一种"表达民主"。在上文中，我们已经对表达民主作了分析。在近代社会的早期，表达民主似乎被认为是唯一可行的民主方式，而且它也很快就在近代国家中占据了支配地位。然而，随着社会组织化程度的提高，特别是官僚制组织开始支配了整个社会的时候，代议制度受到了政党、利益集团等官僚组织的操纵，表达民主逐渐丧失了其民主意涵并徒具民主的形式。随着表达民主的式微，民主理想实际上完全向精英现实低下了头，精英治理甚至一度成为民主的同义词。到了20世纪中期，不甘失败的民主支持者们掀起了新一轮的民主浪潮，以"协商民主"的形式向治理精英们发起了挑战。协商民主在一定程度上复兴了契约论者的民主理想，而在实践上，它还是对精英治理的现实作了妥协。其实，协商民主只是一种空想。各种民主方案的先后失败，引爆了工业社会晚期的治理危机。今天，我们正处在从工业社会向后工业社会转变的过程中，工业社会在民主治理上的失败能够给予我们什么样的启发呢？这是一个需要我们在民主蜕变的逻辑中去加以思考的问题。

追溯现代民主理论的源头，可以发现，人民主权是国家和政治的一个基本原则，民主理想也是以人民主权的形式而得到了人们的普遍认同的。正是人民作为主权者的理念被确立起来后，才激励着人们踊跃地投身于反对绝对国家的革命斗争之中去。人民主权原则主要是由卢梭所描绘的，卢梭的人民主权学说不仅成为法国大革命的宣言，也成为近代以来许多争取解放和畅想民主的革命运动所共同高举的理论大旗。

在卢梭这里，人民主权就等于民主，或者说可以简写成"民主"。需要指出的是，尽管绝大多数国家的宪法都把人民主权原则写入其中，而在社会治理实践中却很难转化成直接的治理方案。所以，卢梭的人民主权思想虽然极富革命的煽动性，而在具体的治理过程中却无法直接地以民主治理的方式出现。正是由于这个原因，不仅卢梭的批评者，就是卢梭本人，也承认它难以在大型社会中得到实践。可见，人民主权思想是一种革命的理论。在近代以来的每一次革命运动中，人民主权的思想都激荡着人们的革命情怀，而在社会治理活动中，却未见这一思想引发多少回响。

孟德斯鸠与卢梭之间的区别是，卢梭的思想属于一种人民主权民主，而孟德斯鸠则属于一种表达民主。不过，孟德斯鸠的表达民主思想还只是一个开端，所以，也表现得比较消极和保守。但是，应当说孟德斯鸠开启了表达民主的先河，他的主要贡献是使人民与其代表相分离了。正是因为有了这种分离，才使民主活动的主体以及过程能够在不同的环节上和不同的部门中得以施行。当然，孟德斯鸠的思想也是18世纪英国精英治理现实的写照，卢梭对此是不满的。在卢梭看来，孟德斯鸠的这一思想无异于为精英现实所作的辩解，是与民主理想相背离的。

到了19世纪，随着资产阶级革命高潮的消退，社会治理回归现实，一切理想的成分都自然地受到了冷落，人民主权民主也由于其不可操作性而受到了人们的抛弃。人们越来越倾向于把人民主权看作一项必要的原则，因此，人们开始把卢梭和孟德斯鸠结合起来，在卢梭的人民主权的原则下来理解孟德斯鸠的表达民主，从而走向了代议制民主的方向。从实践上看，19世纪是以选举权的不断扩大与言论、集会、结社等表达自由的逐步获得为基本标志的。所有这些，也都促进了代议制度框架下的表达民主的不断生成。正是在这种情况下，出现了密尔的《代议制政府》这一民主理论的经典文献。

密尔看到，在孟德斯鸠所构想的那种代表与人民相分离的情况下，代议制天然地具有蜕化为官僚体系的倾向。密尔认为，"他们既经结成一个队伍，运用着一个和所有制度一样必然要在很大程度上依靠定则来进行的制度，这个官吏团体便不免在经常的诱引下逐步落入惰性相沿的例行公事之中，或者，假如他们有时也厌弃那种老马推磨的作风的话，又猝然陷入这个团体的某一领导成员所偶然幻想出来的没有完全经过验证的、不成熟的见解里面。要遏止这两种貌似相反实则密切相联的趋势，要刺激这个团体的能力使其保持高度水准，唯一的条件是应对这个团体外面的有同等能力的监视批评负责。因此，要在政府之外保有某些手段来形成这种能力，并给以为对重大实际事务做出正确判断所必需的机会和经验，这是必不可少的"①。也就是说，要使代议制成为民主的一种形式，对代表的监视和批评就是必不可少的。然而，与孟德斯鸠一样，密尔也认为实际的治理事务只有那些"特别经过所需训练的人"才能够担负。这样一来，官僚体系的出现就成了一种不可避免的趋势。如何平衡二者的矛盾而维持代议制民主呢？密尔用他对"谈论"和"行动"的区分作了回答②。

密尔认为，"谈论"和"行动"是有区别的。在代议制政府中，议会和代议团体的职能只应当是"谈论"，而立法、行政管理等"行动"则属于专业人员的职责。在他看来，议会的职能是"设法使那些人被诚实地和明智地选出来，并不再干涉他们，除了通过广泛范围的建议和批评，以及给予或不给予国民同意的最后批准"③。这样一种议会"既是国民的诉苦委员会，又是他们表达意见的大会。它是这样一个舞台，在这舞台上不仅国民的一般意见，而且每一部分国民的意见，以及尽可能做到国民中每个杰出个人的意见，都能充分表达出来并要求讨论。在那里，这个国家的每个人都可以指望有某个人把他想要说的话说出来，和他自己说的一样好或者比他自己说得更好——不是专对朋友和同党的人说，而是当着反对者的面经受相反争论的考验。在那里，自己意见被别人压倒的那些人会感到满足，因为把意见说出来了，其被撇在一旁不是由于单纯任意的行为，而是由于被认为是更好的意见得到大多国民代表同意。在那里，每个政党或每种意见都能检阅自己的力量，也都能矫正有关它的追随者的人数或力量的任何错觉。在那里，国民中占优势的意见明白显示它的优势，并在政府面前集合队伍，从而就使政府能够并被迫在它仅仅显示力量而不必实际运用力量的情况下向它让步。在那里，政治家可以远比依据任何其他信号更可靠地弄明白何种意见和力量成分正在发展，何者正在衰退，从而能够在制订措施时不仅注意当前急务而且注意

---

① ［英］密尔：《论自由》，许宝骙译，商务印书馆 2005 年版，第 134～135 页。
② 密尔的这一思想也许是阿伦特研究"言说"与"行动"的诱发因素。
③ ［英］密尔：《代议制政府》，汪瑄译，商务印书馆 1982 年版，第 81～82 页。

发展中的倾向"①。与此相对应，代议团体的作用"就是表明各种需要，成为反映人民要求的机关和有关大小公共事务的所有意见进行争论的场所。还有就是通过批评，最终是通过不给予支持，对真正管理公共事务的高级官员或任命他们的高级官员进行制约。只有把代议团体的职能限制在这些合理的界限内，人民实行控制的好处才能同同等重要（随着人类事务在规模和复杂性上的增大而越来越重要）的对熟练的立法和行政的要求一同得到"②。

显然，在密尔这里，代议制政府中的议会和代议团体已经被严格规定为一种表达机构，人民将通过他们自己或他们的代表在这些表达机构中的自由"谈论"来影响官僚们的"行动"。通过这一途径，人民也参与到对整个社会的治理中来了。事实上，19世纪的民主史是与密尔的理论描述相契合的，在各个国家中都发生了此起彼伏的争取普选权的斗争，产生了要求扩大表达自由的运动。这一过程也就是表达民主得以生成的历史运动。也就是说，在19世纪，原先在18世纪中所确立起来的人民主权理想已经发生了蜕变，让位给了一种表达民主。

二、 精英主义的兴起

从密尔关于"谈论"与"行动"的讨论中，我们已经隐约地读到了他对民主前景的担心，这就是他对在"谈论"与"行动"相分离的前提下必然产生官僚统治的忧虑。在某种意义上，他在《代议制政府》中对表达民主所做的不知疲倦的论证以及他在《论自由》中对表达自由所进行的声嘶力竭的呐喊，都是为了抵御官僚体制对个人的压制。19世纪后期以来的历史证明，密尔的担心并非杞人忧天。随着整个社会的官僚组织化，官僚主义渗入了社会生活的所有领域。在这个以"命令—服从"为基本内容和行为模式的制度结构中，民主精神受到了腐蚀，表达也发生了异化，全然丧失了对官僚统治的抵御能力。民主理想再一次向现实

---

① [英] 密尔：《代议制政府》，汪瑄译，商务印书馆1982年版，第80～81页。
② [英] 密尔：《代议制政府》，汪瑄译，商务印书馆1982年版，第82页。

作出妥协，而精英主义则蔚然兴起。

韦伯看到，"由代议机构统治的团体并不必然是'民主的'，如果民主意味所有的成员皆有同等的权利。相反地，历史经验显示，发展出代议政府的典型地区反而比较是贵族或财阀的社会"①。虽然选举的存在明确了代表对选民的代理责任，但实际上，"他们并不受指令的约束，可以自己做决定。他唯一的义务是表达自己的信念，而且确信自己的客观公正，因此无须考虑此举是否有助于选举人的利益。……在某些情况下，……代表经由当选而对选民行使支配权，并非仅是其'代理人'而已"②。

在近代历史上，这种情况是显而易见的，尤其是在整个社会官僚组织化的过程中，随着选举活动越来越受到政党、利益集团等官僚组织的操纵，表达民主已经让位给了官僚支配。韦伯指出，政党政治的结果"只能在这两者之间做一选择：或者是挟'机关'而治的领袖民主制，或者是无领袖的民主制，即职业政治家的统治，他们没有使命感，没有造就领袖人物的内在超凡魅力的个性，这意味着党内叛乱者所处的那种习惯上称为'派系统治'的局面"③。不管是在领袖民主制还是在无领袖的民主制中，"民主"都早已不见了踪影。20 世纪早期的历史作了前一种选择，结果造成了灾难性的法西斯主义。随后，历史的天平倾向了后者，又造成了由利益集团与技术官僚合谋实行的、通过行政集权展开的另一种集权统治。在集权统治中，精英主义甚嚣尘上，精英治理甚至成了社会治理中的"铁律"。在这个过程中，民主概念本身也发生了变化。

在《资本主义、社会主义与民主》中，熊彼特通过批判他所谓 18 世纪的"民主政治的古典学说"而对民主概念作了符合精英主义路线的修正。他认为，基于如下三个理由，"民主政治的古典学说"是站不住脚的：首先，不存在全体人民能够同意或者用合理论证的力量使其同意的

---

① ［德］韦伯：《经济与历史　支配的类型》，康乐等译，广西师范大学出版社 2004 年版，第 495 页。
② ［德］韦伯：《经济与历史　支配的类型》，康乐等译，广西师范大学出版社 2004 年版，第 455 页。
③ ［德］韦伯：《学术与政治：韦伯的两篇演说》，冯克利译，三联书店 2005 年版，第 98 页。

独一无二的共同福利；其次，即使有一种充分明确的共同福利——譬如功利主义者提出的最大经济满足——去对所有人能够接受作出证明，这也并不意味着对各个问题都能有同等明确的回答；第三，作为前两个命题的结果，功利主义者据为己有的人民意志这个特殊概念烟消云散了，因为这个概念必须以存在人人辨认得出的独一无二的共同福利为先决条件。① 既然共同福利和人民意志这两根支柱根本就不存在，"民主政治的古典学说"自然也就崩溃了。

在熊彼特看来，既然民主政治的古典学说是站不住脚的，我们就需要"民主的另一个理论"。在这种理论中，民主的目标不再把决定政治问题的权力授予全体选民，相反，"我们现在采取这样的观点，即人民的任务是产生政府，或产生用以建立全国执行委员会或政府的一种中介体"②。在这种安排中，某些人通过争取选票取得做出决定的权力。因此，"民主政治并不意味也不能意味人民真正在统治——就'人民'和'统治'两词的任何明显意义而言——民主政治的意思只能是：人民有接受或拒绝将要来统治他们的人的机会。……即民主政治就是政治家的统治"③。熊彼特所提出的"人民的任务就是产生政府"的观点并不是什么发明，在近代思想史上，要求限制人民权力的主张一直与要求限制精英权力的主张并存。但是，还从来没有人敢于宣称"民主政治就是政治家的统治"，只是到了这个时候，在社会治理高度精英化的现实下，治理精英们才借熊彼特的口表达了对18世纪以来的民主理想的彻底抛弃。熊彼特的观点在当时产生了重大影响，并在盛行一时的精英民主理论中扮演起宣言式的角色。

紧随熊彼特的脚步，达尔在他的"多元主义民主理论"中进一步阐发了精英民主的思想。在《民主理论的前言》中，达尔写道，"我把'常态'美国政治过程定义为这样一种过程，其中民众中积极和合法的群体

---

① 〔美〕约瑟夫·熊彼特：《资本主义、社会主义与民主》，吴良健译，商务印书馆1999年版，第372～373页。

② 〔美〕约瑟夫·熊彼特：《资本主义、社会主义与民主》，吴良健译，商务印书馆1999年版，第395页。

③ 〔美〕约瑟夫·熊彼特：《资本主义、社会主义与民主》，吴良健译，商务印书馆1999年版，第415页。

具有很高的可能性，能在决策过程的某个关键阶段有效地表达自己的意见"①。也就是说，"表达"是严格属于"民众中积极和合法的群体"的。因此，"在美国政治中，就像在所有其他国家中那样，对决策的控制并不是平均分布的；无论是个人还是群体，在政治上都不是平等的。……因此，政府决策的制定并不是就某些基本政策事宜统一起来的多数人的庄严进程。它是对相对少的群体的安抚。即使在选举时这些群体加起来是一个数字上的多数，它也通常无助于把这个多数解释为不仅仅是一个算术表达式"②。基于这种判断，达尔认为，作为社会控制的两种基本方法，"选举和政治竞争并不以任何颇具重要意义的方式造成多数人的统治，但是却极大地增加了少数人的规模、数量和多样性，领导人在做出决策选择时必须考虑它们的偏好"③。因此，民主与专制的区别不在于是否是"多数人的统治"，而在于是否是"多重少数人的统治"。"在这个意义上，少数人（至少是政治积极分子）几乎永远在一个多元政治体系中'行使统治'。"④ 达尔认为，正是这种"多重少数人的统治"所构成的多元政体而不是在多数人的主权中，我们找到了民主过程的价值所在。

达尔无疑是一位敏锐的现实观察者，他的"多元主义民主理论"准确地勾勒出了社会治理精英化的现实。在这一现实中，表达明白无误地成为少数人的专利——尽管这里的少数人被达尔称为"多重少数人"以显示它具有某种民主的属性，而那些"消极""冷漠"的多数人则日渐远离公共政策的形成过程。将自己的理论称为民主理论的"前言"，这显示出了达尔的自信。当然，他也有资格自信，因为在高度精英化的社会中，多元主义民主理论确实就具有前言般的地位。由于与现实的高度契合，多元主义民主理论赢得了众多的支持者，形成了一个声势浩大的学术流派。

对于这个学术流派，赫尔德评论道："他们的'现实主义'，就是按照西方政体的实际特征来想象民主。在以这种方式考虑民主时，他们修

---

① ［美］达尔：《民主理论的前言》，顾昕、朱丹译，三联书店1999年版，第199页。
② ［美］达尔：《民主理论的前言》，顾昕、朱丹译，三联书店1999年版，第199页。
③ ［美］达尔：《民主理论的前言》，顾昕、朱丹译，三联书店1999年版，第181页。
④ ［美］达尔：《民主理论的前言》，顾昕、朱丹译，三联书店1999年版，第181～182页。

改了民主的含义，并且使民主思想的丰富历史屈从于现状。"① 事实上，这种屈从并不是多元主义民主理论所独具的，在 20 世纪中期，不断有来自四面八方的人踊跃加入屈从者的行列之中。经过他们的改造，"民主理论不再集中于关注'人民'的参与，不再关注普通人的参与活动，民主政治体系的主要优点也不再被认为是与普通个人身上所体现出来的与政治有关的必要品质的发展。在当代民主理论中，少数精英的参与才是关键的，缺乏政治效能感的冷漠的、普通大众的不参与，被看作是社会稳定的主要屏障"②。在由这些屈从者所描绘的民主图景中，"通过某种含糊不清的解释，民主变成了统治者向被统治者传达决定的同义词。从前被公认是限制滥用职权的主要手段的民主，现在却变成了无自由权状态的伙伴"，③ 即便"在全体人民中间，有些人作用大，有些人作用小，甚至由获胜的投票多数组成的人民也不真正行使权力，而所谓的人民'意志'的呼声更像是人民发出的'同意'之声"④。这就是精英统治的现实，官僚制组织为这种精英统治提供了充分的技术支持。

三、 在协商中追求民主

虽然精英已经垄断了社会治理，并将民主理想踩在了脚下，而这并不意味着人们已经彻底向精英臣服，并不意味着民主已经完全成了历史遗迹。事实上，民主理想与精英治理的矛盾一直折磨着那些不甘沦为精英玩物的人，他们虽然表面上陷入了沉寂，暗地里却在积蓄能量，一旦时机成熟，随时都准备向精英统治发动反击。因此，就在精英主义如日中天的时候，社会中却涌动着一股倡导参与治理的浪潮。

佩特曼看到，"在 20 世纪 60 年代的最后几年，'参与'一词成为一个十分流行的政治词汇的组成部分"⑤。事实上，这种变化并不仅仅反映

① ［英］赫尔德：《民主的模式》，燕继荣等译，中央编译出版社 1998 年版，第 266 页。

② ［美］佩特曼：《参与和民主理论》，陈尧译，上海人民出版社 2006 年版，第 98 页。

③ ［英］约翰·基恩：《公共生活与晚期资本主义》，刘利圭等译，社会科学文献出版社 1999 年版，（绪论）第 2 页。

④ ［美］乔·萨托利：《民主新论》，冯克利、阎克文译，东方出版社 1993 年版，第 33 页。

⑤ ［美］佩特曼：《参与和民主理论》，陈尧译，上海人民出版社 2006 年版，第 1 页。

在政治词汇之中，就 20 世纪的历史而言，60 年代在总体上留给我们的就是一个充满了叛逆与不满和高扬解放与不妥协的狂放印象。在这段由无所不在的精英控制所激起的波澜壮阔的反叛性运动中，处处都能闻到民主的气息。但是，这种所谓"参与"实际上只是对精英统治的条件反射，积蓄已久的民主能量虽然获得了爆发的机会，却没有使自己的动能得到最大限度的释放，因为人们还没有找到一种理论去引导民主的能量得以在正确的方向上释放。民主运动虽然也取得了不少成果，而对于改变精英治理的现实，却没有发挥什么实质性的影响，反而在快速消耗掉了民主能量之后，日渐嘶哑的民主呼喊再一次被作为噪音挡在了精英治理的门外，民主运动又一次陷入了沉寂。

到了 20 世纪 70 年代中后期，虽然反叛性的民主浪潮再度被精英主义的技术至上压制下去，但在沉寂中却出现了对民主的深入思索，并结出了"协商民主"理论的成果。在某种意义上，协商民主理论的出现表明民主理想开始踏上了一条辉煌的复兴之路。菲什金根据美国的经验指出，"虽然美国大量关于不公正和多数暴政的经验都不能归因于政治平等的扩展，然而，它确实表明，自从麦迪逊时代以来，世界上大量的政治经验支持这种观点，即直接的民主商议至少在某些情况下会带来危险"[①]。在某种意义上，正是由于害怕民主会带来危险，人们才放任人民主权的理想一步步被表达民主和精英民主所取代。然而，到了 20 世纪 80 年代，在对民主失败的原因进行了深刻反思之后，人们意识到，所谓民主会带来危险的论调其实一直都是精英主义者为自己所作的辩护，是维护精英统治的意识形态工具。在这一认识的基础上，要求重申民主理想和倡导实行"直接的民主商议"的声音开始洪亮了起来，并逐渐汇流而形成一股强大的协商民主的理论浪潮。

如果说协商民主可以区分为"作为思想的协商民主"和"作为学术运动的协商民主"，那么，"作为思想的协商民主"很早就出现了。所以，虽然协商民主的构想早已有人提及，但它的巨大学术影响力却是在罗尔

---

① ［美］詹姆斯·S·菲什金：《协商民主》，王文玉译，载陈家刚选编：《协商民主》，上海三联书店 2004 年版，第 34 页。

斯和哈贝马斯这两位重要思想家加入之后获得的。

罗尔斯对协商民主的阐述主要来自他对"重叠共识"的证明。在罗尔斯这里，所有的理论阐述都服务于将"公平的正义"付诸实践的目的。罗尔斯认为，"只要具备下述两个条件，该社会便可通过一种政治的正义观念达到良好秩序，这就是：第一，认肯合乎理性却又相互对立的完备性学说的公民能达到一种重叠共识，也就是说，他们普遍认可正义观念是他们对基本制度的政治判断的内容；第二，不合乎理性的完备性学说（我们假定总有这些学说）不能充分流行，不能削弱社会根本正义的基础。这些条件并不强加那种非现实主义的——的确也是乌托邦式的——要求，即要求全体公民都认肯一种完备性学说，而只是要求——在政治自由主义这里——全体公民认肯同一种公共的正义观念"①。也就是说，在一种共享的正义观念之下，只要人们利用各自不充分完备的完备性学说去谋求一种重叠共识，他们就可以达到一种良好秩序，也就实现了民主。

为了获得这两个条件，罗尔斯规定，在一个民主社会与一个联合体之间存在两种区别：第一，民主社会就像任何政治社会一样，将被视为一个完全而封闭的社会系统。在它自足且给予人类生活的所有主要目的以合适地位这一意义上，它是完全的，在人们只能"由生而入其中，因死而出其外"的意义上，它又是封闭的。这就意味着，生活在民主社会中的人将不会面临任何外来的、阻碍其形成重叠共识的干扰因素。第二，民主社会没有任何个人或联合体所拥有的那种终极目的和目标，并且，绝大多数的完备性学说都不充分完备。这保障了民主社会的多元性，否定了任何绝对共识的存在，从而保证了重叠共识的形成。② 在这里，罗尔斯描绘出了一个民主社会的理想模型，它在所有重要的方面上都支持重叠共识的形成，只要我们相信这样一个理想模型的存在，重叠共识就是可能的。以这样一种理想主义的方式，罗尔斯论证了协商民主的可能性。

---

① ［美］罗尔斯：《政治自由主义》，万俊人译，译林出版社2000年版，第40页。
② ［美］罗尔斯：《政治自由主义》，万俊人译，译林出版社2000年版，第42～43页。

　　与罗尔斯相比，哈贝马斯对协商民主理论的影响要更加直接一些。虽然他的"话语政治"概念提出相对晚了一些，而早在60年代的作品中哈贝马斯就已经为话语政治理论作了准备。虽然哈贝马斯的作品在英语世界获得广泛影响也是比较晚的事，但考虑到哈贝马斯与罗尔斯的巨大影响力，在某种意义上，影响了协商民主理论的兴起。

　　哈贝马斯是在对自由主义民主与共和主义民主作出了对比之后才提出作为"民主的第三种规范模式"的话语理论。在哈贝马斯看来，"自由主义认为，民主意志形式的功能只是为了使政治权力的运作具有合法性。选举结果是获得行政权力的许可证，而政府必须在公众和议会面前证明对这种权力的行使具有合法性。共和主义认为，民主的意志形式还有更重要的功能，就是把社会建构成为一个政治共同体，并让人们在任何一种选择中都能深切地感受到这一建构活动的存在"①。在作出这种区分之后，哈贝马斯的看法是，"话语理论同意共和主义的看法，认为应当把政治意见和意志的形成过程放到核心地位，但又不能把法治国家的宪法看作次要的东西；相反，话语理论把法治国家的基本权利和原则看作是对如下问题的必要回应：即民主程序所具有的充满种种要求的交往前提如何才能得到制度化"②。也就是说，话语理论关注的是在宪政框架下设立各种商谈制度，以保障作为政治过程核心的政治意见和意志得以形成。

　　根据哈贝马斯的观点，通过对这些问题的关注，"话语理论在更高的层次上提出了一种关于交往过程的主体间性，它一方面表现为议会中的商谈制度形式，另一方面则表现为政治公共领域交往系统中的商谈制度形式。这些无主体的交往，无论是在作出决策的政治实体之外或之内，都构成了一个舞台，好让关于整个社会重大议题和需要管理的内容的意见和意志能够形成，并且多少具有合理性。非正式的意见形式贯彻在制度化的选举抉择和行政决策当中，通过它们，交往权力转换成了行政权力"③。通过各种商谈制度的设置，人们之间的协商和对话将汇聚成交往权力，并通过进一步的商谈制度设置而转换成行政权力。哈贝马斯认为，

———————

① ［德］哈贝马斯：《包容他者》，曹卫东译，上海人民出版社2002年版，第289～290页。
② ［德］哈贝马斯：《包容他者》，曹卫东译，上海人民出版社2002年版，第288页。
③ ［德］哈贝马斯：《包容他者》，曹卫东译，上海人民出版社2002年版，第289页。

在这个过程中，行政权力由于汇聚了来自各方面的政治意见和意志而成为公共权力，在依据这种公共权力进行社会治理的时候，协商就达到了民主的结果。

在罗尔斯与哈贝马斯的合奏中，协商民主很快就成为民主理论的主旋律。虽然与表达民主一样，协商民主也是处于以代议制为基本内容的制度框架之下的，但它的支持者们已经开始有意识地将协商与表达区别开来。博曼认为，"现代政体中的公民主要是借助国家审查和限制公共交往的努力而开始将自身看成各种公共活动的成员和参与者"①。无疑，这种参与方式就是表达。但现在，博曼认为，"作为公共舆论和交往领域的公共领域已经在与相对统一的政治权威结构——国家及其垄断权力——的互动中形成了。……随着直接影响交往结构的新的政治权威形式的出现，新的公开性形式和新公共领域也出现了，它们为协商实践提供了相应的基础"②。在公共领域这个平台上，协商获得了不同于表达的性质，它不再是意见的单向传递，而是双向的乃至多向的交流、互动，也因为这种交互性而更加具有民主的性质。在协商民主理论看来，只要我们将民主的实现方式从表达转变为协商，将所有公民放置到一个共同的话语平台之上，我们就可以改变精英垄断社会治理的现实，重拾民主的理想。

四、 民主最终蜕变为空想

协商民主的声势是浩大的，它的音量可以说已经完全遮蔽了精英民主的论调。20世纪90年代以来，在民主理论阐释中占有一席之地的学者们几乎没有一个不试图对协商民主发表自己的意见。在谈论激进民主的未来时，吉登斯坦言道："在今天关于民主形式和组成的各种争论的文献中，民主秩序的两个主要维度被区别开来。一方面，民主是代表利益的机器。另一方面，它是创造公共领域的途径，在公共领域中通过对话，

① ［美］博曼：《公共协商：多元主义、复杂性与民主》，黄相怀译，中央编译出版社2006年版，（中文版序）第3页。
② ［美］博曼：《公共协商：多元主义、复杂性与民主》，黄相怀译，中央编译出版社2006年版，（中文版序）第3页。

而不是既定的权力形式，能够（原则上）解决或者至少可以处理矛盾。……在国家领域之外，对话民主能够在一些主要领域中得到推进。……他们能够闯入之前没有被讨论过，或者是通过传统惯例'解决'的社会行动领域中。他们有助于对事物的'官方'定义发起挑战。"①　的确如此，自协商民主理论兴起以来，象征着精英统治的"官方"定义不断地受到挑战，政府的合法性正在经受越来越严厉的拷问，在巨大的舆论压力之下，甚至官僚机构自身也开始鼓吹协商民主了，声称要建立起有效的对话机制，宣布将把人民纳入协商式的共同决策过程中来。在某种程度上，协商已经取代了表达而成为与代表并重的"民主秩序的两个主要维度"之一。如果说精英民主的盛行宣告了民主理想的破灭，那么协商民主的一统天下是否意味着民主理想重获生机呢？答案并不能简单地给出，因为，这是一个需要进行审慎分析的问题。

从理论渊源来看，协商民主理论可以说是18世纪社会契约论的嫡系后代，从罗尔斯那里无疑可以清楚地看到向契约论回归的理论追求，至少，与经典契约论相同的是，它试图抛开现实的政治结构而将社会治理视为平等个体间的协商与对话过程。所以，在协商民主理论中是包含着重振人民主权理想的抱负的。事实上，罗尔斯从不否认他与启蒙时期经典契约论者的学术渊源关系，而且他通过"原初状态"而对"自然状态"作出了复兴，这种复兴也确实大大方便了学者们抛开精英治理的现实和展开协商民主的自由畅想。由于跳出了现实的政治框架，协商民主的支持者们得以提出各种大胆设想。比如，在涉及协商的准入问题时，罗尔斯就对近代以来的机会平等观提出了挑战，认为只有在资源平等的条件下才能保证重叠共识的形成。

协商民主的其他支持者更是从经济学家阿马蒂亚·森那里借来了能力平等的概念，认为只有以能力平等为前提才能保证在协商基础上形成共识。在他们看来，近代民主之所以失败，在很大程度上就是因为没有解决平等的问题。协商民主理论是否解决了这一问题？其实也没有解决。

① ［英］吉登斯：《超越左与右——激进政治的未来》，李惠斌、杨雪冬译，社会科学文献出版社2000年版，第15～16页。

因为，它对平等进行了庸俗化的再定义，即把平等归结为能力平等。在他们把能力平等作为制度设计的目标时，只会将制度设计引入完全无视个体差异的模式化误区中。

尽管如此，我们还是要给予协商民主理论以肯定。这是因为，协商民主理论通过对与民主相关的各种政治要素的探讨，在很大程度上拓宽了人们的视野，把人们对民主的思考引向了一个更加宏观的视野中，去积极地关注那些能够支持协商民主的现实条件，进而去发现民主制度与这些条件之间的落差。正是在这个意义上，协商民主理论是一种很有价值的关于民主的探索，是有助于人们重新把思考的重心转移到民主制度的变革上来的。令人遗憾的是，协商民主理论似乎未曾尝试在社会治理的实际过程中去进行这种变革。也就是说，协商民主理论虽然发现了民主制度的不足，却担心对民主制度的改动会取消民主作为一种治理方式的合理性，因而裹足不前了。更加值得关注的是，协商民主理论自始至终都仅仅满足于行为层面上的协商，在民主制度建设方面，从来都不愿去进行思考。

如上所说，作为对精英主义的反动，协商民主在理论渊源上是向契约论的回归，而在行动方案上，则是对表达民主的修正。根据多元民主主义的看法，在多元社会的背景下，各抒己见式的表达将会造成混乱，精英治理就是这种混乱的合理结果。因为精英治理在混乱中建立起了秩序，这就是达尔推崇精英民主的理由。在某种意义上，协商民主与多元主义的理论出发点是一致的，都是基于多元社会而作出的思考。虽然是同一个出发点，在达尔那里形成了精英民主的最为充分的辩护词，而协商民主则要解决多元社会中的表达问题。根据协商民主理论的证明，即便是在多元社会中，只要经过充分的协商，表达同样可以以共识的形式有序地进行。这样的话，精英意见（罗尔斯所说的"充分的完备性学说"）的绝对优势与精英治理的现实合理性就都不复存在了。在这个意义上，以共识为指向的协商确实蕴含着民主的某种可能。然而，从另一个角度看，对于共识的高度关注实际上只是协商民主向现实的妥协。可以看到，协商民主理论的所有探讨都是建立在表达民主的制度结构之上的，在这一前提下，协商最多只能是表达的预演，即使在最理想的意义上，也只能成为提高表达有效性与代表性的一项策略，而无法成为表达民主的一种替代形式。

在表达民主的框架下谈论协商，这本身就是对表达民主的确认。不同的是，表达民主理论所考虑的重心是意见表达能否达于权力中心的问题，而协商民主理论所关注的则是协商者之间能否形成共识。正是这一点上的不同，使民主理论堕落了。因为，协商民主表面上看来恢复了表达的权威，赋予表达民主以新的形式，而在实际上，是要让人民为民主治理中的一切失败承担责任：不是精英在社会治理过程中的角色扮演出了问题，而是由于人民没有形成共识导致了民主治理的失败。就此而言，如果说这样一个以反对精英民主姿态出现的协商民主理论最终走向了替精英治理辩护的结果，也是不过分的。

所以，20世纪后期以来，官僚精英们不仅没有表现出任何对协商民主理论的拒绝，反而表现出了浓厚的兴趣，或者说，官僚精英们直觉地感受到协商民主理论所主张的协商大大便利了他们把所谓"共识"作为自己独断性意见的传声筒。正如博曼所看到的，"即使在设计恰当的制度中，公共协商的失败仍然是可能的。就像市场失灵一样，弱势群体可能根本无法参与适当的公共领域"①。一个最常见的经验事实是：参与越少，共识就越容易形成。因此，如果仅仅将形成共识作为协商的目的，那协商制度就会本能性地利用甚至放大各种有助于排斥广泛参与的条件，从而将精英意见巧妙地包装为"共识"，再利用这种"共识"去治理那些无法形成共识的人。如果说2008年的金融危机被看作新自由主义在经济学领域的失败，那么在政治学的领域中，要不了多久，协商民主理论的真实面目就会完全暴露出来。

退一步说，即便一个社会中的所有人都能够加入协商过程中来，"共识"的真实性仍然是值得怀疑的。因为，在所谓的政策对话中，"公民调查……只引证了某一时刻的意见和忧虑，而且，它不是公民与官员之间动态的、互动的过程——信息和观点的共享。……使用何种类型的公民

---

① ［美］詹姆斯·博曼：《协商民主与有效社会自由》，载［美］博曼、雷吉主编：《协商民主：论理性与政治》，陈家刚等译，中央编译出版社2006年版，第240页。

讨论会？提供多少信息？在决策程序中公民何时参与？在公共政策决策中公民意见的重要程度如何？这些都是由官员决定的"①，因此，政策对话具有了一种成为政策独白的强烈趋势。"当调查被用来提高民主时，其影响却是进一步加强了公共话语的独白倾向。"② 后现代主义者所看到的这一点可以说是击中了协商民主理论的要害，那就是协商民主理论没有真正找到避免公共对话异化为独白的方案，尽管它强烈地要求把政策对话变成人民主权式的平等对话，尽管它反复地申述一个主张：要求精英屈尊而与人民进行"对话"，却找不到任何保障措施。所以，无论协商民主理论在政治学的领域中征服了多少信众，而在实际的社会治理过程中，政策对话只能是一种受到精英操纵的政策分析，人民也许获得了给治理精英们打分的权利，并自以为这种打分是具有决定性意义的评价，是问责制的主导因素，他通过打分而充分地行使了民主权利，并因为他的打分而改变了行政的性质，使之成为民主行政。实际上，正是通过他的打分而赋予了精英以合法性，从而进一步巩固了自己受精英所治的现实。

科恩看到，"协商概念指出，自由表达是决定怎样促进共同的善所需要的，因为什么是善是由公共协商决定的，而不是优先于它。它是由智慧和自主的判断，包括协商能力实践所决定的。所以，协商民主理想与自由并不对立，相反，它还以这种自由为先决条件"③。自由无疑是所有民主理论得以成立的先决条件，但作为表达民主的进化，协商民主的实现却需要以已经被它自己证明为失败了的表达自由为先决条件。这难道不是一种讽刺吗？协商民主的倡导者和支持者们当然不可能体会不到其中的讽刺意味，所以他们才会选择契约论的论证路径，选择"原初状态"作为自己的出发点。因为在原初状态之中，一切皆是完好的，即便已经

---

① Kathlene, L., & Martin, J. A. (1991). Enhancing citizen participation: Panel designs, perspectives, and policy formulation. *Journal of Policy Analysis and Management*, 10 (1), p. 49. 引自 [美] 福克斯、米勒：《后现代公共行政》，楚艳红等译，中国人民大学出版社 2002 年版，第 129 页。

② [美] 福克斯、米勒：《后现代公共行政》，楚艳红等译，中国人民大学出版社 2002 年版，第 131 页。

③ [美] 乔舒亚·科恩：《协商与民主合法性》，载 [美] 博曼、雷吉主编：《协商民主：论理性与政治》，陈家刚等译，中央编译出版社 2006 年版，第 64 页。

面目全非的表达自由也可以被顺理成章地假设为完好无损。这就是协商民主的本质特征，它的一切都是建立在假设基础之上的：表达自由是假设的，能力平等是假设的，就连协商能够产生共识这一命题也仅仅存在于假设状态之中。试问，我们如何能够将民主理想寄托在这样一个由一系列假设编造出来的理论之上呢？不用说所有的假设都不成立，即使有一项假设不成立，民主的理想又怎能得到实现的保证呢？所以，协商民主的构想是民主理论发展史上的又一个失败的案例。

协商民主的失败并不能简单地被看作"协商"这一民主形式的失败。从人民主权到表达民主，再到精英民主，进而到协商民主，这既是民主理想不断蜕变的过程，也是民主理想在与治理精英角力的过程中对自己做出的不断调整，不变的目标就是要实现民主，至于这个民主是什么样子却不在考虑之列。总之，只要是民主的，就是好的，就是应当加以实现的。这就不仅在政治上，而且在整个社会生活上，把人们引上了为了民主而民主的追求中，从而把民主形塑成一种信仰。

在民主理想蜕变的整个历史进程中，所取得的最大成就无疑是建立起了在代表与选民相分离的基础上去通过代表替选民表达的民主制度。这种制度具有明显的折中性质，它试图在精英与人民之间达成某种平衡，而在实际运行中却始终无法达到这种平衡。虽然民主建设的努力总是通过程序上的不断完善去巩固民主，而代表与选民、治者与被治者的分离，却将所有巩固民主的努力都转化成了对精英治理现实的强化。于是，精英统治就累积到了无以复加的地步。虽然协商民主是在对这一过程进行反思的基础上而提出了新的民主理论，试图通过重温人民主权的理想来改变高度精英化的社会治理现实，但由于协商民主理论的倡导者不敢或不愿意去触及这种建立在代表与选民相分离基础上的民主制度，从而表现出了比他们的契约论前辈更加耽于空想的特征。总之，从民主理论的演变中可以看到，民主在近代早期是一种崇高的理想，在付诸现实行动时则经受了现实的无情打磨并最终蜕变为一种纯粹的空想。

第七章

公共生活的重建

　　自从人类有了社会治理以来，一直表现为精英治理。自然精英的治理属于人类最古老的治理；农业社会的治理基本上属于身份精英的治理；近代以来，逐渐形成了技术精英治理的局面。技术精英是在官僚制组织结构中开展其社会治理活动的，他们治理社会的依据是一种系统化了的而又分门别类的规则体系。相应地，在政治生活的层面上，从农业社会向工业社会的转型表现为从共同生活向公共生活的转型。19世纪后期开始，官僚制组织的迅速兴起导致了共同生活的复辟，使公共生活走向衰落。组织是公共生活衰落的根源，但社会的组织化又是社会发展的必然。在后工业化的条件下，我们需要建构起一种合作制组织，并通过合作制组织对官僚制组织的替代来重建健全的公共生活。后工业社会的公共生活将是一种真实的公共生活，它虽然会保留工业社会公共生活的一些形式和特征，但它将会拥有全新的内容，会具有完全不同于工业社会公共生活的性质。共同生活是农业社会共同体生活和存在的基本形式，工业社会的公共生活实现了对共同生活的全面扬弃，同样的变革也将发生在后工业社会公共生活的确立过程中。后工业社会的公共生活将让工业社会公共生活中的一切虚假内容都无法遁形，在使其完全暴露出来的时候也将它完全剔除。

第一节　精英治理及其终结

一、　精英形象的变化

人类的社会治理究竟应当是精英治理还是民主治理？究竟应当是少数人的治理还是归于多数人的治理？这可能是自从有了社会治理现象以及自从对政治进行观察和思考的时候就已经提出了的问题。然而，迄今为止的历史一直呈现给我们的都是精英的治理。在《荷马史诗》的英雄主义颂歌中所表达的就已经是精英治理的意愿，甚至通过神话的方式去描绘和赞美了精英治理。到了后来，出现了雅典和罗马，而且近代以来的几乎所有学者都通过对雅典和罗马的诗意描述去表达多数人的民主治理之理想。实际上，雅典的民主只属于"公民"这种身份精英的民主，而罗马共和国更多地也只是贵族精英们的治理平台，要不然，它是不可能在转瞬之间就被独裁者篡取最高治理权的。民主的前提是人们之间的平等，而在身份等级制度下的漫长历史阶段，人们之间的普遍平等是不存在的。因此，身份制度解体以前的社会治理就是身份精英治理，正是这一点，说明那时的政治生活不是公共生活，而是一种共同生活。

公共生活是在身份精英的衰落中出现的，或者说，公共生活的产生提出了民主这种精英治理的替代方案。在民主治理的发展过程中，民主治理与精英治理的矛盾却成了一个历史性的难题。由于一种人们不愿承认的原因，精英成为所有试图定义公共生活的近代人——即便像卢梭那样的激进民主分子——脑中的一个挥之不去的梦魇。随着代议制民主、政党政治与官僚行政的相继确立，近代公共生活最终将自己定型为形式民主，这是一种高度精英化的民主。于是，民主的结果是，让人们相信精英治理的不可避免性。近代公共生活就是以这样一种自相矛盾的方式呈现在了我们面前。在近代以来的这种语境下，这一矛盾是无法解决的。为了解决这一矛盾，我们首先需要从它的发源谈起。

如果去把握人们的治理观念的话，可以看到，在前近代的历史观念中，治理是一门艺术，只有那些具有特定"才质"的人才能够掌握这门艺术。这种"才质"在苏格拉底那里是知识，在柏拉图那里是智慧，在亚里士多德那里则是美德，即使在后世的社会治理中产生出了各种各样的意见，也都无非是在苏格拉底、柏拉图和亚里士多德之间做出选择，或者是对他们加以综合。不过，所有这些都属于思想史上的理想或意愿，所表达的都是对更为久远历史时期中的自然精英的留恋。可以说，苏格拉底、柏拉图和亚里士多德所向往的都是自然精英，是对古代神话与传说中的英雄的再叙述，只不过在再叙述的过程中丰富了自然精英的形象。所以，在古希腊思想中所存在的是对自然精英的向往，它与雅典的以公民身份出现的身份精英是存在着冲突的。所以，苏格拉底才会被处死，柏拉图才会逃往他处去实现他"理想国"的梦想，而亚里士多德则极力把自己的学生造就成"卡里斯玛"。由自然精英去进行社会治理是英雄主义的体现，也最为符合原始的自然正义。但是，在随后的历史中，英雄主义发生了变化，出现了韦伯所说的"卡里斯玛例行化"的现象，自然精英不断地被固定化，并最终将精英资格定型为一种身份。从此，自然精英就演化成了身份精英。

在历史上，自然精英是何时蜕化为身份精英的？这可能是一个无法确切考证的问题。不过，我们可以把身份等级制度的普遍建立作为从自然精英向身份精英转化过程完成的标志。与身份精英相比，自然精英具有某种理想的属性，因为它的基础是来源于某种天赋，而天赋则契合了所有的信仰形式对偶像及其化身的想象。因此，虽然身份制度已经将自然精英转化为了身份精英，但为了令自己继续保有那层理想色彩，身份精英仍然宣称自己是一种自然精英，是由自然的鬼斧神工所雕琢出的完美艺术品，只有这种完美的艺术品才能掌握社会治理这门艺术。所以，在身份精英的理想化中，包含着自然精英的内容。

身份精英的这种自我陶醉在近代早期遭遇了马基雅维利的激烈抨击。在《君主论》中，马基雅维利通过对所谓"权术"与"阴谋"的细致解剖，以一种睥睨一切的神情向身份精英下了战书，并向所有人澄清：所谓"王道"，只不过是一项可以进行无限分解并由每个人来加以学习的专业技术罢了。既然治理只是一项技术，它是否还必须由精英——不管是自然精英还是身份精英——来一手掌握呢？可见，马基雅维利在当时之所以会被视为一个大逆不道的人，并不是因为他公然将别人掩之唯恐不及的政治野心暴露于外，而是由于他揭去了长久以来笼罩在身份精英头上的那块神秘面纱。马基雅维利之后，在整个社会向近代转型的过程中，身份精英也开始了自己的历史转型，即向技术精英方向转化。技术精英是一种社会角色，虽然不同于身份精英，但在社会治理中的功能，又是非常相似的。由于身份制度渗入了社会生活的各个方面，身份精英在向技术精英转型的过程中也出现了迟疑与彷徨。是回归到自然精英那里去？还是用技术精英取代身份精英？这个问题在哈林顿与斯宾诺莎那里给出的是不同的回答。

在《大洋国》中，哈林顿描述了一个充满精英色彩的理想国家。他认为，"国家的奥秘就在于均分和选择。如果我们能了解上帝在自然界的业绩，就会明了他甚至连谁应该分、谁应该选的问题都没有留下让人类去争论，而是把人永远分成两个阶级。一个阶级有均分的自然权利，另一个有选择的自然权利"①。比如说，如果世界上有二十个人的话，那么，其中总会有六个人具有均分的自然禀赋，而另外十四个人则具有选择的自然禀赋。"这六位虽然与其余的人分别不大，经过熟悉之后，终于被发觉出来，并且像头上长着最大的角的雄鹿一样，领导着全体。因为当这六位在互相讨论和争辩问题的时候，显示了自己的优越才能，使其余十四位看到了他们从来没有想到的事，或是弄清了他们过去莫名其妙的各种真理。每遇到有关大家的重大事件，不论是困难还是危险，这十四位就要听他们的话，正像一群孩子指望他们的父辈一样。于是这六位的杰出才能和他们所取得的影响，就成了其余十四位的依靠和慰藉，这就是父辈的权威。这种权威只能是上帝为了达到这项目的而在人类团体中传播的一种自然的贵族政体。"②

哈林顿显然具有一种自然精英情结，或者不妨说他是在身份精英支配着社会的时代而对历史上曾经或真实或虚构地存在过的自然精英的缅

---

① ［英］詹姆士·哈林顿：《大洋国》，何新译，商务印书馆1963年版，第23页。
② ［英］詹姆士·哈林顿：《大洋国》，何新译，商务印书馆1963年版，第24页。

怀，所表达的是对身份精英的不满。因此，这里所谓"自然的贵族政体"仅仅是在那六个人具有均分的自然禀赋的意义上说的，他们并不包办社会治理的全部内容，也不对社会治理拥有永久性的权力。相反，他们需要其余人的确认才能把自己的自然禀赋转化为现实，他们的均分的自然禀赋也包括对其余十四个人具有选择的自然权利的承认。虽然他们成了元老，"不过，这并不是出于继承的权利，也不单纯是看他们的财产多，而是根据他们卓越的才能选举出来的。他们的产生如果取决于财产，就会造成强迫或勒索人民的权力，而根据才能的选举则能提高他们领导人民的权威或美德的影响。因此，元老的职务并不是人民的司令官，而是人民的顾问。……元老的指示绝不是法律，而且也绝不能称为法律，它只是元老的建议。……元老只不过是为共和国的事项进行辩论而已"①。辩论只是决策的一个环节，决策还有一个更具有决定性意义的形成结论的环节，而结论是由人民做出的，即由其余十四人做出的选择。因此，"一个平等的共和国是在平等的土地法的基础上建立的政府。其上层建筑分为三个机构：（1）元老讨论和提议案，（2）人民决议，（3）行政官员执行；官职由人民投票选举，平等地轮流执政"②。

　　哈林顿在叙述中反复强调产权均势与贵族的非世袭化，意图消除他所在的社会中的精英身上的身份印迹。根据他的设计，虽然在均分的意义上精英仍然是精英，但由于民众也拥有适合于去选择的天赋，精英也就不再具有身份制度下的绝对性了，而是成了一种相对的存在。由于均分与选择的对称性，精英与民众之间也获得了一种不明确的对称性。因此哈林顿才会说："一个励精图治的国家如果只有人民而没有贵族，或只有贵族而没有人民，就正如同一支军队只有士兵而没有官长，或只有官长而没有士兵一样。"③ 然而也正是在这里，我们看到了哈林顿的乌托邦构想，他关于均分者与选择者的比喻过于理想化了。因为，哈林顿的这一比喻中的双方具有一种完美的均势，这种均势使得均分者不得不进行均分，并由于这种不得已而为之的正义行为而表现出了某种德性。也正

---

① ［英］詹姆士·哈林顿：《大洋国》，何新译，商务印书馆1963年版，第24页。
② ［英］詹姆士·哈林顿：《大洋国》，何新译，商务印书馆1963年版，第37页。
③ ［英］詹姆士·哈林顿：《大洋国》，何新译，商务印书馆1963年版，第39页。

是这个原因，均分者拥有了相对于选择者的道德优势。

从逻辑上讲，由于有了这种道德优势，就会反过来破坏均分者与选择者之间的理想均势，其结果就是把均分者与选择者变成长官和士兵，不论士兵对于长官多么重要，他也必须服从长官。这样一来，哈林顿向自然精英回归的构想最终还是难以避免折回到他所处时代的身份精英这里来了。所以他才会宣布，"共和国的创立、治理和军队的带领等问题中的某些事情，尽管有伟大的神学家、法律家和各种事业中所出现的伟人存在，仍然是专属士绅阶级天才人物的事物"①。可见，他并没有摆脱他的时代，他的目的是要通过回归古代自然精英而实现对身份精英的否定，而在结果上，非但没有建立起由自然精英治理的"大洋国"，而是又把身份精英搬了出来。与哈林顿相比，斯宾诺莎在否定身份精英的道路上显示出了一种坚定性。

在讨论权利的问题时，我们已经指出，斯宾诺莎不承认个人在自然权利上有什么差异。在他看来，人类与别的个别的天然之物没有什么差异，理智之人与无理智之人，愚人、疯人与正常人之间也没有什么分别。"因为明智的人有极大的权利以行理智之所命，或依理智的律法以生活，所以无知之人和愚人也有极大之权以行其欲望之所命，或依欲望的律法的规定以生活。"② 或者说，"个人的天然之权不是为理智所决定，而是为欲望和力量所决定"③。尽管理智的差异可能造就出智者，但自然权利不是由理智而是由欲望和力量来决定的，而每个人在欲望和力量上又是大致相当的。所以，智者就没有任何理由去要求更多的权利以使自己成为精英。或者说，以符合自然为理由而去要求精英地位，是完全不能成立的理由。既然自然精英不能成立，那么由自然精英的固定化而造成的身份精英也就更不能成立了。

从《政治论》来看，斯宾诺莎也用了大量篇幅讨论贵族，但应当引起注意的是，斯宾诺莎所使用的并不是通常用来指称中世纪身份贵族的

① ［英］詹姆士·哈林顿：《大洋国》，何新译，商务印书馆1963年版，第39页。
② ［荷兰］斯宾诺莎：《神学政治论》，温锡增译，商务印书馆1963年版，第212～213页。
③ ［荷兰］斯宾诺莎：《神学政治论》，温锡增译，商务印书馆1963年版，第213页。

nobiles，而是使用了专门指称罗马财产贵族的 patricius。[①] 斯宾诺莎在用词上的这一选择，实际上表明了资本主义发展过程中财阀政治的兴起，或者说，斯宾诺莎所谈论的贵族，实际上所指的已经是资本家了。在斯宾诺莎眼中，这是一种新兴的势力，它必将走上社会治理的舞台。虽然这种贵族（资本家）将要承担的治理也是一种精英治理，却完全不同于过往的身份精英，更不是自然精英。所以说，在斯宾诺莎这里，我们看到，一种具有现代性的精英形象开始出现。当然，毕竟斯宾诺莎还没有走出贵族的阴影，所以没有担负起全面描绘现代技术精英的任务。对此，应当归为他所在的时代的局限。

二、 现代性的精英治理

卡莱尔是近代社会中一位著名的英雄主义者，但他为了把自己的英雄与《荷马史诗》中的英雄区别开来，创造了科学英雄的形象。他说："神明英雄和先知英雄都是旧时代的产物，在新时代已不再重现。他们的存在是以观念的某种原始性为前提的，仅由科学知识的进步便使之结束。"[②] 正是卡莱尔这一关于英雄的描述，道破了近代以来的精英与古代社会的精英的区别。近代社会的发生史确实反映出了卡莱尔所描述的特征，随着马基雅维利的出现，不论自然精英还是身份精英，都逐渐褪去了其神圣光环。马基雅维利让社会治理从一种高贵的艺术堕落为一种匠人之术，其中所包含的是让精英意识形态转化为民主治理的追求。虽然哈林顿与斯宾诺莎都对贵族钦赞有加，但贵族在哈林顿和斯宾诺莎的著作中只不过是指某一特定的人群，他们已经不再是前近代的贵族了，他们的地位已经明显下降为几乎是与民众并列的存在了。尤其在近代代议制度确立之后，代表民主的成分也开始超过贵族成分，并在民主制度的发展过程中一步步地将贵族成分剔除出了治理体系。

---

① ［荷兰］斯宾诺莎：《政治论》，冯炳昆译，商务印书馆 1999 年版，第 89 页的译注。
② ［英］托马斯·卡莱尔：《论英雄、英雄崇拜和历史上的英雄业绩》，周祖达译，商务印书馆 2005 年版，第 87 页。

　　在现代化的过程中，随着贵族的衰落却又出现了新的问题。不难想象，在社会治理还被视为一种艺术的情况下，社会治理活动是由贵族这种精英来从事的，当社会治理成为一种技术之后，又应当由谁来掌握呢？显然，艺术是属于少数人的，而技术则是人人都可以掌握的。可是，如果社会治理是一门技术的话，也就如同任何一门技术一样，并不是每个人都需要，也不是每个人都意欲去掌握它。所以，理想状态下的社会治理应当是一种专家治理。治理者与其他所有社会成员一样，都只是某一特定领域内的专家。在此意义上，技术治理实际上只能以专家治理的形式出现。对于专家，治理所构成的不是他的身份，而仅仅是一项职业。作为一项职业，治理者需要遵循一整套严密的客观标准，这个标准就是整个社会的职业体系，以及通过"分工—协作"的职业体系所传达出来的不健全的民主信息。现代化的进程向我们展示的就是通过"分工—协作"的方式而结构化了的社会，因而专家治理是在"分工—协作"的背景下出现的治理，是一种可以维持最为合理的社会运行状态的治理。

　　我们还需要注意这样一个问题，作为一门技术，社会治理活动应当是对所有的人开放的，但在它作为一种职业时又不是所有的人都需要或都应当投身于其中的。虽然马基雅维利早就编写出了做最好的君主的速成教材，而在现实中，即便人们都已精通了治理技术，也不可能都成为"君主"。随着政党嵌入到议会选举中，在通往政治生活的道路上又新增了一道关卡，那就是政党自身的自利性决定了政党政治的发展，从而使得一种类似斯宾诺莎的财产精英的力量合法化。尽管政党中的精英可能并不直接出现于治理专家的行列中，却与治理专家结成了一道紧密相联的纽带，这条纽带甚至可以让葛兰西把政党看作为或比喻为一种"新君主"。

　　作为治理专业化和职业化进一步发展的结果，权术之外的那些日常治理活动也得到了技术化，并在这一技术化的基础上建立起了一个覆盖面更广的职业体系，这就是官僚制。官僚制重新建立起了一种等级序列，并使技术与职业的关系具有了一种矛盾的二元性。如果说在理想的专家治理中只要具备治理技术就可以承担治理职能的话，那么官僚制则要求人们不仅具备治理技术，而且要具备标准化的也就是官僚制这个等级序列所认可的治理技术。如此，技术本身也就发生了异化，它不再服务于治理社会的需要，而是服务于官僚制自身等级建构的目标。在这种等级建构中，治理专家不断地实现精英化。按照韦伯的观点，在近代公共生活中存在着政客与官僚这两种不同的人，而在实际上，由于权术也是一种技术，政客与官僚就都可以在更宽泛的意义上被视为技术专家了。由于政治领域与行政领域都实现了官僚化，技术专家也就一直走在精英化的道路上，并最终成为不折不扣的技术精英。

在从身份精英到技术专家再到技术精英的演变过程中，有一个概念是我们不能回避的，这就是"知识分子"。知识分子是一个现代性概念，是在现代化的过程中产生的，特别是在二战后的一个时期中，知识分子被学者们经常性地提起，因为寄托在知识分子身上的是一种革命的希望。如果说无产阶级能实现的是物质的革命，而知识分子将担负起一场消除异化的精神革命的使命。可以相信，在人类社会很早的历史阶段中，作为知识分子的人群已经出现，它在最初是自然精英的一种异化形式，是一种能够祛除自然精英身上精英气质的平民化的社会存在形态。在现代化的过程中，当人们发明了知识分子这个概念的时候，实际上是保留了这个人群过往的一切品性。正是这些品性决定了它与现代技术专家既有几分相似之处（都拥有知识），又有着根本性的不同。

我们知道，技术专家在价值上是中性的，而在知识分子的概念中，则包含着某种德性内容。也正是这种德性而使人们相信知识分子可以抵御官僚制的等级建构，免于自身的精英化。相反，价值中性的技术专家不仅无力抵御精英化，反而是追求精英化的。就此而言，知识分子概念反映了人们要求社会治理非精英化的强烈愿望。在现代性的语境下，知识分子概念中也包含着一种具有批判性特征的理念。然而，由于技术专家适应了现代社会治理的需要，由于技术专家在转化为技术精英时能够满足官僚制的合理性追求，所以，技术专家成了现代社会中最有生命力的社会存在物，而且它的无限征服能力也在同化着知识分子，把知识分子的良心与德性消融净尽，使知识分子也转变成了技术专家或技术精英。这就是当下的现实，或者说，知识分子正在消失，甚至已经消失了。

从西方学者关于知识分子的研究成果中可以看到，希尔斯考察英国现代化的进程时发现，"十九世纪下半叶里出现了大量的批判和不同意见，但是知识分子首先通过古老的大学，同时也通过血亲关系，以及伦敦上层阶级社团中的社会生活和交际生活，而同政府文职部门，教会，议会两院，新闻机构和政治党团的领导部门，融合成为一体；这种大联合构成了一个差不多无人可以逃脱的纽带"①。这是知识分子技术专家化和精英化的开始，即使在这个开始阶段，社会中各个部门的高级专家们就已经表现出形成一个相互依赖的精英集团的迹象，而且这个集团也开始将社会治理变成了一架制造"局外人"的巨大的社会机器。② 随着时间的推移，"与十九世纪相比，二十世纪的知识生活已在更多的方面对外部有所要求，有更多来自政治精英和管理人员的压力及更多的各种意识的压力作用于它。这些外部压力使知识活动更加制度化，甚至当极权主义和寡头政治的精英们的理想要求不复存在时，大量的依靠知识机构产生的组织机器或者受到国家经济资助的个人，非制度化的知识活动产生的组织机器仍然束缚着现代世界任何社会中有知识能力的人在职能应用方面的广泛信仰"③。

贾克比认为，在 20 世纪，"传统"意义上的知识分子已经不复存在，取而代之的是一些沉默寡言的技术人员。这些人由委员会雇用，急于取悦各式各样的赞助者和部门，披挂着学术证件和社会权威的外衣。这种社会权威并未促成辩论，只是建立声誉和吓唬外行人。④ 萨义德更是尖锐地指出，"如果专门化是各地所有教育体系中存在的一种广泛的工具性压力，那么专业知识和崇拜合格专家的做法则是战后世界中更特殊的压力。要成为专家就得有适当的权威证明为合格；这些权威指导你说正确的语言，引用正确的权威，局限于正确的领域，尤其在敏感、有利可图的知识领域受到威胁时更是如此"⑤。比如，只要你不是美国学院体系训练出来的、以健康的心态看重发展理论和国家安全的政治科学家，就没

① ［美］希尔斯：《知识分子与当权者》，傅铿等译，桂冠图书股份有限公司 2004 年版，第 179 页。
② ［美］希尔斯：《知识分子与当权者》，傅铿等译，桂冠图书股份有限公司 2004 年版，第 190 页。
③ ［美］希尔斯：《知识分子与当权者》，傅铿等译，桂冠图书股份有限公司 2004 年版，第 107 页。
④ ［美］萨义德：《知识分子论》，单德兴译，三联书店 2002 年版，第 63～64 页。
⑤ ［美］萨义德：《知识分子论》，单德兴译，三联书店 2002 年版，第 67～68 页。

有人会听你的，甚至在某些情况下不许你发言，而挑战你的理由就是你不具备专业知识。①

在这里，标准化的专业知识成了一道具有象征意义的门槛，站在门槛两边的不仅是专家与非专家，而且是精英与非精英。所以，在社会治理过程中，我们处处看到的都是技术专家和技术精英，他们拥有知识却不是知识分子；他们担负和实施着社会治理却没有社会治理者应有的德性。来自大学的以及研究机构的人们有着大学教授的头衔，通过骗取一些巧立名目的所谓研究资助，然后就可以装扮成某一方面的权威，成了技术精英的参谋，随时等待着技术精英前来向他们咨询，就如"红灯区"中的专业化的性工作者一样，为了一点点报酬而察言观色地选择那些能够讨好技术精英的词汇。总之，套用尼采的话说，"知识分子死了"，剩下的仅仅是技术专家和由技术专家转化而来的技术精英，无论是直接的还是辅助性的社会治理活动，都是围绕着技术精英展开的。这就是现代社会为我们描绘出的一幅精英治理的图景。

三、 精英治理的终结

莫斯卡说："在存在于所有政治制度中的经久不变的现实与趋势当中，有一种现象是如此明显以至于最漫不经心的眼睛也不会将其忽略。在所有社会中，——从最不发达的、刚刚出现文明曙光的社会直到最发达、最强大的社会当中——都存在着两个阶级——统治阶级和被统治阶级。第一个阶级——其人数总是非常有限——执行所有的政治职能，独揽大权，并尽情享受权力所带来的种种荣耀，而第二个阶级——人数众多的阶级——却受到第一个阶级以一种或多或少是合法的、专断的和强暴的方式的统治与支配……"② 莫斯卡的这段话既是对历史的概括，也是对现实的批判。

人类社会经历了长期的发展，人类自称自己已经文明化了，而且人

---

① ［美］萨义德：《知识分子论》，单德兴译，三联书店 2002 年版，第 69 页。
② Mosca Gaetano，*The Ruling Class*（New York，McGraw-Hill，1939），p. 50. 引自 ［英］巴特摩尔：《平等还是精英》，尤卫军译，辽宁教育出版社 1998 年版，第 3～4 页。

类也经历过一次又一次革命，却始终没有摆脱精英统治的命运。在今天，虽然"统治"一词已经被转化成了"管理"，但由于少数被认为是精英的人把持着管理，所以在实质上依然是少数人借管理之名而实施着对公众、对社会的统治。不管精英发生了什么样的变化，也不管社会治理采用了什么样的形式，只要我们的社会还掌握在精英手中，只要我们实行的还是精英治理，人类就不可能实现真正的平等，广大民众就会处于被统治和被压迫的地位，就会被迫接受少数精英的愚弄和玩弄。在这样一个统治结构中，也就会永无穷尽地出现那些想成为精英、想讨好精英的人，他们总是乐意于用自己的人格到精英那里换取一些被学术语言称作为利益的"好处"。直到20世纪70年代，普特南等人通过对主要发达国家政治结构进行了长达13年的潜心研究后所得出结论还是："以其社会出身来说，我们的官僚和政客是他们社会的最优秀分子。"[①]　"特别在欧洲，如有直接的证据证实莫斯卡所说的'政治阶级'的存在，这些数据提供了说明，'政治阶级'即是指参与政治和政府事务的传统一代传一代的阶层。"[②]

我们知道，韦伯是现代社会治理定型化的主要贡献者之一，他对精英治理的问题也进行过深入的研究，他探讨了几乎所有类型的精英，其中最著名的是他称作为卡里斯玛的精英形态。从我们上述的分析中可见，卡里斯玛其实是一种自然精英，他是在危机状态下自然出现的一种肉体与精神皆具特殊的、被认为是"超自然的"（意思是说并非每个人都能获得的）禀赋的人。[③]　他不同于身份精英，不具有那种不可选择的规定性。"现今的君权神授说主张：[君主的地位]乃基于'不可测知的'神意，而'君主只对神负责'。然而，真正的卡里斯玛支配者却正好相反，要对被支配者负责；所谓负责，就是去证明他自己本身确实是神所意指的支配者。"[④]　他也不同于财产精英，他不是因为拥有的财产和资本而获得权

① ［美］乔尔·阿伯巴奇、罗伯特·普特南、伯特·罗克曼等：《两种人：官僚与政客》，陶远华等译，求实出版社1990年版，第62页。

② ［美］乔尔·阿伯巴奇、罗伯特·普特南、伯特·罗克曼等：《两种人：官僚与政客》，陶远华等译，求实出版社1990年版，第79～80页。

③ ［德］韦伯：《支配社会学》，康乐、简惠美译，广西师范大学出版社2004年版，第262页。

④ ［德］韦伯：《支配社会学》，康乐、简惠美译，广西师范大学出版社2004年版，第268页。

威，而是某种"纯粹性"的精英。"与所有'家父长制的'支配（就我们此处对此字的用法而言）相反，'纯粹的'卡里斯玛与一切有秩序的经济相对立。它毋宁正是那非经济性（Unwirtschaftlichkeit）的力量，即使是以占有财货为目标（就像那些卡里斯玛的战斗英雄）的情况下，亦是如此。……卡里斯玛担纲者（即支配者）及其使徒与扈从，为了完成使命，必须摆脱此世的牵绊，必须自外于日常的职业以及日常的家庭义务。"①"卡里斯玛结构愈是具其纯粹性，扈从与门徒就愈少以俸禄、薪给或任何种类的报酬与赁贷的形式，以及头衔或位阶等级关系等，来获取其生计手段与社会地位。在物质上，只要是他们的生计别无其他方法来加以保障，那么他们所依靠的是以权威主义的方式来加以管理的利用共同体，换言之，分享其首领所接收到的财货，无论其为表达敬意的赠品、掠夺品或捐献，而分享的方式既无计算也无契约。从此，扈从们有权要求与首领同桌进食、得到他的扶持，以及从他那儿领取表彰名誉的赠礼。在精神上，他们可以分享那些被加在首领自己身上的社会的、宗教的、政治的尊荣与名誉。无论如何，只要是偏离了此种方式，卡里斯玛结构的'纯粹性'便会蒙上阴影，而步入另一种结构形式的管道。"②

从上面韦伯的描述看，他们实际上是可以被看作那些开国君主和奠立王朝的人，所以，韦伯也宣称他们是从历史之中被发掘出来的。但韦伯并没有把卡里斯玛看作为一种将被永远封存到历史中去的英雄，而是有意无意地去表达复活卡里斯玛的愿望。我们知道，韦伯是社会治理体系技术化的完成者，由于韦伯的贡献，这个社会治理体系的每一个方面的技术水平的提高，都不仅不会冲破这个体系，反而会完善和增强这个体系的功能。韦伯所实现的社会治理体系的技术化是由其官僚制的方案完成的，而官僚制中的官僚就是技术专家和技术精英。不过，在韦伯对卡里斯玛的特殊感情中，又似乎让人感受到他对技术专家以及技术精英的不满，他似乎有着通过复活卡里斯玛去抵消技术精英的情结。这可能是韦伯这样一个强调理性、强调技术合理性的人的情感与理性之间的一

---

① ［德］韦伯：《支配社会学》，康乐、简惠美译，广西师范大学出版社 2004 年版，第 266 页。
② ［德］韦伯：《支配社会学》，康乐、简惠美译，广西师范大学出版社 2004 年版，第 277 页。

种莫明的冲突。事实上，这种冲突贯穿了韦伯的整个学术生涯，并在很大程度上引发了他长达 6 年的"精神崩溃"。在整个近代，技术合理化的理想与精英治理的非理性现实之间的矛盾一直是思想家们心中挥之不去的梦魇。韦伯找到了卡里斯玛，试图以卡里斯玛的超理性来中和技术精英的非理性，以使精英治理合理化。这在逻辑上或能自洽，也使他走出了精神危机，但在现实中却无法得偿所愿。所以，现代性的社会治理充满了精神分裂的特质，它既鼓励人们在官僚体制内追求形式合理性，又放纵人们到千奇百怪的信仰活动中去寻找心灵的"实质性"慰藉。

　　当然，也许是哈林顿自然精英的"巫魅"有的时候附着到了韦伯身上，因而，在韦伯考察卡里斯玛的近代形式时颇有深意地讨论了"党老大"与卡里斯玛的关系。的确，就现实而言，在政党政治较为发达的国家中，精英治理在很大程度上也表现为党老大的治理，正是党老大之间的你倾我轧赋予社会治理以活力。当然，党老大的倾轧也会造成政治合法性缺失的结果，特别是当这种缺失比较严重的时候，就会出现一种危机状态。在韦伯眼中，党老大还是技术精英，当这些技术精英的活动在党争中造就了危机状态时，就会要求唤回卡里斯玛而把政治带出危机状态。循着韦伯的逻辑，可以看到，如果说党争是政党政治不可避免的结局，而卡里斯玛又是解决党争的唯一出路，那么，如何避免卡里斯玛最终堕落为党老大呢？唯一可行的办法就是诉诸卡里斯玛的英雄特质，规定它具有足以抗拒堕落的纯粹性。在韦伯看来，虽然卡里斯玛也是一种精英，但他并不把自己当作精英，而是始终保持着对其支配者负责的态度，所以，卡里斯玛支配也就可以不被视为一种精英支配了。这就是韦伯对精英治理问题的解决方案。

　　韦伯对精英问题的处理很容易让我们想起哈林顿，我们还发现，韦伯与哈林顿都曾对权力与权威作过区分。这向我们暗示了这样一条逻辑，即他们都注意到在精英治理的现实中存在着广泛的权力滥用，而由此造成的后果只有通过一种具有权威的精英的出现才能加以弥补。所以，他们都选择了某种具有神圣性的自然精英来维持一种他们所憧憬的理想化精英治理。正如我们前面已经指出的，哈林顿陷入自反的矛盾结局中了，韦伯也无法避免走到这条道路上去。因为，如果把对精英治理的矫正寄托在卡里斯玛身上，实际上就是用一种精英去代替另一种精英，依然精英治理。在技术精英当道时，官僚制实现了充分的理性化，是被作为一个技术理性和形式合理性的体系而加以建构的。正是这一点，成了韦伯最受人们认同的方面，如果韦伯唤回了卡里斯玛这一自然精英，英雄主义的"巫魅"就会重新回到这个由官僚制搭建起来的治理体系中。那样的话，将是一种什么样的结果呢？所以，哈林顿和韦伯都没有走出精英治理的现实，才会在理论上陷入自我矛盾。其实，精英治理的终结并不是一个理论问题，而是一个实践问题，或者说是一个历史实践的问题，当人类社会发展到一个不需要精英、不需要英雄主义的时代，精英治理也就会走向终结。一个不再是精英治理的治理体系将是一个全新的社会治理体系。正是这个治理体系，在今天正处于一个迅速生成的过程中。

在我们前面的分析中可以看到，技术本身是开放的，显示出封闭性的乃是标准化或者说制度化的技术。也就是说，技术专家的精英化不是由技术本身造成的，而是制度结构的产物，正是官僚制造成了技术精英治理的现实。这也就是格雷伯所说的，官僚制倾向于将所有"诗性技术"都改造为"官僚技术"，[1] 使得技术失去了解放的潜能，而只能服务于控制的目的。就实质而言，官僚制实际上是一种分配制度，它将技术生硬地划分为服务于不同阶次目的的技术，从而形成一套分配体系，而这个体系所要分配的对象就是权力。在权力分配中，一方面，每个人都与权力相关联，每个人都受到权力的支配，没有人能够独立于权力之外。这样一来，就提出了行使权力的技术公开性的要求。另一方面，权力的执掌又具有排他性，这种排他性又使每个人都尽量不让其他人加入对自己所执掌的权力的分享中来。因此，它又造成了作为治理活动的职业与职位的封闭性。由于技术与职业、职位已经被结构化为一个同一体，职业与职位的封闭性也使技术变得封闭了，在每一项治理活动中都有着许多不容他人了解的技术秘密。在这种条件下，每一个参与到治理过程中的人都会为了获得更大的权力而追求更高的技术标准，而在达到了这一技

---

① David Graeber，*The Utopia of Rules：On Technology，Stupidity，and the Secret Joys of Bureaucracy*，London：Melville House，2015，p. 141.

术标准之后，又千方百计地提高相应的标准，或者封闭技术准入的通路。

在此意义上，近代社会治理的技术崇拜其实就是权力崇拜。在这里，技术只是接近权力、掌握权力和控制权力的一种方式。由于权力的稀缺性，在追求权力的过程中，技术被不断地等级化而形成权力的金字塔，技术专家也因此不断地被精英化，并把自己定格在官僚制这样一个分配体系之中的某个点上。所以，从权力分配的角度看，社会治理专业化、官僚化与精英化都是由于对权力的追逐而引起的。这一结论甚至可以进行放大：近代社会的专业化、官僚化与精英化都是由于整个社会生活的权力崇拜所造成的，社会治理中的权力崇拜只不过是整个社会的权力崇拜的缩影。当然，权力在市场中表现为资本，而在社会治理体系中则更直接地表现为权力了。所以，现代性的技术精英治理与现代社会是同构的，是深深地植根于这个社会之中的。

虽然韦伯在谋求矫正技术精英统治的时候求助于卡里斯玛，但作为自然精英的卡里斯玛时代毕竟一去不复返了，即使是韦伯本人也看到，"无论如何，随着制度性的持续组织之发展，卡里斯玛则节节后退，这是卡里斯玛的命运"①。英雄主义是与近代以来的制度化趋势不相容的。任何东西，只要它无法被制度化，就不能在近代社会合法地存在——而卡里斯玛恰恰不能制度化。与卡里斯玛不同，技术精英却是由官僚制所造就的，是制度化的精英。所以，韦伯求助于卡里斯玛的设想并不能真正发挥矫正技术精英的功能，更不能成为终结精英治理的方案。解决精英治理的问题，是不能寄希望于精英的自我觉醒的，而只能从消灭产生精英的制度入手，也就是要超越以权力分配为目的的制度。

20世纪后期以来的历史发展正在向我们展示这一设想的可能性，那就是社会构成要素的多元化、社会结构的网络化以及社会运行的复杂性和不确定性的增长。在这种条件下，一切谋求权力分配的方案都变得难以实施了，社会治理活动在微观的层面以及微观事务的处理上尽管还需要得到权力的支持，但在宏观的层面上，则要求一种非支配性的合作去实现对社会的共同治理。合作是不需要任何精英的，而且在合作中是不

①〔德〕韦伯：《支配社会学》，康乐、简惠美译，广西师范大学出版社2004年版，第305页。

可能产生出精英的，合作治理将是一切精英治理的否定形态。

　　总的说来，对于由自然精英所担负的社会治理而言，治理是一种艺术；对于由技术精英所担负的社会治理而言，治理是一门技术；对于无精英的治理而言，社会治理将是一种生活。所以，合作治理本身就是一种生活形态，在这里，治理者与被治理者的界线走向消融，治理者与被治理者的一体化将使治理活动成为一种既不是参与精英所组织的治理活动也不是排斥他人治理的自治。合作治理可以被看作所有社会成员共同的治理，它既是"他治的"也是"自治的"，是他治与自治的统一。

第二节　共同生活与公共生活的较量

一、以个人为基础的公共生活

　　我们一再指出，从农业社会向工业社会的转型应看作是身份共同体不断解体的过程，同时也是以身份共同体为依托的共同生活不断衰败的过程，共同生活的衰落也就是以个人为依托的私人生活和公共生活的发生。在这个过程中，个人的出现具有决定性的意义。这里的个人是指在中世纪城市中出现的市民，市民走出了原有的共同生活圈子，摆脱了原有身份共同体的束缚，并首先在城市进而在整个国家的主权疆界内建设了一个容纳所有市民的社会。在这里，绝对国家起到了关键性的作用。虽然市民已经脱离了原有的身份共同体，但只有绝对国家才能阻止市民自身再结成一个个的身份共同体，并拆除所有身份共同体间的界碑。事实上，绝对国家将它的全部臣民都放置到了以其主权疆界为限的统一社会之中了。

　　由于搬除了身份共同体这座压得人喘不过气的大山，个人得以发现了自我，并进而与作为自我的其他个人开展自由的交往。由于这种交往中包含着个人的自我意识，而且这种交往是由个人的自由意志所决定的，也就不同于人们不得不处于其中的共同生活。不仅不是共同生活，而是分化为公共生活和私人生活两个方面。一方面，在个人的直接动机驱使下，通过个人间的交往而形成私人生活的领域；另一方面，为了谋求私人生活的健全和不受侵害，又建构起了公共生活的体系。当然，在绝对国家中，除了君主，所有人都只是臣民，因而，公共生活虽然是在绝对国家中开始孕育的，但在那里还不是一种现实的形态，至多只具有理论上的意义。随着绝对国家向法治国家的转型，公共生活也越来越成为一种实在的形态，是法治国家中的每一个人都可以投身其中的生活形态。

近代以来，应当说有关公共生活的理论建构是与公共生活发生的现实发展轨迹基本一致的。在现实中，公共生活的历史起点是作为市民的个人，而对于公共生活的理论建构来说，也是从独立平等的个人出发的。不过，在近代早期，思想家们所遇到的是一个逻辑上的难题，那就是如何在身份共同体支配整个社会的现实条件下去发现能够支持个人存在的依据。在现实中显然是不可能找到任何一项这方面的依据的，于是，思想家们便选择了超越现实的路径，诉诸自然状态并在自然状态中虚构出独立平等的个人形象。所以，近代早期的思想家们是通过这一假定的办法去证明公共生活发生的可能性的。

现实中的"个人"是在绝对国家之中出现的，而且，理论上比较成熟的个人形象也首先是在绝对国家的辩护者那里得到阐述的。霍布斯认为，"自然使人在身心两方面的能力都十分相等，以致有时某人的体力虽则显然比另一人强，或是脑力比另一人敏捷；但这一切总加在一起，也不会使人与人之间的差别大到使这人能要求获得人家不能像他一样要求的任何利益，因为就体力而论，最弱的人运用密谋或者与其他处在同一种危险下的人联合起来，就能具有足够的力量来杀死最强的人"[1]。"这样说来，在这种情况下，每一个人对每一种事物都具有权利，甚至对彼此的身体也是这样。"[2] 今天看来，这种独立平等的个人形象可能显得比较极端，比之后来经济学假设中理性的个人形象也是有过之而无不及的。但在霍布斯那里，这种极端的个人形象则是十分必要的。因为，只有在这种极端平等的个人之间才可能形成一场"一切人反对一切人"的战争，

---

① ［英］霍布斯：《利维坦》，黎思复、黎廷弼译，商务印书馆 1985 年版，第 92 页。
② ［英］霍布斯：《利维坦》，黎思复、黎廷弼译，商务印书馆 1985 年版，第 98 页。

进而才可能出于避免这种战争的需要而进行一种每个人与每个人互相订立社会契约的活动。当每个人与每个人互相订立社会契约被视为可能的时候，公共生活发生的可能性也就已经得到理论证明。

霍布斯是绝对国家的理论代言人，他关于独立平等的个人形象以及建立在这种个人形象之上的公共生活之可能性的证明都只是为绝对国家进行辩护的一种副产品。霍布斯将自然状态中的人视为一种极端平等的个人，他的所谓个人平等只是为了说明自然状态是一种一切人反对一切人的战争状态；而人类结束战争状态的途径又只能是订立社会契约；订约的结果则结成君主的绝对权威；只是因为有了拥有绝对权威的君主，才能剥夺所有臣民的自然权力，进而才能结束一切人反对一切人的战争状态。所以，在霍布斯那里，我们虽然看到了独立平等的个人形象，却没有发现具有现代意义的公共生活。现实世界也是这样，在霍布斯极力要证明其存在合理性的绝对国家中，君王之下的一切臣民都被看作平等的。可是，他们作为君主的臣民却是没有自由的，没有一种过公共生活的权利。所以，现代公共生活是在资产阶级革命取得胜利即绝对国家逐步退出历史舞台的时候出现的。

霍布斯之后，洛克对独立平等的个人形象作了进一步的证明。与霍布斯相比，洛克的鲜明特征是在这种个人形象中注入了财产权的内容，这既符合资产阶级革命的现实诉求，也使个人获得了某种不言自明的绝对性质，因而不必再求助于君主这样一个绝对权威。在洛克这里，订立社会契约的结果不再是创造出绝对君主这样一个"人间的神"，而是产生了人民的立法机关。根据洛克的逻辑，虽然这个立法机关在事实上掌握着国家的最高权力，但由于人民可以取消对立法机关的授权，这个最高权力也在终极意义上属于人民。可见，同样是从独立平等的个人出发，霍布斯走上了为绝对君主辩护的方向，而洛克则引出了一种具有现实意义的公共生活样态。当然，洛克的议会主权主张阻碍了他去对公共生活作出进一步规划，而是更多地把其工作重心放到了证明主权归属的问题上了。

在思想史上，霍布斯和洛克都从理论上证明了人作为个人的独立和平等，而且很快地就被那个时代的思想家以及学者们所普遍接受。但是，由于他们提出了自然状态的理论设定，并努力去寻求个人走出自然状态的途径，从而发现了公共生活生成的必然性。不过，霍布斯和洛克都只是暗示或明示了随着个人的出现而出现了私人生活与公共生活并存的局面，至于如何去自觉地建构公共生活的问题，他们都没有作出进一步探讨。在近代思想史上，这个工作主要是由卢梭完成的。卢梭生活在一个独立平等的个人已经大量出现而形形色色的身份共同体尚未完全解体的时代，更为重要的是，此时独立平等的个人已经提出了公共生活的要求，而绝对国家却依然极力维护君主对政治生活的垄断。在这一条件下，卢梭努力去认识个人、集团与国家的性质，试图去发现正确解决个别利益、集团利益与公共利益的社会治理方案。同时，卢梭也必须在作为个人的个别意志与集团意志、公共意志等之间作出区分，并在这种区分中去发现个人的社会生活从私人生活通向公共生活的道路。

卢梭认为，"如果当人民能够充分了解情况并进行讨论时，公民彼此之间又没有任何勾结；那么从大量的小分歧中总可以产生公意，而且讨论的结果总会是好的。但是，当形成了派别的时候，形成了以牺牲大集体为代价的小集团的时候，每一个这种集团的意志对它的成员来说就成为公意，而对国家来说则成为个别意志；这时候我们可以说，投票者的数目已经不再与人数相等，而只与集团的数目相等了。分歧在数量上是减少了，而所得的结果却更缺乏公意。最后，当这些集团中有一个是如此之大，以至于超过了其他一切集团的时候，那么结果你就不再有许多小的分歧的总和，而只有一个唯一的分歧；这时，就不再有公意，而占优势的意见便只不过是一种个别的意见"①。也就是说，公意是从独立平等的个别意志之中产生的，由于个别意志是独立平等的，它们就能够在公开的讨论中形成无偏私的公意，以公意为依据而开展的政治生活也就是公共生活了。然而，一旦形成了小集团，产生了大小不等的集团意志，集团之间就会出现互相倾轧，并在这种倾轧之中迫使个别意志屈从于集团意志，甚至用集团意志去篡改公意。显然，这种由集团意志左右的政治生活不再是公共生活。

---

① [法]卢梭：《社会契约论》，何兆武译，商务印书馆2003年版，第36页。

应当说，卢梭的公意学说成功地阐明了私人性与公共性之间的关系，使得公共生活不再仅仅具有逻辑上的可能性，而是成了可以在民主制度的设计中得以建构的一种生活形态。然而，在卢梭的公意学说中却包含着一个悖论，那就是，既然公共生活是建立在独立平等的个人之上的，一旦独立平等的个人无法得到保护，公共生活也就不复存在了。卢梭对此也表示忧虑，但卢梭的忧虑在最初并没有引起人们太多的重视。在狂飙突进的革命时期，人们也不可能注意到卢梭的忧虑。从19世纪中期开始，社会中出现了一些新的变化，那就是社会的组织化程度迅速提高，而且后来被韦伯命名为官僚制组织的组织形态已经在公共领域中占据了支配性地位，由于组织在社会生活中扮演了越来越重要的角色并开始威胁到独立平等的个人，卢梭对公共生活前景的忧虑才逐渐被人们觉察到。

二、 组织与共同生活的复辟

在《论美国的民主》中，托克维尔对广泛存在于美国社会中的各种结社赞赏不已，同时，他也对美国社会生活中已经显露出苗头的"多数的暴虐"忧心忡忡。于是，细心的读者肯定会想到，在普遍结社与"多数的暴虐"之间是否存在着某种内在联系呢？这个问题在托克维尔那里没能得到进一步的探讨，但在密尔那里却受到了高度重视。密尔认为，"和他种暴虐一样，这个多数的暴虐之可怕，人们起初只看到，现在一般俗见仍认为，主要在于它会通过公共权威的措施而起作用。但是深思的人们则已看出，当社会本身是暴君时，就是说，当社会作为集体而凌驾于构成它的个人时，它的暴虐手段并不限于通过其政治机构而做出的措施。社会能够并且确在执行它自己的诏令"①。在启蒙思想中，社会是由个人组成的，天赋人权的原则赋予个人控制社会的权利。然而，社会为什么能够成为凌驾于构成它的个人之上的"暴君"？它是拿什么东西去执行它自己的诏令？显然，这在霍布斯、洛克和卢梭所观察的社会中是没有显现出来的问题，而密尔所观察的社会已经不同了，他所看到的这个

---

① ［英］密尔：《论自由》，许宝骙译，商务印书馆2005年版，第5页。

社会在构成上已经不再单纯是个人，而是组织了。正是由于组织的出现，个人才失去了对社会的控制，这种不受个人而受组织控制的社会对于个人而言才成了"暴君"。

密尔指出，"在古代历史里，在中世纪间，以及以逐渐减弱的程度在由封建社会到当前时代的漫长过渡中，个人自身就是一个势力；如果他具有宏大的才智或者具有崇高的社会地位，他就更是一个可观的势力。到现在，个人却消失在人群之中了。在政治中，若还说什么公众意见现在统治着世界，那几乎是多余的废话了。唯一实称其名的势力，只是群众的势力，或者是作为表达群众倾向或群众本能的机关的政府的势力"①。密尔将自古以来的历史统统视为个人的历史，这显然是与历史不相符合的。不过，这是从属于他的一种叙述需要，其目的在于反衬他那个时代已经开始出现的"个人却消失在人群之中"的现实。在各种组织刚刚展现其生命力的 19 世纪中期，密尔还无法将吞没个人的实体准确地定位为组织，而只能泛泛地将它们称作"社会"或者"群众"。但这已经显示出了密尔的远见，表明他已经观察到了社会结构的变化，所以他才要求重申自启蒙以来所建立起的个人与社会之间的界限，以维护作为公共生活基础的个人的完整性。

在此意义上，与其说《论自由》代表了自由主义的顶峰，倒不如说预言了自由主义的终结，它处处都体现了作者因看到自由即将被组织所吞噬而产生的悲观情绪。同时，我们还注意到，密尔还是"自然垄断"概念的提出者，尽管密尔提出自然垄断的概念主要是出于替英国的土地贵族辩护的目的（"地租是自然垄断的结果"）。然而，既然垄断已经被理论化为一种"自然"现象，距离垄断组织在经济领域的大量出现也就为时不远了。事实上，到了 19 世纪晚期，垄断就成了经济领域中的一个普遍现象，随后逐步扩展到整个社会，促使社会生活的各个领域都以组织的形式去支持垄断。

在考察西方社会的组织化进程时，拉什和厄里对"顶层组织"与"底层组织"做出了区分。其中，顶层组织包括产业的集中，银行业、工

---

① ［英］密尔：《论自由》，许宝骙译，商务印书馆 2005 年版，第 78 页。

业和国家间联合的增长，以及卡特尔的形成；底层组织则包括全国工会主体的发展，工人阶级政党的出现。在他们看来，"德国资本主义早在1873~1895年间就已经实现了顶层和底层的组织化；美国资本主义的顶层组织化开始得相当早，但其底层组织化出现较晚且为时短暂；瑞典资本主义直到两次大战期间才实现了顶层和底层的充分组织化；法国资本主义直到第二次世界大战期间和以后才实现了顶层和底层的充分组织化；英国的顶层组织化开始得相当迟，而其底层组织化出现的时间却相对较早"[①]。也就是说，尽管西方各国在组织化方面存在着差异，但从19世纪晚期开始都迈入了组织化的历史进程。

在19世纪末20世纪初的合并浪潮中，出现了大型组织乃至巨型组织这一引人注目的现象。其实，早在1888年，查尔斯·威廉·艾略特就曾指出，作为组织单位的大公司在权力上已经远远超过了美国的各级政府。与大型公司相比，州政府小得简直像公司的一块封地。[②] 艾略特的文章是在企业合并运动未及高潮的时候写的，而1898年出现的巨型公司组织和董事兼任体系则表明，无论是州政府还是联邦政府，在巨型公司面前都已失去了昔日的光彩。[③] 1908年，参议员拉福莱特利用从美国公司兼任会得来的资料证明，不到100个利益集团控制了国家全部巨型企业。他由此问道："难道还有人会怀疑，使这些人走到了一起的利益集团社会不存在吗？"[④]

到了这个时候，卢梭与密尔的担心变成了一项紧迫的现实，组织化社会正在一步步地吞噬个人自由，并对个人自由参与公共生活造成了实质性的威胁。于是，从19世纪晚期开始，个人与组织间的关系问题就成了各类论辩中的焦点话题。在美国，这还引发了一场影响深远的"进步

---

① ［英］拉什等：《组织化资本主义的终结》，征庚圣、袁志田等译，江苏人民出版社2001年版，第6页。

② ［美］理查德·霍夫斯达特：《改革时代——美国的新崛起》，俞敏洪、包凡一译，河北人民出版社1989年版，第192~193页。

③ ［美］理查德·霍夫斯达特：《改革时代——美国的新崛起》，俞敏洪、包凡一译，河北人民出版社1989年版，第193页。

④ 美国：《国会记录》第60届国会第一次会议，1908年3月17日，第3450页。引自［美］理查德·霍夫斯达特：《改革时代——美国的新崛起》，俞敏洪、包凡一译，河北人民出版社1989年版，第193页。

主义"运动。霍夫斯达特以进步党人的口吻写道："美国的传统是公民通常广泛地参与政治和经济管理。今天，大公司、工会、庞大而顽固的政治机器迅速发展，把社会凝聚成大集合体。无组织的公民前景惨淡：所有这些集合体和企业都一致行动，把那些难以组织或不可能组织的人拒于门外。"① 在此背景下，"进步主义的中心问题就是对工业体系的反抗：可以说，进步主义运动是没有组织的人对组织所发的牢骚"②。这一点，在作为进步主义运动代表人物之一的威尔逊那里，也充分体现在了其行动之中。

1912 年，威尔逊在题为"新自由"的系列竞选演说中替他的同代人发出了这样的感慨："有一种感觉，在我们的时代，个人已经被淹没了。在我们国家的大部分地区，人们既不是为他们自己工作，也不是作为传统工作习惯中的伙伴而工作，而普遍是作为大企业的雇员——在或高或低的程度上——而工作。曾几何时，企业在我们的经营事务中扮演着微不足道的角色，但现在它们成了主角，大多数人都是企业的仆人。……没有哪种情况下你能够接近那些真正决定着企业政策的人。如果企业在做它不应该做的事情，你将不会拥有任何发言权而只能服从命令，在协作完成那些你明知有悖于公共利益的事情的时候，你将经常背负上沉重的愧疚感。你的个性被大组织的个性与目的吞噬了。……昨天，乃至自有历史以来，人们就是作为个体而互相联系在一起的。当然也存在着诸如家庭、教会与国家这样一些机构将人们联系在了某种宽广的关系圈内。在日常的生活关系中，在日常工作中，在日常圈子，人们自由地、直接地与他人展开交往。今天，人们的日常关系很大程度上是发生在非个人化的大公司和组织间的，而不是与其他个人的交往。"③

威尔逊所说的是实情，到了 20 世纪初，传统的个人自由已经被组织化社会无情地否定了。威尔逊所表达的愿望是要建构起一种新的自由，

①　[美]理查德·霍夫斯达特：《改革时代——美国的新崛起》，俞敏洪、包凡一译，河北人民出版社 1989 年版，第 179～180 页。
②　[美]理查德·霍夫斯达特：《改革时代——美国的新崛起》，俞敏洪、包凡一译，河北人民出版社 1989 年版，第 180 页。
③　Woodrow Wilson, *The New Freedom*, BiblioBazaar, LLC, 2007, p. 14

即一种可以与组织化社会兼容的自由。然而，在组织已经支配了整个社会的条件下，怎样才能获得这种新自由呢？单靠个人显然不行，于是，人们的注意力就自然而然地转向了国家。在这里，可能是出于竞选的需要，威尔逊没有像他的对手西奥多·罗斯福那样直言自己对国家主义的青睐，但在"反对托拉斯"的口号下，威尔逊与罗斯福一样，都热烈地拥抱了国家主义，试图通过增强国家能力来减少组织尤其是托拉斯对个人自由及其公共生活的威胁。于是，进步主义运动就从削弱组织对于个人自由的威胁出发而走向了一条要求建设强大国家的道路上。在这里，相对于组织，国家成了进步的象征，而进步主义也就同时变成了国家主义的代名词。可是，国家何尝不是组织。

突出国家并不意味着取消组织，当时的人们求助于国家也无非是希望让国家去控制组织，希求将组织对个人自由的威胁降到最低而不是要求消灭组织。然而，结果是国家以控制组织为名而借助于组织实现了自己的无限扩张。所以，即便进步主义运动由于战争的到来而逐渐衰落，国家主义却高歌猛进，并在富兰克林·罗斯福的"新政"中达到了顶峰。罗斯福认为，"经济力量集中在少数人手里，以及由此造成的劳力失业和资本闲置，乃是现代'私人经营'民主国家所无法摆脱的问题"[1]。但这并不意味着"以营利为目的的自由私人企业已经在我们这一代行不通，而是说，它还没有经过试验"[2]。罗斯福认为，"人们一旦认识到，嫁接在自由经营体制上的美国企业垄断会使自由经营体制陷于瘫痪，而且这种垄断对于操纵它的人和受它挟制的人一样都是个灾难，由政府采取行动取消这种人为的钳制力量就会受到全国各地企业的欢迎"[3]。根据罗斯福的看法，造成灾难的并不是"垄断"，而是企业垄断，只要取消了"这种垄断"，就可以把人们从灾难当中解救出来。"少数人操纵国家经济生活的权力必须分散给多数，或是移交给公众及其对人民负责的政府。如果物价需要控制和管理，全国的企业需要靠计划而不是靠竞争来调节，这种权力就不应该交给任何私人集团或者卡特尔，而不论它声称自己是

---

① ［美］富兰克林·德·罗斯福：《罗斯福选集》，关在汉编译，商务印书馆1989年版，第199页。
② ［美］富兰克林·德·罗斯福：《罗斯福选集》，关在汉编译，商务印书馆1989年版，第200页。
③ ［美］富兰克林·德·罗斯福：《罗斯福选集》，关在汉编译，商务印书馆1989年版，第200页。

多么大公无私。"① 罗斯福的这一观点显然是，如果垄断是必不可少的，那就不应该把垄断交给会带来灾难的企业，而应把它交给国家，交给"对人民负责的政府"，即用政府的垄断去代替企业的垄断。

应当看到，只有在国家需要为自己的干预行为作出合理性解释的时候，组织才成为国家的敌人，而在国家的干预行动中，国家又必须借助于组织这一工具。所以，国家主义的兴盛并不意味着组织的衰落，反而带来了组织在另一重意义上的繁荣。当然，这是一种用作为工具的组织反对作为存在目的的组织，是服务于国家需要的工具性组织的繁荣。如果作为目的的组织被作为工具的组织完全钳制住了的话，也就意味着作为工具的组织失去了存在的基础。

总之，人类进入了一个组织化的历史阶段，无论是在国家方面还是在市场方面，都需要通过组织而开展活动，组织已经成为一个不可或缺的社会构成部分。既然如此，就需要在理论上对组织加以证明。在《企业的性质》一文中，科斯是这样进行证明的。科斯认为，"市场的运行是有成本的，通过形成一个组织，并允许某个权威（一个'企业家'）来支配资源，就能节约某些市场运行成本"②。也就是说，由于市场存在交易成本，而企业可以节约这些交易成本，如果企业这样做了并达到了目的，那么企业的存在就获得了经济学意义上的合理性。在科斯这里，交易成本就是契约成本，企业内部之所以不存在交易成本，原因在于企业内部不存在契约关系而只存在"命令—服从"的层级关系，这种层级关系在经济学上就体现为企业的行政成本。在一般意义上，交易成本的发现证明了企业存在的合理性，但对具体企业而言，它是否具有合理性，则需要在交易成本与行政成本的比较中进行衡量。可以说，行政成本是比交易成本更加重要的一个发现，因为它真正指出了"企业的性质"，指出了企业其实是一种官僚制组织。正因为它是一种官僚制组织，才能够通过行政命令来替代市场契约，从而消除交易成本。

---

① ［美］富兰克林·德·罗斯福：《罗斯福选集》，关在汉编译，商务印书馆 1989 年版，第 194 页。
② ［美］罗纳德·哈里·科斯：《企业、市场与法律》，盛洪、陈郁译，三联书店 1990 年版，第 7 页。

　　企业性质的发现对于理解 19 世纪晚期以来的社会组织化进程有着巨大的帮助，它指出了这一时期的社会组织化在性质上是一种官僚组织化。正因为它是一种官僚组织化，才能够与作为官僚制组织的国家顺利对接，并在国家主义运动中将官僚主义推向一个新的高峰。到此时，我们终于可以归纳出这一时期各种变化的完整内涵：一方面，国家借助于社会的组织化而将自己的触角一步步地渗入社会之中；另一方面，林林总总的官僚制组织则借助于国家无所不在的影响力而将官僚主义扩散到了整个社会。既然国家也无非是最大的官僚制组织，那么 19 世纪晚期以来社会组织化的最终结果就是建立起了官僚制组织对社会和国家的全面支配。

　　韦伯认为，"如果为官僚系统所控制的人们，企图逃避现存官僚组织的影响力，则一般而言，只有建立另外一个组织才有可能。然而这个组织也将同样地官僚化"①。诚哉斯言，从社会组织化到国家主义的发展历程就是这样一个不断官僚化的过程。然而，这还不是官僚支配的全部内容，官僚支配并不仅仅意味着官僚制组织的支配，官僚支配在根本上乃是官僚制组织中的精英支配。韦伯看到，"只有资本主义下的资本家，才能在技术知识及事实认知方面，超越官僚组织，不过只限于前者感兴趣的范围之内。只有此类人才有能力多多少少避免受到理性的官僚知识之控制。在大规模的组织下，其他所有人都不可避免地受制于官僚系统的控制，正如他们受制于大规模生产的精确机械"②。在这里，"资本家"显然被韦伯赋予了几分卡里斯玛的色彩。且不论这种比喻是否恰当，但它确实指出了官僚组织化所带来的精英化的现实，这也就是威尔逊所看到的，在个人愈发感到自身渺小的时候，支配了官僚制组织的"资本家"则成了资本主义社会的英雄，成为社会乃至国家的支配者。或者，如米歇尔斯所宣布的："组织处处意味着寡头统治！"③

　　于是，官僚制组织的出现使独立平等的个人不复存在。在政治生活

① ［德］韦伯：《经济与历史　支配的类型》，康乐等译，广西师范大学出版社 2004 年版，第 318～319 页。
② ［德］韦伯：《经济与历史　支配的类型》，康乐等译，广西师范大学出版社 2004 年版，第 320 页。
③ ［德］米歇尔斯：《寡头统治铁律——现代民主制度中的政党社会学》，任军锋译，天津人民出版社 2002 年版，第 351 页。

中，"集团意志"的相互争斗导致"公共意志"无法形成，公共生活已经名不副实了。"考虑到由于个人之间组成联盟与强大企业所造成的利益间的权力不均衡，我们可以毫无例外地得出这一结论：古典自由主义的假定已经失灵，各种竞争着的利益在此消彼长中并未出现一种自发形成的均衡，也不会表现为一种公共利益。随着私人权力的不断集中，关于自我利益的无限追逐将导向公共利益的假定完全失效。由于权力的集中和利益的分散，私人利益而不是公共利益将占据根本性的优势。"① 组织化的私人利益角逐使政治生活表现出了很强的"再封建化"的特征，一方面是政党和利益集团所代表的私人利益，另一方面是官僚制组织所代表的所谓公共利益，它们在公共领域中交汇，在公共生活的框架下复辟"共同体"的割据。而且，由于官僚制组织（政党甚至利益集团也以官僚制组织的形式出现）内部贯彻了严格的层级原则，"命令—服从"才是组织的铁律。在这里，个人已经不复存在，以个人为基础的公共生活也无法成立了。组织是共同体，组织中如果说还有人的话，那么他们在另一重意义上重新过起了在近代资产阶级革命中被打碎了的共同生活。

三、 想望公共生活的重建

社会与国家的官僚制组织化并不仅仅是 19 世纪末 20 世纪初的特有现象，而是一个连绵至今并不断深化的过程。桑德尔看到，在整个 20 世纪，"除了政府的扩张之外，在组织化的经济活动中，大企业的支配进一步取代了个人契约的角色。我们现在有的是一些相对较少的庞大组织，它们对自己的员工实施或多或少的控制，建立起与其他类似组织的各种关系，无论是商业的还是其他的什么关系。个人作为关系网络中心的角色在很大程度上已经消失了。结果，在 19 世纪占据主导地位的古典契约法，已经降低为一种剩余范畴，在实践中已经不重要了。19 世纪见证了权利与义务的基础从身份到契约的转变，20 世纪则见证了从契约到管理

---

① Norman H. Keehn，A World of Becoming：From Pluralism to Corporatism，*Polity*，Vol. 9，No. 1（Autumn，1976）.

的转变"①。

如果说从身份到契约的转变引起了经济学与法学的繁荣，那么从契约到管理的转变则直接带来了管理学在整个 20 世纪的兴盛。作为一门研究管理技术的学科，"管理科学"的兴盛又反过来加强了各种组织对社会的控制，特别是对曾经作为社会的基本构成单元的个人的控制。被尊为"科学管理之父"的泰勒就公然宣称："过去，人是第一位的，将来，体制必须是第一位的。"② 也就是说，"科学管理"的目标就是要用科学化的组织体制去管理那些无法科学化的个人，用组织去"科学地"管理个人在社会中的一切行动，乃至代替个人在社会中开展各种活动。

科学管理运动对社会的影响是历史性的，由于能够"科学地"提高官僚制组织的管理能力，因而受到了所有官僚组织的普遍欢迎，它的兴盛大大地推动了官僚制组织的进一步科学化。同时，它也进一步加重了个人在各种社会生活中无能为力的处境。马尔库塞看到，"抑制性的社会管理愈是合理、愈是有效、愈是技术性强、愈是全面，受管理的个人用以打破奴隶状态并获得自由的手段与方法就愈是不可想象。的确，把理性强加于整个社会是一种荒谬而又有害的观念，但嘲笑这种观念的社会却把它自己的成员变成全面管理的对象"③。在管理主义对效率的片面追求中，"在富裕和自由掩盖下的统治就扩展到私人生活和公共生活的一切领域，从而使一切真正的对立一体化，使一切不同的抉择同化。技术的合理性展示出它的政治特性，因为它变成更有效统治的得力工具，并创造出一个真正的极权主义领域"④。这种极权主义是一种官僚制组织的极权主义，它实现了所有个人的同化，将丰富多彩的个人同化为千篇一律的"单面人"，并让这些已经被同化了的"单面人"反过来支持同化他们的官僚制组织，支持属于这些官僚制组织的、属于那些官僚精英们的共同生活。如果这种共同生活是能够包容在公共生活范畴之中的，那应当看作人类的进步，可惜的是，这种共同生活对公共生活造成了极大的破

① ［美］桑德尔：《民主的不满》，曾纪茂译，江苏人民出版社 2008 年版，第 141 页。
② ［美］泰勒：《科学管理原理》，韩放译，团结出版社 1999 年版，第 6 页。
③ ［美］马尔库塞：《单向度的人》，刘继译，上海译文出版社 2006 年版，第 8 页。
④ ［美］马尔库塞：《单向度的人》，刘继译，上海译文出版社 2006 年版，第 18 页。

坏，使公共生活走向了全面衰落。

随着官僚支配的确立，自由主义政治传统走向了衰落，代之而起的是一股名为法团主义的政治思潮。[①] 在政府与社会的关系问题上，凯恩斯主义成了"圣经"，特别是凯恩斯关于大企业性质的论述，为国家与大企业间的结盟提供了强大的理论支撑。凯恩斯认为，自 19 世纪晚期以来，"更令人感兴趣的是这样一种趋势，当股份组织发展到一定规模，持续了相当长一段时间以后，其在社会地位上更接近于公共法人团体而不是个人主义的私人企业。最近几十年中，最有意义而又被人忽视的变化之一，就是大企业使自身社会化的趋势"[②]。在凯恩斯看来，这种社会化使大企业承担起了某种社会责任，并成为国家借以终结自由放任主义的一种工具，甚至成为"社会进步的关键所在"。在此意义上，以凯恩斯主义为指导的"新政"与进步主义运动殊途同归了：进步主义是因为大企业有碍进步而要求国家干预，即要求国家通过对大企业的控制来推动进步；"新政"则因为大企业有助于进步而要求国家干预，通过国家对大企业的支持来推动进步。无论如何，二者的共同结果就是在促进"进步"的名义下而将国家与大企业紧密地结合到了一起，将国家与社会的关系从自由主义转向了法团主义，确立起了官僚制组织对社会、对国家的全面支配。尽管这一过程在各个国家的具体表现不尽相同，但其最终结果却是高度一致的。

官僚支配得以确立的过程也就是共同生活复辟的过程，随着官僚支配程度的不断加深，到了 20 世纪后期，学者们越来越强烈地感受到了公共生活的衰落。既然公共生活的衰落是由官僚制组织对个人的同化所造成的，那么从官僚制组织中重新抽离出独立平等的个人，并促使这些个人像他们曾经拆除过身份共同体的围墙一样去拆除官僚制组织的围墙，

---

① 法团主义的英文为 Corporatism，源自 Corporation 一词。在历史上，Corporation 曾经指代过以行会为代表的各类组织，但在 19 世纪晚期以后，由于社会组织基础的改变，它主要具有了"企业"的含义，也正是在这一时期，Corporatism 一词得以出现（参见 Douglas Harper "在线词源词典"：www. etymonline. com）。因此，从词源来说，法团主义意味着以企业为代表的官僚制组织将取代自由主义传统下的个人而实现对于社会与国家的控制。

② ［英］J. M. 凯恩斯：《凯恩斯文集·预言与劝说》，赵波、包晓闻译，江苏人民出版社 1999 年版，第 315 页。

以恢复从私人性到公共性的现实通路，进而复兴公共生活，就成了一种自然而然的选择。因此，20世纪后期以来，自由主义传统重新焕发生机，并打着一个不知被重复过多少次的"新自由主义"的旗号而走进了政治实践与学术论辩的中心舞台。

正如个人虽然拆除了身份共同体的围墙却落入了官僚制组织的怀抱一样，即便新自由主义能够拆除官僚制组织的围墙，就能够保证我们摆脱共同生活的复辟吗？要回答这个问题，就必须对近代以来的个人在建构公共生活的过程中所起到的实际作用进行分析。应当看到，在近代历史上，个人首先是以一种"拆墙者"的形象出现的，这种个人的出现，有力地推动了身份共同体的不断解体。然而，在拆除了身份共同体的围墙之后，个人立即就用从身份共同体的围墙上卸下来的砖瓦将自己建成了一座座牢固的碉堡，在社会中孤独地矗立着。所以，独立平等的个人活跃的时代既是一个身份共同体不断解体的时代，又是一个社会不断"原子化"的时代。虽然身份共同体的解体使人们发现了社会，但这个社会却是由原子化个人所组成的社会。

从农业社会向工业社会的转型，是人类社会复杂化的过程。这种复杂化使封闭、僵化的身份等级制无力应对不断涌现的新生事物，因而在客观上要求个人摆脱身份共同体，以求利用个人的主观能动性去应对随时变化着的社会环境。然而，个人的主观能动性毕竟是有限的，在不断复杂化的社会现实面前，原子化的个人越发感到自己的渺小与无能，才在客观上导致了组织的出现。可是，通过官僚制组织这种具有效率优势的组织去应对那些个人无力应对的复杂社会现实时，又导致了组织功能的膨胀与异化，并造成了组织对个人的奴役。在社会进一步复杂化的现实面前，新自由主义要求把个人从官僚制组织的奴役中解救出来，这是否会导致个人摆脱了组织的束缚却又要独力应对一个无比庞大的复杂社会呢？是否会因为社会的彻底原子化而导致公共生活的彻底沦丧呢？

事实上，新自由主义的盛行已经造成了许多消极社会后果。新自由主义虽然宣称要拆除官僚制组织的围墙，却找不到它的合理替代形式，也就无法真正地拆除这种围墙。新自由主义对作为"拆墙者"的个人的重申，不但没有将个人从官僚制组织的奴役中解救出来，反而由于对作为"围墙"的共同纽带的敌视而导致了个人的进一步原子化。这种原子化让个人在官僚制组织面前变得更加脆弱，反而导致了官僚制组织的进一步扩张，使得当代社会的官僚化程度进一步提高。当然，新自由主义在看到官僚制组织无法容纳自由的存在时也试图到官僚制组织之外寻找自由，或者说，如果能够在官僚制组织之外找到自由，似乎也就可以容忍官僚制组织之内的不自由了。这是新自由主义与早期自由主义的不同，是新自由主义在个人自由立场上的不彻底性，所表现出来的是向官僚制组织的屈服。另一方面，在官僚制组织已经征服了整个世界的情况下，还有什么地方在官僚制组织之外呢？所以，新自由主义不但不能解决官僚支配的问题，反而被自己提出的问题所困扰，它与早期自由主义者一样，追求个人自由却不知道这个自由能够在哪个地方出现。所以，新自由主义在 20 世纪后期受到了社群主义的批评。

与新自由主义试图恢复作为"拆墙者"的个人不同，社群主义则试图恢复作为"围墙"的那些共同体纽带。当然，这里的"围墙"无论如何都已不再是身份共同体的"围墙"了。所以，将 Communitarianism 译为"社群主义"是很准确的。根据社群主义的理解，既然公共生活已经出现了衰落，既然政治生活已经蜕化成一种共同生活，那么与其让精英共同体及其官僚制组织垄断政治生活，还不如在更广的范围内复兴共同生活，通过让各个社群与官僚制组织间形成某种竞争的格局来实现社群对于政治生活的分享。如果所有社群都能够与官僚制组织一起分享政治生活，这种基于社群的共同生活也就不失为另一种形式的公共生活了。

与新自由主义一样，社群主义虽然也希望打破官僚制组织对政治生活的垄断，却从来都不曾否认后者在政治生活中的支配性地位。因此，社群主义者虽然也表现出了向官僚制组织开战的愿望，而萦绕于其理论深处的，仍然是一种无可奈何的消极情绪。当社群主义者要求把人们的活动领域主要限制在社群内部时，其实是把社会这个更为广阔的空间拱手让给了官僚制组织。对于生活在社群中的人们来说，"他们可能的确会在共同事业中感到与一些他人的关联，但这些情况更多是出现在小群体里而不是整个社会里：例如，一个局部共同体，一个少数族裔，某个宗教或意识形态的信徒们，某个特殊利益的促进者们"①。就此而言，社群主义与新自由主义一样，都只是对共同生活复辟这一现实的不满与反抗。由于它们都默认了官僚支配的现实，它们的不满就只能是一些无意义的牢骚，它们的反抗也只能是一些无力的挣扎。甚至，当它们这样做的时候，反而进一步破坏了公共生活的根基。通过对个人自由的重申，新自由主义进一步将社会引向了原子化的方向；通过对社群的倡导，社群主义引发了一种"新部落主义"的流行。总之，它们都造成了社会的进一步分裂。

正是由于社会的分裂，"认同的重要性现在以各种形式得到普遍的承认"②。在从身份到契约的转型过程中，作为身份象征的认同问题从人们视野的中心不断地向边缘移动。现在，由于社会的分裂，出于促进社会团结的目的，认同问题突然再次进入了人们视野的中心区域。必须看到，在这个由个人、社群与官僚制组织所组成的四分五裂的社会中，社会层面上的认同，即个人、社群与官僚制组织之间的相互认同，是不可能达成的。这样一来，所谓认同其实就只能是个人之间、社群之间与官僚制组织之间的分别认同。这种认同在形式上无异于身份认同，是一种新的身份认同。这种认同越是牢固，社会分裂就越发严重。进而，它在导致了一种社会层面上的认同危机的同时，也就使公共生活被形形色色的共同生活肢解得更加支离破碎。所以，认同危机的出现其实也是公共生活衰落的表现，甚至是公共生活进一步衰落的标志，它反映出了官僚支配程度的加深。在此过程中，官僚支配导致了社会的分裂，而社会的分裂又反过来便利了官僚制组织对它的支配，从而出现了一种恶性循环，并在循环的过程中把本已边缘化的问题再次卷入中心。因此，对认同危机的克服也必须纳入公共生活的重建活动中来，而重建公共生活的出发点就是要改变官僚支配的现实。

官僚支配的现实合理性是建立在个人无法应对日益复杂化的社会现实这一前提之上的。从历史上看，近代以来的社会处于一个不断复杂化

① ［加］泰勒：《现代性之隐忧》，程炼译，中央编译出版社2001年版，第130页。
② ［加］泰勒：《现代性之隐忧》，程炼译，中央编译出版社2001年版，第56页。

的过程之中，而官僚制组织也确实凭借其效率优势发挥了应对个人所无法应对的复杂现实的功能。应当看到，官僚制组织的这种作用是发生在工业社会的历史阶段上的。工业社会虽然是一个复杂社会，却只是一个低度复杂的社会。正是这种低度复杂性，使得官僚制组织可以凭借其效率优势而实现对社会的管理，并通过管理来控制社会中的低度不确定性。从 20 世纪 80 年代开始，人类社会迈入了一个从工业社会向后工业社会转型的历史阶段，后工业社会是一个具有高度复杂性和高度不确定性的社会。在这个社会里，官僚制组织的效率优势荡然无存，反而会由于它僵硬的控制手段而在无法控制的社会现实面前疲于奔命，进而把受它支配的社会和国家引入层出不穷的危机之中。

在高度复杂化的后工业社会，必须摒弃官僚制组织，但这绝不意味着重回自由主义的怀抱。因为，在高度复杂化的社会现实面前，孤立的个人只能比官僚制组织更加无能为力。以组织来应对社会的复杂化是解决复杂化问题的一条正确思路。在工业社会，人们选择了官僚制组织来应对低度复杂化的社会现实，这虽然在一定程度上帮助人们规避了由复杂现实所带来的社会风险，却造成了公共生活的衰落，进而削弱了整个社会应对各种风险的能力。到了后工业社会，我们不是否定所有的组织，而是要选择一种新的组织形式，通过这种新的组织形式来重建一种健全的公共生活，并在这种健全的公共生活中将社会风险降到最低程度。这种新的组织形式就是合作制组织，只有拥有了自由灵活的合作制组织，我们才能终结一切形式的共同生活复辟，从而建立起一种健全的公共生活。

总之，在思考社会治理变革的问题时，显然需要对我们所处的这个社会的性质以及结构特征有着较为深入的认识，否则，就不可能实现有价值的变革。近代以来，人类社会一直处于一种领域分化的过程中，那就是公共领域、私人领域和日常生活领域的分化，由于这种分化，农业社会的共同生活也被公共生活所取代。但是，公共生活的成长并不是一帆风顺的，而是在与共同生活的不断较量中发展的。直到 19 世纪晚期，人类社会的发展都处在身份共同体解体的过程中，在资产阶级革命与工业革命的双重洗礼之下，共同生活不断地让位于公共生活。

20 世纪开始，随着社会的官僚组织化，随着行政国家的出现以及对社会的步步侵入，以官僚制组织为依托，政治生活中又呈现出共同生活复辟的迹象。这些新兴的官僚共同体不仅彼此隔绝、互相排斥，而且在其内部强化了层级原则，公然抗拒公共生活对所有人开放的原则，从而成为一种自我封闭的共同生活方式。随着官僚支配的确立，从共同生活向公共生活转型的进程中断了，甚至发生了某种意义上的倒退。公共生活中的公共利益受到了官僚制组织的篡改，从而使政治生活中弥漫着各种各别的共同利益剑拔弩张的紧张气氛。共同生活的复辟在政治实践中的典型表现是集团政治，而流行一时的法团主义则是它的理论宣言。

进入 20 世纪后期，由于官僚支配的加深，学者们发现公共生活出现了某种衰落。为了重振公共生活，学者们在两个方向上展开了努力：名为新自由主义的学者们试图通过用个人替换官僚制组织作为政治生活主体的方式来复写中世纪后期以来从共同生活向公共生活转型的历史；名为社群主义的学者们则试图通过建立政治社群并使之与官僚共同体展开竞争的方式来削弱官僚制组织的影响力，以为只要建构起这种多元竞争的格局就可以为政治生活带来公共性。但是，在官僚支配之下，这两种方案反而都加深了社会的碎片化，并让共同生活得以在更宽广的范围内席卷社会。今天，在全球化和后工业化的历史背景下，要重建一种健全的公共生活，要使公共利益能够得到真正实现，首先要解决的就是官僚支配的问题，而合作制组织的构想正是一项否定官僚支配的方案，如果用合作制组织替代官僚制组织的话，就从根本上打破了官僚制组织支配社会和支配国家的局面。

第三节　领域融合与公共生活的重建

一、 社会生活的构成

社会生活的概念有着极其丰富的内容，其形式也是极其复杂的。在今天，我们一般都把家庭生活之外的所有活动内容归入到社会生活的范畴中去。社会生活吸引着无数思想家为之殚精竭虑，所有的思考都无非是出于一个目的：就是改善人类的社会生活。近代以来，人们以为社会生活的改善取决于一种良好制度的获得，所以，一切关于社会生活的研究也在终极意义上指向某种制度设计方案的提出。总的说来，人类的社会生活是一个趋向于复杂化、多样化的历史进程。在农业社会，社会生活是较为简单的；到了工业社会，社会生活迅速地复杂化和多样化。特别是到了工业社会的后期，如果希望去把握社会生活的话，即使在最一般的意义上也需要分领域去加以考察。因为，工业社会是作为整体的社会被分化成不同领域的社会，公共领域与私人领域的分化也造成了公共生活与私人生活的区别。

根据哈贝马斯的考察，公共领域与私人领域的分化从中世纪的后期就开始了。但是，在工业化的进程中，这种分化迅速地加剧，在我们今天所生活的世界中，公共领域与私人领域的分化是一个基本事实，我们就是生活在这一领域分化的社会框架中的。也就是说，在公共领域中的生活是公共生活，在私人领域的生活则是私人生活。

当然，我们也需要指出，在思想家们对公共领域与私人领域的分类中，政府以及广泛的公众交往领域被看作公共领域是没有争议的，与之相对应的，认为市场以及被哲学家称作为市民社会的因素是私人领域的构成因素，也是正确的，但把家庭看作为私人领域的构成要素则是可疑的。阿伦特与哈贝马斯等不约而同地将家庭归入私人领域，显然是不可取的。不过，在罗尔斯那里，我们看到了对这一点的怀疑，他在阐述其公平的正义原则时，发现家庭在这一原则上存在着适应性困难，以致他因为无法把正义原则贯彻到家庭中而感到苦恼。之所以存在着这样的困难，那就是对家庭的定位错了。也就是说，正义原则广泛地适应于公共领域和私人领域，而家庭则意味着另一相对独立的日常生活领域。家庭与公共领域和私人领域的不同在于，它不能进入市场，也不是一个公开交谈的场所。家庭实际上是日常生活领域的实体性存在形式，在内容上则是传统、温情等的"保留地"，或者如赫勒所看到的，日常生活是"那些同时使社会再生产成为可能的个体再生产要素的集合"①。

从近代以来的社会分化看，农业社会的地域界限被打破之后，领域开始凸现出来。人们走出地域、走出家庭而成为真正的"社会成员"，但"社会成员"却是属于某一或某些特定领域的成员，是在公共领域中或私人领域中开展活动的社会成员。在公共领域与私人领域的分化达到典型化的地步，公共领域的成员不准许经商办企业，而私人领域中的一些规则也不允许应用到公共领域。这些都充分证明了公共领域与私人领域的界限是被划分得很清楚的。在这个过程中，农业社会的家庭以及与家庭直接相关的各种因素都开始萎缩，而且作为社会成员的人们也会在一定程度上把此时的社会行为的诸多特征带入家庭之中来。由于这个原因，很多有影响的思想家们都没有看到家庭作为一个相对独立的领域的事实，而是把它归入私人领域。这种简单化的做法造成了很多社会认识上的困难，进而也使许多社会规划方案与社会发展现实要求相去甚远。

总的说来，家庭属于日常生活领域的构成要素。在工业化尚未开始的时候，地域分离的社会在每一个地域化的疆域内都是一个整体，其生活也是混沌一体的。工业化带来了社会的领域分化，出现了公共领域与私人领域。严格说来，公共领域与私人领域并不是原先就有的，而是一种新出现的社会现象。在某种意义上，可以说公共领域与私人领域是新生成的两个领域，而不是原先社会的整体被分成了两个部分。既然公共领域与私人领域生成并迅速地成长了起来，那么农业社会的传统是否还存在呢？显然是存在的，只是它不能广泛地涵盖整个社会，而是退居一隅。这样一来，就同时也生成了一个日常生活领域。所以说，日常生活领域是传统的保留地。当然，日常生活领域也获得了许多新的特点，也是在发展变化中，最为根本的是，日常生活领域成为一个纯粹的生活领域。

在近代社会形成的日常生活领域中的生活，是与农业社会中的生活有着根本性不同的。在农业社会，由于没有出现领域分化，劳动与生活处于一种混沌的状态。因此，赫勒所界定的日常生活实际上只是农业社

---

① ［匈］阿格妮丝·赫勒：《日常生活》，衣俊卿译，重庆出版社 1990 年版，第 3 页。

会的生活。现代社会的劳动与生活是相分离的，生产方面的活动基本上交给了私人领域，日常生活所表现出来的是狭义上的生活，或者说，仅仅是生活而已。就此而言，近代以来的社会实际上存在着三个平行的领域，它们是公共领域、私人领域与日常生活领域，它们之间的共在和互动，是理解整个近代以来的社会的坐标。

社会生活的三个领域或三种类型是相互作用和相互影响的。比如，经济活动无疑是私人生活的典型形式和基本内容，政治活动是公共生活的典型形式和基本内容，这两个看似遥远相隔的部分，却可能由于社交活动这一日常生活形式而获得相容性或相关性。因为，无论经济活动还是政治活动，都可以成为社交活动。进而，由于社交活动的存在，经济活动与政治活动也获得了某种沟通途径。我们常常体验到的"经济中的政治"或"政治中的经济"都是包含在经济活动或政治活动的沟通途径中的，是这种沟通途径赋予了经济以政治的内涵或赋予了政治以经济的特征，而不是经济自身变成了政治或政治本身变成了经济。我们看到，实践中普遍存在的类似"文化搭台，经济唱戏"式的现象，反映的也是这种情况。这在一定程度上说明，领域分化造成的生活分立并不是绝对的，领域之间、生活形式之间存在着实现过程的内在的可融合性。特别是到了20世纪后期，随着经济活动的重心从生产向经济关系的转移，经济活动的交往特征变得越来越清晰。

社会分化是现代化的主要特征。在现代社会的早期，社会分化无疑意味着积极的社会进步，没有社会分化，也就没有现代社会。可是，在现代化走到了极致的时候，社会分化渐渐显露出一些消极方面，思想家们用"个人主义""原子化社会"等词语所表达的就是对这种社会分化后果的批评。思想家往往认为社会分化造成了这样的结果："没有对集体共同命运及社会整体目标的信念，个体只能依靠自己，为自己的人生目标寻求意义。"① 作为对这种后果的矫正，个人只有在共同体中才能实现自己的价值，而个人独自的追求和行动注定是徒劳无益的。

正是由于有了对社会分化后果的反思，20世纪中叶以来，出现了许

①　［英］鲍曼：《寻找政治》，洪涛、周顺、郭台辉译，上海人民出版社2006年版，第61页。

多与社会分化相反的积极行动。在理论界，自由主义的信条被置于热烈的议论之中，"积极自由"的自由观开始得到与近代早期的"消极自由"相同的重视；古典共和理论以新的面目重生，并以公民共和主义的形式得以复兴，而且经过几代思想家的阐发显现出成为主流的趋势；有关共同体的探讨再次进入人们的视野，人们开始思考：究竟"个人式"的与"集体式"的生活方式中的哪一种更为符合人的本性？在实践中，政治社会化的趋势日益增强，公共生活私人化与私人生活公共化的同时出现，使公共生活与私人生活的界限逐渐变得模糊起来。此外，经济生产的日常生活化也有所显现：在组织管理中，更为强调人性化的工作方式；工作区内出现了休闲区，为员工提供就餐、娱乐的方便；同时，婚姻的办公室化趋向也在上升；托夫勒所指出的那种"在家中办公"的情况也变得越来越普遍……所有这些，都反映了一种不同于现代化进程中的那种社会分化的状况，所反映的是一种领域融合的趋势。

二、 领域融合中的公共生活

在 20 世纪大部分时间中，公共领域与私人领域的分化一直是思想家们思考现代社会及其制度设计和制度安排的坐标。但从 20 世纪 80 年代开始，人类走向后工业社会的进程启动了，同时也出现了领域融合的趋势，公共领域与私人领域以及日常生活领域正在趋同化，从而改变了领域之间原有的各自分立的状态。这说明，认识社会和思考社会改进方案的坐标发生了变化。现实展现给我们的是公共生活与私人生活原有的紧张关系正在消解，特别是在公共领域与私人领域之间，出现了开阔的中间地带，从而使它们自身也发生着根本性的变化。许多新的社会现象已经很难在公共领域与私人领域的分立中找到自己的位置了。比如，非政府组织、社会自治力量等都很难被简单地归类为公共领域或私人领域的存在要素，我们在前文中把这些因素归入到公共领域，只是出于当前语境中的叙述方便。大量的公共生活私人化和私人生活公共化已经成为不争的事实，而且，无论是公共生活还是私人生活都在急切地引入日常生活的标准和规则，极力把自己打扮成日常生活，或者要求贴近日常生活。

在我们的社会中，可以说无处不见这种领域融合的趋势，事实上也正在通过大量的实际进展而展现出来。这是发生在人类走向后工业社会的进程中的，反过来，它又证明了人类走向后工业社会的历史进程已经是一场现实性的运动了。

阿伦特较早地注意到了领域融合的趋势，她指出，"自社会的兴起以及家庭和家务管理被纳入公共领域以来，一个不可抗拒的趋势在发展，在吞没较为古老的政治领域和私人领域以及较近建立的私人领域"①。阿伦特不仅指出了领域融合的现象，而且对于这一现象所代表的历史趋势给予了肯定，特别是对日常生活领域的不断扩张，阿伦特是持一种积极肯定的态度的。在阿伦特看来，"社会是这样一种形式，在这一形式中，人们为了生活而不是为了其他而互相依赖，这一事实便具有了公共含义；在这一形式中，与纯粹的生存相联系的活动被获准出现在公共领域"②。因此，日常生活领域与公共领域的融合在一定程度上表明了公共性的复苏，也表明公共性正在超出公共领域的界限而得到实质性的增强。

从原初意义上看，"公共领域是为个性而保留的，它是人们能够显示出真我风采以及具有不可替代性的唯一一块地方。正是为了这个机会，并且出于对国家（他使每个人都有可能有这种机会）的热爱，使得每个人都或多或少地愿意分担司法、防务以及公共事务管理的责任"③。因而，公共性应当包含着对个人伦理完整性的肯定。在现代社会生活的实际表现中，只有日常生活才是现代社会生活中个人伦理特征保存最为完整的生活形式，公共领域以及公共生活中是没有个人伦理存在的空间的，反而是处处都用法律、政策等公共规则遮蔽了个人伦理。现在，日常生活领域与公共领域的融合则表明，公共生活开始更为重视人的价值了。事实上，我们也看到，基于人的经济属性和社会属性之上的公共利益正在被基于更为根本性的人的伦理属性的公共利益所取代，这已经是一个不容怀疑的历史进程。这种转变在公共生活的发展史上是革命性的，对于追求生活价值的人类也具有里程碑式的意义，它的革命性意义可以与

---

① ［美］阿伦特：《人的条件》，竺乾威等译，上海人民出版社 1999 年版，第 34 页。
② ［美］阿伦特：《人的条件》，竺乾威等译，上海人民出版社 1999 年版，第 35 页。
③ ［美］阿伦特：《人的条件》，竺乾威等译，上海人民出版社 1999 年版，第 32 页。

公共生活的发生相比。

领域融合不可避免地给公共生活带来多重影响。由于社会分化造成了人的个体化、原子化等消极后果，人们不能不顾虑领域融合是否会将私人领域中的人的个体化带到公共领域中去，使公共生活遭受碎片化的结局。从已经发生的情况看，在公共生活与私人生活相遇的过程中，公共生活施于私人生活的影响确实不及私人生活施于公共生活的影响巨大。从 20 世纪后期的新公共管理运动来看，也存在着自觉地把私人领域的规则和秩序引入到公共领域的做法。虽然现代化是一个社会分化的过程，是领域分离的历史，但人是活跃于公共领域、私人领域与日常生活领域之间的，同一个人过着这样三重生活，他把一个领域及这个领域中的生活规则和原则带入另一个领域及其生活之中是难以避免的。因而，公共生活中的人无论如何都会带有私人生活中所具有的诸如自利性等特性；日常生活中的那些"人情关系"等也会反映到公共生活中去，并以所谓"潜规则"的形式出现，从而破坏了公共生活的健全。因此，私人生活在公共生活中的直接介入，肯定会进一步加剧公共生活的变化。

鲍曼根据其所感受到的现实而作出的描绘是，公共与私人相遇的实质是私人在公共空间里开疆拓土，公共被私人占据，公共空间被私人殖民化。在他看来，"公共"曾经用来指称"集体"性质的事情或事件，如今它的定义则颠倒了。"公共成了展示私事与独有财产的地带，而且没有人能够合理声称这会影响到他们自身的私人利益或幸福生活。这一事实表明，后者与这种展示的问题毫无关联。的确，展示被宣传为'出于公共利益'——但出于同样的原因，'利益'（interest）的含义也经历了一次重要变更，现在，它已简化为好奇之意，成了满足好奇心的'兴趣'（interest）。使公众感到好奇，激发其好奇心，如今成为'公共利益'这一观念的核心。凡要成为公共，就要以一种足以激发人好奇心的有吸引力的方式来展示，这已成为衡量能否'很好地服务于公共利益'的主要标准。"① 鲍曼认为，这种现象所反映的就是所谓"生活政治"的兴起，即公共生活与国家及公共之善越来越远，而私人领域中的经济活动"政

---

① ［英］鲍曼：《寻找政治》，洪涛、周顺、郭台辉译，上海人民出版社 2006 年版，第 56 页。

治"却征服了公共生活以及国家，使公共生活、国家等充斥着这些生活政治的内容。这样一来，私人与私人性越来越成了公共生活的形式与内容，公共与公共性反而被隔离了。

鲍曼所看到的是现代社会公共生活衰落的事实，不过，他所谓"公共"与"私人"相遇的说法并不准确，因为"隐私"和"秘密"严格说来属于日常生活的范畴。近代以来，商品经济的高度发育使由交换关系所构成的物质意义上的人的联系变得越来越紧密，这同时也挤压了精神意义上的人的依存空间。人的概念被剥离，在个人的孤独和无助中，现代社会开始了它的陌生化。于是，与前现代相比，人们的交往在广度上无疑是扩大了，在深度上却远远不及。在有限的接触与交往中，人们无法深入地互相了解，更无法形成完整的有关共同利益和公共利益的统一认识，从而导致了公共生活的形式化。在这之中，应有的许多实质性内容没有发育和成长起来。不过，从历史进化的角度看，这非但不是一种倒退，反而可以视作前进道路上必然要出现的一种暂时现象，因为它留给了人们足够多的问题让人们去认识与反思，让人去寻找解决的途径。正是因为人们之间的相互了解变得更加困难，一个人才会更渴望去了解他人；正因为发现了交往对象的片面和虚假，人们才会更渴望认识一个全面、真实的个体。于是，对公众人物隐私的窥探，在一定程度上便可视作一种人们认识他人进而寻找彼此共性的"非常方式"。当然，在商品浪潮的冲击下，这种认识方式本身还可能发生异化，进而也会给公共生活带来诸多消极影响。

从公共生活的表现来看，由于日常生活中一直包含着某种"兴趣"这一极大的惯性，使公共生活发生了变异，即让人们更多地把关注的焦点集中到公众人物及其私密生活上去了。于是，隐私和秘密便成了我们时代见怪不怪的公共产品，而真正与个人休戚相关的公共利益，则被交给了我们的代言人，并在一定程度上使代言人的利益合法化为公共利益。不过，鲍曼所描绘的公共生活变异的现象可能会被最新的事实所证明不再是值得担忧的了。在欧洲国家，我们看到一位在位总统用离婚、再婚去诠释公共生活与日常生活的相融性，特别是他能够以个人喜好而选择配偶并得到了公众的宽容或者说接受，都证明公共生活与日常生活的界限正在被打破，而且原本应当是"隐私和秘密"的因素则可以公开地面向公众。这一现象说明，"隐私和秘密"的公开化，将不是满足了日常生活领域中人们的好奇心，而是消除了这种好奇心。特别是当这一在位总统不断地运用司法手段去捍卫他个人的所谓利益和权利的时候，事实上是把公共领域与日常生活领域的边界完全搅乱了。如果说鲍曼的描述是基于领域分离的事实而做出的，那么现在这种分离正在走向自己的反面。因此，关于公共领域的变异也需要重新来加以认识了。当然，发生在欧洲这位在位总统身上的事件所表明的领域融合，还可能只是一种负面的表现，但作为领域融合的迹象则是可以朝着另一方向而加以塑造的。因为，"隐私和秘密"的公开化说明，在公共生活中，没有什么是不能公开的。当人们窥私的好奇心因为"隐私和秘密"的泛滥而得到冷却的时候，他们要求公共生活彻底公开的"好奇心"就可以被引导到更具实质意义的方向上去了。

无论公共生活在表现形式上是怎样的，它的最深刻的本质就在于促进人的价值的实现。在对这一点的认识上，阿伦特显示了其睿智。阿伦特认为，"在公共领域中采取的每一行动都能获得在私有领域中难以获得的卓越成就；对卓越来说，他人的存在永远是需要的"[①]。虽然这一论断带有较强的功利主义和工具论色彩，却表明了阿伦特敏锐的观察力。实际上，在领域分化的条件下，公共生活并不能简单地看作是衰落，公共生活所表现出来的许多不尽如人意之处应当看作是它的"异化"。造成这种异化的最为主要的原因是人们的交往关系的工具化。是因为个人将他人以及参与公共生活的行为都看作是实现个人抱负的工具与手段而加以利用，从而使得公共生活因被个人利益所充斥而变质，失去了公共性与生命力。

对于个人而言，成就卓越无疑是自身价值的最好体现，这也是公共生活对于个人的意义所在。但要让公共生活走出异化的陷阱，就需要从根本上改变人们的交往关系，特别是需要认识到，人与人之间最根本的共同之处在于每个人都是相同的伦理性实体。因而，卓越也应当是人们

---

① ［美］阿伦特：《人的条件》，竺乾威等译，上海人民出版社 1999 年版，第 37 页。

共同的追求，应当包含共同生活着的所有人的内在价值。然而，现代社会的工具化与形式化却把人的伦理属性层层剥去，人作为人的价值因而也就难以得到体现了。所以，正在发生的领域融合是一个新的契机，我们需要在领域融合的进程中重新找回人的价值，进而在重新找回人的价值的追求中复兴公共生活。

我们也发现，"以人为本"的理念正受到越来越多的重视，在各国的治理变革中，增强人文关怀都是一个主要的方向。但是，要重新发现人的价值，还需要实现根本性的视角转换，需要将注意力从产生矛盾的公共领域与私人领域转移到日常生活领域上去。这倒不是因为日常生活领域是受现代化冲击最小的一个生活领域，而是因为日常生活领域是一个一直存在着和谐机制的领域。无论私人生活的原则怎样对这种和谐机制造成破坏，它又总能迅速地得到治愈。我们常说，现代化使家庭不再作为一个生产单元而存在，而是作为一个避风港湾出现。虽然这种描述并不准确，却反映了日常生活领域是人的真正生活的领域。我们也应看到，日常生活领域在整个现代化的过程中并不是不变的，它并不仅仅是传统的"保留地"，在近代的几百年时间里，它始终包含着与整个社会节奏相一致的进步，也是一个与时俱进的领域，它的新的进步是无比积极的，是对公共生活和私人生活的观念、原则加以筛选而后融合的结果。正是这些新的因素，可以回射到公共领域，助益于公共生活的健全。

当然，日常生活领域作为传统的保留地是一个基本事实，在这个领域中，更多的是传统在起作用。就传统而言，作为农业社会的遗留物是不能被生硬地嫁接到今天的社会中的。尤其需要指出的是，人的价值在西方直到理性启蒙之后才被唤醒，而在中国被唤醒的时间则要更晚一些。在人的价值被意识到了之后，它一直是与理性联系在一起的，甚至理性成为衡量价值高低的一个尺度。只是因为理性的形式化发展而使人的价值工具化了，才出现了价值失落的问题。从历史演进的时间维度上看，人作为"人"的价值，是在公共领域、私人领域与日常生活领域分化的过程中才被发现的，或者说，是与这个分化过程同时被意识到的。所以，如果要在由传统主导的日常生活领域中去寻找人的价值的话，也绝不是向传统的回归，而是需要面向未来的。

三、 重建公共生活的路径

"从身份到契约"的转变不是一蹴而就的,这个进程并没有因为启蒙思想家作出宣示而完成,而是一个渐进的过程。这个过程与社会的分化是同步的。私人领域存在着对契约的渴求,而公共领域则使契约成为现实,契约的普遍化是公共领域与私人领域同步成熟的标志。但是,从人的价值的角度看问题,却感受到契约作为人的社会关系的中介物而使人工具化了,使人的价值失落了,以至于人们只有在契约很难发挥作用的日常生活领域中才能感受到人的价值,即感受到人不是作为一个工具而存在的。日常生活让人感觉到,人活着有活着的意义,人不是一个孤独的个体。

我们已经指出,如果说农业社会存在着共同体的话,它是一个"家元共同体",理所当然,这一共同体的生活是以家为核心的。到了工业社会,随着社会分化为公共领域、私人领域和日常生活领域后,家元共同体已经解体,但家元共同体的主要特征被保留在了日常生活领域。也就是说,农业社会的家元共同体是一个熟人社会,到了工业社会,公共领域与私人领域都成了陌生人社会,而家庭依然是一个熟人社会,亲缘关系以及附丽于亲缘关系的各种社会关系依然是日常生活领域的主要构成因素。所以,日常生活领域中的人们并不感到陌生和孤独,即使是相互不认识的人碰到了一起,只要他们的交往属于日常生活性质的,也会立即获得熟人的感受。正是这种感受赋予人存在的价值,即获得生活的意义。这在公共领域和私人领域是没有的。

近代社会的历史性特征主要体现在公共领域与私人领域,特别是这两个领域中的社会分工和专业化,使人们相互理解变得困难起来,人们于其中感受到孤独是难免的。在整个近代社会的运行中,特别是在公共领域中,人们倡导一种积极的整体性价值,认为做那些对社会整体有益的事就是人的价值的实现。在一定程度上,这是关于一种行动的价值即工作的价值的主张。然而,对于人的生活的价值,近代以来的大多数思想家都是避而不谈的,即使是关于整体性价值的主张,在理论上也是反复无定的，特别是关于人是"经济人"的看法，往往把人们导入个人主义、利己主义的方向，把人的价值实现等同于人在自我利益实现上的自我证明。其实，丧失了生活价值的所谓人的价值恰恰是无意义的。所以，关于人的价值的认识如果被放在私人领域中的话，那仅仅是"物"的价值，而在公共领域中则体现为"事"的价值，至多也只是"做事"的价值。只有在日常生活领域中，人才是真正生活着的伦理实体，才是与"人"的价值相关联的。

广义上说，公共领域、私人领域也同样是人的生活领域，即使是异化了的生活也是人的生活。虽然公共领域、私人领域由于分工、专业化以及从属于分工和专业化的制度设置而使人陌生化并丧失了人的生活价值，但人作为人的完整伦理属性只是被掩盖了起来，而不是完全丧失了。也就是说，近代以来的社会仅仅容许人在日常生活领域中以伦理实体的形式出现，而在公共领域和私人领域则必须以知识或技术载体的形式存在。但是，只要是人，它的伦理完整性的实质就必然与人相伴随。所以，在相继被所谓"经济人""社会人""政治人"等理论假定所困扰之后，人与人之间的最大共同之处就在于人们都是具有完整伦理属性的个体。如果说现代社会赋予人的各种社会属性只是徒增了人们的差异的话，伦理属性则是人们在根本上的共同之处。正是这一点，能够使我们看到公共领域重建的希望，那就是基于人是伦理实体的现实去重新规划公共生活。既然公共领域因为排斥和掩盖了人的伦理属性而造成了公共生活的异化，那么消除这一异化的根本途径也就在于恢复人的伦理属性，即把人在日常生活领域中的表现移植到公共领域中来，使其成为公共生活的内容而实现对公共生活的重建。

真正的生活是有秩序的生活，但并不是所有能够纳入秩序中的社会形态都是属于生活的。人的生活只有包含了道德秩序才是健全的生活。在历史视野中，农业社会的共同体生活所拥有的是一种"自发秩序"，其中，习俗和道德是它的基本构成要素和基本保障。所以，直到今天，还有大批的人怀念这一社会历史阶段中的人的生活。当人类进入近代社会的时候，自发秩序逐渐地被一种"创制秩序"所取代，公共领域在很大程度上就是创制秩序的供给领域，它所提供的这种创制秩序是契约精神的体现。同时，公共领域也是受到创制秩序规范的领域，成为遵从契约精神的典范。应当承认，"创制秩序"的出现扬弃了"自发秩序"的简单和粗放，但当它充分体现了契约精神的时候，习俗和道德也完全被扬弃掉了。在工业社会，正如韦伯所指出的那样，这是一个合理化的进程。特别是在公共领域，祛除了价值巫魅有助于工具理性的实现，即使在更大的社会层面上看，它也带来了科学技术的进步和人们物质生活水平的迅速提高。可是，随着人类开始走向后工业社会的时候，这个合理化的进程开始发生逆转，对道德价值的忽视变得越来越不合理了。

"创制秩序"本身具有相对于发展的滞后性，而且在一定程度上具有僵化的特性。在低度复杂和低度不确定的社会，创制秩序是能够满足社会运行的需要的。但是，现在人类进入了一个高度复杂和高度不确定的社会，创制秩序的滞后性和僵化特征极有可能导致社会危机。这是当前公共生活的最致命的缺陷。正是由于这个原因，20世纪后期以来，关于公共领域的反思、批判和解构才蔚为风气。而且，就公共生活实践中的改革而言，所展示给我们的也是一种不适应现实要求的躁动。由此看来，公共生活需要有一种超越创制秩序的新秩序，这种新秩序可以是道德秩序。这一秩序的确立，将是公共生活重获生机的必然选择。

道德秩序是道德的。就这一点而言，可能会被认为是向自发秩序的回归。其实不是，道德秩序是一种更高形态的秩序，它是建立在一种超越了工具理性的实践理性之上的。因为，社会的复杂性和不确定性意味着公共生活必须迅速灵活地对一切社会要求作出回应，而且这种回应是理性的应对。自发秩序的非理性决定了它无法作出这种理性化的回应。事实上，就自发秩序产生的历史条件而言，那是一个较为简单和非常确定的农业社会，是一个似乎一切都是千年不变的社会。所以，它根本不能满足复杂性和不确定性社会的需求。创制秩序是理性的，却是工具理性的，特别是它的滞后性和僵化也决定了它不能满足复杂性和不确定性社会的要求。道德秩序则不同，它所体现的是实践理性，最为重要的是它根源于人的道德能动性，在复杂性和不确定性的社会条件下，面对一切需要解决的问题，道德秩序所提供的都是行动者的主动性得以充分发挥的空间。一旦公共生活拥有了道德秩序，人们就会在面对未知的环境时而对一切需要急需处理的问题加以及时回应。

总之，对公共生活的认识以及关于公共生活重建方案的思考，都需要在具体的环境下进行。我们现在所遇到的环境就是社会的复杂性与不确定性与日俱增的现实，它使公共生活中的创制秩序越来越显得无法满足要求。在这种情况下，唯有道德秩序是一项根本性的公共生活重建路径。道德秩序的建构，不仅意味着运用道德而对公共生活加以重新改造，而且意味着公共生活以自己的道德化而实现了对社会的全面道德复兴。有了道德，公共生活就变成了一种合作和共在的生活形态，公共领域就会在与私人领域、日常生活领域的互动中以合作的面目出现，在公共领域中活动的人，就会把与同事的合作以及与一切社会成员的合作作为自我价值实现的基本途径。所以，公共生活的重建包含着合作社会到来的内容。也就是说，公共生活的重建将为人类带来一个合作的社会，而合作社会的到来，也将为公共生活的健全提供充分的支持。

主要参考文献

中文著作：

［1］程汉大.英国政治制度史［M］.北京：中国社会科学出版社,1995.

［2］费安玲.罗马继承法研究［M］.北京：中国政法大学出版社,2000.

［3］郭方.英国近代国家的形成［M］.北京：商务印书馆,2007.

［4］郭亚夫,殷俊编著.外国新闻传播史纲［M］.成都：四川大学出版社,
2004.

［5］蒋劲松.议会之母［M］.北京：中国民主法制出版社,1998.

［6］李龙主编.西方法学名著提要［M］.南昌：江西人民出版社,2002.

［7］李秀清.日耳曼法研究［M］.北京：商务印书馆,2005.

［8］刘新成.英国都铎王朝议会研究［M］.北京：首都师范大学出版社,
1995.

［9］阎照祥.英国政党政治史［M］.北京：中国社会科学出版社,1993.

［10］阎照祥.英国政治制度史［M］.北京：人民出版社,1999.

中文译著：

［1］托马斯·阿奎那.阿奎那政治著作选［M］.马清槐译.北京：商务印书
馆,1982.

［2］阿伦特.论革命［M］.陈周旺译.南京：译林出版社,2007.

［3］阿伦特.人的条件［M］.竺乾威等译.上海：上海人民出版社,1999.

［4］阿萨·勃里格斯.英国社会史［M］.陈叔平等译.北京：中国人民大学
出版社,1991.

［5］E·博登海默.法理学——法哲学及其方法［M］.邓正来,姬敬武译,

北京:华夏出版社,1987.

［6］安德森.从古代到封建主义的过渡[M].郭方,刘健译.上海:上海人民出版社,2000.

［7］安德森.绝对主义国家的系谱[M].刘北成,龚晓庄译.上海:上海人民出版社,2000.

［8］奥斯本,盖布勒.改革政府:企业家精神如何改革着公共部门[M].周敦仁等译.上海:上海译文出版社,2006.

［9］巴特摩尔.平等还是精英[M].尤卫军译.沈阳:辽宁教育出版社,1998.

［10］鲍曼.共同体[M].欧阳景根译.南京:江苏人民出版社,2003.

［11］鲍曼.流动的现代性[M].欧阳景根译.上海:上海三联书店,2002.

［12］鲍曼.寻找政治[M].洪涛,周顺,郭台辉译.上海:上海人民出版社,2006.

［13］彼得罗·彭梵得.罗马法教科书[M].黄风译.北京:中国政法大学出版社,1992.

［14］边沁.政府片论[M].沈叔平等译.北京:商务印书馆,1995.

［15］伯尔曼.法律与革命——西方法律传统的形成[M].贺卫方等译.北京:中国大百科全书出版社,1993.

［16］柏拉图.理想国[M].张子菁译.北京:光明日报出版社,2006.

［17］伯林.自由及其背叛:人类自由的六个敌人[M].赵国新译.南京:译林出版社,2005.

［18］伯林.自由论[M].胡传胜译.南京:译林出版社,2003.

［19］博曼.公共协商:多元主义、复杂性与民主[M].黄相怀译.北京:中央编译出版社,2006.

［20］博曼,雷吉主编.协商民主:论理性与政治[M].陈家刚等译.北京:中央编译出版社,2006.

［21］达尔.民主理论的前言[M].顾昕,朱丹译.北京:三联书店,1999.

［22］邓正来,亚历山大.国家与市民社会:一种社会理论的研究路径[M].北京:中央编译出版社,1998.

［23］蒂利.强制、资本和欧洲国家:公元990—1992年[M].魏洪钟译.上

海:上海人民出版社,2007.

[24] 杜普莱西斯.早期欧洲现代资本主义的形成过程[M].朱智强,龚晓华,张秀明译.沈阳:辽宁教育出版社,2001.

[25] 弗格森.文明社会史论[M].林本椿,王绍祥译.沈阳:辽宁教育出版社,1999.

[26] 福柯.不正常的人[M].钱翰译.上海:上海人民出版社,2003.

[27] 福柯.规训与惩罚:监狱的诞生[M].刘北成,杨远婴译.北京:三联书店,1999.

[28] 福克斯,米勒.后现代公共行政[M].楚艳红,曹沁颖,吴巧林译.北京:中国人民大学出版社,2002.

[29] 富兰克林·德·罗斯福.罗斯福选集[M].关在汉编译.北京:商务印书馆,1989.

[30] 傅立叶.傅立叶选集[M].赵俊欣等译.北京:商务印书馆,1982.

[31] 哈贝马斯.包容他者[M].曹卫东译.上海:上海人民出版社,2002.

[32] 哈贝马斯.公共领域的结构转型[M].曹卫东等译.上海:学林出版社,1999.

[33] 哈贝马斯.合法化危机[M].刘北成,曹卫东译.上海:上海人民出版社,2000.

[34] 哈林顿.大洋国[M].何新译.北京:商务印书馆,1963.

[35] 汉密尔顿,杰伊,麦迪逊.联邦党人文集[M].程逢如等译.北京:商务印书馆,1989.

[36] 赫尔德.民主的模式[M].燕继荣等译.北京:中央编译出版社,1998.

[37] 赫勒.日常生活[M].衣俊卿译.重庆:重庆出版社,1990.

[38] 黑格尔.法哲学原理[M].范扬,张企泰译.北京:商务印书馆,1979.

[39] 亨利·皮雷纳.中世纪的城市[M].陈国樑译.北京:商务印书馆,2006.

[40] 霍布斯.利维坦[M].黎思复,黎廷弼译.北京:商务印书馆,1985.

[41] 卡蓝默.破碎的民主[M].高凌瀚译.北京:三联书店,2005.

[42] 凯恩斯.凯恩斯文集·预言与劝说[M].赵波、包晓闻译.南京:江苏人民出版社,1999.

[43] 加布里埃尔·A·阿尔蒙德,西德尼·维巴.公民文化——五国的政治态度和民主[M].马殿君等译.杭州:浙江人民出版社,1989.

[44] 吉登斯.超越左与右:激进政治的未来[M].李惠斌,杨雪冬译.北京:社会科学文献出版社,2000.

[45] 吉登斯.民族—国家与暴力[M].胡宗泽,赵力涛译.北京:三联书店,1998.

[46] 经济合作与发展组织.分散化的公共治理——代理机构、权力主体和其他政府实体[M].国家发展和改革委员会事业单位改革研究课题组译.北京:中信出版社,2004.

[47] 库朗热.古代城邦:古希腊罗马祭祀、权利和政治研究[M].谭立铸等译.上海:华东师范大学出版社,2005.

[48] 拉什等.组织化资本主义的终结[M].征庚圣,袁志田等译.南京:江苏人民出版社,2001.

[49] 勒纳尔,乌勒西.近代欧洲的生活与劳作(从15到18世纪)[M].杨军译.上海:上海三联书店,2008.

[50] 理查德·霍夫斯达特.改革时代——美国的新崛起[M].余敏洪,包凡一译.石家庄:河北人民出版社,1989.

[51] 里夏德·范迪尔门.欧洲近代生活:村庄与城市[M].王亚平译.北京:东方出版社,2004.

[52] 里夏德·范迪尔门.欧洲近代生活:家与人[M].王亚平译.北京:东方出版社,2003.

[53] 刘易斯·芒福德.城市发展史——起源、演变和前景[M].宋俊岭,倪文彦译.北京:中国建筑工业出版社,2004.

[54] 卢梭.社会契约论[M].何兆武译.北京:商务印书馆,2003.

[55] 罗尔斯.政治自由主义[M].万俊人译.南京:译林出版社,2000.

[56] 罗纳德·哈里·科斯.企业、市场与法律[M].盛洪等译.上海:三联书店,1990.

[57] 洛克.政府论[M].叶启芳,瞿菊农译.北京:商务印书馆,2003.

[58] 马尔库塞.单向度的人[M].刘继译.上海:上海译文出版社,2006.

[59] 迈克尔·奥克肖特.哈佛讲演录:近代欧洲的道德与政治[M].顾玫

译.上海：上海文艺出版社,2003.

[60] 梅里亚姆.卢梭以来的主权学说史[M].毕洪海译.北京：法律出版社,2006.

[61] 梅因.古代法[M].沈景一译.北京：商务印书馆,1984.

[62] 孟德斯鸠.论法的精神[M].张雁深译.北京：商务印书馆,1978.

[63] 密尔.代议制政府[M].汪瑄译.北京：商务印书馆,1984.

[64] 密尔.论自由[M].许宝骙译.北京：商务印书馆,1998.

[65] 密尔顿.论出版自由[M].吴之椿译.北京：商务印书馆,1989.

[66] 米克尔约翰.表达自由的法律限度[M].侯健译.贵阳：贵州人民出版社,2002.

[67] 米歇尔斯.寡头统治铁律：现代民主制度中的政党社会学[M].任军锋等译.天津：天津人民出版社,2002.

[68] 佩特曼.参与和民主理论[M].陈尧译.上海：上海人民出版社,2006.

[69] 皮朗.中世纪欧洲经济社会史[M].乐文译.上海：上海人民出版社,2001.

[70] 乔·奥·赫茨勒.乌托邦思想史[M].张兆麟等译.北京：商务印书馆,1990.

[71] 乔·萨托利.民主新论[M].冯克利,阎克文译.北京：东方出版社,1993.

[72] 乔尔·阿伯巴奇,罗伯特·普特南,伯特·罗克曼等.两种人：官僚与政客[M].陶远华等译.北京：求实出版社,1990.

[73] 乔治·霍兰·萨拜因.政治学说史[M].刘山译.北京：商务印书馆,1986.

[74] 萨拉蒙.公共服务中的伙伴[M].田凯译.北京：商务印书馆,2008.

[75] 萨义德.知识分子论[M].单德兴译.北京：三联书店,2002.

[76] 塞德曼编.后现代转向[M].吴世雄等译.沈阳：辽宁教育出版社,2001.

[77] 桑德尔.民主的不满[M].曾纪茂译.南京：江苏人民出版社,2008.

[78] 尚吕克·侬曦.解构共同体[M].苏哲安译.台北：桂冠图书股份有限公司,2003.

［79］施路赫特.理性化与官僚化:对韦伯之研究与诠释[M].顾忠华译.桂林:广西师范大学出版社,2004.

［80］施普尔伯.国家职能的变迁[M].杨俊峰,马爱华,朱源译.沈阳:辽宁教育出版社,2004.

［81］施特劳斯.自然权利与历史[M].彭刚译.北京:三联书店,2003.

［82］斯宾诺莎.神学政治论[M].温锡增译.北京:商务印书馆,1982.

［83］斯宾诺莎.政治论[M].冯炳昆译.北京:商务印书馆,1999.

［84］斯金纳.近代政治思想的基础[M].奚瑞森,亚方译.北京:商务印书馆,2002.

［85］斯密.道德情操论[M].蒋自强等译.北京:商务印书馆,1995.

［86］斯托纳.普通法与自由主义理论:柯克、霍布斯及美国宪政主义之诸源头[M].姚中秋译.北京:北京大学出版社,2005.

［87］滕尼斯.共同体与社会:纯粹社会学的基本概念[M].林荣远译.北京:商务印书馆,1999.

［88］泰勒.现代性之隐忧[M].程炼译.北京:中央编译出版社,2001.

［89］泰勒.科学管理原理[M].韩放译.北京:团结出版社,1999.

［90］托克维尔.旧制度与大革命[M].冯棠译.北京:商务印书馆,1996.

［91］托马斯·卡莱尔.论英雄、英雄崇拜和历史上的英雄业绩[M].周祖达译.北京:商务印书馆,2005.

［92］托马斯·莫尔.乌托邦[M].戴镏龄译.北京:商务印书馆,1982.

［93］韦伯.非正当性的支配——城市的类型学[M].康乐,简惠美译.桂林:广西师范大学出版社,2005.

［94］韦伯.经济与历史　支配的类型[M].康乐等译.桂林:广西师范大学出版社,2004.

［95］韦伯.经济与社会[M].林荣远译.北京:商务印书馆,1997.

［96］韦伯.学术与政治[M].钱永祥等译.桂林:广西师范大学出版社,2004.

［97］韦伯.支配社会学[M].康乐,简惠美译.桂林:广西师范大学出版社,2004.

［98］韦伯夫妇.英国工会运动史[M].陈建民译.北京:商务印书馆,1962.

［99］韦尔热. 中世纪大学［M］. 王晓辉译. 上海：上海人民出版社，2007.

［100］沃特金斯. 西方政治传统：近代自由主义之发展［M］. 李丰斌译. 北京：新星出版社，2006.

［101］希罗多德. 历史［M］. 王以铸译. 北京：商务印书馆，1997.

［102］西塞罗. 论共和国　论法律［M］. 王焕生译. 北京：中国政法大学出版社，1997.

［103］熊彼特. 资本主义、社会主义与民主［M］. 吴良健译. 北京：商务印书馆，1999.

［104］许纪霖，主编. 共和、社群与公民［M］. 南京：江苏人民出版社，2003.

［105］希尔斯. 知识分子与当权者［M］. 傅坚等译. 台北：桂冠图书股份有限公司，2004.

［106］亚里士多德. 政治学［M］. 颜一，秦典华译. 北京：中国人民大学出版社，2003.

［107］应奇，刘训练编. 第三种自由［M］. 北京：东方出版社，2006.

［108］应奇，刘训练编. 公民共和主义［M］. 北京：东方出版社，2006.

［109］约翰·邓恩编. 民主的历程［M］. 林猛等译. 长春：吉林人民出版社，1999.

［110］约翰·基恩. 公共生活与晚期资本主义［M］. 刘利圭等译. 北京：社会科学文献出版社，1999.

［111］约翰·索利. 雅典的民主［M］. 王琼淑译. 上海：上海译文出版社，2001.

［112］州长治主编. 西方四大政治名著［M］. 天津：天津人民出版社，1998.